中国社会科学院 学者文选

吕振羽集

中国社会科学院科研局组织编选

中国社会科学出版社

图书在版编目(CIP)数据

吕振羽集／中国社会科学院科研局组织编选. —北京：中国社会科学出版社，2001.10（2018.8 重印）

（中国社会科学院学者文选）

ISBN 978-7-5004-2972-2

Ⅰ.①吕… Ⅱ.①中… Ⅲ.①吕振羽—文集②史学—文集 Ⅳ.①K0-53

中国版本图书馆 CIP 数据核字（2001）第 022834 号

出 版 人	赵剑英
责任编辑	李树琦
责任校对	郭　娟
责任印制	李寡寡

出　　版	中国社会科学出版社
社　　址	北京鼓楼西大街甲 158 号
邮　　编	100720
网　　址	http://www.csspw.cn
发 行 部	010-84083685
门 市 部	010-84029450
经　　销	新华书店及其他书店

印刷装订	北京市十月印刷有限公司
版　　次	2001 年 10 月第 1 版
印　　次	2018 年 8 月第 2 次印刷

开　　本	880×1230　1/32
印　　张	13.375
字　　数	317 千字
定　　价	79.00 元

凡购买中国社会科学出版社图书，如有质量问题请与本社营销中心联系调换

电话：010-84083683

版权所有　侵权必究

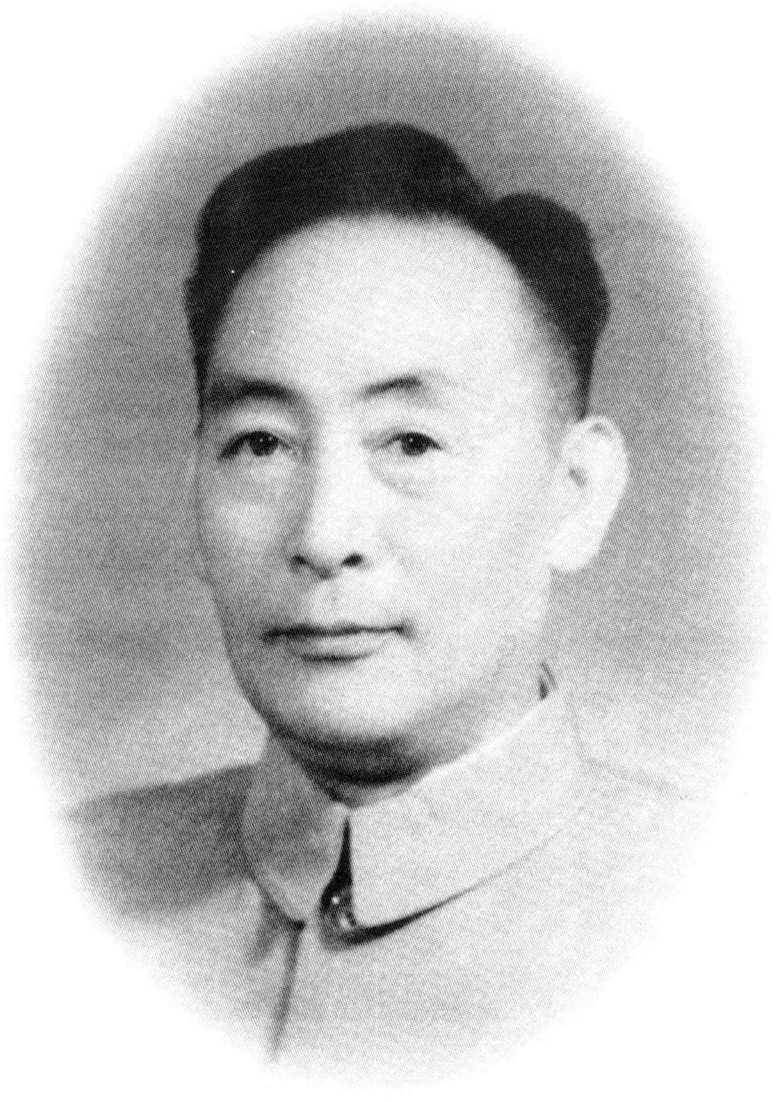

出版说明

一、《中国社会科学院学者文选》是根据李铁映院长的倡议和院务会议的决定，由科研局组织编选的大型学术性丛书。它的出版，旨在积累本院学者的重要学术成果，展示他们具有代表性的学术成就。

二、《文选》的作者都是中国社会科学院具有正高级专业技术职称的资深专家、学者。他们在长期的学术生涯中，对于人文社会科学的发展作出了贡献。

三、《文选》中所收学术论文，以作者在社科院工作期间的作品为主，同时也兼顾了作者在院外工作期间的代表作；对少数在建国前成名的学者，文章选收的时间范围更宽。

中国社会科学院
科研局
1999年11月14日

目　录

编者的话……………………………………………（1）

殷代奴隶制度研究…………………………………（1）
周人国家创设的过程 ………………………………（35）
"亚细亚生产方式"和所谓中国社会的"停滞性"问题……（50）
论两周社会形势发展的过渡性和不平衡性
　　——关于中国社会完成从奴隶制到封建制的过渡
　　　问题的探讨 …………………………………（85）
中国经济之史的发展阶段…………………………（112）
秦代经济研究………………………………………（134）
隋唐五代经济概论…………………………………（145）
关于明迄鸦片战争前中国资本主义的萌芽问题……（180）
孔丘派哲学思想的发展
　　——由孔丘到荀卿……………………………（190）
老聃派哲学思想的发展
　　——由老聃到庄周……………………………（238）

论我国历史上民族关系的基本特点…………………………(263)
地下出土的远古遗存和我国原始公社制时代的历史
　　过程……………………………………………………(283)
关于历史上的民族融合问题……………………………(339)
新疆和祖国的历史关系…………………………………(354)
关于农民战争问题的讨论………………………………(377)
关于历史主义和阶级观点问题的争论…………………(392)

作者著述目录……………………………………………(411)
作者年表…………………………………………………(413)

编者的话

吕振羽先生（1900—1980），湖南邵阳人，我国著名马克思主义历史学家。吕先生早年读中学时即参加了"五四"运动，1926年在湖南大学毕业后，立即投身北伐战争。1929年后，吕先生在北平创办《新东方》等杂志，从事中国社会问题、经济问题和历史问题研究，积极投入反帝反蒋运动。在白色恐怖下，吕先生刻苦学习和宣传马克思主义，积极组织进步团体，参加中国社会性质和中国社会史论战，并先后在中国大学、朝阳大学、民国大学等校任教，是当时著名的"红色教授"。"九·一八"后，他投身抗日救亡运动，曾担任中共北平市委领导下的"自由职业者大同盟"书记，参与筹组热河抗日义勇军，保护进步学生，多次营救被捕同志。

1935年底至1937年，根据党中央和毛泽东同志的部署，吕先生受中共北方局和刘少奇委派，驻南京和国民党当局进行合作抗日的谈判。他不避艰险，坚持原则，忠实地执行了党的方针，为第二次国共合作做出了重要贡献。

抗日战争初期，吕先生奉调湖南，组建湖南文化界抗敌后援会和中苏文化协会湖南分会，创办"塘田战时讲学院"，积极从事抗日宣传和组织工作。1939年，奉调重庆，在周恩来和南方局领导下，从事理论战线、历史研究和统战工作。"皖南事变"后，转往苏北解放区，任教于华中局党校，参加了反扫荡战斗。1942年，跟随刘少奇千里行军回延安，任刘少奇政治秘书和学习秘书，并任延安马列学院和中央党校特别研究员。

解放战争时期，吕先生在东北，曾任热西地委副书记、冀热辽救济分会副主任和辽东省委常委等职。

新中国成立后，吕先生先后任旅大区党委委员、东北人民政府文教委员会副主任、大连理工大学（原大连大学）、吉林大学（原东北人民大学）校长兼党委书记。他是第一届全国人大代表，第三届全国政协委员，全国人大民委委员，中国科学院哲学社会科学部委员，中共中央党校兼任教授，后任中国社会科学院顾问。

1963年，吕振羽先生蒙受不白之冤，失去自由。1967年，林彪、江青一伙为了构陷刘少奇，广事株连，将1936年的国共南京谈判说成"勾结蒋介石消灭红军、取消红色政权的罪恶活动"，将吕先生投入监狱，进行残酷迫害。1975年1月，吕先生被释出狱。中共十一届三中全会后，他的冤案才得以彻底平反。由于林彪、江青一伙的长期迫害，吕先生身心遭受严重摧残，1980年7月17日凌晨不幸去世，终年80岁。

吕振羽先生是革命家，又是学问家，二者兼而为之，融于一体。在革命征途上，他以学术为武器，披荆斩棘，为中国马克思主义新史学的创立和发展，为中国人民革命事业，做出了不可磨灭的贡献。

从30年代初开始，他就以马克思主义历史唯物论作指导，研究中国社会和历史。无论在戎马倥偬的战争岁月，还是在建国后如火如荼的热潮中，他一直笔耕不辍，给我们留下了数百万字的著述。这些遗著反映了吕振羽先生在中国经济史、中国社会史、中国哲学史和思想史、中国民族史、中国文化史、中国农民战争史,以及史学理论和史学方法等多方面的突出成就。

作为一名社会科学学者,吕先生第一步便是弄清人类社会发展各阶段的物质生产方式,亦即对社会经济基础的探索。1932年至1934年,吕先生先后出版和发表了《最近世界之资本主义经济》(上)一书,《中国国民经济趋势之推测》和《中国经济之史的发展阶段》等论文,以及《中国上古及中世纪经济史》(讲义),以比较丰富的资料,论述了现代世界和中国从古至今的经济发展与曲折,社会矛盾状况与趋向,从而宣传了进步的革命思想。他的经济学说得到了当时学界的好评。随着中国社会史论战的深入,吕先生把研究重点转向了中国社会史。从他写下的大量史学篇章中,读者依然可以看到这位大师在经济史研究上的功力。

在中国社会史的研究和古史分期问题上,他以地下出土物为骨骼,从远古神话传说中,揭示了中国原始社会的社会结构和历史发展,描述了中国原始社会的原始人群和母系、父系氏族公社的状况,破解了三皇五帝的历史神话,冲破了"东周以前无史"的禁区,为科学的中国原始社会史研究开辟了一条新道路和奠定了一块基石;他从殷商遗物和甲骨文字中,揭开了殷商社会的奥秘,首倡殷商为奴隶社会和青铜器时代,继郭沫若之后,把中国奴隶社会研究推进了一步;他对西周社会的研究,破除了旧观念上的封建陈说,从科学意义上分析了西周社会的生产力和生产关系,以及上层建筑诸形态,提出了西周是中国初期封建社会,即领主制封建社会的理论;他还提出,西周至春秋战国初期,封建制是处于不平衡发展状态,奴隶制的消失,领主制的扩张,地主制的出现,都经过了一个错综复杂的交叉过程;秦统一中国后,地主封建制才占据统治地位，中国封建社会才走进它的第二阶段；此后封建社会又经过了若干次小的调整和大的改革，至明末，随着中国封建社会的发展，它的内部已开始孕育资本主义新因素，明清之际，出现了资本主义萌芽。清统治者入关和鸦片战争，两次摧残了中国资本主义的幼芽。鸦片战争后，中国封建社会发生了剧变，半殖民地半封建社会形成，反帝反封建成为中国人民革命的首要任务，民族民主革命便应运而生，等等。这些观念和理论，已成为现代人们的一般常识，似乎已不足为奇。若我们要问起这些历史常识的来源，请不要忘记吕振羽先生。在30年代初期，这些观念和理论，正是吕振羽先生等人历史研究的新成果。这些成果不仅验证了马克思主义关于社会发展论断的真理性，给中国革命提供了历史依据，而且，他和郭沫若等人一起，为中国马克思主义新史学开辟了新天地，奠定了新基础。

在哲学史、思想史方面，吕振羽先生也别开生面。他超越前人就思想论思想的窠臼，把思想研究放在社会发展形态、物质生产方式和阶级斗争的基础上，不仅研究思想家思想本身，更注重研究这些思想的社会性，即思想的来源，思想的继承、发展和演化，思想的代表性，以及思想的社会影响等等。特别研究了这些思想的阶级性和它们在世界观上的归属。在此基础上，他总结出中国哲学史、思想史上的三条线索和两大阵营。第一次用马克思主义的方法论勾画出了一幅清晰的脉络。他的这一划分，虽不一定恰如其分，但却为中国思想史、哲学史理出了一个井然有序的系统，为科学的中国思想通史奠定了一块基石。

在民族史方面，他在40年代就用马克思主义民族理论写出了一本《中国民族简史》，其后，他又写出了一系列的考证文章。在这些著述中，他用民族平等观念对待民族史，用历史主义和阶级观点分析历史上的民族关系，以地下发掘、书本材料和民俗调查三结合的方法加以研究，得出中华民族数千年的进步，政治、经济、文化的发展，都是各族人民共同创造的论断。指出中国历史上民族关系的主流和基本特点乃是相互交流、相互影响、相互联系和依存、互相渗透和推动的关系。而民族的分裂和战争，乃是各民族统治集团造成的，是历史的暂时现象。中国从秦汉以来之所以形成一个统一的中华民族，其根本原因就是这一不可分割的纽带。

此外，吕振羽先生在对中国封建社会的农民战争、土地所有制、封建社会内部分期、文化的继承与发展等，都有很深入的研究，在此就不一一列举了。

这本文集因篇幅所限，仅收录了吕振羽先生数百篇文章中的一小部分。先生的专著未予收入。先生已出版的几种论文集，我们收录了其中十数篇。这些文章当然不可能全面反映吕振羽先生治学的全貌，但也能从一些重要方面窥见一斑。值此吕振羽先生百年诞辰之际，以此作为纪念。

我们受中国社会科学院之托，为吕先生编此文集，深感荣幸。由于我们水平有限，不如人意处可能不少，敬请读者鉴谅。

刘茂林　叶桂生
2000 年 3 月

殷代奴隶制度研究

一 关于殷代史料问题

（一）周易

"周易"的本身应分为不同时代的两个部分——卦爻辞和系辞。关于后者，相传为孔子所作，这是很难凭信的。左传："晋韩宣子来聘，观书太史氏，见易象，曰：吾乃今知周公之德与周之所以王。"是"易象"在春秋时已存在，或系可靠。易传究出自何时，我们现在颇难于判定；但从其构意去考察，似属一种变革时代的思想的反映。同时关于其以前的时代的历史，作者从动的观点统给它否定了。一叙述到其自身的时代的现实上，便又转入于一个静止的主观的肯定的观点。因而在周初似有产生这种作品的可能——我们虽然不敢遽然判定。

关于卦辞和爻辞产生的时代，历代儒家的各种传说，均难作凭信。因为儒家根本就戴了一副着色眼镜，不惜替卦辞和爻辞也披上一件神秘的袈裟。拿我们现在科学的眼光去研究，所谓卦辞和爻辞，不过是关于古代阶级社会的"人吃人"的简略记事，并不曾看出有何种神秘在。我们对其产生的时代作一判决，只有从其本身去考察。因而：

1. 从卦辞和爻辞所说明的社会以及其文体看，无宁和甲骨文很相类似。不过按卦分类，编辑成书，这许是后人的勾当。

2. 文中所记的人物有"帝乙""高宗""箕子"，这无论"帝乙"系"成汤"或"纣父"，"高宗"系"武丁"或"武乙"，总之他们都属于殷代就够了，至于那种有闲阶级的"考古"勾当，我们无暇与之争论。

依此判定卦辞和爻辞为殷代史料，便不算牵强。

不过我们若以为据此便能把殷代的社会充分说明，这也是错误的。因为它究竟只是一种关于占卜上的简略记事，而不是一种正式的历史的编述。其文辞不免概略，在三千年后的我们，便难于完全了解。所以它只能给我们暗示着殷代社会的一个影子。

(二) 殷虚遗物

殷虚前后出土遗物之为殷代铁一般的史料，是毫无问题的。问题只在于它们是否能代表殷代文物的全部，再则关于甲骨文字的各家释文是否完全正确，这也是有问题的。

殷虚前后出土遗物及考释，大致能概见于如次的各书中：

罗振玉：《殷虚书契》前编八卷，后编二卷，《铁云藏龟之余》一卷，《殷虚书契菁华》一卷，《殷虚古器物图录及附录》共二卷，《殷虚文字待问编》一卷，《殷虚书契考释》三卷，《殷商贞卜文字考》一卷及《殷周文存》《吉石庵丛书》等。

王国维：《海宁王忠悫公全集》中关于殷代遗物的各种著作。

孙贻让：《契文举例》。

刘铁云：《铁云藏龟》。

叶玉森：《铁云藏龟拾遗》。

商承祚：《殷虚文字汇编》十四卷。

王　襄：《簠室殷契徵文》（郭沫若认系伪片）。

明义士（James mellon menyies）：《殷虚卜辞》（Oracle Records from the Waste of Vin）及《骨片上所雕一首葬歌及一家系图》（A Funeral Elegy and a Family Tree Inscriled on Bone）（郭亦认为全系伪片）。

林泰辅（日人）：《龟甲兽骨文字》。

(S. conling：Oracle-bones from Honan)（郭亦认为全系伪片）。

中央研究院：《安阳发掘报告》（已出至第四期）；《蔡元培六十五岁论文集》。

郭沫若：《甲骨文释》及《殷周青铜器铭文研究》等。

其他关于各种金文中所收集之可靠殷代遗物等。

(三) 商书各篇

史记称尚书中有商书二十余篇。存者共五篇①：汤誓、盘庚、高宗肜日、西伯戡黎、微子。这五篇之中，汤誓一篇，其构意与所谓"夏书"之甘誓完全为同一公式，其文词亦不似其他各篇之诘赘难解，故其时代显系后于其他各篇，断难作为商代信史。

盘庚篇（共上中下三篇），国内学者从各方面考定，已一致确认为商代信史。兹不词费。其他三篇，王国维等亦判定为商代信史。我们从其所说明的时代性以及其文词构造，大体亦殊能与盘庚篇相衔接；不过又似乎夹杂有后人润色的形迹在，这或者是事实。因而我们在引证上不可不加考辨。

---

①　按今本尚书注云，隶书写古文二十五篇，商书仲虺之诰，汤诰，伊训，太甲三篇，咸有一德，说命三篇。又今本尚书中商书共十七篇。

此外在周初的可靠文献中（周书）有关商代的史料，也有相当可靠的。其他古籍中关于商代的记事，究其量也只能作为历史的副料。

二　殷代的经济组织

就既有的殷代史料能说明的殷代经济性，是氏族社会的，还是阶级社会的？这不是让我们来诡辩，而是活生生的历史事实。在奴隶制和晚期氏族制这两者之间在社会下层基础从而其上层建筑的诸形态上都有其各异的特征，这是不容混淆的。

我们要想正确地认识一个时代的社会的本质，必须从其当时所反映的各种现象作辩证的考察。若是把每个现象从其当时社会存在的一联的象征中孤立起来去考察，便只能作出：

是——非

非——非

甲即是甲

乙即是乙

非甲即乙

的结论来。那只有实验主义的方法论才是如此。他们对于问题的本质是无法接近的。因为孤立的各个现象，并不能说明其自身。不幸的是我们那班自号辩证唯物论的中国史研究者（自然，那不过是一些冒牌的，半截的货色），却都在如实地履行着十足的实验主义的方法。

因而在氏族制晚期的农业和牧畜，和奴隶制下的农业和牧畜，在我们的实验主义者看来，"农业"就是"农业"，"牧畜"就是"牧畜"，难道还有什么质的不同吗？家长制时代的"奴隶"和其后来的奴隶制时代的"奴隶"，也就不能不是同一的"奴隶",并没有什么质的差异了。像这一类的说明,对问题有什么帮助呢?还不是真理遭殃吧?

其次,我们的历史家更从而可以作出以残余作为主要,以局部概括全部的结论出来。如我们的郭沫若先生,他看见商代王位有"兄终弟及"的事实,有"常常专为先妣特祭"的事情,尤其是所谓"多父多母"的形迹的存在,便忍不住的大声疾呼:"商代不明明还是母系中心的社会","那时候的家庭不明明还是一种'彭那鲁亚家庭'吗?""那以前的社会就不言可知了!"

此外的一班殷代氏族社会论者,都还比郭先生落伍得多,并且他们所引用的材料和理论,也多半零碎的袭自郭著——虽然他们又都拿出其英雄式的本领在非难郭君。所以我特别提出他来作代表。

此外在我们的"唯物论"历史家的血液中的实验主义的成分,便是他们不了解因历史的连续发展的中断而引起向前飞跃的形势,以及"突变"和历史的质的变化的联系,反之,他们却认为在"渐变"的连续过程中能完成历史的质的变革作用。因而在殷周之际的那一次历史的变革,却有人认为不曾引起质的变革;在西周和东周之际那一连续发展的进程中,反之有认作历史的一大变革期。

以下我们从殷代的经济组织来作一实际的考解。

(一)殷代的生产和生产关系

1. 牧畜——先说牧畜,就现有出土甲骨文字中,殷代的家畜,我们现代人豢养的家畜——牛、羊、鸡、犬、豕、马等,已应有尽有,例如:

辛巳卜丰贞埋三犬,煮五犬五豖,卯四牛,一月。(殷虚书契前编,卷六,3页)

系马乎取王弗每（新获卜辞，一五七）

庚子卜贞□羊，征于丁□用雨。（殷虚书契后编，12页）

鸡（甲骨文字汇编，卷四收集）

把家畜用作牺牲的数目，据郭沫若的举例，每次有多至"三百""四百"者。这诚如郭先生所说，"不是畜牧最盛的时代是决难办到的"。畜牧业的繁盛，用家畜牛马参加劳动或作为交通工具使用也可看出来。例如：

贞挈牛五十。（殷虚书契前编，卷一，29页）

贞邕御牛三百。（同上，卷四，8页）

癸未，王□贞，有马在行，其在射获。（殷商贞卜文字考）

贲如，皤如，白马翰如，匪寇婚媾。（易，贲六四）

屯如，邅如，乘马班如……（易，屯六二）

良马逐，利艰贞，曰闲舆卫，利有攸往。（易，大畜九三）

见舆曳，其牛掣，其人天且劓，无初有终。（易，睽六三）

曳其轮，濡其尾。无咎。（易，既济初九）

他如"康侯用锡马蕃庶，昼日三接"（易，晋卦），也说得很明白。

2.农业——关于农业上的，卜辞中有农，田，畴，井，疆，甽，圃，囿，畯，岜，艺，禾，黍，啬，粟，麦，耒，稷，寻，鬻，米，年，季，穌，耤，刍，果，乐等字。此外，不仅和农业相关的酒、邕、衣等字甚多，殷虚中所发现的酒器，甚而比其他器物为伙。言衣者，据董作宾搜集其第一次发掘关于言衣者又发现二条。

他如卜雨，卜年，卜黍年之条甚多。除罗、王两氏所举者外（按罗氏：殷商贞卜文字考中所举卜雨之例甚多），中央研究院第一次发掘又发现关于卜年者九条，卜雨者二十二条。

再从"易经"的卦爻辞来看。有田字，裳字（坤六五黄裳元吉），年字，囿字，束帛字，果字，酒字，瓜字（姤九五：以杞包瓜），朱绂字，井字（井卦：改邑不改井），袂字（归妹六五：其君之袂，不如其娣之袂良），衣袽字（既济六四：繻有衣袽）等。他如"见舆曳，其牛掣"（见前），已用牛参加农业劳动。"不耕获，不菑畲，则利有攸往"（易，无妄六二），是则在农业上，并已实行着"三圃制"的经营。

商民族嗜酒的情况，据诗大雅说：

咨女殷商，天不湎尔以酒，不义从式，……靡明靡晦，式号式呼，俾昼作夜。（荡篇）

我用沉酗于酒。方兴沉酗于酒。（商书，微子篇）

辜在商邑越殷……庶群自酒，腥闻在上。（周书，酒诰）

像这样的情形，不是农业已经发展到高度，是没有可能的。

周初，周人追述其先世农业的繁盛，在《诗·公刘》各篇中均能表现出来。新获卜辞中"命周侯"（新获卜辞二七七号）三字的发现，已能证明"周"在其建国前曾为"殷"的属领。因而辩证的解释，周在当时的生产业绝不能超"殷"而上。

因而农业之在殷代，已经和畜牧同为当时主要的产业部门。

3. 工具和工艺——在殷虚的发现物中，兵器和各种器具，铜器占最多数，郭沫若就罗振玉《殷文存》所收集的七百种铜器铭文，分类为：爵、卣、尊、盉、觯、鼎、敦、觚、盍、角、斝、羸、匜、壶、鬲、罍、盦、盘、觵、豆等二十种，他并且说"足徵当时青铜器已很发达"。新近中央研究院在安阳发掘出的青铜器甚多，兵器方面如铜刀、铜矛、铜镞等甚多，并有铜锛，在同时的出土物中虽然还有石器，但从其数量去比较，已显然处于从属的地位，因此李济君亦终于不能不确认殷代为青铜器时代（参看安阳考古报告各期）。

只是在殷虚的历次发现中，并不能发现有农器在内。郭沫若先生从"農"字的"辰"字去证明的农器为石器，从而更以"石刀"充数为农器，这不仅是牵强，而且不免陷在诡辩论的泥沼中去了。照郭先生看来，一方面有农业工具的"石刀"和"石犁"，他方面又有繁盛的农业，这两种现象，怎样能成为辩证的联系呢？

最近中央研究院对殷虚的发掘，已发现有冶炼场和工艺场的遗址（参看发掘报告），这是最重要的一款事情。

因而我所认为问题的，殷代的农耕工具，究竟是否已使用铁器？因为在殷虚既无金属农耕工具的发现，单凭兵器和其他器具是无法判定的。铁器之用为兵器，却是至战国才有的事情。

> 古者以铜为兵。春秋迄于战国，战国迄于秦时，攻争纷乱，兵革互兴，铜既不克给，故以铁足之，铸铜既难，求铁甚易，故铜兵转少，铁兵转多。二汉之时，既见其微。（江淹：铜剑赞序）

> 美金以铸剑戟，试诸狗马；恶金以铸钼夷斤欘，试诸壤土。（国语）

照我们的郭先生的意见，曾为殷属领的周之先人公刘的"取厉取锻"（诗公刘），便是"采取铁矿来锻炼"。那么殷的属领在早就已知道锻炼，殷民族自身却还是只知道用石器去耕作，这是如何的矛盾呵！但是我认为郭先生对"取厉取锻"的解释，却是相当正确的。

再则殷虚的出土铜器化验的结果，包含有铁的相当成分；明义士所获殷虚出土的一块陶片，内附有一块铁矿，这均值得我们注意。因而我虽不愿和李季一样，拿埃及在3千2百年前就知道用铁（□□□）来作为商代也知道用铁的一个证明。如果这类的事情也能作为证据，那么中国应该在"夏"代就知道用铁了，例如陶宏景《刀剑录》云："（夏）孔甲在位三十一年，以九年岁次甲辰，采牛首山铁铸一剑，名曰夹，古文篆书，长四尺一寸。"所以我只能认殷代有知道用铁的可能。

关于土木方面，郭沫若所举的在甲骨文字中有宫，室，宅，家，牢，囿，舟，车，等字。商承祚殷虚文字汇编中，并有䉧（《说文解字》，䉧，狱两曹也，从㯝，在廷东也，从日，治事者也），宣（吴中承云，象宗庙之形），䕪，庙，鄙，邑，等字。最近殷虚又发现房屋建筑遗址。易卦爻辞中有家，庐，城隍，邑，牀，宫，栋，穴，坎，窞，牖，门庭，王庭，墉，庙，屋，户，宗等字。

关于衣物方面，郭举甲骨文字中有丝，帛，衣，裘，巾幕，游，旒等字。易卦爻辞中有裳，朱绂，帛，衣，袽，革，鞶，鞶带等字。

易卦爻辞中关于交通工具及其他器具，有乘马，金，皿，锡，舆，幅〔小畜九三：舆说（脱）幅〕，载，戎，大车，簪，盅，履，金矢，黄金，车，𨍏，篚，缶，角，犁，弧，黄矢，金棍，金车，瓶，甕，鼎，金铉，王铉，匕，钘，斧，矢，机，轮，弋等字。这在殷虚大抵都也有发现。盘庚篇有舟楫字（若乘舟，若作舟楫）。

依此，殷代工艺，均已有相当发展；工艺作坊遗址的发现，我们可以看出当时的分工也已有其相当的程度。

4. 奴隶——殷代奴隶之广泛的存在，在甲骨文和易卦爻辞中就记述得很明白。甲骨文中有奴，仆，役，臣，妾，奚，豎，娸，姘，俘等字。易卦爻辞中有小人，童，仆，臣，妾，李，刑人等字。

但是这种存在的奴隶，是家长制时代的奴隶，还是其后来的希腊罗马式的奴隶呢？这我们不能不考察一下在殷代奴隶之被使用的范围。

用于畜牧者，例如甲骨文中之"戊戌大占奴，卜令牧坐"，"土方牧"，"雀人刍于牧"；用于耕作者，例如"妌受黍年"，"贞□小臣令众黍"，"藉臣"；用于捕鱼者，例如"渔有众"，"渔亡其从"等是。用于战争上者，例如"坚来自垂"，"多臣伐吕方"；用于杂物上者，仆字的甲文本字形就是一例。又用于牺牲及歌舞者，我们在易卦爻辞中也能找出许多的明白例子来。例如：

　　高宗伐鬼方，三年克之，小人勿用。（既济，九三）
　　王臣蹇蹇，匪躬之故。（蹇，六二）
　　见舆曳，其牛掣，其人天且劓。（见前）
　　硕果不食，君子得舆，小人剥庐。（剥，上九）
　　孚乃利用禴。（萃，六二）
　　剥床以足蔑。（剥，初六）
　　大君有命，开国，承家，小人勿用。（师，上六）
　　击蒙，不利为寇，利御寇。（蒙，上九）

是则奴隶不仅在普遍的生产领域和杂役中被使用，而且用以参加战争和公务。此外，奴隶又被普遍的作为商品而买卖。

他方面，非奴隶之参加生产者，我们除见着"惰农自安，不昏作劳，不服田亩，越其罔有黍稷"（盘庚）一条外，便不多见；但这已充分在说明当时的自由民不屑劳动，才引起盘庚这样去谆谆告诫。这不劳而食的自由民阶级之存在，在盘庚篇中也能暗示出来：

　　古我先王暨乃祖乃父，胥及逸勤，予敢动用非罚。
　　予岂汝威，用奉畜汝众。予念我先神后之劳尔先，予丕克羞尔，用怀尔然。

古我先后既劳乃祖乃父，汝共作我畜民。

惟其由于他们是被"奉畜"的自由民，有大批的奴隶去替他们生产，所以才能终日无所事事，"式呼式号"，"俾昼作夜"，"靡明靡晦"的"群饮"，才能使微子、箕子以至"庶群"，从上至下长日的"沉酗于酒"。在氏族社会中，恐怕不会有这种终日沉湎于"醉乡"的大批人们——正确的说"有闲阶级"的存在吧！

大群奴隶的来源，主要由于战争，其次又由买卖去补充。在易卦爻辞中记战争之事甚多，这种战争多数是为掠取奴隶而发动的。例如：

系马取，王弗每。（新获卜辞，一五七号）

□挚孚归，克，卿王史，其挚。（同上，二六号）

晋如，摧如，贞吉，罔孚，裕，无咎。（晋，初六）

有孚，比之，无咎。有孚。（比，初六）

有孚挛如，富以其邻。（小畜，九五）

扬于王庭，孚号有厉，告自邑，不利即戎。（夬）

厥孚，交如，威如。（大有，六五）

有孚惠心，勿向，元吉，有孚惠我德。（益，九五）

"随有获，贞凶，有孚在道，以明，何咎。（随，九四）

习坎有孚，维心亨，行有尚。（坎）

壮于趾，征凶，有孚。（大壮，初九）

王用出征，有嘉，折首，获匪其丑。（离，上九）

执之，用黄牛之革，莫之胜说（脱）。（遯，六二）

用战争手段去获得奴隶，其对象不外为环绕其四周的各族。从甲骨文看，环绕其四周的为吕方，土方，羌方，人方，井方，粪方，马方，羊方，洗方，苴方，林方，盂方，莘抑，二封方，三封方，下勺，刜奄，雷等，所以其奴隶有"刜人"，"羌人"，"人方牧"，"土方牧"，"奄奴"，"邘奴"，"臣土方"，"俘馘土方"等。

由于买卖而来者，例如：

贞吉，悔亡，憧憧往，来朋从，尔思。（咸，九四）

"旅即次，怀其资，得僮仆，贞。（旅，六二）

旅焚其次，丧其僮仆，贞厉。（同上，九三）

弗损益之，无咎，贞吉，利有攸往，得臣无家。（损，上九）

利出否，得妾以其子。（鼎，初六）

见金夫，不有躬。（蒙，六三）

因而每次的战争，都以"有孚"或"罔孚"为卜，其战争的意义是十分明白的。以奴隶作为买卖的盛行，当然奴隶的生产力已有相当的高。其次，我们从奴隶不断的逃亡的事实来看，更可以想见奴隶受压迫的残酷情形。奴隶逃亡记事，例如：

悔亡。（恒，九二）

系遯，有疾厉，畜臣妾，吉。（遯，九三）

闲有家，悔亡。（家人，初九）

众允，悔亡。（晋，六三）

三人行，则损一人。（损，六三）

革，已日乃孚，元，亨，利，贞，悔亡。（革）

悔亡，有孚，改命，吉。（革，九四）

由于奴隶之不断的逃亡，统治者便定出各种约束奴隶的严酷手段。例如：监禁奴隶的，在甲骨文字中有狱字，瞖字，囚字等；卦爻辞中有"坎窞"等字。最近中央研究院在安阳发现非普通住居的地穴，此种地穴并与房屋遗址连贯，对此种地穴的用途，目前曾有种种不同的推断，我以为或即禁闭奴隶的"坎窞"。

处理奴隶的严刑酷罚，甲骨文中有劓，刵，刑，杀，劓（字形象刀象鼻）等字。

卦爻辞中有劓刑；"困于赤绂，乃徐有说（脱）利用祭祀。"（困，九五）

困于石，据于蒺藜。（同上，六三）

赍咨，涕洟，无咎。（萃，上六）

系于金柅。（姤，初六）

"莫益之，或击之，立心勿恒，凶。（益，上九）

"其人天且劓。（见前）

厥孚，威如，交如。（见前）

执之用黄牛之革，莫之胜脱。（见前）

咸其股，执其随。（咸，九三）

咸其腓、咸其拇。（同上，初六，六二）

出涕沱若，戚嗟若，吉。（离，六五）

系用徽纆，寘于丛棘，三岁不得，凶。（坎，上六）

来之坎坎，险且枕，入于坎窞勿用。（同上，六三）

习坎，入于坎窞，凶。（同上，初六）

剥床以肤。（剥，六四）

何校灭耳。（噬嗑，上九）

利用狱（噬嗑）履校灭趾，无咎。（初九）

噬肤灭鼻，无咎。（六二）

拘系之，乃从维之，王用享于西山。（见前）

发蒙，利用刑人，用说（脱）桎梏。（蒙，初六）

依此，在当时对待奴隶的办法，大概是如次的。把新捕来的俘虏，最初是拘禁起来，然后把驯服的，编入奴隶劳动的队伍，以补充生产劳力；否则，或较长期的被禁闭，或作为牺牲而被杀戮。对于一般奴隶，若有使奴主感觉其有反抗的情形或劳动不力时，便可以随意的处罚或杀戮的。

奴隶所遭受的这种残酷待遇，可说已达到他们之在古代希腊和罗马的情形。因而奴隶虽属为在历史上最没有自由，而又是最缺乏政治觉悟的阶级，但是在阶级的生活的矛盾他们到了无法忍受的极处，在古代希腊和罗马，曾发生一次光荣的阶级的暴动。我们在殷，虽然对这方面的文献过分的缺乏——自然，在他方面也是如此——却也有过奴隶暴动的一点影子。"易萃初六"说：

> 有孚不终，乃乱乃萃，若号。一握为笑，勿恤，往无咎。

我们把这段话译成现代语，便应该是如此的说："那班奴隶们已经不同向来一样，敢于公开起来反抗我们，揭起暴动的乱子来了；并且都是如醉如狂地，很快的就集合了大群的人，好像山崩地裂一般，就暴动起来了。这群狗奴才真该死，好，我们无防先给他们一番假言的安慰，把事情和缓下来，然后给他们一个无所用其怜恤的屠杀吧。"这应该不能说是牵强吧。

5. 商业——商业对于奴隶制社会，无疑是一个重要特征。惟其如此，甚而有不少现象论者，认为由古代希腊罗马的奴隶制转入日耳曼民族的封建制，是历史的一种退化。且从而便否认奴隶制底这一阶段之一般的存在。实际，照我所知，就是在封建时代，也并不是没有商业的存在，封建时代的所谓"自足"，乃是农奴们的自足；封建贵族和领主，一般都不曾完全停止过商品交换。问题是在于前者，奴隶是被畜养于奴主而过活，所以奴主们的商品交换经济，便能把全社会卷入交换经济的场合；在后者，农奴在名义上已离开领主而营独立的经济，所以农奴们的经济封锁在自足中，便把社会商品交换的范围缩小得异常狭隘而无关轻重了。更正确的说，我们便应该从生产力和生产关系上去把握。构成生产力的要素为人类的劳动力和生产工具。因而一般的说来，奴隶制和封建制时代的生产工具，自然无何显明的重大区别；但是前者的劳动力系属被看成为工具一般的全无人格的奴隶，后者系已具有一半人格的农奴。这种根本要素的各异，能够由我们的历史家的脑子把它们混淆吗？再则，前者的阶级关系是自由民和奴隶这两者间之对立的关系，剥削上虽属为全部剩余劳动的剥削，可是奴隶们必要的生活资料更是被减低到人的生活的水平以下，从而去扩大剩余劳动的部分。后者的阶级关系，为小学生也知道的领主和农奴这两者间之对立的关系，阶级的剥削程度，还比较的富于弹性。其次，前者的主要生产业为农业与畜牧并重，甚而有畜牧较纯农业为优势；后者则以纯农业为支配的产业。

现在我们进而考察殷代的商业情形。

阶级社会的商业的存在，是以都市的存在为前提的。古代希腊罗马的商业，曾创造出古代的都市的繁荣。殷代都市的存在，在甲骨文和卦爻辞中都可以考察出来。甲骨文字有"京"字（商承祚：《殷虚文字汇编》，举例凡五），"邑"字（同上，举例凡五），"乡"字（同上，举例凡十六，字形似两邑夹一皂），"鄙"字（同上，举例凡五），"邦"字（同上，举例二），"国"字（同上，举例凡三），"市"字（《薛氏钟鼎彝器款识》，乙酉父丁彝），"城"字（易孚，上六），在盘庚等篇中有如次的记载："以迁肆"，"用永地于新邑肆"，"若挞于市"（说命下）等，也说得很明白。因而当时不仅有都市的存在，而且有京、邑、肆、乡、鄙的分别，抑且都市之古代人口的集中，也已大有可观。易讼卦九二："不克讼，归而逋其邑人三百户，无眚。"其他，谯周《古史考》有"太公屠牛于朝歌，市饭于孟军"的传说。前者不仅说明都市人口的众多，同时又在说明奴主私有奴隶数量之巨大。后者的传说如属可靠的话，朝歌不啻成了古代的国际都市。

其次，商品交换的盛行，是以有专门充任媒介物的货币之存在为前提的。甲骨文字中有"贝"字"朋"字，我们在前面已指出过，并有真贝、珧贝之分，郭沫若也认为系专门充任媒介物的货币。易卦爻辞中亦有"贝"字、"朋"字、"资"字等。但我们为慎重起见，无妨再举例一二：

庚戌□贞，锡多女之贝朋。（殷虚书契后编下 8 页）

戊辰，弜师锡韓邑甘卤鹵贝，用作父乙宝彝。（戊辰彝）

乙酉商贝，王曰，市锡工母不忒遘旅，武乙。（乙酉父丁彝）

厌锡中贝三朋，用作祖癸宝鼎。（中鼎）

王赏伐□贝一朋，用作父乙鼎。（伐□鼎）

阳亥曰：遗叔休于小臣贝三朋，臣三家。（阳亥敦）

或益之十朋之龟弗克违。（益，六二）

锡贝五朋。（宰椃角）

癸己，王锡邑贝十朋，用作母癸尊彝，佳王六祀肜日，在四月。（邑罕）

这都是罗振玉、郭沫若均同确认为殷彝者，郭沫若《殷周青铜器铭文研究》又有如次的一段：

蠡鼎在南面（依图当在东南），最先出；器之内有贝百枚。（调查记）

《发现记》中亦有得"贝货三百十七"。（附录第二页）其古物名称中亦有贝货，罗振玉分括为真贝与珧贝二种。据此，则贝货于春秋初年就见使用，此为社会经济史上重要之史料。

这确实是"社会经济史上重要之史料"。但是"贝货于春秋初年就见使用"的文字含糊，却和郭先生自己所引用过的罗振玉的如次的一段记载是完全矛盾的：

往岁于磁州得骨制之贝，染以绿色或褐色，状与真贝不异。而有两穿或一穿，以便贯系。最后又得真贝，磨平其背与骨制贝状毕肖。此所图之贝均出殷虚，一为真贝，与骨贝形颇异；一为人造之贝，以珧制，状与骨贝同而形略殊，盖骨贝之穿在中间，此在两端。合观先后所得，始知初盖用天生之贝，嗣以其贝难得，故以珧制之，又后则以骨……（古物图录）

但近来殷虚中已有骨贝的发现。

因而，贝在殷代，不仅与"多女"及"臣"同为贵重的赏赐品，而且能够拿它去实现"为鼎彝"，贝的任务之在殷代，恐怕不减于在希腊罗马的"阿司"吧！我们无妨再从卦爻辞中去考察。

"怀其资，得僮仆"。这里所谓的"资"，当然是以贝为实体的；这是明白的所说，买入"僮仆"得给付相当的价格的贝货。"亿丧贝"（震，六二），"亿无丧"（同上，六五），前者言商业上的损失，后者则否。像这一类的话多着咧！为对问题更进一层的说明，再举出甲骨文中如次的数字来：鹵、贷、贮，便是现代人的所谓保险箧，不过现代保险箱中所藏的为纸币、股票、债券……而当时所藏的，却是一些贝货；贷却说明当时已有借贷事业的存在。贮字从贝，较鹵字更有积极的意义。

关于当时商业的盛行，如次的两句话是极关重要的：《仲虺之诰》说，"不殖货利"。《伊训》说，"殉于货色"。如果还嫌这两句话太抽象的话，我们就再从卦爻辞中来找点更具体的说明。

大车以载，有攸往，无咎。（大有，九二）

由豫，大有得，勿疑，朋盍簪。（豫，九四）

出入无疾，朋来，无咎，反复其道，七日来复，利有，攸往。（复）

无妄之灾，或系之牛，行人之得，邑人之灾。（无妄，六三）

舍尔灵龟，观（觏）我朵颐。（颐，初九）

三人行，则损一人；一人行，则得其友。（损，六三）

其行次且，牵羊悔亡，闻言不信。（夬，九四）

亿丧贝。（见前）

震往来，厉，亿无丧，有事。（震，六五）

夫征不复，妇孕不育。（渐，九三）

旅即次，怀其资，得僮仆，贞。（见前）

旅焚其次，丧其僮仆，贞厉。（见前）

旅于处，得其资斧，我心不快。（旅，九四）

鸟焚其巢，旅人先笑后号咷，丧牛于易，凶。（同上，上九）

西南得朋，东北丧朋。（坤）

肇牵车牛，远服贾。（酒诰）

巽在床下，丧其资斧，贞凶。（巽，上九）

改邑不改井，无丧无得。（井）

商兑未宁，介疾有喜。（兑，九四）

此外，甲骨文中"凯"字甚多（例如殷虚书契后编下第7页），余按其形似凭器量物形。卦辞中亦有［斗］字。

依此我们可以推究出殷代商业发展的一个概况来。其商业的特征，是盛行着奴隶买卖（例如：蒙六三："勿用取女，见金夫，不有躬。"及旅卦），借贷事业也已经存在。专门作为商品交换之媒介的贝货，不仅已具有一般的交换价值，而且作为社会财富的代表形态而被贮蓄了。

商业的地域范围的广大，征如次的两事实中，能寻出一个线索来。(1) 郭沫若《古代社会研究》中有如次的一句话："大抵贝朋用为通行货币之事即起源于殷人，其贝形由图录及我所见之实物（日本东京博物馆有真贝石贝铜贝诸事陈列）观察，实为海贝，即学名所称为 Cypraeamoneta（货贝）者，此决非黄河流域中部所能产。……然其来源则必出于海滨民族之交易或抢劫，这是最重要的一点。"（2）李济"小屯与仰韶中有如次的一句话："……至第六期之沙井，则铜器更多，且有带翼铜簇与贝货……但是关于这类的实物尚没有得到详细的报告，无法与小屯出土物品比较，铜簇、绿松石及贝货，都是小屯与沙井所同有的，细节处它们是否有分别，现在我们无法判定。"其次，最近在殷虚所发现的一块带彩陶片，证明完全为仰韶系遗物。我们知道绿松石和盐水贝也决不是黄河上游和中部所产，因而可推知他们之间在很早就有过商业关系，此其一；殷民族和海滨民族有过商业关系，此其二。

（二）私有财产制度的存在

我们在上面所举的许多事实，均能证明为私有财产制度确立以后的象征，如卜辞中的贷字，贮字……此外，卜辞中并有和"公"字对立的"私"字（按公字为公，私字形为己）就够说明了，但为慎重起见，再略为补充。

以奴隶和贝货作为王家对其臣下优崇的赐予品者，如前举之甲骨文"庚戌，□贞，锡多女之贝朋"，及阳亥敦等；锡贝者、朋者，如前举之"乙酉父丁彝"，"中鼎"，"宰椃角"，"戊辰彝"等，此外"父乙彝"，"乙酉戍命彝"（见前举薛著），"甲寅父癸角"（见殷周青铜器铭文研究）亦均有锡贝朋之记载；锡马者，如"康侯用锡马蕃庶，昼日三接。"（见前）"父乙鼎"铭并有锡田的记事，兹照录薛释如次：

庚午，王命寝庙，辰易（赐）北田四品，十二月作册友史锡赖贝，用作父乙尊彝（册）。

依此，赐田的事情，在当时是得如何的慎重呵！盘庚下亦有"用水地于新邑"的话。

此外，在卦爻辞中我们还可以寻出一些证据来。

> 巽在床下，丧其资斧，贞凶。（巽，上九）

这就是说，商人被盗窃去其藏在室中的财货，是很明白的。此外如：

> 或益之十朋之龟。（益，六二）
> 无妄之灾，或系之牛，行人之得，邑人之灾。（见前）
> 不富以其邻。（谦，六五）
> 翩翩，不富以其邻。（泰，六四）
> 或锡之鞶带，终朝三褫之。（讼，上九）
> 大君有命，开国承家，小人勿用。（见前）
> 包蒙，吉，纳妇，吉，子克家。（蒙，九二）
> 王假有家。（家人，九五）
> 闲有家，悔亡。（同上，初九）
> 富家，大吉。（家人，六四）
> 朕不自好货……无总于货宝，生生自庸。（盘庚下）
> 不昏作劳，不服田亩越其罔有黍稷。（同上，上篇）

这已能充分说明私有财产制之存在的象征。随着私有财产制度的发生后，因贫无所有而为盗窃的事情也必然随着发生，盗窃的对象，当然为富有的商人和兼括财富的公家。因而便有"巽在床下，丧其资斧"的商人们的晦气，和"殷罔不小大，好草窃奸宄，卿士师师非度，凡有辜罪，乃罔恒获，小民方与相为敌雠……今殷民乃攘窃神祇之牺牲，用以容将食"的社会现象发现。其次随着私有财产制确立以后，因财产而争讼的事情，便也随着而纷至沓来了。因而有：

> 不克讼，复即命，谕，安，贞吉。(讼上，九四)
>
> 不克讼，归而逋其邑人三百户，无眚。(讼，九二)

的事实。(按甲骨文中"讼"字亦屡见)从而如次的关于阶级社会的立法的一段话，至少便有几分确切：

> 敢有恒舞于官，酣歌于室，时谓巫风；敢有殉于货色，恒于游畋，时谓淫风；敢有侮圣言，逆忠直，远耆德，比顽童，时谓乱风；惟兹三风十愆；卿士有一于身，家必丧，邦君有一于身，国必亡，臣下不匡，其刑墨具。训于蒙士。(伊训)

这在说明些什么呢？

古代民族共产社会，难道是这样一付黑暗的图画吗？易言之，能有那样地狱般的共产社会吗？我们的历史家，凭他们那具机械的脑筋，是如何在颠倒历史的事实呵！

三 殷代国家的存在

我们对于殷代经济的研究，十分受着材料的限制，不能作充分的说明，因而对于其上层建筑的诸形态上，也不能有完满的叙述。

殷代国家的发生和其形成的过程，为我们所不十分明白的。我们所能说的，就是在殷代的政治形态，阶级构成，婚姻制度等等诸主要特征上，连半点氏族社会的影子也找不出来。

(一) 政治形态

氏族社会末期的部落酋长和紧接着在其后的阶级社会的古代专制帝王，形式上很容易惹起混淆，其主要分歧点，在于前者必须要经过选举（全员的），并得被罢免，后者则不必须经过选举而为男系的视为当然的世袭，选举亦是阶级的。恩格斯说："（罗马）在元老院和民会以外，还有来格思（Rex）的设置。这来格思恰相当于希腊的伯西劳司（Basileus），但并不是毛色所说的那种专制帝王。来格思为军务总司令官，高级僧侣，及特定裁判事件的首席裁判官，他除被授有为军务总司令官的统制权和首席裁判官的判决执行权外，便无其他权能——并没有对于市民的生命、自由、财产，有何种处置的权力。来格思的职位，不是世袭；但有由前任来格思提议，经过高利亚（Curio）会议选举，再由下次会议正式任命；同时，他并得被罢免。"（《家族、私有财产制和国家底起源》）

在殷代，有人认为在甲骨文、卦爻辞以及商书盘庚等各篇中之所谓"天子"、"帝"、"王"，便是这种"来格思"的性质。他们的主要证据，认为卦爻辞中之所谓"同人"和盘庚篇中之所谓"率领众戚出矢言"（上篇），"乃话民之弗率，诞告，用亶其有众咸造，勿亵在王庭"（中篇）等记载。便是古代氏族社会的"民会"等组织的存在的证明，其次便是认为殷代王位之过半数"兄终弟及"的事实，为证明男系世袭权还不曾确立。现在让我们来加以考察。

同人于宗，吝。（同人，六二）

同人先号咷而后笑，大师克相遇。（同上，九五）

这两条之在暗示着"民会"或"协议会"的存在，似是难于否认。但是即使这种解释是正确，也并不能作为氏族社会和后来的阶级社会的划界的指标；恰恰相反，在其后来的阶级社会的初期，也有这种组织之存在的可能。拿古代雅典国家来作个例子：

我们现在来讲雅典的国家，其统治权是握在十个部落所选出的五百个议员所组成的协议会的手中，但它须服从每个公民都有出席与投票权的民会的议决，另外有安疆司

(Anehons)和其他官吏掌管各部行政及司法。至于那具有最高执行权力的元首在雅典却不曾存在。(恩格斯,前书)

从而即使盘庚篇中所说的"有众咸造""在王庭"为"民会"或"协议会"的说明,也并不能作为氏族社会的独有的特征。而在另一方面,"国家的本质的特征,在于那和大众分离的公共的强制权力"。(前书)这种"强制权力",在盘庚篇中,表现得十分明白:

乃败祸奸宄,以自灾于厥身;乃既先恶于民,乃奉其恫,汝悔身何及;相时憸民,犹胥顾于箴言。其发有逸口,矧予制乃短长之命。(上)

自今至于后日,各恭尔事,齐乃位,度乃口;罚及尔身弗可悔。(同上)

明听朕言,无荒失朕命。……非汝有咎,比于罚。(中)

予岂汝威,用奉畜汝众,予念我先神后之劳尔先,予丕克羞尔,用怀尔然。(同上)

呜呼!今予告汝不易。永敬大恤,无胥绝远。汝分猷念以相从,各设中于乃心。乃有不吉不迪,颠越不恭,暂遇奸宄,我乃劓殄灭之。无遗育,无俾易种于兹新邑,往哉!生生!(同上)

上篇的口吻,是对其左右臣僚而说的,中篇则是对其自由民而说的。这种"言出法随","敢有违命者尽杀无赦"的口吻,以及握有大众的一切生命权力的事实,是氏族社会的部落酋长能够想象的吗?而且,盘庚各篇中,纯系一种命令式的告白,并不曾有半点会议的形迹;而且上篇至"其如台"止的一段,中篇至"盘庚乃登进厥民"的一段以及下篇的前四句,显系编"书"者的按语,还不是原有的本文呢。

因而照我看来,盘庚篇所说明的,第一只是说明了当时农业的发达，人们定居已久，所以才惮于"安土"的"重迁"；第二只是说明了集中于盘庚一身（正确的说，是集中于一个阶级）的政治的"强制权力"，已发展到了一个较高的形式。

其次所谓"殷代王位的大半数为兄终弟及"之一问题，那却只说明男系的世袭，此外并不能说明什么。而且这种"兄终弟及"的承袭；在所有阶级社会的所谓"王国"中，却是一个普遍存在着的现象。殷代"兄终弟及"的事情之较频繁，那或者由于奴隶制社会系直接由氏族社会的转化，所以对古代的习惯遗留能保存着较多的成分。

其次殷代已经组织有其国家的军队。如次的记载中可以看出来：

> 王臣蹇蹇，非躬之故。（蹇卦六二）
> 长子帅师，弟子舆师。（师，六五）
> 在师中，……王三锡命。（师，九二）
> 师出以律。（师，初六）
> 食旧德，……或从王事。（讼，六三）
> 屯如，邅如，乘马班如，匪寇婚媾。（屯，六二）
> 武人为于大君。

这种"武人"，大概就是军队中的自由民阶级，"王臣"大概就是被用作战卒或警察的奴隶。总之他们都是"从王事"而"食旧德"的。

为保护私有财产而设置的警察的存在，如次的一段话更说得明白：

> 殷罔不小大，好草窃奸宄。卿士帅师非度，凡有辜罪，乃罔恒获，……今尔无指告，予颠隮若之何其？

这明明在说："如今在我殷邦，奸民盗窃横行，有产者不得安居，你们负警察职责的人们，不仅事前不能防范，事后又不能破获,像这样一味放任下去,那还成鬼世界吧!"说命中也说:"建邦设都,树后、王、君、公,承以大夫,师长,不惟逸豫,惟以乱民。""股肱惟人,良臣惟圣。"因为不这样,便不能行使其阶级的政治的强制的权力。"国家无警察便不能存在",在古代欧洲,"雅典在其新国家内,便创造有步行和骑马而负着弓矢的具有坚强的武力的警察"。(恩格斯,前书)这不过是一个例子。

(二) 社会诸阶级的存在

到奴隶制度时代,"作为社会的——政治的制度之基础的对立的阶级,已不是贵族和平民,而是奴隶和自由民,保护民和市民"。

在殷代,我们从卜辞、卦爻辞、盘庚各篇等可靠史料中,关于说明阶级制度的单字,有如次的一联:

  1. 天子,帝,王,公,侯,大人,君子,史,巫,邦伯……等;

  2. 武人,邑人,行人,旅人,商,幽人,庶群,畜民……等;

  3. 小人,刑人,臣,奴,奚,妾,役,牧,仆,倌,僮仆,御,佑,妌,媒……等。

第一列无疑是当时的贵族,第二列为当时的自由民、市民,第三列为奴隶。

第二列的自由民阶级,在当时或已被豢养于贵族(予其奉畜汝,汝共作我畜民)或则"不事王侯,高尚其事。"而依奴隶以为生,或则成为握有社会财富的商人,足征在当时已不是这两者间的对立,而是成了这两者的统合与第三列的奴隶阶级的对立。

很有人认为在第一列所举的所谓帝、王、侯等,并不是在意义着阶级社会的帝、王、侯,而是在意义着古代社会的部落酋长、世袭酋长、普通或军事酋长等；在卦爻辞中的所谓"利建侯，行师，征邑国"，便是在说明设置军事酋长。这种实验主义的诡辩勾当，在辩证论者看来，本是无庸申辩的。但我们为慎重起见，略为释明一下。

我们在一方面看见有"利建侯"的"侯"，但同时我们却又当看到"康侯用锡马蕃庶"的"侯"。这两个"侯"，应是同一意义的吧！那么，在这里，如果"康侯"是氏族社会的酋长，问题便限于不能说明了。氏族中的社会财产，无论在世袭或赠予的何种形式下，以均须保存在氏族内为原则。因而，如果"康侯"为其氏族的世袭酋长，便不能有受取族外锡马的可能；如果"康侯"为普通酋长，他若是族外人，问题是同一的，他若是族内人，在当时便无这种必要。因而要想问题能得到说明，除非"侯"就是阶级社会的"侯"。而且这一条记事，还在说明私有财产制度之存在的呵！

从而甲骨文中的"侯"、"周侯"……也应该是同样的解释。再次的一点说明，就是《史记》说殷命周昌为西伯，《竹书纪年》说殷命季历为西伯，证之"命周侯"，《史记》和《竹书纪年》的这点记载；便不能不是确切的。从而这里所能说明的，难道也是"氏族社会的酋长"吗？

在殷代的阶级的生活的悬殊，我们也可以找出一点影子来。

都市无产者的生活，或则为"罔不小大，好草窃奸宄……今殷民乃攘窃神祇之牺牷牲，用以容将食"的盗窃生活，或则为依政府的救济以为生的"自由民"。

有闲的贵族和自由民阶级的生活，或则为"不事王侯，高尚其事"，而过着那种"靡明靡晦，式号式呼，俾昼作夜，沉酗于酒"的"群饮"生活；或则过着那"不出户庭"，而"丰其屋，蔀其家，窥其户，阒其无人，三岁不觌"（丰上六），而拥着娇妻过着那"妇子嘻嘻,笑言哑哑","老死温柔乡"(入鱼以宫人宠)的生活。在他们所时常行着的公共的宴会和各种盛大的祭典,奴隶们甚至无产化的自由民也是没有分的。(王用享于西山,小人弗克)

他方面便是同于牲畜而被豢养,终日"萃如,嗟如","涕血涟如"的奴隶们的生活。他们不仅为贵族和自由民服生产上的劳动,日常生活中的卑贱杂役,而且他们饮酒时,便要跳舞给他们取乐①,他们性欲冲动时,还要充作排泄性欲的机器。反抗吧?不是杀戮或充作牺牲,便是拷打、劓鼻、刑宫、刖足,还要锁镣起来去坐土牢子……

(三)婚姻制度

殷代的婚姻制度,若是我们从其时代其他一切特征作联系的考察,只有"一夫一妻制度"才能说明其时代,从而和其时代,从而和其时代的其他一切特征间,才有其妥适性。若是仅从其外表所存在的某种现象孤立起来去考察,则卜辞中之所谓"多父"、"三父"和所谓"多母"(参看郭沫若,《卜辞中的古代社会》),确很容易被认为系属彭那鲁亚婚姻制度的一种现象,可惜现象并不能说明其本身。而且我们稍把事实考按一下,所谓"多母",原来还是"祖乙之配曰妣己又曰妣庚","祖丁之配曰妣己又曰妣癸","武丁之配曰妣辛又曰妣癸又曰妣戊"的一回事呵!那么,这便只能说明一夫多妻,而不能说明所谓亚血族群婚;但是这依旧不能成立,因为据记载在殷代世系的三十一代"帝王"中,大多数都是只有一个配偶的呵!

---

① "王其侑于小乙,羌5人,王受佑。"(新获卜辞写本198号,见董作宾:获白麟解)

所谓"多父",所谓"三父",大概都是"父甲一牡,父庚一牡,父辛一牡"等片卜辞的缩写。这在郭君所引的三"商勾刀"铭文就能与以正确的解释(按一刀列铭兄名曰:"大兄日乙,兄日戊,兄日壬,兄日癸,兄日癸,兄日丙";一刀列铭父名曰:"祖日乙,大父日癸,大父日癸,仲父日癸,父日癸,父日辛,父日己";一刀列铭祖名曰:"大祖日己,祖日丁,祖日己,祖日庚,祖日丁,祖日己,祖日己")。在彭那鲁亚婚姻制度下,乃是"父"之兄弟皆为"父","母"之姊妹皆为"母","父"之"父"均为"祖",这是很明白的。那么,何来所谓"大祖"和"祖","父"和"大父"及"仲父"的分别呢?其次,在对偶婚制度下,"子"以"母"的主要之夫为"父",父的兄弟皆为"诸父",一个人并不能有一个以上的"父"。这也是很明白的。因而问题只有如次样的解释才有可能。大约在私有财产制确立以后,王位的相继承,并须同时继承其宗祧。所以,赵光义的嫡子,在其继袭王位以后,不仅称光义为皇考太宗,并须同时称匡胤为皇考太宗。这便是一个明白的例子。今日的侄承"叔"祧者,亦同时称其生父和承祧之"叔"为"父",这习惯在中国还很普遍。

在我们所见的其他记载,也只是明显的在说明一夫一妻制度。易渐九三:

夫征不复,妇孕不育。

这在说,在丈夫出征的期间内,他的留在家中的太太受着青春的性欲的冲动,便不免有些忍耐不住,和其他的男人偷偷摸摸的在实行着两性交易的。但是像这种恋爱的结晶品,是不能得到她的正式丈夫和当时社会的承认的,因而她只能把肚中怀着的小生物,用人工方法强制小产出来,把它抛置厕所里,或者像现在的各大学的墙角下,才算完事,这是彭那鲁亚婚或对偶婚时代能够想象的吗?像这样的事实,是我们的历史家们所不肯看见的。

我们在他处又看见有：

归妹以须，反归以娣。（归妹，六三）

归妹愆期，迟归有时。（同上，九四）

帝乙归妹，其君之袂，不如其娣之袂良，月几望，吉。（同上，六五）

女承筐……士刲羊。（同上，上六）

挚仲氏任，自彼殷商，来嫁于周，曰嫔于京，乃及王季，惟德之行。大任有身，生此文王。（诗，大雅·大明）

文王初载，天作之合，在洽之阳，在渭之涘，文王嘉止，大邦有子。大邦有子，伣天之妹，文定厥祥，亲迎于渭，造舟为梁，不显其光。（同上）

缵女维莘，长子维行，笃生武王。（同上）

这是：一、帝乙很隆重的把他的妹子下嫁给周。二、季历娶了一个很贤德美丽的殷女作太太，就生了文王。三、文王也尚王室的公主作太太，并且还举行着隆重的亲迎典礼，后来这个公主又给他生了武王。这还不很明白吗？但是我们的历史家，却还要说，"太姒嗣徽音，则百斯男"，那也正在说明"彭那鲁亚婚姻制的存在"。依此，则周代建国前即在行着彭那鲁亚婚姻制，那末和其相适应的便应该是图腾社会了；另一方面，周代却从此一直就跃入阶级制度时代，真妙呵！这一跃，就跃过了历史好几万年，中国社会历史的进化真是比"神"的社会还要神速呵！那末，"中国人"简直不是"人"而是"神"了。

其次的一个问题，便是所谓殷代的氏族制到周初尚还存在着（？）的问题。郭沫若先生曾举出许多可靠的历史材料，如：

贞令多子族从，犬侯寇周蚩王事。（甲骨文释）

癸未令旅族寇周，蚩王事。（殷虚书契前编）

昔武王克商，成王定之，选建明德以藩屏周。……分鲁公以大路大旂，夏后氏之璜，封父之繁弱，殷民六族，条氏，徐氏，萧氏，索氏，长勺氏，尾勺氏……因商奄之民命以伯禽而封于少皞之虚，分康叔以大路少帛绩茷旃旌大吕，殷民七族，陶氏，施氏，繁氏，锜氏，樊氏，饥氏，终葵氏……命以康诰，而封于殷虚。（左定四年）

郭先生这一发现，真是非同小可呵！这简直是读书杂志那一群"历史家"们发现了一处金矿似的。展转抄袭，大展其在"论战"场上的"破"呀"立"呀的英雄手段。

但是问题的真象究竟是怎样的呢？我彷佛记得恩格斯在《家族、私有财产和国家底起源》中曾有这样的两段记述：

在雅典"因这新的制度，对于那半由外来，半由被解放的奴隶所形成的大群保护民，都与以市民权，从而原来的血族制的组织，为公共事务的组织所代替。它们自此仅成为私的或宗教的团体；但其道德影响、因袭观念以及其意识形态，还是长期的存在着，仅能逐渐的去消灭。这在另一种国家制度上，也还在表现着。

差不多在罗马建国后三百年的期间，还有异常坚固的民族的约束，因而名作法比亚（Fabiara）的一个贵族氏族，它可以在元老院的许可之下，单独和其邻近的都市藩岸（Vei-i）作战。据传上前线的三百零六个法比亚人都为伏兵所歼灭，仅留下一个男孩来繁殖这一氏族。

从而氏族的原有的组织，在形式上，在其以后的阶级社会的一个很长的时间中还是存在的。我们再从中国来看，直到现在，在农村中还有"聚族而居"的氏族社会的组织的孑遗的存在。从而，那不过是历史的习惯的因袭之一种私的联系，早已丧失其原有的机能罢了。

在左定四年所指的"殷民"各族，究竟是殷的同血族，还只是在其政治的隶属之下？我们还难于判定。如果是后者的关系的话，我们不愿意拿美洲的古代印加来作例子，我们只拿古代希腊罗马来说，在当时，在其政治隶属下的许多区域，都保留在氏族社会的形态下，日尔曼各族，便是一个例子。而且在资本主义时代的旧俄，他的境内各族，也还有许多保存在氏族社会的形态下，能说他们不是［俄民］吗？在今日中国境内的苗、瑶各族，也都还是氏族社会的组织，难道能因此就说中国今日还是氏族社会吗？而且，周氏族在其建国以前，一方面是殷的从属，另一方面，它却还是一种氏族的组织？这样，问题不是很明白了吗？

四　余论

郭沫若先生的殷代氏族社会论的主要论据，我们在上面已附带的讨论过。

现在我们来略为提述一下，某某们的殷代氏族社会及所谓"原始封建社会"论。

他们之所以确认殷代为氏族社会的论据，完全是郭沫若的理论和材料的重复，更妙的是拿"卜辞"中的"贞焚"、"卜焚"等类的单字，去和史记"货殖传"中所谓楚地在汉初犹"火耕水耨"等记载联系起来，证明殷代还是使用新石器为主要生产工具，从而证明其农业才发生，……这在殷虚出土的遗物就能与以完满的答复——如果肯对它们作联系的考察的话。

其次的一点，便是殷代的婚姻制度，在他们的脑子里，也依样是"亚血族群婚"，总之，"一夫一妻制"在他们看来是不会存在的。其主要材料根据，也还是如次类的：

商人自大父以上皆称曰祖，其不须区别而自明者，不必举其本号，但云祖某足矣。即须加区别时，亦有不举其本号而但以数别之者，如云：□□于三祖庚。其称父某者亦然。父者，父与诸父之通称。卜辞曰：父甲一牡，父庚一牡，父辛一牡。（后编卷上第二十五页）凡单称父某者有父甲，有父乙，有父丁，有父己，有父庚，有父辛。（观堂集林，卷九）

王国维在这些地方，简直成了他们的考茨基或棕巴特了。另一方面，这些论据，在实际上，并没有跳出郭沫若的圈子。那么，在这里也就没有再为驳辩的必要了。

但是殷代又显然有贵族和奴隶诸阶级的存在（存在的自由民那一阶级，当然是他们之中一大半"历史家"所看不见的），那又怎样才能去圆满我们的"学者"们的理论呢？有了！反正脑子是一部活机器，稍为旋动一下（或者也不免绞得很苦吧！）就已制造出一个"原始封建社会"来。中国学者们的发明的本领真不小呵！今而后，我才知中国文化的古老的由来，原来是在它的"奴隶社会"或"初期封建社会"以前，还有一个"原始封建社会"的存在呵！这种"原始封建社会"是什么东西呢？原来是它和氏族社会平分春色的一种社会呵！这样的历史研究法，真算省事极了，还要拿什么古代"印加"，或什么（Kpelle）族，(Pangwe) 族，(Ungoro) 族的事情来作旁证，这有什么必要呢？要这样，问题便扯得更长了，恕我太忙，谓诸君从莫尔甘"古代社会"、恩格斯"家族、私有财产和国家底起源"、卢森堡"新经济学入门"等或去研究一下印加；从我们的"学者"所指定的 (R.H.Lowe: Orign of State) 去研究一下 (Pangwe) 等族，从 (R. H. Lawie: Arewe Cdliged) 去研究一下 (Ungoro) 等族吧！

再次，我们说到"经师"李季的高论。这位由"神童"而"经师"的"历史家"的议论，就更要出奇的厉害，他把神话传说中的人物和神话传说本身,都一律当作历史的实事看。

他根据他的一个"推论"和一个"间接证据",判定殷的"氏族共产社会在盘庚时已经崩溃,到盘庚时才组织殷代的国家"。(请问盘庚在哪年哪月哪日组织国家的呢?)他——盘庚并且"将氏族共有的土地转变为国有的土地"。(一个推论和一个间接证据能算数吗?)可是他方面,他又看见殷代有奴隶阶级的存在。因而在"我们的经师"的脑子里,便产生出一个亚细亚生产方法和"奴隶制"的混血儿的殷代奴隶制社会。

他又根据《左传》和其一个"推论",判定"稷的曾孙公刘应在商中宗即位时的前后","商中宗时有田野农业",因而他的时代是在"野蛮(即我所说的未开化)的高级"。他又从诗绵篇"和公刘篇比较一看",就是公刘篇只表现田野的农业的经营,而绵篇"则……还表现有国家的制度",因而他便确认公刘时是未开化的晚期,太王时的周民族却已建立了"国家"。他既根据"辞源,世界大事表",又认为"绝不可信",结果还是由他自己又来一个"推论",判定太王"的建国至迟距盘庚末年不过140年"。或者太王建国在盘庚建国后100多年(也许太王居豳时已建立了国家)。最后他又给了我们一个结论:

> 这两个国家都因自然的、地理的环境关系,于原始共产主义的生产方法崩溃之后,同达到亚细亚的生产方法。再详细些说,就是盘庚和太王所处的环境均适于农业的经济,而四周又没有强悍的游牧人,须企图抵抗(这不是白天说鬼话吧——羽),从事战争,因此取得大批的俘虏,作为奴隶,形成一种奴隶的生产方法。所以中国古代的氏族社会崩溃后,生产方法的发展,不取希腊罗马式。正是有原因的。

像这样的"经师"式的理论,虽然曾热心去批评实验主义而值我们的同情；然对于他自己的病入膏肓的机械论，却又未免贻误读者。

〔原载"河南政治月刊"第4卷第12期及第5卷第1期（1934年12月—1935年1月）〕

周人国家创设的过程

在很早的古代①，西来的一个后代称作"夏"族的民族和从东来的商族在黄河流域的中部相遇之后，商族渐以其较进步的生产力把"夏族"追回到西北区域——今日的陕甘一带。回到西北的"夏"族，后来又分化而成为大夏，鬼方，土方，周，秦等族。

周族发展的历史，据周初文献的记载，均以农神后稷②为其男系祖先；世本则更追至"帝喾"以自"帝喾"至文王凡十五世。③诗经所载：并谓其男系始祖稷居邰（今陕西武功县境），四世祖公刘迁豳（今陕境邠县），十三世祖古公迁岐（今陕境岐山县）。但世本所载是难于完全凭信的，因之公刘究为文王前几世祖，我们还没有充分材料以资决定。史记说："公刘……变于戎狄之间。"国语说："我先王不窋，自窜于戎狄之间。"足征传

---

① 传说的年代至难凭信，正确的年代已不可考。
② 例如诗生民篇追述后稷说："诞降嘉种，维秬维秠，维穈维芑。"闵宫篇云："是生后稷，降之百福，黍稷重穋，植稺菽麦。"是后稷即发明农业的农神。
③ 帝喾→稷→不窋→鞠→公刘→庆节→皇仆→差弗→毁隃→公非→高圉→亚圉→祖类→古公亶父→季历→昌。

说之不一致；然周族原为西北方的蛮族（即传说中夏族之一支系），于此则信而有征。在周民族的内部，又包括有周姜①等族，姜即羌戎，古姜羌原为一字。

据诗经所载，周民族在公刘以前虽然已发明农业，还是未完全定居的游牧民族。到公刘时，由于生产力的进步，金属工具的发明②，在豳地才完全定居下来，转化为定居的农业民族。所以诗公刘篇说：

笃公刘，匪居匪康。乃场乃疆，乃积乃仓，于橐于囊，思辑用光，弓矢斯张，干戈戚扬，爰方启行。

笃公刘，于胥斯原，既庶既繁……陟则在巘，复降在原。何以舟之？维玉及瑶，鞞琫容刀。

逝彼百泉，瞻彼溥原，乃陟南冈……于时处处，于时庐旅。

随着人到定居的农业民族的状态，便出现了氏族村落公社的组织，所以诗大雅又说：

乃慰乃止，乃左乃右；乃疆乃理，乃宣乃亩。自西徂东，周爰执事。（大明篇）

相其阴阳，观其流泉，其军三单。度其隰原，彻田为粮；度其夕阳，豳居允荒。（公刘篇）

在这种公社组织的内部，土地是属于公社共有的财产，由公社长行使定期的分配；分有土地的公社内的各家族，则各别的去耕种经营。于是财产的所有形态，乃开始由氏族财产向家族财产转化。因而公社的公共费用，乃开始向各家族作定额的征取，所

---

① 诗经及史记皆云后稷之母曰姜嫄，太王之妃曰姜女，王季之母曰周姜。殷虚出土之鹿头刻词有"于倞""于羌"之记载；其他甲骨文字中"伐羌"，"羌人"等字甚多，此羌即周族近亲之姜族无疑。

② 诗公刘："取厉取锻。"

谓"彻田为粮",便是这一说明。

从而农业便得到疾速的发展,所谓:

周原膴膴,堇荼如饴。(大明篇)

艺之荏菽,荏菽旆旆,禾役穟穟,麻麦幪幪,瓜瓞唪唪。(生民篇)

诞后稷之穑,有相之道,茀厥丰草,种之黄茂,实方实苞,实种实褎,实发实秀,实坚实好,实颖实粟。(同上)

生民篇虽系咏"后稷"时的农艺情形;然这种农业的情形和其"实方实苞,实种实褎"的经营方式,非在金属工具的发明后是不能实现的。

另一方面,便发展着公社内部的分工,而引出手工业家族的出现。这种手工业家族的存在,是和冶金术的发明相追随的。由于生产力的发展和手工工艺的专门化,于是居室便也随着由穴居而开始向版筑的居室演进。①

另一方面,在这种经济的基础上,便随着而发现了氏族公有的奴隶,诗公刘篇有"戎丑攸行"一语,"戎丑"便是由战争得来的奴隶。

据诗经和孟子所载,周民族在古公亶父时,频频受着北方游牧民族狄人的袭击。在古代游牧民族和农业民族的战争,多是前者占着优越的形势;一因游牧民较农业民具有较熟练的骑射等战术;二因前者是无定居的,得以不时对后者施行侵袭,而后者对于前者,除能行使反攻的追击与遭遇战外,便没有一定的地所去

---

① "其绳则直,缩版以载。""捄之陾陾,度之薨薨,筑之登登,削屡冯冯,百堵皆兴,鼛鼓弗胜。"(大明篇)是周民族在公刘时已开始知道版筑。诗经中虽然又有"古公亶父,陶复陶穴,未有室家"的记载。然此系记载古公受着游牧民族="狄人"的袭击初逃避到新地的情形;其次这种复穴的居室,实残留到后来一个极长时期;周民族的版筑居室到何时才取得主要的形态,我们还没有材料来说明。

对其行使侵伐。所以古代农业民族虽具有较游牧民族高的生产力，军事上反处于劣势的地位。因而周民族为避免狄人之不时的袭击而南迁至岐山一带。可是古代西北区域的岐山一带是天然的饶沃之区，最适宜于农业民的发展。周人以其较进步的农业生产技术，和这样天然的富源相结合，于是农业乃得到急速的发展，其民族的势力便随着而得到迅速的膨胀。

由于农业的发展和人口的增多，便扩大了土地的要求。于是便不断的用战争手段去征服其四周各族。这到王季和文王的时代（纪前1200年代之末到1123年之间），便更急速的进行其征服他族的战争①，最后到纪元前12世初，西北区域内的各族便完全为其所征服了。②因而把部族的中心组织又由岐山而迁到丰邑（"作邑于丰"——诗）。他们对于被征服者即战败者的处置，或则没收其土地而以之转化为本族的耕地；或则仅置于其从属之下，像古代印加（Inea）一样，向被征服者征取税纳。③

另一方面，在殷代══奴隶所有者国家的末期，由于其生产的衰落等关系，因而便加紧对各属领的榨取④，此等属领为期摆

---

① 例如：尚书大传云：文王受命二年伐于；史记周本纪：明年伐犬戎。大传：三年战密须，（本纪同）；四年伐畎夷（本纪作：明年败耆国）；五年伐耆（本纪作明年）；六年伐崇（本纪同）。诗经：伐崇灭密。

② 诗皇华篇云："惟此王季……奄有四方。"又谓文王为"万邦之主，下民之王。"诗思齐篇云："惟此王季……克长克君，王此大邦。"周书武成云："惟先王建邦启土；公刘克笃前烈；至于泰王肇基王迹；王季其勤王家；我文考文王，克盛厥勤……大邦畏其力，小邦怀其德。"

诗又云文王在伐崇灭密之后，便成功了"四方以无拂"的军事征服。

③ 本纪云诗人道西伯盖受命之年称王而断虞芮之讼；尚书大传云：文王受命一年，断虞芮之质。是虞芮显系其从属下之氏族。向从属下各氏族征取税纳，周书无逸篇云"文王卑服，即康功田功……自朝至于日中昃不遑暇食……不敢盘于游田，以庶邦惟正之供。"末一语，即系其从属各氏族向其缴纳一定的税贡之意。

④ 诗大雅荡篇云："文王曰咨，咨汝殷商，女暴炰于中国，敛怨以为德。"

脱其严酷的压迫和榨取，于是便纷纷投到较强大的周族的周围，而为其军事上的从属。① 周人对于他们，也一样视为从属，而向其征取一定额的税纳。

然而在这时的周民族的自身，却还不曾建立其国家，因为专门以战争为事的军事酋长如王季和文王，据周书无逸说："呜呼！厥亦惟我周太王王季，克自抑畏。文王卑服，即康功田功……自朝至于日中昃不遑暇食，不敢盘于游田。"还不曾完全从农业劳动中脱离了出来。因而所谓"文王受命，有此武功"一类的记载，不过说文王是一个专门以战争为事的军事酋长。所谓"王"也不外与罗马古代的 rox 为同样的意义。

但是周民族从其从属各族收获得大量的税纳物，经济的从而社会文化的力量更迅速的发展起来了，而表现为一个具有庞大的政治力和军事力的集团。因以展开其对殷代奴隶所有者斗争的局势，所以在甲骨文字的记载中，在殷代国家的末期，频繁的有着大规模的"寇周"的记载。约自纪元前 1100 年代之末，周民族各族便纷纷的相继而侵入到殷代国家的腹地，至纪前 1123 年代，他们便完全把殷代奴隶所有者国家颠覆了，于是在其废墟上，开始去创设其封建主义的国家。但在自季历以到文王这一长期的斗争过程中，他们对于殷的国家，是在一个战争与和平，从属与敌对之相续的进行中。

---

① 论语云："文王三分天下有其二，以服事殷。"左传云："文王帅殷之叛国以事纣。"史记云："纣赐之弓矢斧钺，使西伯得专征伐。"周书大诰云："肆予告我友邦君，越尹氏，庶士，御事……惟以尔庶邦于伐殷逋播臣。"武成篇云："庶邦冢君及百工受命于周。"牧誓云："王曰：嗟我友邦冢君，御司，司徒，司马，司空，亚旅，师氏，千夫长，百夫长，及庸，蜀，羌，髳，微，卢，彭，濮人。"本纪又云："武王……东观兵至于盟津……不期而会盟津者八百诸侯。"这里所谓殷之"叛国"，所谓"友邦"，便都是一些氏族；所谓"友邦君"，所谓"诸侯"，便都是一些氏族酋长。他们在原来有些曾为殷的属领，现在则转而从属于周了。

他们对殷代奴隶所有者最后的一次战争，从信史考证，为纪元前1123年的一次战争。殷代奴隶所有者国家在这一次战争的结局下便全归灭亡了。周人一方面把原来的奴隶解放，一方面把殷代国家的土地所有宣布为"王"的所有；"王"又以这种土地去酬庸其左右扈从和随同去"伐殷"的各氏族酋长。① 这种受有土地的王的扈从和酋长，又皆相次的以之去酬庸其自己的左右。② 于是他们便转化而成了各级的土地新所有人；从而开始把原来的村落公社转化为庄园，把原来的土地上的居民重新编制而把他们转化为农奴。这样，国家又在这一新的形势上出现了。

这新的国家的社会机构，一方面从奴隶所有者社会的世界原理＝国家的土地所有和国家支配下的公社组织的原理出发，一方面从其自身的氏族社会的世界原理出发，这两种原理的合流而创造其国家的新机构。易言之，从国家的土地所有之种族财产形态以及国家支配下之公社内的家族财产形态，和其氏族村落公社之氏族财产形态，各种要素之矛盾斗争的统一而转化为庄园制的封建财产形态和农奴经济。

在这种财产形态下，土地在名义上是属于王的所有，由王去

---

① 例如《王曰："嗟我友邦冢君，御司，司徒，司马，司空，亚旅，千夫长，百夫长，及庸，蜀，羌，髳，微，卢，彭，濮人。"（牧誓）"惟以尔庶邦于伐殷遒播臣。"（大诰）"武王……东观兵至于盟津……不期而会盟津者八百诸侯……居二年；乃尊文王，遂率戎车三百乘，虎贲三千人，甲士四万五千人以东伐纣。"（史记本纪）所谓"友邦冢君"或"八百诸侯"，都是随同武王去伐殷的各民族酋长。所谓"御司，司徒，司马，司空，亚旅，千夫长，百夫长"，或所谓"虎贲"，"甲士"，便都是武王左右的扈从。

② "集中于国王，公，侯手中的广大土地，为酬庸军事的勤务，为有条件的所有地形态分赐于其军事助理者，近亲，及其陪臣。这些领主，在西欧叫作 Beuefizimm，在俄国叫作 Vannaya Zemlya，把其保有者——冢臣——束缚于所有者即领主之下。"（波特卡诺夫前揭书）

行使分赐。受分赐者，大多数均为王的左右扈从。所以历史的记载说：

> 载干戈以至于封侯，而同姓之士百人。孔子曰……以周公为天下赏，则以同姓为多，异姓为寡也。（孔子集语）

> 昔周公吊二叔之不咸，故封建亲戚，以藩屏周。管，蔡，陈，霍，鲁，卫，毛，聃，郜，雍，曹，滕，毕，原，酆，郇，文之昭也；邢，晋，应，韩，武之穆也；凡、蒋、邢、茅、胙、祭，周公之胤也。（左僖二十四年）

> 周公画制天下七十一国，姬姓独居五十三。（荀子儒效篇）（魏子谓成缚曰）武王克商光有天下，其兄弟之国十有五人，姬姓之国四十人，皆举亲也。（左定四年）

> 武王成康所封数百，而同姓五十五。（史记复兴以来诸侯年表）

> 武王分殷地为邶，鄘，卫，封武庚于鄘，使管叔尹鄘，蔡叔尹卫。（旧说）

其次为各氏族酋长，大抵周人把其从属下各氏族的土地宣布为国王的所有后，再以封赐的形式，由王的名义去封赐其原有的酋长。或者由这些酋长对氏族的公有土地的侵占，渐次转化为公社土地之惟一占有者。所以历史的记载说：

> 庶邦冢君，百工，受命于周。（周书武成）

> 式商受命，奄甸万姓。（同上立政）

> 征东之诸侯，虞夏商周之胤。（大传）

> 武王封师尚父于营丘曰齐，封弟周公旦于曲阜曰鲁，封召公奭于燕，封弟叔鲜于管，弟叔度于蔡，余各以赐受封。又封神农之后于焦，黄帝之后于祝，帝尧之后于蓟，帝舜之后于陈，大禹之后于杞。（史记）

焦，祝，蓟，陈，杞等，大抵都在此时在周代封建制的直接影响下，由氏族制内部的变化而转入到封建制，且从而作为周的从属。在周代所存在的蜀，庸，微，卢，彭，濮等封邑，大抵都是由王的名义以其各自原有的氏族土地即封赐其酋长，从而转化为封邑。史记说，一以封前代帝王子孙，一以封周之亲族，一以封周初功臣，却未免是夸张。波特卡诺夫说："这些土地所有者的出身是怎样的呢？他们大部为酋长，僧侣，及武士团武士的子孙；他们侵占并把共同体的土地据为私有故共同体只残存为农业上的生产形态。"（世界史教程第二分册）

更次为殷代的贵族，他们中也有一部分转化成为新时代的领主。大抵在殷代奴隶所有者国家的末期，由于奴隶劳动的缺乏，在国家下面的有些公社，已开始转入"原始佃户"制的经营；到周代国家的建立后，便随着而转化成为新时代的封邑，例如"宋国"，大抵便是这样转化过来的。这种殷代的贵族而转化为新时代贵族者，除上述之一原因外，在周初的周人为实现其对殷族的统治，又利用其原来贵族的一部分，所以周书说：周公对待殷代的贵族，是有着如次的一种情形："迪简在王庭，尚尔事，我服在百僚。"（多方）；"甲子，周公乃朝用书命庶殷，侯，甸，男，邦，伯，厥既命庶殷，庶殷丕作。"（召诰）；"今尔尚宅尔宅，畋尔田"（多方）；"尔乃自时洛邑，尚永力畋尔田。"（同上）；"告尔殷多士，今予惟不尔杀，尔乃尚宁干止，尔克敬尔，惟畀矜尔；尔不克敬，尔不啻不有尔土，予亦致天之罚于尔躬。今尔惟时宅尔邑，继尔居，尔厥有干有年于兹洛，尔小子乃兴从尔迁。"（多士）；"成王既践奄，将迁其君于蒲姑"注云："实君及其臣"（蔡仲之命）。史记等书亦称武王封武庚于鄁。

这样土地便完全集中到了新的贵族的手中。他们便成为一新的阶级。

这种土地的新所有者又各以次将其受有地分赐其左右；所以这时的领邑究有多少，盖已没有统计之可能。有谓周初盖千八百国（贾山至言）；有谓"周之所封四百余，服国八百余。"（吕览观世篇）；又有谓"仪刑文王，万邦作孚"（诗经）。不过极言其数目之多而已。这种最初的领邑，虽大小不一，大抵均占地甚小；据左传所说，到春秋时，仍是大都"不过百雉"之规模；吕览知度篇说："王国之封建也，弥近弥大，弥远弥小，海上有十里之诸侯。以大使小，以重使轻，以众使寡。"论语也说"十室之邑。"足征最初的领邑原是很狭小的。

王分赐土地于左右，是用册命去行使的。王国维观堂集林卷七明堂宗庙通考揭西周金文云：

> 唯二年五月既死霸，甲戌，王在周康邵宫，旦，王格太室即位，宰弘右颂入门立中廷，尹氏受王命书，王呼史虢生册命颂（中略），颂拜稽首受命册，佩以出，反入觐。（颂鼎）。又宝入门立中廷北乡，史萀受王命书，王呼史減册锡宝。（宝盘）

王国维谓此即周礼春官封国命诸侯之礼。汉书儒林传云："张敞好古文字，按鼎勒而上议曰：今鼎出于郊东，中有刻书曰：'王命尸臣官此栒邑，赐尔旂鸾黼黻彫戈，尸臣拜手稽首曰：敢对扬天子丕显休命。'……此鼎殆周之所以褒赐大臣。……"周金中关于锡邑锡采之册命记载盖甚多。留后再述。

所册锡的，并不只是单纯概念下的土地，其一是连同土地上的人民，例如盂鼎云："受民受疆土。"左定四年条云：

> 昔武王克商，成王定之，选建明德，以藩屏周……分鲁公以大路大旂，殷民六族……使帅其宗氏，辑其分族，将其类丑，以法则周公，用即命于周……分之土田陪敦，祝宗，卜史，备物典策，官司彝器。因商奄之民，命以伯禽，而封

于少皞之虚。分康叔以大路少帛,绮茷,旃旌,大吕,殷民七族……封畛土略自武父以南及圃田之北之竟,取于有阎之土,以共王职;取于相土之东都,以会王之东搜。聃季授土,陶叔授民……而封于殷虚,皆启以商政,强以周索。分唐叔以大路密须之鼓,阙巩,沽洗,怀姓九宗,职官五政……封于夏虚,启以夏政,强以戎索。

所以诗有"锡之山川,土田附墉"之语;召伯虎敦铭亦有"仆墉土田"一语。因而这种土地的赐与,并不是单纯的"封土";受有土地的贵族,在其所有地上面,同时并具有完全政治的军事的权力,所以周书文侯之命说:"其归视尔师,宁尔邦。""简邺尔都。"康王之诰说:"昔君文武,丕平富罢之士,不二心之臣,保义王家……乃命建侯,树屏在我后之人。"毕命说:"旌别淑慝,表厥宅里。彰善瘅恶,树之风声……殊厥井疆……申画郊圻,填固封守,以康四海。"左隐八年条载隐公问,众仲对曰:"天子建德,因以生赐姓,胙之土而命之民;诸侯以字为谥,因以为族;官有世功,则有官族,邑亦如之。"周书立政云:"宅乃事,宅乃牧,宅乃准。"鲁语上乙喜语齐王云:"昔者成王命我先君周公及齐先君太公曰:汝股肱周室,以夹辅先王,赐女土地,质之以牺牲,世世子孙毋相害也。"鲁颂闷宫亦云:"王曰叔父,建尔元子,俾侯于鲁,大启尔宇,为周室辅,锡之山川,土田附庸。"所以这种土地的分赐,便创设出各级的封建的领邑和庄园,从而便奠下了封建的等级从属的基础。因而荀子王霸篇引述云:"传曰:农分田而耕,建国诸侯之君分土而守。"所以卡尔说:"封建时代之军事上及裁判上的最高权力,是土地所有的属性。"

这种领邑和庄园的组织内容,留到他处再说。

周代的封建国家,虽属是这样开始出现了。前此的奴隶所有者和奴隶以及支配民族和被支配民族之旧的对立矛盾的虽属已归消灭；然而在其新制度之创设的过程中，一方面便引出了新的矛盾，即原来的氏族秩序和新秩序的矛盾；一方面招致商族的残存势力在一个长期间之不断的反攻。因而社会内之矛盾的斗争，仍保持一个相当期间的继续。

在周人建国的前夜，其自身还保留在氏族制的状态下，为其仅属的西伯各族，以及曾为殷属领之江淮间各族，其社会自身也还保留在氏族组织的状态中。因之在周人的胜殷后，他们宣布把殷人的土地为从属于王的所有并以之分赐其左右这一原则下，而构成之社会的新的形态，这和其原来的氏族的土地所有以及其社会组织，便构成两种矛盾对立的形态。因而便引发了许多氏族对新秩序的反对，于以爆发了两者间的斗争。集中土地在自己手中的新的贵族，对于这种反抗新秩序的氏族＝"不廷方"，发动用武力去平服的战争。关于这类的记事，诗韩奕篇说："干不庭方"，毛公鼎铭云："率怀不廷方"。然而这种"不廷方"的势力，在西北区域内，一方面归结为以玁狁为首而形成一个庞大的反动集团，约自纪元前十一世纪始初，侵入到新国家的腹部河南西北部＝伊洛。虢季子白盘铭云：

> 惟十有二年，虢季子白作宝盘，丕显子白，壮武于戎工，经维四方，转伐玁狁于洛之阳，折首五百，执讯五千，是以先行。趠趠子曰，献聝于王，王孔嘉子白义，王格周庙宣榭爰乡，王曰伯父，孔颎有光，王锡乘马，是用左王，锡用弓彤矢其央，锡用戉用征蛮方。不娶敦盖铭云：

> 唯九月初吉，戊申，白氏曰，不娶，驭方厥允，广伐西俞，王命我羞追于西。余来归献禽（擒），余命女御追于洛，女以我车宕伐玁狁于高陵，女多折首执讯，戎大同永追女，

女及戎大臺战，女休弗以我车于囏，女多禽折首埶啖。①

西北之西戎厰允诸族，原系周之近亲族。他们这次的斗争失败之后，便被追逐到新的国家的西北境界之外，从而他们得以长期的保留其氏族社会的秩序。后来便渐次形成为周代国家的西北面的外患，不断的对周人行使军事的袭击。在纪元前一千一百年代以后，他们频频大规模的侵入黄河流域。通过西周的全时期以至春秋初期，在他们和周人之间曾执持着长期的相互的战争。不过这种战争，在周初后发动于革命和反革命的战争；后来却渐次把性质变化了。

在北方的鬼方，在文王的时代，也曾和周族一同的在联合反抗殷代奴隶所有者的支配。到现在也和厰允一样和新秩序敌对，而发动两者间的抗争。小孟鼎铭云：

伐鬼方，……孚人万手（三千）八十一人。

但在斗争的结局上，他们也归趋为和厰允获得同样的结局。

在周族的内部，这种敌对新秩序的旧势力的反抗，引发出以管蔡为首的反动势力。他们曾和以周公为首的革命势力行着长期的抗争。后来他们又和东土的殷代奴隶所有者的残存势力，在对立物之具有统一性的原则下而联合起来，共同反抗新秩序，于以形成历史上有名的"管蔡以武夷叛"的反动局面。在这一局势的展开后，于是残留在东土（今日的山东和淮徐一带）殷代奴隶所

---

① 鼎铭云："衔（率）裹不廷方，亡不闬于文武欺光，惟天盉集厥命，亦惟光亚峯辥〇厥辥，劳堇（勤）大命。辥皇亡昊，临保我有周，不巩王先配命，叹天厇昃。司（嗣）余小子弗伋邦，盉害吉珊；四方大从不静。……女辥我邦我家，内外悫于小大政……余一人在位，弘唯乃智，余非寡又昏，女勿敢妄寗，虔夙夕惠我一人，雝我邦小大猷，毋圻戚告予先王若德，用印邵皇天，□□大命，康能四国俗，我弗作先王羞。"（此器予疑为宣王时器）

有者集团，便纷纷爆发为敌对新秩序的抗争。①

因为在周的伐殷后，殷代奴隶所有者国家的首脑部；虽属由崩战而死灭了。然而在商族根据地的东土，依旧保留在奴隶所有者的势力支配下，他们对新秩序之立于敌对的地位，自不待言。因而在周代新国家内部之新旧两种势力的敌对形势下，他们便同时发动其大规模的反革命运动，企求作死灰复燃的抗争。

周代的新统治阶级对待这种庞大结合的反动势力的对策他们是用全副力量去处理的。因为这不啻是周代新国家创设过程上之第一个大波澜，所以周书毕命说："主曰……邦之安危，惟兹殷土。"因而他们在一方而采取一种软化手段，即系在符合于周代国家的新的秩序为原则的条件下，允许残存的殷代奴隶所有者仍得保有其土地和人民。只要求他们（殷代的贵族）把其本族内的自由民和奴隶改编为农奴。在这一点上，却又引发了残存的殷代贵族和其自由民间的敌视。因而矛盾斗争的内容便愈益复杂了。然而周代新国家的统治阶级在这一方面，却获得了相当的成果══残存的殷代的一部分贵族，却因此而转化为新秩序的保护者，其自身而成为新时代的领主。

一方面便发动其阶级的全力去从事武力的征服。于是便开始两者间的战争。这次战争的经过，据诗经和周书及金文所载，曾经过一个很长的时间；最初由周公亲征"东土"，继续"三年"间的长期战争（所谓周公居东三年，罪人斯得），仅只能对战争

---

① 逸周书作雒解云："周公立相天子，三叔及殷东徐奄及熊盈以畔。……二年作师旅，临卫政（征）殷，殷大震溃，降辟三叔，王子禄父北奔，管叔经而卒，乃囚蔡叔于郭陵，凡所征熊盈族十有七国，俘维（郭沫若云疑系"淮"）九邑、俘殷献臣迁于九里，俾康叔宇于殷，俾毛父宇于东。"这证之诗经及金文（如成鼎，盄鼎，均见后揭）记载，均能信而有证。周书亦云："武王崩，三监及淮夷畔。"（大诰）；"成王东伐淮夷，遂践奄。"（蔡仲之命）；"鲁侯伯禽宅曲阜，徐夷并兴，东郊不开。"（费誓）

作了一个暂时结束的段落,并未能完全把反动势力消灭;易言之,并没有改变其社会秩序。在周公的死后,成王又继续亲征,才完全把反动势力击破(见上页注①蔡仲之命引文)。周代封建国家的支配权,才开始得到确立;至宣王时,才完成江淮及东土的社会秩序的转化。

关于这方面的战争的经过,金文中有许多记载。例如:

王伐楚侯,周公某(谋),禽祝。(禽𣪘)

王于伐楚伯。(矢令𣪘)

𢦏淮南敢内国。(录𢦏卣)

𢦏东夷大反,伯懋父㠯殷八𠂤东夷。唯十又一月,遣自𡐛𠂤述东陕伐海眉,雩(粤)毕复归,在牧𠂤。伯懋父承王令(命)易𠂤,遄征自五齵贝。(小臣谜𣪘铭,郭考定为周初器)

用天降豐于上国,立唯噩侯驭方率南夷东夷广伐南国东国,至于历寒,王□命□六𠂤,○八𠂤。西六𠂤,殷八𠂤。(或鼎铭)

王令趞戬东反夷,𧧝肇从趞征,攻𢶑(跃)无啇(敌)。(𧧝鼎铭)

王令毛公㠯邦冢君,土驭(徒御)域人(国人)伐东国痛戎咸。王令吴伯曰:㠯乃𠂤左比毛父;王令吕伯曰:㠯乃𠂤右比毛父;趞令曰,㠯乃族从父征。㽙𧰼,卫父身三年,静东国。(班𣪘)

在战争的过程中,他们对于反动的殷除上述怀柔和军事的镇压两个政策外,又继之以政治的恐吓和诱惑,例如多方说:"我惟时其教告之,我惟时其战要囚之,至于再至于三,乃有不用我降尔命,我乃其大殟罚之。非我有周秉德不康宁,乃惟尔自速辜。""我则致天之罚,离逖尔土。"君陈说:"殷民直辟,予曰辟，尔勿辟；予曰宥，尔勿宥。"在周书的多方和多士两篇中，完全是周公怀柔殷人的一种政治手段的表现。

随着这些旧势力的消灭，周代封建国家的秩序才开始确固。然随同殷代反抗周代新国家的统治的东方各族，至此便避退到江淮流域。但他们退避到江淮流域后，仍保持其原有的社会秩序，和周代国家的政治支配相对立，此后在殷代封建主义的政治势力之南向的发展上，仍不断的引起相互的战争。① 这种对立的局势，直至宣王的时代，由于周代封建主义内部势力的膨胀，和江淮各族其自身的社会内部之变革因素的发育完成，在对立物斗争的形势下，开始向封建主义转化，而达到对立物之斗争的统一。诗经关于此事的记载，则云"南国是式。"因而周代的封建国家，在继着其把东土的殷人的反抗势力和其内部所存在的新秩序的反抗力量消灭后，国家的创设并不曾完成，仍不断的在继续其对西北的玁狁各族和南方楚淮各族的战争。这种战争有继续至西周宣王时代，由于封建统治阶级之阶级地位的巩固＝阶级经济秩序的稳固与发展，于是才能大举对西北玁狁的讨伐和对南国的征服。诗经上歌颂"仲山甫""申甫"等人武功的记事诗，以及歌颂宣王时代的"西征玁狁"与"征服南国"的武功的史诗，便都是关于这种时代事实的描写。因而所谓"宣王中兴"，毋宁是周代封建国家创设任务的完成之一划时期的反映。

---

① 曾伯簠铭云："哲圣元武，元武扎□，克狄淮夷，卬燮繁汤。"叔邦父簠铭云："叔邦父作簠，用征用行，用从君王。"宗周钟铭云："王簠遹相文武，堇疆土，南国服孳敢陷虐我疆土，王敦伐其至戴伐孳都服孳乃遣间来逆邵（昭）王，南夷东夷具见二十有六邦。"这均系西周不同时的彝器。诗经中关于此事的记载尤详。

"亚细亚生产方式"和所谓中国社会的"停滞性"问题

一 "亚细亚的"社会论的发展过程

在1927年以后,由于对中国革命问题的检讨,在苏联首先提出了所谓"亚细亚生产方式"的问题。

问题的提起,源于马克思对于社会发展诸阶段的提示,马克思在《政治经济学批判》序言中,曾说过如下的话:

大体说来,亚细亚的、古代的、封建的与现代资本主义的生产方式,是社会经济形态向前发展的几个时代。①

他以后又多次提及这个问题。所以"亚细亚生产方式"这一问题,马克思并不是什么"假设",也不是任意提出的。但是他对于奴隶制、封建制,特别是对资本主义社会构成的内容,都有具体的分析,而对于"亚细亚生产方式",却没有遗给我们以明白的指示。因此,在革命的实践过程中,在世界史范畴中,这个问题就成为一个论争纷纭的问题。

---

① 马克思:《政治经济学批判》序言,人民出版社1955年版,第3页。

马克思恩格斯对所谓"亚细亚生产方式"所提示的概念是：（一）土地国有；（二）全国分成许多各自孤立的公社；（三）农耕上的人工灌溉的重要性，但治水和其他公共事业的承担者则是国家；（四）公社受着国家政权的统治——它们须向国家纳税——政权表现为中央集权的专制支配的形态。依此，马克思恩格斯的"亚细亚生产方式"的历史时代，不是在国家出现前，而是属于国家的历史时代的范畴。但恩格斯和列宁又都说奴隶所有者社会，是人类史上最初的阶级社会。恩格斯说：

> 随着在文明时代获得最充分发展的奴隶制的出现，就发生了社会分成剥削阶级和被剥削阶级的第一次大分裂。这种分裂继续存在于整个文明期。奴隶制是古代世界所固有的第一个剥削形式；继之而来的是中世纪的农奴制和近代的雇佣劳动制。这就是文明时代的三大时期所特有的三大奴役形式；①

列宁说：

> "奴隶主和奴隶——是第一次大规模的阶级区分。""只有当社会第一次划分为阶级时，当奴隶制已经出现时⋯⋯""在人类史上有几十个几百个国家经历过和经历着奴隶制、农奴制和资本主义。"②

依此，人类史上最初出现的国家是奴隶主国家；在国家存在的历史时代中，不能在奴隶制、封建制、资本主义、社会主义时代以外，另有一个"亚细亚生产方式"的历史时代。所以斯大林根据马克思、恩格斯、列宁学说和40年代的史学水准，对全人类历

---

① 恩格斯：《家庭、私有制和国家的起源》，见《马克思恩格斯选集》第4卷第172页。

② 列宁：《论国家》，《列宁全集》第29卷，人民出版社1956年版，第433、435、434页。

史发展的诸阶段，总括地说：

> 历史上有五种基本类型的生产关系：原始公社制的、奴隶占有制的、封建制的、资本主义的、社会主义的。①

关于社会史的发展诸阶段，在理论原则上可说是定式化了，在研究上，已从以往人类历史的全部过程得到了论证。这对于"亚细亚生产方式"问题的把握，是大有裨益的。

根据马克思的说法，所谓"亚细亚生产方式"，很明白地是看成为"社会经济形态向前发展的几个时代"中的一个时代；根据恩格斯、列宁、斯大林的说法，所谓"亚细亚生产方式"，便不能在五阶段以外另成一独特的历史阶段。这并不是恩格斯、列宁、斯大林的论证与马克思的论证相矛盾，历史自身的具体内容证明，他们的论证都是完全正确的。

但有不少人，由于在这个问题上对马克思、列宁学说的机械论的咬文嚼字的了解，便不免构成其自己理论的矛盾。

对"亚细亚生产方式"问题的理解上，在理论斗争过程中，至今先后出现了如下几种主要的意见：

（一）自普列汉诺夫以至马扎尔学派：他们看见在"古代的"社会以前，不能再有一个国家范畴的历史阶段，而马克思所指的"亚细亚的"社会又是属于国家范畴的历史时代。普列汉诺夫于无力解决其理解上的矛盾时，便凭着自己的主观推想，说："当马克思后来读到摩尔根的《原始社会》一书时，他就改变了他对于古代生产方式同东方生产方式的关系的观点。"从而他认为"在地理环境的影响之下"，"生产力在氏族组织腹内发展的结果"，在东方和西方孕育出"两种形式间有很大的区别"的社会

---

① 《联共（布）党史简明教程》，第137页。

制度。① 他在这里，显然已由"史的一元论"堕落到多元论，堕落到地理史观。

这种理论，发展到威特福格（Wittfogel），便成为技术史观（《中国社会和经济》是其代表作）；到马扎亚尔学派，便形成其所谓"亚细亚社会"论，认为自氏族社会解体后到资本帝国主义入侵前的东方社会，就是所谓"亚细亚的"社会，"水"便是这种社会成立的主要基石（《中国农村经济研究》是其代表作）；到某些托派笔下，便形成所谓夏殷"亚细亚社会"和秦后的"前资本主义社会"的结论（《中国社会史论战批判》是其代表作），这在理论上，是把东方社会排出于世界史发展的一般过程之外；在政治上，是取消中国革命的反封建的任务。而20年来的中国民族民主革命的实践过程和其胜利发展，无比有力地粉碎了上述各派的谬论。

（二）与马扎亚尔学派的结论近似的，是约尔克的二元"混合"论。约尔克在1931年1月发表《论亚细亚生产方式》的论文，力说从氏族制度灭亡到资本帝国主义侵入前的东方社会就是"亚细亚生产方式"所规定的社会，其内容则是奴隶制和农奴制的"混合"体，地租采取赋税的形式。这在本质上同马扎亚尔学派一样，认为自氏族制灭亡后的东方社会和西方社会走着不同的发展途径，即有着不同的发展规律。虽然约尔克曾力图把自己的理论，去接近马克思、恩格斯、列宁的关于社会发展阶段论，把奴隶制和农奴制的"混合"物注入"亚细亚生产方式"的内部；可是这种"混合"论，已经不是历史的唯物论，而是机械论（均衡论）的见解，历史学上的历史唯心主义。

---

① 普列汉诺夫：《马克思主义的根本问题》，三联书店1949年版，第56、57页。

1932年后，由于对戈德斯见解的反批判，约尔克的图式又先后在日本史家羽仁五郎、伊豆公夫的著作中复活了——但他们的根本论点，仍没有比约尔克进步的地方。

（三）在1931年2月的"亚细亚生产方式"讨论会中，戈德斯等人严厉地批判了马扎亚尔学派的谬论，并力说"亚细亚生产方式"只是马克思在还未读到摩尔根的古代社会前的"一个假设"；"如果要作具体的解答"，所谓"亚细亚生产方式"就是"封建主义"。① 易言之，那就是东方封建主义的特殊性。这种见解出现后，在苏联、中国和日本，都产生了不小影响甚或起了倡导的作用，我在拙著《史前期中国社会研究》中、李达在《社会学大纲》中，在这一问题上都曾误受其影响。

实际上，戈德斯对于马扎亚尔学派理论的批判，我认为大部分是正确的；他曾努力从历史唯物论的立场去抨击其论敌，来解答中国革命的实践问题，强调理论和实践的统一性。这都是不容抹杀的功绩，也是这次讨论会的不朽成果；但对于"亚细亚生产方式"问题的本身，依旧没有解决，他的论旨也缺乏说服力；而戈德斯的"假设"论，严格地说，也仍没有摆脱普列汉诺夫的主观臆测的影响。

（四）另一方面，郭沫若先生等人依据马克思在文字的顺序上，把"亚细亚生产方式"排在"古代生产方式"之前，因而便认为"他这儿所说的'亚细亚的'，是指古代的原始公社社会"②。又因马克思在《德意志意识形态》中说过："这些种种细致的分工的相互关系是由农业劳动、工业劳动和商业劳动的经营

---

① 见早川二郎日译：《关于亚细亚生产方式》。
② 郭沫若：《中国古代社会研究》，人民出版社1955年版，第166页。

方式（父权制、奴隶制、等级、阶级）决定的。"① 郭先生便依此进而断定《政治经济学批判》序言中之"亚细亚的"，正和这里所说之"家长制"相适应，即"卡尔所说的'亚细亚生产方式'或'东方的社会'是等于'家长制'或氏族财产形态……"② 郭先生前后的见解，只依照马克思的文字顺序看，可说是妥当的；但马克思所指的"亚细亚生产方式"或"东方社会"，却是属于国家范畴的历史时代。

郭先生的论断，在日本又得到森谷克己的赞同。森谷在《中国社会史的诸问题》中说："'亚细亚生产方式'，是一种社会构成，先于奴隶制的历史时代。"③ 而且认为"这个生产方式"，无例外地"是各开化民族初出发的时代"④。确认"亚细亚生产方式是一种社会构成"，这是和马克思的原意符合的；谓为"先于奴隶制的历史时代"，则是和郭沫若先生的见解一致的。

（五）郭沫若先生等人重视了马克思的文字顺序，但忽视了马克思所说的"亚细亚生产方式"是阶级社会的构成。在这个矛盾的论点上，便出现了相川春喜和平野义太郎的论断。相川认为："'亚细亚生产方式'的经济基础，就在这个公社（按即马克思所说的"古代公社或国家的财产"的"公社"——吕）的私有财产名义下得到了说明。"⑤ 易言之，即"公社的私有"或父家长的奴隶制，正是适应于"亚细亚生产方式"的社会形式。平野说："'亚细亚生产方式'是阶级社会的各种累进时期的开端，在

---

① 马克思：《德意志意识形态》，《马克思恩格斯全集》第 3 卷，人民出版社 1961 年版，第 25 页。
② 郭沫若：《社会发展阶段之新认识》，载《文物》第 1 卷，1936 年，第 2 期。
③ 载 1934 年 4 月号日文《历史科学》。
④ 载同上杂志 1935 年 2 月号。
⑤ 见《历史科学的方法论》。

中国,'亚细亚的残余'并存留到半封建社会里。"① 依此,他们均认为"亚细亚生产方式"是前于奴隶制的一个"阶级社会"的独特阶段。但这与恩格斯、列宁的奴隶制是"阶级社会"的"开端"的结论,却是完全矛盾的。

上述各家,除别有卑鄙意图的托派又当别论外,都没有从活的历史的具体内容与具体分析出发,只是从经典家的理论宝库中去寻找原理或公式。马克思、列宁学说的原理原则,无疑地都是正确的,是我们所依以认识、研究和处理问题的南针,指导实践的南针或"行动的指南";但仅凭原理原则并不能代替具体的历史,只有依靠经典家的原理原则的指导通过对历史自身的具体内容的研究,使之结合起来,才能帮助问题的解决,才能有益于先进阶级的实践。不过,他们虽则都没能解决问题,而在"亚细亚生产方式"的论争过程中,却都有或多或少的贡献,这也是不容抹杀的。

二 科瓦列夫等对这个问题的见解

随着苏联社会主义事业和中国革命事业实践的深入,随着20世纪40年代史学水准的提高,在各种错误的理论不断被扬弃的基础上,出现了科瓦列夫等人的"奴隶制度的变种"论的见解。科瓦列夫说:

> 马克思、恩格斯所说的"亚细亚生产方式",表现于两个形态。在古代的东方,即奴隶所有者的东方,"亚细亚生产方式"是这等国家的奴隶制度的变种,即实行人工灌溉的诸国中的奴隶所有者社会构成的具体形态。在中世纪的东

---

① 见威特福格:《中国经济和社会》,日译本,平野跛文。

方，它依然是各国中的封建主义的变种。①

我根据可靠史料，对中国殷商社会进行研究，也得出了同样的结论，发现殷商是奴隶制社会，同时又具备马克思所指出的"亚细亚生产方式"的主要诸特征。②虽然，依照我对中国历史的初步研究的结果，认为中国历史的具体内容与科瓦列夫的"东方""封建主义变种"的结论是完全不符的。——我从前也曾经主张"封建主义变种"说，那是受了戈德斯见解的影响。

例如雷哈德的"过渡形态"说，早川二郎的"贡纳制"说，等等，都是从科瓦列夫的见解演化出来的。

雷哈德说："我们不反对'亚细亚生产方式'的特质，就是奴隶所有者社会的变种或其不完成性，但同时也不赞成把这种生产方式看作一种社会构成。所谓'亚细亚生产方式'，可说就是原始公社制和古代奴隶制度间的过渡形态。"③佐野袈裟美等基本上都是赞同雷哈德的这种见解的。

早川二郎说："……'贡纳制度'……就是'亚细亚生产方式'与奴隶制及农奴制均不相同，它与公社的存在保有密切关系，地租系以贡物的形式收归'国有'，保有特殊的与巴黎之类的城市绝不相侔的亚细亚的都市，以及最后还保有'亚细亚的政府'。"④这种"贡纳制"，"乃是氏族制时代到奴隶所有者社会经济构成的过渡期，不待说，它并非什么独立的社会经济构成。在生产方式上说，这里只能看到公社制度与初期家内奴隶制度的混合"。⑤何干之等是赞同早川二郎的这种见解的。

---

① 见《古代社会》，日译本。
② 参阅吕振羽《中国社会史纲》第2分册，即《殷周时代的中国社会》。
③ 雷哈德：《前资本主义社会经济论》，日译本。
④ 早川二郎：《古代社会史》，耕耘出版社1946年版，第95—96页。
⑤ 同上书，第106页。

到现在，进步的史学家中对"亚细亚生产方式"问题的见解，在原则上，有些人赞同科瓦列夫等，也有些人赞同雷哈德或早川二郎。但仍然是众说纷纭。

不过这三种见解，也并非"大同小异"，而是有着原则的分歧的。要考察三者中谁是正确的，便须根据马克思、列宁学说和历史自身的具体内容，作统一的考察。

首先来考察早川二郎的见解。早川断定"亚细亚生产方式"等于"贡纳制"，"乃是氏族制时代到奴隶所有者社会经济构成的过渡期"，即前于"古代的"社会的历史时期——"并非什么独立的社会经济构成"。这从《政治经济学批判》序言中那句话的文字顺序看，可说是妥当的；但马克思在这里所说的"亚细亚生产方式"，是"可以看成为社会经济形态向前发展的几个时代"中的一个"时代"的。同时所谓"过渡期"，不是原始公社制生产方式占优势，便应是奴隶制生产方式占优势，绝不能是两种生产方式的"均衡"或平行，或既非前者又非后者。早川也看到自己理论上的这一矛盾，所以接着又说：氏族公社包含着家内奴隶制，正表示其已临于最后阶段。依此，早川的"过渡期"就是意味着"氏族制"的"最后阶段"。但"氏族制"的"最后阶段"，便不能属于国家范畴的历史时代；而早川的"贡纳制"，却又有"当作都市国家"的这个"国家"。这个"国家"的基础何在、性质若何呢？在这里，早川引用了马克思如下的两段话：

> 在奴隶关系，农奴关系，贡赋关系（Tributverhältnis，在所论为原始共同体的限度内）之下，只有奴隶所有者，封建主，受贡国家，是生产物的所有者，从而是生产物的售卖者。①

---

① 马克思：《资本论》第3卷，人民出版社1955年版，第402页。

> ……在以前各种生产方式内，剩余生产物的主要所有者，商人交易的对手，奴隶所有者，封建地主，和国家（例如东方的专制者），代表着享受的富……①

早川二郎是认为马克思在这里所说的"国家"，正与"贡纳制"相对应，而不是"奴隶所有者"或"封建地主"的"国家"。若依照早川的解释，显然是马克思把国家的概念混淆了。实际上，自然不是马克思的混淆，而是早川的曲解。

所谓"贡纳制"（只限于农村公社），如马克思所说："征服者一方面容许被征服者继续原来的生产方式，一方面以获得贡物为满足。"② 这（贡纳制）是从国家还未出现的原始公社制末期到奴隶制封建制时代都存在着的形态，例如在原始公社制末期的易洛魁"永久联盟"——即市民学者所谓"印加帝国"——对被征服的氏族实行征收贡物；奴隶所有者时代的埃及也以同样的方法向被征服者征取贡物，被征服者"若系农业地域，则所贡为五谷、果实、葡萄酒、油、蜜、家畜、牛、羊、山羊及绵羊；他处则献熊与狮，……就黎巴嫩而言，则贡建筑用之木材，矿苗式之金属。……托司米兹第三于其战争胜利品中胪举此类运往埃及以充每年贡品之货物"。③ 在封建时代的中国，特别在汉、唐、宋、元、明、清各王朝，许多定期朝贡的"藩属"中，有些是还在原始公社制时代的部落，这是大家都明白的。在商朝的奴隶所有者国家时代，对它有进贡义务的各属领，即所谓"万方"，都处在历史上的原始公社制的状态下；其他古代国家也大都有这种情况。因此，在所谓"贡纳制"的基础上，并不能建立何种独特的

---

① 马克思：《资本论》第3卷，人民出版社1955年版，第409页。
② 《马克思全集》，日译本，第10卷，第197页。
③ A. Moret 和 G. Davy：《近东古代史》，商务印书馆版，第393—394页。

国家；在它的下面，也不能有何种独特的生产方式——征服者反而都有其自己独特的生产方式。而马克思（在早川引文中）所说的"国家"，正是"奴隶所有者"或"封建地主"的"国家"，它是奴隶主和奴隶或地主和农民的阶级构成，是前者统治后者的机器。在这里，除"奴隶所有者"和"封建地主"外，其"国家"也直接是"生产物的所有者"或"售卖者"，意义是十分明白的。

其次，来考察雷哈德的见解。雷哈德在许多重要论据上，都没有越出科瓦列夫的"家法"。他和早川不同的地方，是早川还多提出了一个"贡纳制"，他则认为"亚细亚生产方式"不是一种"特殊的社会构成的基础"，而是"原始公社制和古代奴隶制度间的过渡形态"。在这里，他在理论上正和早川构成同样的矛盾，未能和马克思、恩格斯、列宁的指示相符合，是存在着理论原则上的错误的。

但是科瓦列夫等人认为"亚细亚生产方式"就是东方"奴隶制度的变种"，那不是把"亚细亚生产方式"和"古代生产方式""机械"地平列了吗？如果马克思所意味着的"亚细亚生产方式"的内容，同于"古代的"，或"奴隶制度的变种"，那他又为何另外提出"亚细亚生产方式"呢？但是马克思又说过：

> 但在古亚细亚的（altasiatische），古代的（antike），及其他的生产方式内，生产物到商品的转化过程，从而，人的商品生产者资格，只起着次要的作用。跟着共同体（Gemein-wesen）越是走上崩溃的阶段，它的位置才越是重要起来。①

在这里，所谓"古亚细亚的"和"古代的"生产方式，在本质上显然具有同一内容。同时，在《政治经济学批判》序言中，马克

---

① 马克思：《资本论》第1卷，第62、63页。

思既一面说"封建生产方式"、"资本主义生产方式",不说"中世纪生产方式"、"现代生产方式";另一面为什么不说"奴隶生产方式",而说"古代生产方式",这也值得我们深深地寻味。但问题的解决,却还有赖于对历史自身的具体内容的具体研究。

在古代巴比伦,从公元前 2250 年顷,王朝成立后,"当时巴比伦社会,共有三种阶级:上层是 Awēlum 阶级,中层是 Muškɑ-num 阶级,下层是奴隶(Wardum amtum)阶级。前两种属于自由民,是第三阶级的主人。……但是对于财富和地位,一、二两阶级未必有一定的区别。……大概构成第一阶级的主要素,是创造巴比伦第一王朝的阿摩利人(Awel amurru Amorites)中的优秀分子"①,当时并创制有名的《汉谟拉比法典》——为巴比伦以后各王朝所承袭。A. Moret 等在《近东古代史》中提及:巴比伦的商业资本虽相当发达,并发现有股份公司式的组织;但其主要生产仍是农业,而农业等生产劳动的主要担当者则是奴隶。

在古代埃及,自公元前三千年前,由于人们拥有的是代替了金石器工具的青铜器工具,便统一南北两大埃及而形成一大王国。从地下出土物考察,奴隶制在初期王朝已相当盛行。② 除用为家内奴隶外,还用于运河、堤防等国家建筑事业。③ 王及贵族的私有经济——特别是王有的矿山——都使用奴隶去从事生产④,商人们也使用奴隶去从事于商品的制造⑤;同时,"埃及王

---

① 中原与茂九郎、杉勇:《西南亚细亚文化史》,商务印书馆版,第36—37页。
② 参阅日本平凡社《世界美术全集》,第1卷,第41图——初期王朝墓地壁画。
③ 参阅恩古拉《奴隶制度史》,日译本,第204页。
④ 参阅向井章《古代经济史概说》,载《经济史研究》,第15卷,第5号。
⑤ 参阅福波格《西洋古代史概说》,日译本,第16页。

不但从华华特人、伊厄尔特人及马梭义人间招募兵士,而各该民族之首领还须以贡献之形式供给淘金匠……"①

在古代印度,"……把人民结合在一定的职业下面……设定为四个等级制度:即婆罗门(僧侣)、刹帝利(王族或武士)、吠陀(农民、手工业者、商人)及首陀罗(奴隶)"。② 早川在其所著《古代社会史》中,认为把"首陀罗"译作"奴隶"并不妥当,但是他未能提出有力的反证;而波特卡诺夫却能说明那在本质上就是奴隶。——虽然波氏对世界史中的奴隶制这一问题,并没有达到正确的理解。

在古代中国的殷商时代,一方面,已表现着奴隶主(王、贵族、僧侣、自由民等)和奴隶之集团的大分裂,奴隶除担任国家杂役及贵族的家内服役外,已广泛地参加农业及畜牧业、手工业、商业、交通等生产事业,另一方面,奴隶所有者已集团地从生产劳动脱离了出来,自由民也懒于从事生产。③

这说明古代巴比伦、埃及、印度、中国的社会,都具备着奴隶制度的基本特征。这正与古代希腊罗马社会在本质上存在着共同性或一般特点——虽然,在古代东方,并没有发展得像希腊罗马那样高度或典型。但在另一方面,古代东方诸国,又都具有不同于古希腊罗马的特征、即其特殊性。这就是:

(一)土地国有及中央集权。如在巴比伦,据《西南亚细亚文化史》的记载:"到了完全中央集权国家之巴比伦第一王朝时代,于土地私有制之外,发生一种国有形态的一种封建的(?——吕)土地(Ekelikum)。""这种土地,仅准男子承继人接

---

① A. Moret 和 G. Davy:《近东古代史》,第 243 页。
② 波特卡诺夫:《唯物史观世界史教程》,第 1 分册,日译本。
③ 参阅吕振羽《中国社会史纲》第 2 分册,即《殷周时代的中国社会》。

受，一切买卖抵押，或为偿还而让予等，都不可以……"① 在埃及，《近东古代史》说："在最初各朝代之下，皇家官吏按期清查田地牛羊，将田地分发各组工人（？——吕），而终于确立一种严厉之管理，驯至所有私产全归消灭（？——吕），埃及全部可耕之土地尽变为王土。"② 其国家表现为一"集权"的"王国"。③ 在中国殷商时代，便把"氏族长所支配的氏族土地转化为由国家去支配的国有土地"，以农村公社为基层组织去进行分配——如前所述，在自由民间仍有多占或丧失土地的现象。政权也表现着一种集权的形态。④ 在印度，由公元前一千五百年代到六百年代间的情形，也大致是这样的。在具有"亚细亚的"特殊性的古代各国家相互间，又都有其各自的特殊性，这是符合于历史唯物论所揭发的规律的。

（二）两种形态的公社。在古代东方诸国，有居于统治地位的种族的人们自己的公社形式的农村组织即农村公社，和被统治异族的氏族公社的组织两种形态。在前者的内部存在着奴隶制度，或奴隶主、自由民与奴隶的集团对立（这连早川也不否认，只说其"阶级对立"的关系"没有表面化"）。它虽然还可说有氏族生活的联系，但实质上已成为一种阶级构成的农村组织。在后者的内部仍容许保持原来氏族公社的组织，其原来的氏族首长，一面又成了国家的代理人或收税吏。但前者是主要的形态，后者是从属的形态；古代东方各国家的成立，正是以前者的社会各集团的构成为基础的。居于统治地位的部族的人们自己的农村之所以还保持一种公社的组织形态，那是由于前代氏族约束的延长或

---

① 中原与茂九郎、杉勇：《西南亚细亚文化史》，第78页。
② A. Moret 和 G. Davy：《近东古代史》，第201页。
③ 参阅向井章《古代经济史概说》。
④ 参阅吕振羽《中国社会史纲》。

残余。事实上，氏族性的组织形态，在国家出现后的一个很长时间内还是保持着的。恩格斯曾经明确指出，雅典的国家由原来的10个部落所组成，后来也还保持着10个部落为单位的组织，"……由10个部落所选出的五百名代表组成的议事会来管理的"。恩格斯并说：

> （在雅典），由于实施这个新制度和容纳大量被保护民——一部分是移民，一部分是被释放的奴隶，——血族制度的各种机关便受到排挤而不再过问社会事务；它们下降为私人性质的团体和宗教会社。不过，旧氏族时代的道德影响、因袭的观点和思想方式，还保存很久，只是逐渐才消亡下去。这一点从下面的一个国家设施中可以看出来。①

> 在罗马建城差不多300年后，氏族联系还这样牢固，以致一个名门氏族，即法比氏族，经元老院许可，竟以自己的力量征伐了邻近的魏伊城。据说有306个法比人出征，尽为伏兵所杀；只剩下1个男孩，延续了这个氏族。②

> 全阿提卡被划分成100个自治区，即所谓德莫。居住在每个德莫内的公民（德莫特），选举出自己的区长（德马赫）和司库、以及审理轻微案件的30个法官。各个德莫同样也有自己的神殿及守护神或英雄，并选出祀奉他们的神职人员。德莫的最高权力，属于德莫特大会。摩尔根说得对，这是美洲市镇自治区的一种原型。当时在雅典正在产生的国家开始时所依据的单位，正好和现代国家在最高发展阶段上最后要达到的单位相同。

---

① 恩格斯：《家庭、私有制和国家的起源》，见《马克思恩格斯选集》第4卷，第107页。

② 同上书，第114—115页。

10个这样的单位,即德莫,构成一个部落,但是这种部落和过去的血族部落不同,现在它被叫做地区部落。……最后,它选举50名代表参加雅典议事会。

最终的结果是雅典国家。它是由10个部落所选出的500名代表组成的议事会来管理的,最后一级的管理权属于人民大会,每个雅典公民都可以参加这个大会并享有投票权;此外,有执政官和其他官员掌管各行政部门和司法事务。①

不过在这里,氏族约束已失去其原来的意义,国家权力却成了第一位的支配的东西了。

所以马克思所说的"亚细亚的""国家",并不是任意给予的,而是完全和国家成立的阶级基础或历史的逻辑相适合的。

至于对国家担任纳税或进贡的被征服者的氏族公社,前面说过,那是到封建主义时代甚至其后还残留的形态,如德国的马克(Mark)和俄国的米尔(Mir)②便是显例。

(三)治水和公共事业的国家承当。幼发拉底、底格里斯两河与古代巴比伦文化,尼罗河与古代埃及文化,五河等与古代印度文化,黄河等与古代中国文化,均有重大关系,是不容否认的。这些河流的天然水源和其季节泛滥,一面给予古代东方各国以农业发展的优越条件,一面又给予这些国家以水灾的威迫。对水灾的防御和水利的利用,特别是前者,不是各个地区独立进行所能收效的,而需要全面的系统的工程。这种工程,在古代,只有国家的集体的力量才能担负起来。所以建筑堤防、开凿河道等

---

① 恩格斯:《家庭、私有制和国家的起源》,见《马克思恩格斯选集》第4卷,第113—114页。
② 马克,是德国农村公社名称。米尔,是直到俄国资本主义时代还残留的农村公社的名称。

事业，都是古代东方各国的重大措施。这在古代埃及的筑堤开河等记事中，巴比伦的洪水和水利工程的传说中，都可以考证出来；在中国，虽有"夏禹治水"的传说，和殷代国家关于迁都和水患的记载，但我们对于这方面的探究，还很不够。不过在古代东方各国的意识形态上，天文历数学之突出的发展，可说正和农业及与之相关联的治水事业有关。

但古代东方各国的政权，却并不如马扎亚尔所说，系建筑在"水"的基础上；而水利事业由国家承担，助长了阶级统治的集权性，却是事实。

这些特点，在古代日本也是大抵存在的。

根据以上所述，所谓"亚细亚的"社会的内容，一面具有奴隶主和奴隶之社会的阶级构成和它们间特定的生产关系，这在本质上与古希腊罗马是相同的；但一面又具备着土地国有、中央集权、公社形态、国家治水事业等特殊形态，这是古希腊罗马所不具备或不在其全部过程中都具备的诸特征。在这种种特征中，最基础的东西，却是奴隶制度的生产关系、奴隶和奴隶主之间的阶级的对立；其他则是建基于地理等条件的差异性和其发展的不完全性等等而形成起来的（同时，古希腊罗马曾吸取了古巴比伦和埃及的文化遗产，古代东方各国却没有这一条件）。所以在所谓古代东方各国间，又都有其各自的特殊性。这种种特征之矛盾的统一，便构成古代东方奴隶制度一系列的共有的特殊性及其各自独有的特殊性。

由于古代东方各国有其独特的诸特征，马克思、恩格斯为给予一个有别于古希腊罗马的明白概念，故又称之为"亚细亚生产方式"。

为了正确地解决这个"亚细亚生产方式"问题的争论，还有待我们史学工作者的继续努力。

三　所谓中国社会的"停滞性"问题和侵略者的歪曲

和"亚细亚生产方式"问题相关联的，便是所谓中国社会或东方社会的"停滞性"问题。

"史家"对所谓"停滞性"问题的了解，大抵都从所谓"亚细亚的"诸特征出发。

对这一问题，有好些人提出过意见，但意见都是零片的，甚或是过时了的；企图系统地来加以解释的（正确地说，进行系统地歪曲的），首先是秋泽修二。秋泽在其所著《东洋哲学史》中说：

> 农村公社遗制及农村公社关系，是中国社会内部农业和手工业直接结合的根基，给予中国社会史以多少的影响。中国封建社会史的特点，是专制主义及中央集权的官僚制；但这是由于中国孤立的公社的存在，合农业手工业于一体的公社关系的存在。无疑地，在中国社会史中，是以农村为社会的基本单位。土地私有制虽说在农村发展着，但也还多少保留着一些公社的关系。

《东洋哲学史》的中国和印度部分，就是在这个基础上建立起来的。在这里，他虽然还穿了一件历史唯物论的外衣，但已经走到玩弄现象与虚构图表的歧途。他在变成日本法西斯宣传员以后，便公然强奸历史唯物论，来曲说中国史，使之符合于日本统治者侵略主义的宣传。因此，我们可以说：由《东洋哲学史》到《中国社会构成》的秋泽修二，或者说由冒牌的马克思主义者到法西斯宣传员的秋泽修二，并不是偶然的变节，而是其思想发展的一贯过程。

秋泽修二在《中国社会构成》里,判定"中国社会之特有的停滞性",即"亚细亚的停滞性"的根源,是"专制主义及中央集权的官僚制"。他说:"中国集权国家,不仅有政治的机能,而且有经济的机能,特别把全部农业经济——全部农业生产握在手中。""对农业生产的直接干涉、统制、指导"。"所有农民""对于专制国家之经济的社会隶属",成为"集权专制国家的农奴"。所以"在中国,农民的剩余生产物最大部分的占有者,是集权专制的国家(及这国家的官僚、官人、地主)"。而且"集权专制的中国国家的经济支配,不只在上述农业生产的场合,且又表现在手工业及商业上"。"中国手工业及商业最重要的特征,差不多都通过集权专制国家,以这一国家及官人体制为媒介而发展的"。因而他规定中国社会为"停滞"、"退化"、"循环过程"的特性。

这在理论上,在历史的具体内容上,都是完全不对的。在理论上,在历史的现实性上,思想和政治形态虽能给予社会经济的发展以"反作用",但政治却是经济的集中表现,而又要受着社会生产方式的规定。在秋泽修二,政治却反而成了起决定作用的东西了;他把经济的集中表现的政治看成为规定中国社会发展形式的决定因素,这便无异说中国社会的"停滞性"是由于先天的内在矛盾的规定。这种历史唯心论的谬说,并不能说明什么"中国社会的性格",只能说明法西斯理论的反动特性,也是一种笨拙的反动宣传。

在中国历史的具体内容上,在殷代奴隶所有者国家时代,曾表现着"亚细亚的"集权的专制的统治;但在西周和春秋战国的初期封建制时期,却较典型地表现着封建政治的分散性——最高领主周天子权威的旁落,地方领主(诸侯、大夫、士等)的专横、独立和称霸;由秦到鸦片战争的专制主义的封建制时期,政治上的专制主义,大体上和"百年战争"后的法国封建王权是同型的东西，只是在中国经过的时间较长。在这一点上，对周朝以后的中国社会史，秋泽修二所了解的集权的专制统治的政治形态，也是虚构的。同时，他把社会构成的阶级对立关系，在国家的名义下隐蔽起来，这可说是"国家封建主义"的谬说的化装。

但秋泽修二又以什么作为集权专制统治成立的基础呢？他说：（一）"……集权国家——专制的统治体制，是中国社会内部一切父家长制的专制主义诸关系的集中表现"；（二）"人工灌溉及与之密切关联的集约性的小农经营，是规定着作为农业的干与机关的集权的中国国家存在的一个重要因素。"

秋泽在其第一个论点上，认为"君临于中国社会经济全领域之上的父家长的专制的国家权力，及中国社会构造的父家长制的专制主义的性格"，在"中国奴隶制及封建制社会中，也同样可以看出来"。"这种父家长制的专制统治，不消说是一个政治的支配体制，然又不单在政治的上层建筑上，并深入地直接渗入了经济的下层构造，直接掌握中国社会的全经济生活。"因此，"中国的家族"、"奴隶制"、"封建制"、"中国的手工业（工作场）及基夫特"（"职工的奴隶地位"），都是"父家长制的专制主义"的"诸关系"在支配着。但这种"父家长制"表现在什么地方呢？秋泽说，表现在"子对父、家族成员对父的奴隶关系"。在原始公社制末期的所谓"父家长制经济"的关系下，这种形态诚然是存在的。在中国封建制的情况下，"家内奴隶"或贱奴，对于其主人也诚然是、或者至少还残留有"奴隶的关系"，而且在汉族的农奴制及若干存在着农奴制状态的少数民族，在农奴制状态下以至其后，都残留着不少的家内奴隶及生产奴隶；但"子"和其他"家族成员"，依照各别家族的社会地位的不同，就发生这样的情形：有的是不劳而食者，有的是家族劳动的辅助者，有的则和"父"同为家族劳动的主要担当者，却并不是"奴隶的关系"。

在这里，秋泽不但把封建财产形态和其家族组织与原始公社制末期的财产形态和其家族组织的不同内容，从形式上故意混淆起来，而又武断地无耻地去虚构历史事实；同时，在这里，他又同样把社会构成的阶级对立关系，消解于所谓"父家长制"的关系下面。这是什么用意呢？这不过表现他的不太高明的造谣技术的破产。

自然，我们也并不否认，中国社会长期间存在着父家长制经济的"残余"；但那并不是中国社会的"特有"，在俄国的历史上，列宁说过，直至社会主义革命胜利后的苏维埃国家的初期，也还存在着"父家长制"的生产方式的残余。

但什么是中国"父家长制"存在的依据呢？秋泽认为是"农村公社"或其"残余"。他说："在中国，农村公社在非常长久的期间存续着——往往直至现代。"诚然，在原始公社制末期的"父家长制经济"的过渡形态，是和农村公社相适应的。这种公社，并以不同的内容存在于"亚细亚生产方式"的历史时代。马克思说过："亚细亚的共同体（原生的共产主义）和这种形态上或那种形态上的小家庭农业（那是和家庭工业结合在一起的）。这两个形态都是幼稚的形态，一样不适于把劳动当作社会劳动，当作社会劳动的生产力来发展。"① 但他又继续说："劳动和所有权（那是指对于生产条件的所有权）的分离、破裂和对立，就是这样才成为必要的。"② 同时，又说：

> 农村公社中所特有的二重性，很明白地，是它之能够成为巨大生产力的源泉。因为一方面公有财产制约着的社会关系，依然巩固着公社的滞迟性；但同时，私有的房屋和耕地

---

① 马克思：《剩余价值学说史》第3卷，三联书店1957年版，第477页。
② 同上书。

之单独耕种及其收获之个人所有,导入了与更古的公社各种条件不能并存之个人的发展。①

这在马克思是从世界历史的一般情况而说的。在秋泽修二,却断定:"在中国,奴隶制及封建制的诸关系,没有完全把农村公社诸关系打破。相反地,农村公社诸关系……反给予中国奴隶制及封建制的发展以根本的制约",而"构成中国奴隶制及封建制——甚至中国社会——的根本特质"。这在一方面,正是从曲解马克思关于"二重性"的论点来反对马克思,一方面便把中国社会解释成为"谜样"的"神秘"。不图"谜样的中国"之帝国主义的陈腐宣传,又被日本法西斯喇叭手重新制成蜡片。

在"中国奴隶制及封建制"时代,秋泽又从何处发现了"农村公社"或其"残余"呢?依他看来,"没有实现土地的完全私有化","属于各村落公共的共有地——非农耕地(从这里采取薪炭草类等),属于庙宇和祠堂的祠产,属于血族——氏族——宗族的族产(特别表现在南中国)等等的存在"②,就是"农村公社"的"残余";"×世同居",就是"原始家族共产体"。

事实上,在殷代占支配地位的公社形态的农村——包含着奴隶主、下层自由民、奴隶诸阶级阶层构成的公社形态,是在土地国有的形态下存在着的,马克思所说的"二重性",并不能完全适应于这种情况,那是适应于原始公社制末期以至其向奴隶制过渡时期的情况而说的。关于周代以后,农村公有地的残存,也并非"特有"的,在那所谓"典型的"日耳曼封建制度的农村中,也存在过公共森林和牧场等等;受氏族关系约束的公有地,只不过是仅存的残余,占耕地面积的比例是很小的,对中国社会形式

---

① 《马克思恩格斯全集》第21卷,日文版。
② 见《中国社会构成》日文本。

的发展上,并不能发生什么决定性的影响;庙宇祠堂公产的存在,正由于中国社会在奴隶制时代,没有产生西欧那样的宗教,世俗地主为了直接行使其对"治于人者"的精神支配,自始便把一部分教权直接拿在自己的手中,以伦理为中心的宗法制度便是其代用物之一种,并造成了"儒之似宗教非宗教的特性,祠堂便在表现这种作用,庙宇则在本质上便同于西欧的教堂,同是属于僧侣地主所掌握的东西。所以公地和公产的存在,只增强了土豪劣绅以至寺院支配农村的作用——土豪劣绅以至寺院却非由此而产生而存在;土豪劣绅之充任中国封建统治的基层势力,并非什么"父家长制的集权专制的统治",只在表现着封建地主之阶级的统治的属性。寺院僧侣地主则是构成地主阶级的一个阶层。而且,秋泽自己也不得不承认:在中国"公社的土地所有,不是决定的东西","大抵土地私有是决定的东西"。认为"残余"的"不是决定的东西",能给予大量的"支配的东西",能给予中国社会史以"根本的制约",可算是法西斯走狗们的"异想天开"的奇谈。假使这种奇谈是可靠的话,则首先便应该证明俄国社会的"停滞"、"退化"、"循环过程"的"特有""性格",因为她不只在过去的历史时代存在着米尔,而且在伟大的十月社会主义革命胜利后的一个时期还残留着父家长制的经济形态。事实上,俄国从 9 世纪到 20 世纪的一千余年间,就跨过了奴隶制、封建制、资本主义制的历史诸阶段,而进入了社会主义的时代。这是在全部人类历史上,社会发展的进程最快的。所以"父家长制经济"的残留形态的幽灵,倒不是中国社会史发展的"根本的制约",但它却"制约"了法西斯宣传员的脆弱的思维和造谣的能力。

所谓"×世同居"的内容,并不是存在于阶级社会中的什么"共产体"的孤岛,本质上而是一种大土地所有制,他们和其他大地主家族的经济生活,本质上并没有两样;他们也不是从原始公社制时代遗留下来的东西，反而是从地主经济的一般家族的基础上成长起来的。这是"唐史"、"宋史"、"明史"等记载得很明白的。

其次，关于秋泽的第二个论点，他认为"人工灌溉是中国农业不可缺的条件"，在广大地区中，"需要巨大劳动"的"水利事业"，"不是各个农村公社，各个地方所能进行，只有由中央政府权力的干涉才能进行。因而，在这里，可说由于政府施行水利事业这一机能，而成为产生集权国家的一个重要的经济机能"，同时，"由于这种中央集权的国家的成立（政治的统一），广大地域的大规模水利事业的施行才成为可能"。从而他得出如下的结论："中国的中央集权制……是以经济的停滞为基础而成立起来的东西"，"以孤立的农村公社（农村公社诸关系）为基础而成立起来的。"依此，中央集权专制统治的形态，倒不是以社会生产关系为基础，反而植基在"水"——"大规模的水利事业的施行"上面了。在这里，我们与秋泽修二的根本区别，即我们认为"大规模的水利事业"须由国家施行，只能予中央集权专制统治以增强作用，却不能作为其成立的"重要因素"；中央集权的国家，乃是封建制的生产关系发展到了它的后期的基础上产生的必然趋势，在中国，自然也还有其他一些条件。

事实上，"为着河水的调节——防御洪水的大规模水利事业"，在殷代才有全国性的意义，因为殷本族居住的山东与河南河北以及皖北地区，正是黄河、洹水、淮河等季节泛滥的区域——虽则我们手中关于这方面的材料还很不充分。自周代以后，以及发展为庞大的中央集权的封建帝国的秦汉以后，国家虽常有防止河泛与开河凿渠等措施，却都只有区域的而没有全国性的意义了。在秦汉以后的中国广大地区，如西北西南各地，大都是不虞洪水为灾的——受洪水威胁的地区，主要是扬子江、黄河中下游、珠江下游、松辽平原等低洼地区。全国耕地最大部分的灌溉设施，主要也不是在依赖国家，而是依赖着天然的河流、湖泊、泉水、溪流、雨量，人民自己修筑和开挖的蓄水池塘、水沟、井以及筒车的装置与陂、堰、堤、坝等等；国家开凿的河渠，除去为粮道运输或商业交通外，所灌溉的耕地，仅占全国耕地总面积的最小比例。这是略解中国历史地理的人们都能够知道的。

说到"集约性的小农经营"，也不能从"水"的基础上得到解释，只有从中国社会发展的过程上去研究，才能达到正确的理解。在中国，由于专制主义的中央集权的封建制时期比较久长，局限于其内部的农业生产力的发展结果，引出农业经营的集约性。又由于农民渴求土地及农民战争不断继起的结果，秦汉以后，特别是自唐代后，便有相当数量小土地所有者的存在。所以"集约性的小农经营"，正是在封建的生产方式局限内的农业生产力发展的结果，而不是生产力"停滞"的结果，是中国农民对农业生产上的伟大创造和贡献。秋泽在这里，故意颠倒因果，把自然条件提到第一位。由于统治阶级的残酷榨取，农民没有多余的力量去改进生产，他们为维持其物质生活的最低限度，使小农业与家庭手工业相结合，又是对于商品经济发展的一种抗拒。同时马克思说过："生产物地租的形态是与生产物和生产的一定种类结合在一起的，""对于它农村经济和家庭工业的结合是不可缺少的"，"农民家庭是几乎完全自给的"。①

因此，秋泽修二对中国社会"停滞性"的叫嚣，也不过是一种图表的虚构和故意颠倒是非，来反对中国民族的抗日革命战争，来掩饰日本法西斯残暴侵略的反动的罪恶。

---

① 马克思：《资本论》第3卷，第1039页。

但这是毫不足怪的,因为秋泽修二如果不拿虚构的图表来代替具体的历史,不把假马克思主义来歪曲马克思主义,那他便不成其为日本法西斯的宣传员了,所以他不能不从法西斯侵略主义的一种预定观念的观点上来歪曲中国史。他自己就说过,他研究"中国社会构成"的最中心的"主要课题",在于说明"此次中日事变,……皇军的武力"将"给予中国社会之特有的停滞性以最后的克服",使中国"与……日本结合"。这便是他的坦白的自供。所以我们不能不从他的本质上予以揭发。而他又妄图来歪曲历史的唯物论,去掩护其传播法西斯的毒素,我们更应该展开理论的反攻战和进行消毒工作。

四 形成中国社会发展的"迟滞性"的根源

中国乃至其他许多"文明古国",其社会发展的进程都比较迟慢,这是具体的历史事实。史家便给予其比较迟慢的进程以"停滞性"的规定(我认为中、日译马克思列宁文献中的"停滞性"可改为"迟滞性")。

正确地说来,历史唯物论只规定人类社会在客观规律性的下面,采取着一般的共同过程;但并不规定相同的历史阶段,一定要经过相同长短的时间,更不否认世界史各部分都有其独自的特殊性(忽略这种特殊性,就不能了解具体的历史,会堕落到公式主义或原理论;把这种特殊性夸大到否认共同性的程度,就不能把握历史的规律性,会堕落到唯心史观或多元论去)。从人类史的全过程看来,原始公社制所经过的时间,计有数十万年,我国地下出土的旧石器文化的遗址遗物和遗迹,已能追溯到五十万年以上;从阶级社会的形成到现在,共不过数千年;某一国家在某一特定历史时代之时间较长,从全过程看来,是毫不足异的。

中国封建制所经过的时间，较其他各国为长。而中国的封建文化，也较其他任何国家的封建文化有较高度的发展；在人类的封建社会史上，中国的封建经济和文化是其时人类最先进的。但苏联历史自公元862年罗斯王朝成立开始，才进入国家时代，到15世纪中叶建立莫斯科王国，到19世纪中叶进入了资本主义阶段，到20世纪初叶就跃入了社会主义时代，超越了一切文明民族的历史进展速度。正如斯大林所说："欧洲在3千年内已更换过三种不同的社会制度：原始公社制度、奴隶占有制度、封建制度；而在欧洲东部，即在苏联，甚至更换了四种社会制度。"① 拿英、法、意、美等国的历史来与苏联的历史比较，其发展的进程也是较迟慢的，它们至今还没有取得社会主义革命的胜利。依此，如果要给中国社会以"停滞性"的规定，也就不能不给予英、法、意、美各国社会史发展以相对的"停滞性"——或者说，"迟滞性"的规定。所以特定国家在特定的历史时代所经历时间的久暂，只有相对的意义——各有其自身的一般性与特殊性之辩证的统一过程——但较低级的社会历史阶段要为较高级的阶段所代替，资本主义要为社会主义所代替，则是必然的，世界必然成为共产主义的世界。

但我们对社会发展的或速或迟的问题，是不应忽视的。不过我们认为这不是由于什么先天的疾速性或"停滞性"，而是由于某些国家的某些特点，由于其地理环境和人口的增长等特点所引起，但这都不能改变历史发展的共同规律，都不是决定的影响或主要力量。斯大林说：

> 地理环境当然是社会发展的经常必要的条件之一，而且它无疑是能影响到社会的发展，加速或延缓社会发展进程。

---

① 《联共（布）党史简明教程》，第132页。

但它的影响并不是决定的影响,因为社会的变更和发展要比地理环境的变更和发展快得不可计量。①

人口的增长当然能影响到社会的发展,促进或延缓社会的发展,但它不能成为社会发展中的主要力量,它对于社会发展的影响不能是决定的影响,因为人口的增长并不能给我们说明为什么某个社会制度恰巧要由一定的新制度来替代,而不是由其他某一个制度来替代……②

依此,问题虽则包含多样性复杂性的内容,而地理环境或"地理条件的差异性"和"人口的增长"等等,却是我们了解社会发展进程或迟或速的一些因素。马克思说过:"……因为生产物地租的形态是与生产物和生产的一定种类结合在一起的,因为对于它农村经济和家庭工业的结合是不可缺少的,因为农民家庭是几乎完全自给的,因为它和市场,和它以外那部分社会内进行的生产运动和历史运动是互相独立的,总之,因为一般地说有自然经济的性质,所以这个地租形态,对于我们例如在亚洲可以看到的静止的社会状态,就完全适合于成为它们的基础。"③马克思在这里以"亚洲"的"静止的社会状态"为例,一方面自是说的"亚洲"的相对地"静止的社会状态",一方面也就是在说那带有地域的、即地理的特性。因而斯大林所揭示的和马克思所说的精神实质是一致的,只是斯大林把马克思的论证发展了。但斯大林没有谈到马克思关于"农村经济和家庭工业的结合"的论旨,以及在中国为什么农民的小农业和家庭副业相结合对商品经济进行顽强抵抗?这就不能不使我们深入到压迫、剥削的深度和

---

① 《联共(布)党史简明教程》,第150页。
② 同上书,第151页。
③ 马克思:《资本论》第3卷,第1039页。

强度等方面去追究。

中国封建社会时期经历得较长,这是无可否认的。毛泽东同志在《中国革命和中国共产党》中教导说:"……中国自从脱离奴隶制度进到封建制度以后,其经济、政治、文化的发展,就长期地陷在发展迟缓的状态中。这个封建制度,自周秦以来一直延续了三千年左右。"为什么"发展迟缓"呢?毛泽东同志说道:"地主阶级这样残酷的剥削和压迫所造成的农民的极端的穷苦和落后,就是中国社会几千年在经济上和社会生活上停滞不前的基本原因。"① 他并指出构成中国封建时代的经济制度和政治制度的各个主要特点:"一、自给自足的自然经济占主要地位。农民不但生产自己需要的农产品,而且生产自己需要的大部分手工业品。地主和贵族对于从农民剥削来的地租,也主要地是自己享用,而不是用于交换。……二、封建的统治阶级——地主、贵族和皇帝,拥有最大部分的土地,而农民则很少土地,或者完全没有土地。……三、不但地主、贵族和皇室依靠剥削农民的地租过活,而且地主阶级的国家又强迫农民缴纳贡税,并强迫农民从事无偿的劳役,去养活一大群的国家官吏和主要地是为了镇压农民之用的军队。四、保护这种封建剥削制度的权力机关,是地主阶级的封建国家。……"② 毛泽东同志在这里所说的不只完全符合于马克思关于中国农民的小农业和家庭副业相结合的顽强性的论旨,而且通过中国封建社会的全部历史情况给了马克思的论旨以重要的发展而又更加具体化深刻化了。中国封建社会发展的迟缓,在毛泽东同志所指明的基本原因及那些特点的情况下,便构成中国封建社会之断续性的紧张形势,具体表现为无数次的农民

---

① 《毛泽东选集》第2卷,第618、619页。
② 同上书,第618页。

起义和反对外来民族压迫的民族战争,这却是打破迟滞性的推动历史前进的真正动力,这是一;在那样残酷的剥削、压迫下,农民为获得土地和反迫害、反剥削,汉族便不断向落后民族地区和边疆迁移,这虽有利于边疆的发展,却不能不影响到内地生产发展的进程,这是二;封建统治阶级为着自己的豪奢生活,一方面开办各种大规模的国家手工业工场,一方面为着获得异地产品和本国没有的东西,又不断发动对外战争和不计代价的对外贸易,反复来加重农民负担……而这些,又都是与斯大林同志所揭示的地理环境、人口的增长等条件密切关联的。如果不是处在这样多民族的国家、少数民族地区和边疆人口较稀少和可垦荒地较多,汉族农民在长期间那样不断的大量移徙是不可能的;如果不是汉族人口特多,少数民族和边疆人口较少,这种迁徙也是不可能的。而此却加速了边疆迟缓了内地的发展进程。因此说,我国的历史情况,确证了马克思、斯大林和毛泽东同志的论旨,毛泽东同志发展了的马克思的论旨。这是我们解决中国封建社会的停滞性或阻滞性问题的钥匙。

中国封建社会发展的迟缓,在毛泽东同志所指明的基本原因下面,我认为:

(一)农民为了逃避残酷的剥削、压迫和获得土地,便在农民战争、民族战争过程中和其失败后、以至在平时,大量人口不断向少数民族地区和四周移徙。而此又是与中国所处的地理环境密切关联的。因为中国所处葱岭以东这块大陆,有广漠无际的肥沃的可耕地,以先进的汉族为例,在鸦片战争以前的长时期中,四周和境内都没有比它更先进的、强大的部落、种族和国家,汉族农民带同先进的生产技术、经验,由黄河流域南向长江、珠江流域,东北向松花江流域,北向内蒙以及西北西南移徙,是有利于当地历史的发展,受到当地兄弟民族人民的欢迎与合作的。而每次的大规模移徙，又都是与农民战争和民族战争相关联，与农民战争或民族战争失败后的统治阶级的屠杀或他族统治者残酷的民族压迫相关联，与地主阶级的内战而使农民无法生活相关联。这样，一方面使生产力和生产关系的矛盾不断获得缓和；一方面大量人口移到新地区后，便使原住地区劳动人口相对缺乏，使因战争破坏的生产恢复迟缓，同时移到新地区的人口，虽带去较进步的生产知识、经验和农业手工业的技术知识，但因设备等条件缺乏而不易在短时内赶上原先的生产水准。这从全国，特别是从东南、西北和西南的地方志及民间传说里都能考究出来的。从一方面说，地大物博人众，这是中国民族获有的天惠，并使各兄弟民族在长期历史过程中发生了血肉相连的关系，为今日的民族大家庭打下了良好的基础。并加速了少数民族地方和边疆的发展。另方面却因历朝统治阶级没有较好的利用这个条件，每每倒行逆施，因之反而成了内地、即以汉族地区为中心的中国封建社会发展迟缓的重要原因之一。

大量人口的不断他徙，使社会内部的剩余劳动人口不断得到消纳。这又阻滞了商业资本向生产资本的转化和商品市场的扩大。

在华中、华南，聚族而居的情况分外显著和普遍。这种情况也只有从这人口移徙的问题上才能得到说明。华中、华南的农业生产力，一般都高过华北。所以聚族而居的事情，并不能说明中国社会的发展因此而受到阻滞。

（二）地主阶级对农民的剥削和压迫那样的残酷，因此阶级矛盾的形势就不断的紧张起来。这样，地主阶级就没有余力再去处理民族矛盾了。加之其对各部落和种族的人民，进行残酷的剥削，又不断地引起民族矛盾的紧张和战争及封建帝国的分裂。如"五胡十六国"的突起，拓跋、契丹、女真、蒙古、满族奴隶主集团的南下，北魏、辽、金、元、清等落后统治集团的野蛮残暴的军事掠夺和破坏，以及其反动落后的统治与民族压迫，不只直接给予中国社会的生产力以惨毒的破坏——如大量地屠杀劳动人口、圈耕地为牧场、烧毁房屋与生产设备、掠夺财产、危害科学技术的研究等等，——而且战争波及的地区，每每形成数百、千里人烟灭绝、血流成渠、白骨遍地的惨状；其残暴落后的统治，不只使人民的生命财产完全没有保障，人民被任意打杀、掠夺、苛榨至于竭泽而渔的地步，而又采取种种落后的统治制度（如以奴隶制度、农奴制度强加于汉族地区的发展到了后期的封建制度之上，等等），用暴力去阻碍历史前进，每使社会发展呈逆转的形势。自然，它们也都在不同程度上起过一些促进作用的，但促退却远远大于它们所起的促进作用。同时在每次农民战争中，地主阶级为着所谓"平乱"，而施行的屠杀、焚烧、劫抢等等残暴手段，也同样造成荒凉满目、白骨遍野的惨状。所以农民战争对封建制度的打击，迫使封建统治阶级对农民让步等等，促进了历史的前进；而封建统治阶级的摧残、破坏，却起了不小的促退作用。地主阶级争权夺利的内战及国内民族地方和对外的军事行动，除去一些有进步性的战争外，也是如此。这一切，不只直接给予社会生产以严重的破坏和阻碍，阻滞社会的发展；而且又不断加重人民的负担。农民在求生不得的情况下，为维持其最低限度的物质生活，只得以农业与家庭手工业相结合的方式去顽强地进行挣扎，自然更无力去改进生产或扩大再生产。

（三）由于中国地大、物博、人众，封建皇帝、贵族、官僚、地主从人民、主要从农民那里剥削来的剩余劳动生产物常常装得满仓满库，超过他们及其家族和左右的肠胃的消化力，因此，他们便步步趋向豪奢。在整个封建时代，中国四周和国境内的各部落和种族又大都比较落后，于是他们一方面穷奢极欲地修建各种规模宏大的华丽的宫室、别墅、陵寝……一方面开办各种专供皇室贵族、官僚、大地主消费享乐的手工工场,把全国有技术的手工工人都收罗起来,从事各种不计代价的细巧的手工制作;另方面为着追求奇禽异兽、奇珍异物以及凡本国没有的稀有东西,又不断派人长征远航,并垄断对外贸易,不计代价去进行交换,甚至发动对外战争和侵略。这样,不只加重对人民的剥削、压迫,增加人民负担,而又不断地直接间接妨害以至破坏农业生产的发展和进步,并阻碍国内市场的扩大与私家手工业及自由商业资本的发展,尤其妨害自由商人资本向资本主义资本的转化,而且,常促起私家商业资本向高利贷转化以及投向土地;因而形成所谓国家手工业、国家及官僚、地主、商人三位一体的商业贸易、东方式的宫廷文化的畸形发展。

(四)从鸦片战争到新民主主义革命胜利以前的109年间,则由于美英等国的帝国主义侵略。在鸦片战争以前的年月,中国在明清之际,曾在东南沿海沿江地区开始出现的资本主义生产方式——即马克思所说的资本主义手工业工场等——的萌芽,可是为入关之初的清朝贵族和其奴才武装对扬州、江阴、嘉定等先进城市所实行的血洗政策所绞杀了;在康熙朝中叶后至鸦片战争前夜,又在沿海沿江的广州等处重新出现的这种萌芽,但又为英美等国的资本帝国主义侵略所绞杀了。如果没有这两次历史的浩劫,尤其是外国资本帝国主义的侵略,中国社会便可能早已走上资本主义前途,保持着世界文化的先进地位。外国资本帝国主义侵略,不只绞杀了新生的中国资本主义生产方式的幼芽,而又尽力把中国的商人资本改组为买办资本,正如毛泽东同志所说:"帝国主义列强从中国的通商都市直至穷乡僻壤,造成了一个买办的和商业高利贷的剥削网,造成了为帝国主义服务的买办阶级和商业高利贷阶级,以便利其剥削广大的中国农民和其他人民大众。"把中国的市场和资源全部控制起来,又勾结和扶植陷于没落的中国封建地主阶级,"使中国的封建地主阶级变为它们统治中国的支柱",因而它们把中国的"……一个封建社会变成了一个半封建的社会……把一个独立的中国变成了一个半殖民地和殖民地的中国"。① 不只使中国各民族人民在 100 多年间同陷于奴隶牛马的地位和人类最低下的生活状况,而又歪曲和阻滞了中国社会的发展。因此,毛泽东同志说:"中国封建社会内的商品经济的发展,已经孕育着资本主义的萌芽,如果没有外国资本主义的影响,中国也将缓慢地发展到资本主义社会。"②

(五)中国封建社会发展的迟缓,此外也还有一些较次要的原因。

因此,在鸦片战争以前,那些带特殊性的条件,只阻滞了中国社会的发展,并没有能改变中国社会发展的一般规律和过程,也没有能根本阻止中国社会的发展。中国封建社会在较迟缓的发展进程中,并没有"静止"、"退化"、"复归"或"循环",而是螺旋式地或波浪式地前进。在鸦片战争以后的年月,如果没有外国资本帝国主义的侵入,中国社会自身内部孕育出的资本主义幼芽便必然早就会引导中国社会完成资本主义的革命和由封建制向资本主义制的转化了。

目前的民族抗战,也只有民族抗日革命战争的胜利、民族民主革命的彻底胜利,和转入到社会主义革命及其胜利,才能把阻滞中国社会发展的诸矛盾予以根本的克服,中国社会才能飞跃地疾速地跃入社会主义工业化和农业社会主义化的过程。反之,"皇军武力"的胜利,不但不能"予中国社会之特有的停滞性以

---

① 《毛泽东选集》第 2 卷,第 623、624 页。
② 同上书,第 620 页。

最后的克服",反而会使中国历史文化中断,使中国国家和民族趋向死亡,反而会造成人类史上最反动局面。虽然,历史自身的法则,不容倒退的东西战胜前进的东西;但我们又不应服从自然主义,还须通过我们主观的最大努力和英勇顽强的斗争,才能完成历史的任务。〔到目前,我们不只已战胜了帝国主义、封建地主阶级和官僚资产阶级,完成了民族民主革命的任务,"占人类总数四分之一的中国人从此站立起来了。中国人从来就是一个伟大的勇敢的勤劳的民族,只是在近代是落伍了。这种落伍,完全是被外国帝国主义和本国反动政府所压迫和剥削的结果。……我们的民族将从此列入爱好和平自由的世界各民族的大家庭,以勇敢而勤劳的姿态工作着,创造自己的文明和幸福,同时也促进世界的和平和自由。我们的民族将再也不是一个被人侮辱的民族了,我们已经站起来了。"① 而且我国在政治上和军事上,已成为全世界的强国之一,我们不只已取得了经济恢复的巨大胜利,不只已及时转入了社会主义革命和建设的轨道,随着对农业、手工业、资本主义工商业的社会主义改造的完成,和社会主义建设的胜利,我们并将在工业上、农业上、科学文化上成为远远超过资本主义世界的社会主义强国。——1953年增订〕

(原载《理论与现实》第2卷,第2期,1940年10月)

---

① 《中国人民政治协商会议第一届全体会议纪念刊》,新华书店1950年版,第198、199页。

论两周社会形势发展的过渡性和不平衡性
—— 关于中国社会完成从奴隶制到封建制的过渡问题的探讨

近几十年来，我国马克思主义史学工作者，在中国共产党的领导下，配合党在各个时期的政治任务，对中国历史进行了艰巨的研究工作，也获得了不小的成绩，为科学的中国史的编写奠定了基础。在研究过程中，又不断提出了若干重大问题，许多问题已相继获得解决，但有些问题，如奴隶制和封建制的分期问题、中国资本主义的萌芽问题、中国民族的形成及在历史上的国内民族关系问题，等等，则还没达到一致的结论。

奴隶制和封建制的分期问题，是我国史学界长期间意见分歧的重大问题之一。主要的分歧，在对于两周或西周到战国的社会性质的不同估计：有的认为是奴隶制度，有的认为是封建制度，还有的认为是原始公社制度社会。我认为，从两周社会形势发展的过渡性和不平衡性问题上去加以探究，或有助于问题的解决。抛砖引玉，本文即就这个问题提出个人的粗浅意见。

一

所谓"武王革命"，究系同一社会性质的两个朝代的交替，还是标志着社会性质转变的社会革命？根据《史记·殷本纪·周本纪》、《尚书·牧誓·武成》等文献记载，参与"武王革命"的，有殷朝奴隶所有者国家统治下许多属领的首长和成员，也有殷人，特别重要的是，还有成千成万的奴隶的"前徒倒戈攻于后"，或"倒兵以战，以开武王"，并受到所谓"商国百姓咸待于郊"的欢迎；在"革命"过程中的种种措施，如所谓"散鹿台之财，发巨桥之粟，以赈贫弱、萌隶"（我认为就是赈救贫困的下层自由民和奴隶），"释百姓之囚"和"封诸侯"等等，及其所引起的社会变化，都不同于改朝换代的战争或朝代兴亡的性质。由于在"武王革命"后，既不能把大量的殷人吸收到他们的原始公社制的组织里面来，用原始公社制的秩序去约束殷人，又不能用奴隶制去统治参与"革命"的公社成员和"前徒倒戈"的奴隶，而在"胜殷"以后，又必须迅速建立新秩序，因此，周人便以其临到"文明入口"的原始公社制的管理机构，在殷朝奴隶制国家的废墟上或其行政的尖端上，转化为不同于殷朝国家的国家机关，并从而规定了"武王革命"不能不成为我国历史上的"奴隶革命"或封建主义革命。有些历史家曾经认为中国史上由奴隶制度到封建制度的转变，好像不须经过革命似的。其实，这是不符合于马克思主义的社会变革论的基本精神的。马克思说过："暴力是一切孕育着新社会的旧社会的产婆。它本身也是一种经济力。"[①] 斯大林也说过："奴隶革命是把奴隶主消灭了，是把奴隶主对劳动者的剥削形式废除了。""农奴革命是把农奴主消灭了，是把农奴制的剥削形式废除了。"[②] 这是说，在无产阶级掌握政权以前的历史时代，旧的生产关系的推翻和新的生产关系的建立，是不可能

---

① 《资本论》第 1 卷，人民出版社 1953 年版，第 949 页。
② 《列宁主义问题》，莫斯科外国文书籍出版局 1949 年中文版，第 548 页。

不发生震动和冲击的。

由于"武王革命"的胜利及其一系列的措施,便出现了历史上有名的"成康之治",即《史记·周本纪》所谓"成康之际,天下安宁,刑措40余年不用"。

但是革命的胜利和社会形势的转变,并不是直截了当的,而是经历了一个长的过渡时期;这又正和"武王革命"胜利后新的社会矛盾的复杂性和在广大国家内各地区间、部族部落间社会发展的不平衡性相适应的。

"武王革命"胜利后的社会新形势,主要有以下的特点。参加反殷斗争的社会各阶级、阶层、部族、部落间的关系,产生了新的变化,他们并都有了新的要求。殷朝奴隶所有者的残余势力或所谓"殷遗民",以及其他若干部落、特别像所谓徐、淮、芈楚等,不只对新政权怀疑、观望,而且是敌对的。在周朝的政治疆域内,表现着封建制的、奴隶制的、原始公社制的各种生产方式的并存,形成一种错综复杂的过渡性的社会形态。原来殷朝国家的"邦畿"区域,在奴隶制和新生的封建制并存的形式下,还有着原始公社制的残余;在周朝新国家的"邦畿"区域,即主要为周人自己散布的地区,则形成新生的封建制和临到"文明入口"的原始公社制并存的形势,同时还存在着迁入的"殷遗民"的奴隶制和周人自己的家长奴隶制;国内其他众多的部落,在处于不同发展程度的原始公社制的基础上,又有着新政权所给予的封建性的措施和影响,等等。因而在广大国土内,形成了各个地区间、部族部落间发展的极端不平衡,与相互间错综复杂的关系和影响。

殷朝的奴隶制,是具备着"亚细亚的"一些特性的,没达到较高度的发展,就结束其历史的任务了。就地下发掘来看,它只拥有青铜器工具。周人在革命胜利前所拥有的生产工具,也没有超过甚至还低于殷人的水平,虽有着发明制铁的迹象①,但尚无足够的实物发现。这种客观形势,不只规定了周朝封建制的建设必须经历一个较长的过渡期,又规定了奴隶制和原始公社制的生产方式及其残余,长期间在各不同地区和不同程度上强烈存在,并给中国封建社会的全部过程以较远和较深的影响。

但不只由于"武王革命"的胜利,且由于革命政权对基础的积极作用,这具体表现在周朝新国家一系列重大的革命建设和措施,以及其思想形态等方面。因此,封建制生产的比重,便在各个地方先后不断获得扩大,逐步确立和巩固了支配地位,奴隶制以至原始公社制生产的比重,则不断削弱、缩小,以至成为残余,在全国范围内,各地方都相继走上了向着封建制转化的过程。这种转化的过程,由于周朝国家地区辽阔等特点,特别由于各部落部族间的不同条件和具体情况,而表现了极大的不平衡。在周朝国家的中央区域,即"邦畿"地区,到所谓"宣王中兴"时,封建制的生产才确立和巩固了支配地位;在原为殷朝"邦畿"地区的东方区域,如齐国,似乎到春秋时期才渐次完成了这种过渡;原来比较后起和落后的秦国,又晚于齐国,似乎到献公时,封建制才开始取得优势,而且奴隶制残余在其后一个较长时间都强烈地存在和产生影响;南方的越,似乎到春秋末的勾践时

---

① 《诗·公刘》:"取厉取锻"。按《考工记》,段工不属于冶铜,可能属段铁。《史记·周本纪》:武王"以黄钺斩纣头";对"纣之妻妾二女"——"斩以玄钺"。司马法曰:"夏执玄钺"。宋均曰:"玄钺用铁不磨砺。"近据日本考古学家梅原末治等研究:谓在1933年6月汲县出土的西周初的十三件青铜兵器中(现落在美国国立弗几尼亚美术馆),二件有铁刃。(梅原:《中国出土的一群铜利器研究》,载京都大学《人文科学研究所创立廿五周年纪念论文集》)杉村勇造:《芮公纽钟考》(见《中国古代史的诸问题》)谓有芮公作旅钟……铭之芮公纽钟,应属西周器。钟上部环纽下脚顶面接合部分有铁锈涌出,纽下脚部分内部有两个铁制角形管(径0.5厘米)的截断面露出,将细管内泥土除去,深1.3厘米。

期，奴隶制还和封建制并存着。……

这种过渡期的任务，基本上在于把原先殷朝国家统属下的农村公社和氏族公社，转变为农奴制的庄园，消灭旧的阶级，把农村公社内的自由农民和奴隶、氏族公社内的氏族成员，改编为农奴；不断巩固和发展新的生产关系，摧毁和消灭旧生产关系，扶助生产力发展。

二

周曾是殷朝奴隶所有者国家的属领，甲骨文字和古籍都有确切的记载。因此，"武王革命"和"胜殷"，不是这个国家或部族对那个国家或部族的征服，而是一个国家之内的社会革命，并得到连同殷人在内的各部族部落的赞助和同情，即《尚书·武成》所谓"万姓悦服"。

革命初步胜利和周朝新政权产生后，是在以下几个方面发挥了革命政权及其他上层建筑的积极作用的。最重要的是积极进行了封建制度的建设，并在此基础上促起了社会的跃进，著名的"成康之治"就是这种跃进的具体表现；其次便是对殷朝奴隶所有者集团的反革命残余及其同伙的继续征讨和对广大"殷遗民"的辑抚。但完成这种革命的历史任务，完成封建主义的社会转变，是经历了一个复杂的长期的过程的。

在革命初步胜利后，摆在周朝新政权面前的首要问题，是巩固自己和建设新秩序。这在一方面，必须对当时存在的各种社会制度作出抉择；一方面必须对参加革命的功臣、亲属、扈从、各部落首长、"前徒倒戈"的奴隶作必要的安排，对"殷遗民"和国内其他部落作必要的处置和安排。在这种矛盾交错的形势下，周朝新政权采取了"封诸侯"的方针："封诸侯，班赐宗彝"，

"列爵惟五（注：爵五等：公、侯、伯、子、男），分土惟三（注：列地封国：公、侯方百里，伯七十里，子、男五十里，为三品）。"① 依据这种原则，它宣布：包括周人自己原来的住区、原先殷朝的"邦畿"和属领，以及其他各部落散布的地区，即凡权力所能达到的地方，都属于"王"有，即国有，臣民都须服从王所表征的革命权力的原则②；爵位和土地都由王的名义去册封。受封者，一为参加革命的功臣、王的亲族和左右扈从，如齐、鲁、燕、管、蔡、霍、卫、毛、聃、郕、雍、曹、滕、毕、原、酆、郇、邗、晋、郑、虢、应、蒋、邢、茅、申、许、吴、虞等，一为转变和予以安抚的殷朝贵族，如宋、鄁（邶）、谭、时、巢、繁、来等，一为在周人为首的革命过程中，参加或同情革命的原来各部落首长，如焦、祝、陈、杞等，对其他如楚、越、徐、淮等各部落的首长，也由王的名义去加以册封。《国语》《郑语》综述这种情况说："当成周者，南有荆蛮、申、吕、应、邓、陈、蔡、随、唐，北有卫、燕、狄、鲜、虞、路、洛、泉、徐、蒲、西有虞、虢、晋、隗、霍、杨、魏、芮，东有齐、鲁、曹、宋、滕、薛、邹、莒：是非王之支子母弟甥舅也，则皆蛮荆戎狄之人也，非亲则顽，不可入也。"实际上，西周所封见于记载的也不止此数，不见于记载的更不知多少！受册封为新的权力者的大贵族（大领主），从西周开始直到战国，他们又依次去分封其亲属和左右，如齐侯又封匋叔"二百又九十又九邑，与鄁之民人都鄙"，匋君又分赐其"弟虔井五围，锡甲胄干戈"，金文和古

---

① 《史记·周本纪》；《尚书·武成》。
② 《诗·北山》："普天之下，莫非王土，率土之滨，莫非王臣。"《左传》昭公7年，楚芊尹无宇曰："天子经略，……古之制也。封略之内，何非君土，食土之毛，谁非君臣。"

文献中类此的例子很多。① 周天子对自己的左右用事人员和亲属，也以其畿内之地，这样去分封……② 这种封地都叫作"采"，即"采地"。③ 周所封的大诸侯，又在于以之去镇抚和监视四方、拱卫王室：如以齐、鲁、燕、卫、成等监视和镇抚殷遗及徐、淮……吴监视越人，韩监视戎、狄，在宋的周围又建立陈、蔡、曹、滕等一系列的小国去监视，为着监视荆、楚，在今豫南和汉水流域一带也建立了许多姬姜小国，宣王时封申伯去"式是南邦"，也在于去影响和监视荆楚。所以《康诰》说："建侯人屏"，"庶邦：侯、甸、男邦、采、卫"。《左传》定公四年卫子鱼说："昔武王克商，成王定之，选建明德，以藩屏周。"与这种关系相适应，沿袭殷朝遗制，又别分为侯、甸、男、采、卫五服，即《尚书·康诰·酒诰》等篇所谓"侯、甸、男邦、采、卫"。《史记·周本纪》述祭公谋父谏穆王所谓："夫先王之制，邦内甸服，邦外侯服，侯卫宾服，蛮夷要服，戎翟荒服……"

这种新的土地占有形式，是一定封疆或封区内的土地，都属于一个贵族所占有。不过原来的封疆，都不是像后来的那样广大，故除占有几十、百里领地的大贵族外，有小至"十室之邑"、"百室之邑"、"有十里之诸侯"④……

受册封的，并不是单纯概念下的自然土地，而是连同土地上的人民，如《大盂鼎铭》等之所谓"受民受疆土"。所以成王封

---

① 《齐子仲姜镈》、《虞彝》。又如《沈子簋》，"……公休锡沈子聿田"。《史记·管晏列传》：管仲"子孙世禄于齐，有封邑者十余世"。《国语·楚语》："惠王以梁与鲁阳文子，文子辞曰：'梁险而在北境，惧子孙之有贰者也。'"

② 见《令方彝铭》、《大保殷铭》及《尚书·毕命》等记载。

③ 例如《趞卣》："王才斥，易趞采，曰趞"。《尔雅·释诂》："尸，寀也。"注："谓寀地"。《韩诗外传》：古者，天子为诸侯受封，谓之采地。然则尸训采者，盖为此地之王，因食此地之毛。《礼运》，大夫有采以处其子孙。

④ 《论语·公冶长》；《左传》成公十七年；《吕氏春秋·审分览》。

矢侯"侯于宜","易土：氏川三百□，氏囬百又□，氏小邑卅又五，氏囲百又册。……易宜庶人……"宣王封申伯于"谢邑",《诗·崧高》所述，也是连同谢邑原有的居民在内。这不过是一些例子。因而，《左传》定公四年所谓："分鲁公……殷民六族"，"分康叔……殷民七族"，都是原来居住在他们封邦内的殷人；"分唐叔……怀姓九宗"，也正是其封邦内原有的住民，即所谓"唐之余民"。① 同时还赐予他们以各种治事人员（在周天子，《令方彝》有三事令，卿士、诸尹、里君、百工等等）、武士（士）、从事各种手工工艺的工奴，为其服事各种卑役，即所谓"以待百事"的贱奴（如《左传》昭公七年所谓：皂、舆、隶、僚、仆、台、圉、牧等等。他们都是有家室的：如金文关于赐臣、仆的记载，大都是以"家"计。这种贱奴的性质，《史记·管晏列传》关于晏婴的仆御，说得很明白："晏子为齐相，出，其御之妻从门间而窥其夫；其夫为相御，拥大盖、策驷马，意气扬扬，甚自得也。既而归，其妻请去……曰……今子长八尺，乃为人仆御，然子之意自以为足，妾是以求去也。"），甚至还赠赐一部分从事生产的西土之人或"国人"（亦即所谓"王人"）——他们都和封主及其家属住于新建的城堡内外，所以叫作"国人"，住居于田野间的原有居民则叫作"野人"。据郑玄《周礼·匠人》

---

① 《左传》定公四年："分鲁公以……殷民六族……使帅其宗氏，辑其分族，将其类丑。……分之土田陪敦（羽按：孙诒让谓"土田陪敦"即五年琱生殷的"土田仆庸"、鲁颂閟宫的"土田附庸"〔《古籀余论》三、二十二〕。《诗·江汉》记宣王封召虎之"锡山土田"注云："本或作锡之山川、土田附庸……""附庸"应解为附于田地上提供赋役的众人）。祝宗卜史，备物典册，官司彝器。因商奄之民，命以伯禽，而封于少皞之墟。"分康叔……殷民七族……封畛土略，自武父以南及圃田之北竟，取于有阎之土，以共王职。……聃季授土，陶叔授民。命以康诰，而封于殷墟。皆启以商政，疆以周索。分唐叔……怀姓九宗，职官五正……而封于夏虚。启以夏政，疆以戎索。"

注所述,"国人"与"野人"的负担也是有区别的。郑玄说:"以载师职及司马法论之,周制;畿内用夏之贡法,税夫无公田。以《诗》、《春秋》、《论语》、《孟子》论之,周制;邦国用殷之助法,制公田不税夫。贡者,自治其所受田,贡其税谷;助者,借民之力以治公用,又使收敛焉。"其实郑玄所谓"畿内",就是《孟子》的"国中什一使自赋"的"国中"。《周礼》《地官司徒下》载师条"凡任地:国宅无征,园廛二十而一,近郊十一,远郊二十而三……"

在西周,各级封主的城堡的大小高矮是有一定规制的。①

各个领邑都有着经济、政治、军事的相对独立性,即《晋语》所谓"成封国",《周礼·地官·小司徒》所谓:"凡建邦国,立其社稷,正其畿疆之封;凡民讼以地比正之,地讼以图正之。"也就是马克思所说的"半国家"。但由于其土地占有,是由天子→诸侯→大夫→士的依次分封而来的,因而又构成其等级从属的武装家臣制,正如《左传》桓公二年说:"天子建国,诸侯立家,卿置侧室,大夫有二宗,士有隶子弟。"而此又是以"公食贡,大夫食邑,士食田"(《晋语》)为基础的。下级除向上级担任贡纳外,原则上并须遵守盟誓、服从裁判、接受其在军事上的调遣指挥等义务②,上级对下级担任保护等义务,只要下级不违

---

① 《左传》隐公元年:"祭仲曰:都城过百雉,国之害也。先王之制,大都不过参国之一,中、五之一,小、九之一。"注:"一雉之墙长三十丈,高一丈。侯伯之城方五里,径三百雉。"

② 例如:《齐子仲姜镈铭》:"訇叔有成劳于齐邦,侯氏锡之邑二百又九十又九邑,与鄩之民人都鄙。侯氏从告之曰:'叶(世)万,至于台辛孙子勿或渝改。訇子曰:'余弥心畏忌,余三事是尸,余为大攻厄(轭)大史、大徒、大宰,是台可复。'"下级并对上级有贡纳的义务;如《史记·齐太公世家》等文献载,齐桓公"伐楚",责问"楚贡包茅不入,王祭不具……"(《齐语》为"使贡丝于周"),楚王曰:"贡之不入,有之,寡人罪也。"《左传》僖公五年称晋灭虞后,仍代虞"职贡于王"。《诗·鲁颂·泮水》:"憬彼淮夷,来献其琛;元龟、象齿、大赂南金。"这不过是略举一些例子,这正如马克思所指出的:"在封建时代,军事上诉讼上的裁决权,是土地所有权的属性……"(《资本论》第1卷,人民出版社1953年版,第398页。)

反盟誓，不放弃义务，一般都不取消其爵位，不削减其封地。"士"为领主的最基层，"惟士无土则不君"，而为上级领主的家臣，所以《孟子告子》说："士不世官。"这种"士"，我以为可能是由武王伐殷以来的军队中的兵士而来的。①

与等级从属的武装家臣制相适应，又形成等级的身份爵位制。即所谓公、侯、伯、子、男。这也是以土地占有的属性为基础的。②

这种爵位和财产的承袭，适应着领主土地占有的特殊形式，为家族世袭的长子承继制，庶子则在其父的领地内分享采地或庄园社、田、井、邑、……而为其父的继承人的从属。周朝的宗法制度，便是沿袭过去的原始公社制乃至殷朝奴隶制时代的氏族关系，在新的土地及其他财产承继制的基础上并与之相适应而成立起来的。

三

由那种有法律效力的王和大贵族的册封和命令，使一定地区的土地，属于一定的家族所占有，就开始出现了新的封建土地占

---

① 《仪礼·丧服》："君，谓有地者也。"《诗·小雅·绵蛮》注："古者，卿大夫出行，士为末介。士之禄薄，或困乏于资财，则当赒赡之。"《礼记·祭法》云："大夫以下成群立社，曰置社。注：'大夫以下'谓下至庶人也。"《吕氏春秋·慎大览》："武王胜殷……诸大夫赏以书社。"注："大夫与谋为国，以书社赏之。二十五家为社也。"《商君书·赏刑》篇："武王与纣战于牧野之中，大破九军，卒裂土封诸侯，士卒坐阵者，里有书社……"

② 周初存在公、侯、伯、子、男的爵位等级制，金文和周代文献已有确证。这种爵位等级制是与其土地占有的属性相适应的，《国语·周语》记周襄王不许晋文公辞地说"替我先王之有天下也，规万千里以为甸服，以供上帝山川百神之祀，以备百姓兆民之用，以待不庭不虞之患，其余以均分公、侯、伯、子、男，使各有宁宇。……"

有形态。

这种被册封或分封的全部疆土,《左传》昭公九年詹桓伯说:"我自夏以后稷,魏、骀、芮、歧、毕,吾西土也;及武王克商,蒲姑、商奄,吾东土也;巴、濮、楚、邓,吾南土也;肃慎、燕、亳,吾北土也。"这个地区原来是属于以下几种不同类型的。(一)周人自己原来的公有土地,由原始公社制末期的各农村公社所掌握,分给公社各成员使用,并由各成员共同耕种属于公社的公地。公社并须向殷朝政府纳税。周的邦畿区域及今陕西、山西、河南大部分地区内各封邦的封地,即周朝新国家的中央区域,属于这种类型。(二)原来殷朝奴隶所有者国家的"邦畿"地区、即主要为殷人居住地区的国有土地,分由地方和农村公社所掌握,为自由民阶级各家族所占用,由奴隶和下层自由民进行耕种,并向殷朝政府提供税纳。齐、鲁、宋、卫等封邦的封地,都属于这种类型。(三)分别属于周朝国内各部落公有的土地:有些已进到农村公社的形式,但生产较落后,如楚、吴、越等;有些还以牧畜为主要生产,如其时散处今西北和四川境内的某些部落;有些(如肃慎部落之类)似乎还处在以游猎为主要生产的阶段。他们也都要向殷朝政府提供税纳。这都是和新的封建土地占有形态相矛盾的,都不能一下子就会适应新秩序和改变其原来的性质,不能一下子就把原来的公社成员或自由民和奴隶转变为农奴主和农奴。这种发展的不平衡和复杂性,规定了周朝封建制度的胜利,必须经历一个交错斗争的长期转变过程。

为新制度发挥巨大的决定性作用的,是新的封建政权代替了原来的奴隶主政权,和在某些地区代替了原始公社制的组织机构。这种政权,适应于新的"土地所有权的属性",首先发挥它在"军事上诉讼上的裁决权"的作用,并从而得以"强迫那些得到份地而自行经营的人来为他们做工"。① 原来在各种形态下存在的土地，现在是属于新的贵族名下了，原来提供给殷朝政府的税纳，输给公社的税物和为公共事业的劳动服务等等，都为新的名义上的地主所占有了。这即《史记·货殖列传》所谓"封者食租税，岁率户二百"，也就是所谓"爵邑之入"。"农奴关系就是这样发展的"。因此，公社就开始具有封建庄园的一些性质，成为既具有公社内容也具有庄园内容的两重性的东西，并展开了两者间的斗争。而在各种不同地区间，又多多少少有着一些相互不同的内容。其中如原来殷人的农村内是包括自由民和奴隶的阶级构成的；那些同处在原始公社制阶段的不同部落间的氏族公社，又大都是处在不同的发展程度上。这都不能不引起相互间的影响和矛盾。

首先完成这种转变的是周朝国家的中央区域。中央区域的王室领地和各封邦，由原始公社制到封建制的转变，基本上正和马克思所说的一样："那些地方原来的生产方式，是以共有制为基础的……土地一部分当作自由的私田，由共同体诸成员独立去耕作，一部分当作公田，由他们共同去耕作。……在时间的进行中，这种公地，被军事上宗教上的高官侵夺了。在公地上从事的劳动，也被他们侵夺了。自由农民在他们的公地上做的劳动，变成他们替公地盗占者做的徭役劳动了。农奴关系就是这样发展的。"② 全部《诗经》，除鲁颂、商颂、卫风、秦风等部分外，主要都是反映这个地区在西周以及西周春秋之际的情况。

周人原来的农村公社或氏族公社，一般都叫作井、田、邑，周初之以作为封赐土地的单位，即所谓"锡田"、"锡邑"……周

---

① 《列宁全集》第3卷，人民出版社1956年版，第158页。
② 《资本论》第1卷，人民出版社1953年版，第268—269页。

字的金文写法，也表现了这种土地区划的形式。公社的重要管理机关的所在，则筑有城堡，"邑"在最初即系这种筑有城堡的公社，如《史记·周本纪》所述古公迁歧始筑城郭别居的城堡。所以"邑"字在甲骨文中也颇似城堡形制。公社内原来的公田收益，归入了被封赐而占有公地的人们的手中，便开始转化为劳动地租，原来为公共事业服务的劳动转成为他们服役，便开始转化为徭役。这样，公社就开始被赋予庄园的内容。所以《周礼·地官上·小司徒》说："九夫为井，四井为邑，四邑为丘，四丘为甸，四甸为县，四县为都，以任地事而令贡赋，凡税敛之事。"这和《孟子》所说的井田制，同样可作为《诗》"雨我公田，遂及我私"的注释。关于这种"公田"和"私田"的土地区划，由于地势和土地肥瘠等方面的差别，不可能到处按照井田的图式去区划。《周礼·遂人》对此的叙述是："遂人掌邦之野……辨其野之土，上地、中地、下地以颁田里。……上地夫一廛，田百晦，莱五十晦，余夫亦如之；中地夫一廛，田百晦，莱百晦，余夫亦如之；下地夫一廛，田百晦，莱二百晦，余夫亦如之。"《大司徒》也说："凡造都鄙，制其地域而封沟之，以其室数制之：不易之地家百晦，一易之地家二百晦，再易之地家三百晦。因此，这种公田的性质，在周初行使的"封诸侯"和"锡田"、"锡邑"……那一大量的、普遍的现象出现以前和以后，是有着本质区别的。在这种原先为公社，后来转变为庄园的农村，《诗·小雅·信南山》描绘说："信彼南山，维禹甸之；畇畇原隰，曾孙田之。我疆我理，南东其亩。……中田有庐，疆场有瓜，是剥是菹。"（郑氏笺注云："中田，田中也，农人作庐焉，以便其田事，于畔上种瓜，瓜成……剥削淹渍以为菹。"）

农业生产的主要担当者，叫作农、农夫、农人、小人、野人或民、庶民、小民、庶人、众人，也是主要的被统治阶级。这在

《尚书》、《诗经》、《国语》、《左传》等有关文献的记载中都交待得很明白,他们和奴隶的区别,正如马克思所说的一样,"奴隶是直接被剥夺了生产工具的。"① 他们则有自己的生产工具和进行独立经营。《诗·周颂·臣工》:"命我众人,庤乃钱镈。"(郑氏笺注:"教我庶民,具汝田器。")《良耜》:"其笠伊纠,其镈斯赵,以薅荼蓼。"《载芟》:"有略其耜,俶载南亩,播厥百谷。"《国语·周语》:虢文公说:"民用莫不震动,恪恭于农,修其疆畔,日服其镈,不解于时。财用不乏,民用和同。"所谓"乃"、"其",就是对"众人"或"农夫"……的指称;"乃钱镈"、"其镈"、"其耜"、"其笠",就是"众人"或"农人"……自有的生产工具:钱、镈、耜、笠,等等。以其自有的生产工具,独立经营有"其疆畔"的"私田"②,并以之与农村手工业等副业相结合。所以《周礼·地官下·闾师》说:"凡庶民不畜者,祭无牲;不耕者,祭无盛;不树者,无椁;不蚕者,不帛,不绩者,不衰。"这说明他们是进行独立经营的(《诗·国风·豳·七月》对这种终岁勤苦的农奴生活,作了生动具体的描写。《小雅·十月之交》描述了一个叫作皇父的领主,在向其封地建筑城堡,毁坏农民的墙屋和庄稼,而激起农民反感)。他们并以自有工具,在领主的土地、即"公田"上劳动;但由于当时生产力低下,所以领主只能占去其较小部分时间,即如前所述的九一、什一等的劳役地租。《周礼·地官·小司徒》:"凡起徒役,毋过家一人。"又《均人》说:"凡均力政,以岁上下,丰年则公旬用三日焉,中年则公旬用二日焉,无年则公旬用一日焉,凶札则无力政、无财赋,

---

① 《政治经济学批判导言》,人民出版社1955年版,第160页。
② 《诗·小雅·大田》:"以我覃耜,俶载南亩,播厥百谷。既庭且硕,曾孙是若。既方既皁,既坚既好,不稂不莠,去其螟螣,及其蟊贼,无害我田稚。……有渰萋萋,兴雨祁祁,雨我公田,遂及我私。……"

不收地守地职,不均地政。"是连同地租、徭役、贡纳而说的。大领主,特别是最高领主周天子,占有广大面积的"公田",春耕时节,每每有成千上万的农奴同时在其"公田"上劳动,收获的粮食堆积如山,所以《诗·周颂·良耜》说:"获之挃挃,积之栗栗,其崇如墉,其比如栉,以开百室。"《振鹭》说:"丰年多黍多稌,亦有高廪,万亿及秭。"《载芟》说:"载芟载柞,其耕泽泽。千耦其耘,徂隰徂畛。侯主侯伯,侯亚侯旅,侯彊侯以。""载获济济,有实其积,万亿及秭。"《诗·小雅·甫田》:"倬彼甫田,岁取十千。"《国语》:"庶人终于千亩。"这种耕作和收获的场面,在西周王室也是大事,《周语》记虢文公的话说:"是时也,王事惟农是务,无有求利于其官以干农功。"这不是一般大领主,尤其是中小领主或过去公社所能有的场面。《周颂》、《小雅》及其他文献所述,也不符合于奴隶劳动的情况。除劳动地租外,农奴还须给领主提供徭役和贡纳。① 这又正是他们和公社成员或自由民的区别。

公社成员向农奴转化,公社向庄园转化的这种过程,是"武王革命"后的社会主要趋势。但这种转化,是逐步的,并且是经过斗争的。出身周族,又参加"武王革命"的"管蔡以武庚叛",就可能有公社成员抵抗农奴制的成分在内。他们对于封建领主的生活和剥削,如《诗经·伐檀》、《硕鼠》等篇所述,是有深刻的阶级反感的。

---

① 《诗经》及其他文献关于徭役和贡纳的记载颇多。《国风》《豳》《七月》关于贡纳说:"七月鸣鵙,八月载绩,载玄载黄,我朱孔阳,为公子裳。""一之日于貉,取彼狐狸,为公子裘。""言私其豵,献豜于公。""四之日其蚤,献羔祭韭。"关于徭役说:"嗟我农夫,我稼既同,上入执宫功。"关于兵役,《鸨羽》说:"王事靡盬,不能艺黍稷,父母何食!?""悠悠苍天,曷其有极!"《陟岵》:"父曰:嗟予子行役,夙夜无已……"《尚书·康诰》:"周公初基,作新大邑于东国洛,四方民大和会。侯、甸、男邦、采、卫。百工播民和,见士于周。"

但公社秩序是在相当时期内与庄园制度并存的。据《周礼·地官·小司徒·大司徒》，这首先表现为：按公社成员的户口图籍，定期"均土地"和"养老"、"慈幼"、"赈穷"、"恤贫"等遗制的存留，其次为耕地不得买卖，坟地可自由使用，山林川泽也是共有的，但由于这种公地逐渐被领主们所独占，《礼记·王制》及《谷梁传》庄公二十八年等古籍，便以之作为历史的陈迹而追述了；再次为所谓藉田制度的遗存，但也只存留到宣王时代；又次为氏族的联系和约束的存留，及与之相适应的，领主们把它发展起来为封建制服务的宗法制度，直到西周和春秋之际，才开始丧失其约束力——如《诗·国风》的《汾沮洳》、《杕杜》，《小雅》的《黄鸟》、《伐木》，《周礼·地官·大司徒》和《左传》哀公元年等文献所述氏族联系的遗存，以及春秋时代关于"子弑父"、"弟弑兄"等现象的出现等等。

另方面，由于周人自己原来的家长奴隶制和殷朝奴隶制度的影响，以及迁入的"殷遗民"所带去的奴隶制度的作用，在西周又有奴隶制和封建制的并存，如《诗·小雅·正月》："民之无辜，并其臣仆"的"民"和"臣仆"，是具有"自由民"和奴隶的性质。《诗·小雅·无羊》所述属于领主附属生产中的"尔牧"或"牧"，也似乎是奴隶或近似奴隶的贱奴。《国语·晋语》述郭偃议论骊姬的谈话中有："其犹隶农也，虽获沃田而勤易之，将弗克飨，为人而已。"这表现晋国到春秋初，也还有奴隶参加农业生产的现象存在。此外，金文、《诗经》等西周和春秋时代文献中，所谓臣、仆、徒、御、私人、以至圉、牧等等，则都是为领主服役的奴隶或贱奴，如《周礼》所述各职事部门所使用的胥、徒一样，系封建制本身所固有的附属物。文献记载上常把他们排在"庶人"等前面，由于农奴制时代的工奴、贱奴，是与农奴的身份相同的，而又由于他们直接臣事领主而为其亲近。

据《逸周书·世俘解》、《小盂鼎铭》关于俘虏，《周礼》关于"罪隶"、"舂藁"和人口买卖等记载，这种奴隶和贱奴的来源，主要为战争中的俘虏、罪犯和人口买卖而来的。

原来殷人住区的封邦表现了到封建制过渡的另一类型，它与中央区域不同并为时稍晚，其中齐、鲁是比较典型的。

原来殷人的农村公社叫作"社"或"书社"，也叫作"邑"。① 这种公社内包括有自由民和奴隶的阶级构成，在自由民内部也包括有大、小奴主和下层自由民等阶层。周朝新政权，为着抚辑殷人，采取逐步改变的方针，如《左传》定公四年说："启以商政，疆以周索。"(杜注云："……居殷故地，因其风俗，开用其政；疆理土地以周法。")这就是在实行封建土地制度的基础上，承认殷人原来奴隶制度的合法存在。在《尚书·多方》、《多士》等文告中所宣布的，只要殷人老老实实服从革命秩序，并可任用他们在国家机构服务，册封其首要人物为新的领主，如微子等人。但在"疆以周索"的原则下，原来公社内的居民，必须向新的封建领主提供劳动地租和徭役、贡纳。这就又给了它以庄园制的内容，给予了封建制和奴隶制的两重性，并扩大了奴隶和自由民间的矛盾，引起自由民内部的分化和一向贱视劳动的自由民对新制度的抗拒。

---

① 甲骨文字"社"作"土"，并有"邦社"之称。《左传》昭公二十五年："齐侯曰：自莒疆以西，请致千社。"（杜注：二十五家为社。）哀公十五年："昔晋人伐卫。齐为卫故；……因与卫地，自济以西，禚、媚、杏以南，书社五百。"（杜注：……借书而致之。）《荀子·仲尼》：齐桓于管仲，"与之书社三百，而富人莫之敢拒也。"《晏子春秋》谓桓公以书社五百封管仲。《吕氏春秋·先识览·知接》："卫公子启方以书社四十下卫。"（高注：下、降也。社、二十五家也。）又《左传》哀公七年："邾隐公'来献于亳社。'（杜注：以其亡国与殷同。）《公羊传》哀公四年："蒲（按即亳）社者何，亡国之社也。"因此，"社"曾是殷人农村普遍存在的组织形式。称邑的，如《论语》："骈邑三百"之类。

这样，便出现了封建制和奴隶制两种制度的并行和斗争。鲁公伯禽征"淮夷""徐戎"的文告《费誓》，基本上表明了这两种制度并行的初期情况。文告一面向服兵役参加战争的众人宣布，令他们："善敹乃甲胄，敿乃干，无敢不吊；备乃弓矢，锻乃戈矛，砺乃锋刃，无敢不善。今惟淫舍牿牛马，杜乃护、敜乃阱，无敢伤牿，牿之伤，汝则有常刑。"同时命令"三郊三遂"的"鲁人"，大量供给粮秣并自备工具去为他建筑工事服役，说："鲁人三郊三遂，峙乃桢榦，甲戌，我惟筑，无敢不供，汝则有无余刑，非杀。鲁人三郊三遂，峙乃刍茭，无敢不多，汝则有大刑。"这表现农奴制秩序已在鲁国建立起来。文告另一面又严申："马牛其风，臣妾逋逃，勿敢越逐，只复之，我商（赏）赍尔，乃越逐，不复，汝则有常刑。无敢寇攘，逾垣墙，窃马牛，诱臣妾，汝则有常刑。"这又表现奴隶制度还继续存在，并得到保护。

齐国和鲁国的情况，基本上是一样的，只是在推行封建制的进程上，步骤有缓急的分别。在齐国，《史记·齐太公世家·鲁周公世家》说："太公至国修政，因其俗，简其礼"，或者说："简其君臣，礼从其俗"，"五月而报政"；在鲁国，伯禽至鲁，"变其俗，革其礼，丧三年，然后除之"，"而后报政"。齐国的情况表明，到春秋初期，奴隶制度仍与封建制度并行存在。在役使奴隶方面，一面表现为较大量地使用奴隶参加冶铁生产[①]；一面表现在农村中，有一套圈禁奴隶、防止奴隶逃亡的机构和措施[②]；一

[①] 如《管子·轻重乙》："桓公曰：……请以令断山木，鼓山铁……管子对曰：不可，今发徒隶而作之，则逃亡而不守；发民、则下疾怨上，边境有兵则怀宿怨而不战。"又《轻重篇》："管子对曰：莱莒之山生柴。君其率白徒之卒，铸庄山之金以为币。"

[②] 如《管子·立政》："筑险塞，一道路，博出入，审闾闬，慎筦键。筦藏于里尉，置闾有司以时开闭。闾有司观出入者以复于里尉。凡出入不时，衣服不中，圈属（房注：羊豕之类也）群徒（众作役也）不顺常者，闾有司见之，复无时；若在长家子弟、臣妾、属役、宾客，则里尉以谯于游宗，游宗以谯于什伍，什伍以谯于长家，谯敬而勿复，一再则宥，三则不赦。"

面表现为也使用奴隶从事其他生产,并可以任意杀死奴隶。①

但当时齐、鲁的主要生产是农业,也正如《管子·治国》所说:"夫富国多粟生于农。"而农业生产和赋役的主要担当者,乃是"农"或"民",他们不是奴隶或自由民,而是进行独立经营、不许迁徙、祖孙世业的农奴。这在《齐语》、《鲁语》、《管子》等书中都有较详细的记述。② 这表现农奴制已渐次取得支配地位。但是在这个地区,奴隶制残余,在战国和秦朝都是强烈存在的。如《史记·货殖列传》所述的那些使用奴隶从事手工业生产和商业活动的,除出身于秦国和巴蜀地区的乌氏倮、寡妇清等人外,白圭、郭纵、刁间、吕不韦、猗顿等人都出于这个区域。而在战

---

① 《晋语》:"桓公卒……诸侯畔齐。子犯知齐之不可以动,而知文公之安齐而有终焉之志也,欲行而患之,与从者谋于桑下;蚕妾在焉,莫知其在也。妾告姜氏,姜氏杀之。"

② 《齐语》:管仲对桓公说:"四民者勿使杂处。""处士也,使就闲燕,处工就官府,处商就市井,处农就田野。""故士之子恒为士。""工之子恒为工。""商之子恒为商。""今夫农,群萃而州处,察其四时,权节其用,耒、耜、枷芟。及寒,击果除田,以待时耕;及耕,深耕而疾耰之,以待时雨。时雨既至,挟其枪、刈、耨、镈,以旦暮从事于田野,脱衣就功,首戴茅蒲,身衣袯襫,沾体涂足,暴其发肤,尽其四支之敏,以从事于田野。少而习焉,其心安焉,不见异物而迁焉,是故其父兄之教不肃而成,其子弟之学不劳而能。夫是故农之子恒为农。""内教既成,令勿使迁徙。……人与人相畴,家与家相畴,世同居,少同游……"又《鲁语》:公父文伯之母语文伯曰:"昔圣王之处民也,择瘠土而处之,劳其民而用之,……夫民劳则……善心生,逸则……恶心生。""自庶士以下,皆衣其夫。社而赋事,烝而献功。男女效绩,愆则有辟,古之制也。君子劳心,小人劳力,先王之训也。"又《管子·治国》:"农夫终岁工作,不足以自食也。……凡农者,月不足而岁有余者也。而上征暴急无时,则民倍贷以给上之征矣。耕耨者有时而泽不足,则民倍贷以取庸矣。秋籴以五,春粜以束,是又倍贷也。故以上之征而倍取于民者四。……夫以一民养四主,故逃徙者刑,而上不能止者,粟少而民无积也。……民富则安乡重家,……民贫则危乡轻家,则敢凌上犯禁。"《立政》:"国之所以富贫者五,轻税租,薄赋敛……"《齐世家》:"……顷公……薄赋敛……虚积聚以救民……"晏婴说景公:"赋敛如弗得,刑罚恐弗胜。"《左传》昭公三年:"民参其力二入于公室,而衣食其一。""庶民罢敝……道殣相望,……民闻公命,如逃寇仇。"

国，据《史记·田儋列传》所说，主人已不能任意杀死奴隶，据裴骃集解引"服虔曰：古杀奴婢皆当告官"，这所谓"古"，是可能早于战国以前的。

除奴隶外，也同样有大量贱奴的存在；其中并有些人，如郑之申不害、鲁之鲍予等，都爬上了统治者的地位。有些奴隶，还由于作战有功等原因，而得以解除奴隶身份和获得田宅等私产。

这种奴隶和贱奴的来源，也由于战争中被俘、犯罪或人口买卖，如《左传》昭公十八年所述："鄅人藉稻，邾人袭鄅，……尽俘以归"，襄公二十七年所述"使诸侯"伪装"乌余之封者"，尽俘乌余之众；《管子·揆度》所谓"……民无糦者卖其子。"这种情况，也是继续到春秋以后的相当时期。

比齐、鲁各国后起的秦国，过渡到封建制又是另一类型。

秦是比较后起的，据《史记·秦本纪》所述，到周孝王（公元前909至公元前895年）时，非子为孝王养马于"泾渭之间"，始分土为附庸邑……号曰秦嬴，宣王时（公元前827至公元前782年）"秦仲为大夫，死于戎"，宣王乃以"其先大骆地犬丘"封秦仲子庄公"为西垂（邮）大夫"，平王（公元前770至公元前720年）"东徙洛邑"，才"封襄公为诸侯，赐之歧西之地……襄公于是始国，与诸侯通使"。所以《封禅书》说："秦襄公攻戎救周，始列为诸侯。"同时，秦原先在生产上也是较落后的，据《秦本纪》及《商君列传》所述，在非子时还是以牧畜为主要生产；各国都卑视它，把它看作"夷翟"、"戎狄"。而秦所接受周的"歧西之地"，由于西周末的严重旱灾、震灾和军事破坏等灾难，原有的生产基础毁灭无余，人民流散殆尽，秦文公于公元前750年驱走戎人，始"收周余民而有之"，但已不能从西周原有的基础上去恢复生产。其次，秦国不断扩张和占领的西北及蜀、巴广大地区，当时都为较落后的部落所散布，但获得了"僰僮"之类的奴隶来源。

因此，秦国一面在西周的封建制和其影响的基础上，从春秋初期就开始推行封建制，一面又在其落后的基础上发展起奴隶制。秦国最初的农业生产者，主要是文公时所收有的"西周余民"以及不断招徕的晋国等各国农民。（如《史记》、《六国表年第三》所述"晋大夫智开率其邑人来奔"，"晋大夫智伯宽率其邑人来奔"……）到商鞅相秦时，《商君书·徕民》所述，有"地方千里者五"，"田数不满百万"，仍是"人不称土"，便把招徕三晋以及"山东之民"，"……利其田宅，而复之三世"，作为秦国一个重要政策。商鞅为增殖农业人口，并施行"民有二男以上不分异者，倍其赋"的政策。这种"民"的性质，在春秋初期的秦穆公时（公元前659至公元前621年）的情况，就表明他们是提供赋役的农奴，赋役是秦国领主"积聚"的重要来源。① 《诗·秦风·无衣》并叙述了其时农奴有服兵役的负担；《权舆》叙述了其时已有因被兼并而致每食不饱的小领主。

另方面，秦国的奴隶制度也自始就比较盛行。这在一方面，表现为从春秋初期起，就开始使用大量奴隶殉葬，如"武公（公元前683至公元前664年）卒，……初以人从死，从死者66人。""缪公卒，从死者百77人，秦之良人子舆氏（按《诗·黄鸟》作子车氏）3人，名曰奄息、仲行、针虎亦在从死之中。"直到春秋末的献公（公元前384至公元前362年）元年，才明令宣布"止从死"②；这正是和封建制长期并行的奴隶制退处到从属地位的反映。用人殉葬虽属奴隶制和农奴制共有的特征，后者

---

① 如《秦本纪》：晋"使由余观秦，秦缪公示以宫室、积聚。由余曰：使鬼为之，则劳神矣；使人为之，亦苦民矣！"这说明"宫室、积聚"系来自"民"的赋役。

② 《史记·秦本纪》。

并且是前者的残余；但是历史上，这在农奴制度下，主要只是用少数亲近和爱幸之人，很少用大量人口殉葬的（据《左传》、《秦本纪》等记载，春秋时，晋、楚等国用"近臣"或"人"殉葬，秦二世令始皇后宫无子者从死。《墨子·节葬》所称大量"杀殉"，大概是殷朝情况或其时秦、越各国情况。孔子说："始作俑者，其无后乎"，足见山东等地至迟到春秋末，已以俑代人）。一方面，表现为秦国不断赦免大量所谓"罪人"，发放到新占领地方充当农奴。据《秦本纪》所述：昭襄王二十一年（公元前314年），"魏献安邑……赦罪人迁之"，二十六年，"赦罪人"迁入所拔"赵二城"，二十七年，"赦罪人迁之南阳"，"攻楚取鄢邓，赦罪人迁之"，孝文王元年（公元前251年），"赦罪人"，庄襄王元年（公元前250年）"大赦罪人"……这一面表明秦国的封建制度至此已占优势，所以不断赦免大量奴隶和刑徒为农民，一面也表明秦国到战国时代，还不断对犯罪者广事株连，把大量人口罚充徒役，同时把战争俘虏的大量人口充作奴隶，这种情况，并一直继续到秦朝的灭亡。① 一方面，如《货殖列传》所说，表现为："秦文、孝缪居雍隙，陇蜀之货物而多贾；献孝公徙栎邑，……北却戎翟，东通三晋，亦多大贾……"直到战国和秦朝之间，如秦相吕不韦、安定乌氏倮、巴蜀寡妇清等人，都还使用相当数量的奴隶，即所谓"僮"，从事手工业生产和商业活动；

---

① 《秦本纪》谓秦文公二十年"法初有三族之罪"，秦法的严苛和株连之广是始终没有改变的。又《战国策·秦策》："韩魏父子兄弟接踵而死于秦者百世矣，……刳腹折颐，首身分离，暴骨草泽，头颅僵仆相望于境；父子老弱系虏相随于路。"《吕氏春秋·义赏》："氐羌之民，其虏也，不忧其系累，而忧其死不焚也。"《晋语》："秦伯纳卫三千人，实纪纲之仆。"而此不过一些明显的例子。到秦朝，《秦始皇本纪》：罪人"黥为城旦"，"适治狱，吏不直者筑长城"，嫪毐犯罪，也是"其舍人轻者为鬼薪"，"徒刑者七十余万人，乃分作阿房宫或作丽山，发北山石椁"。《史记·陈涉世家》："秦令少府章邯免郦山徒人、奴产子，悉发以击楚大军。"

以奴仆赏赐贵族及作战有功人员,并容许奴隶买卖。这种情况并残留到秦朝及其后。①

秦国到封建制过渡的情况,大抵就是这样。

越国到封建制的过渡又是一种类型。越国当时较秦国更落后。据《史记》有关世家、《越绝书》、《吴越春秋》、《国语》、《左传》等有关记载及地下出土遗物分析,周初的楚人、吴人和越人,都可能是早期南去的夏人、商人和原住民的混合部落,所以能通用其时汉族的语言和文字,泰伯、仲雍南去至吴,才能生存下来。楚、吴受商、周的影响较早较多,较越先进,其发展程度正间于其时河南、山东境内各封邦与越国之间;越到封建制的过渡,可以反映出较早于它的楚、吴的过渡时间。从近年江苏丹徒烟燉山发现的周初青铜器看来,已不下于其时北方的水平;但那只是作为姬姓之国的吴贵族享有的东西;吴在其后长时间还实行较落后的"火耕水耨"的耕作法。根据《吴越春秋》(卷四)关于春秋时代冶炼家欧冶子以及关于鱼肠、磐郢、湛卢等利剑的制作,证以近年长沙楚墓出土的战国遗物,湖南境内出土的战国时楚国的铁制兵器等遗物,楚、吴、越,尤其是楚的冶炼和手工技术,到战国时,基本上将赶上北方;但据《货殖列传》所述,生产力水平还是较北方为低,如谓"……淮北、沛、陈、汝南、南郡"等"西楚"地区,"地薄,寡于积聚","衡山、九江、江南、豫章、长沙"等"南楚"地区,"其俗大类西楚","江南卑湿,丈夫早夭","九疑、苍梧以南至儋耳者,与江南大同俗",

---

① 《商君书·境内》:"给有爵人隶仆","爵吏而为县尉,则赐房六……"到秦朝,《汉书·王莽传》说:"秦为无道,……又置奴婢之市,与牛马同兰。制于民臣,颛断其命。"到汉朝及其以后,也还有其影响和残余。如《史记·货殖列传》所述,通都大邑的市场诸物中有"僮手指千"。《汉书·食货志》说:"汉兴接秦之敝,诸侯并起,民失作业,而大饥馑。……高祖乃令民得卖子,就食蜀汉。"

司马迁并概括地说:"楚、越之地,地广人希(稀),饭稻羹鱼;或火耕而水耨,果蓏蠃蛤,不待贾而足……以故呰窳(弱病也)偷生,无积聚。"

越国原来地区并不太大,《国语·越语》说:"勾践之地:南至于句无(浙江诸暨),北至于御儿(嘉兴),东至于鄞(鄞县),西至于姑篾(太湖),广运百里。"它一面接受周朝的封建制度和其影响,一面又在其原始公社制的基础上发展起奴隶制,形成了封建制、奴隶制及原始公社制长期间的交错并存,到春秋末"勾践治吴"前后,似乎还没走完这一过程。据《史记·越王勾践世家》,勾践、范蠡、文种君臣经十年生聚教训,率以灭吴的部队是:"习流二千、教士四万人、君子六千人、诸御千人。""习流"是奴隶,"诸御"也是贱奴或奴隶;"君子"和"教士",似系由公社成员转变而来的自由民和武士。越灭吴后,范蠡"乃装其轻宝珠玉,自与其私徒属,乘舟浮海以行,……耕于海畔,……致产数千万",又"怀其重宝,间行以去,止于陶,……复约要父子耕畜,废居、候时转物,逐什一之利……致资累巨万"。这是以"私徒属"即奴隶从事耕畜生产和商业活动而致富的典型事例。其时越国奴隶制度还相当盛行,也表现在把战败者降作仆妾,官府可以把罪人的妻子作为奴隶发卖。

另方面,越国又存在较强烈的原始公社制残余和氏族联系。这不只表现为原始公社制的均分土地,如《国语·吴语》所谓"均""食土"的残余制度的存在,并表现为上下一同参加劳动,如《越王勾践世家》所谓勾践"身自耕作,夫人自织……"的传统的残留;也表现为所谓"父兄"、"父母耆老"或"国人"对报吴的同仇敌忾,把勾践受自吴国的耻辱看作越人共同的耻辱,勾践也正以此去激励"国人"和组织"报吴"力量。越国的"父兄"、"耆老"、"兄弟",也激昂慷慨地不断表示要舍身忘家去报仇雪耻。

勾践时，越国社会生活的主导方面，是封建制度。其时越人的主要生产是农业，府库的收入和人民的生活，主要依靠农业，《国语·越语》述范蠡说："同男女之功（韦氏解：功，农稼丝枲之功也），除民之害，以避天殃，田野开辟，府库实、民众殷，无旷其众以为乱梯。"农业生产的主要担当者是"民"或"农"，也叫作"众庶"。《国语·吴语》述申胥谏吴王夫差说："今越王勾践恐惧而改其谋：舍其愆令，轻其征赋；施民所善，去民所恶；身自约也，裕其众庶。其民殷众，以多甲兵。"这说明"民"或"众庶"不只是越国农业生产的主要担当者，也是赋役的主要负担者，他们是主要的被统治阶级；而他们又是有自己的私有财产和进行独立经营的，其性质乃是农奴。所以他们是越国统治阶级施政、统治、剥削的主要对象，也是勾践君臣借以蓄积"报吴"力量的主要源泉。《吴越春秋·勾践归国外传》述文种教勾践说："爱民而已，……民不失其时则成之；省刑去罚则生之，薄其赋敛则与之……农失其时则败之，有罪不赦则杀之，重赋厚敛则夺之，多作台游以罢民则苦之，劳扰民力则怒之。"越王乃"缓刑薄罚，省其赋敛"。其次，越国也和其他封邦一样，实行分封制，如勾践收范蠡妻子"封百里之地"，拟以"甬东……百家"封吴王夫差。同时，勾践也同其他霸主一样，与诸侯会盟，"致贡于周"，"使号令齐、楚、秦、晋皆辅周室"，以取得周元王（公元前475至公元前469年）给予的"命号"去号令诸侯。①

因此，越国到勾践时，虽然还没有走完到封建制过渡的过程，但封建制也已占有支配地位。至于当时各种社会制度相互间的斗争情况，则还缺乏足够的材料来说明。

---

① 《吴越春秋·勾践伐吴外传》、《史记·越王勾践世家》。

上述四种类型，大致可以概括周朝封建制度在其时全国各地区的不平衡发展转变过程；但都是在"武王革命"胜利的统一形势下建立和发展起来的。

四

不能说，我这样就对两周社会形势的发展作了全面、深刻的分析，其中还可能存在有不少认识错误和不妥当的地方；但我认为，这似乎可以提供一个线索，去揭示两周社会形势发展的客观规律，复现其本来面目。

我早年在《史前期中国社会研究》、《殷周时代的中国社会》、《中国政治思想史》等拙著中，虽然提到了周朝社会形势发展的过渡性和不平衡性；但一方面始终只是把自己的视野拘限在西周的圈圈内，一方面过多地注视封建性方面的东西，而忽视了奴隶制和原始公社制方面的东西，这虽然不是按照预定的框框去搜寻史料，但表明了我当时在思想方法上存在着片面性，没能很好地运用历史唯物论，对两周社会历史情况进行全面的具体的科学分析。认为两周社会是奴隶制或原始公社制的同志和朋友，在研究的方法上，我认为也可能曾和我存在着同样的情况。

马克思主义经典著作，对于原始公社制、奴隶制、封建制社会的科学分析，对它们的各自不同的诸特征与特殊规律，都是极其明确的，没有足以引起混乱的地方。问题在于我们对马克思主义的认识水平不够，没能掌握其全部精神实质。

有关两周的史料，连同地下出土物在内，分量并不太多，每个人都比较容易把它较仔细地读完。甲骨文、金文、某些古字和难解的文句，大家的看法和解释每每不一样；我以为只要不把它孤立起来去进行烦琐考据，而一一以之与全部有关史料联系起来去进行考察，把它放到历史唯物论的基础上去进行考证，问题都是可以解决的。

近年来，在党的领导下，中国科学院和全国人民代表大会民族委员会，对我国少数民族的社会历史，作了有益的调查研究工作。调查研究的材料初步指明：若干兄弟民族在解放和改革前的社会中的原始公社制的某些存留，能给予我们以研究原始公社制度史的具体的启示；兄弟民族中如大小凉山彝族地区，在解放和改革前的奴隶制度的存留（大家对大小凉山彝族地区的社会性质，有奴隶制、由奴隶制到封建制的过渡、封建制三种不同的意见，而承认有奴隶制的存留则是一致的），能给予我们以研究奴隶制度史的具体启示；在藏族地区，正在进行民主改革的西藏，存在着较典型的农奴制度，甘、青、川、滇的藏族地区，在改革前，也存在着农奴制度的若干典型的东西，它们能给予我们以研究农奴制度史的具体启示。这不但对我们研究原始公社制度史、奴隶制度史、农奴制度史有很大的帮助，可以丰富我们研究的内容；而且给我们开辟了研究中国史的新园地，将大有助于我们对两周社会性质问题的解决。

（原载《新建设》1959年第9期）

中国经济之史的发展阶段

一 关于历史方法论上的几个问题

人类社会经济发展的法则,是一元的——①均有其一般性的。这在许多前驱者,已指示得十分正确明白,无庸再事申述。

那班抱历史发展法则之多元的观念论者们,只要他们肯转向事实方面去思维一下,或者也有对问题明白的一天——如果肯放弃其主观的立场来研究问题的话。

在中国,在中国经济史研究这一范畴里,问题最纠纷的,莫过于亚细亚生产制,奴隶制,"商业资本制"这三个问题。易言之,其一便是亚细亚生产方法,在社会发展之一般的过程中,是否能独自成为一特定的阶段?在中国是否存在过?其次便是奴隶制度在社会之一般的过程中,是否能独自成为一特定的阶段?再次便是商业资本是否能作为一种经济的领导,而构成其独自存在之一社会阶段?

因而在中国经济史研究这一课题中,便发生着各种各样的奇

---

① 此符号原文如此使用——编者注

异议论。就"亚细亚生产方法"说,有谓《政治经济学批判》的作者所指的亚细亚生产的方法,适当于原始共产社会的那一个阶段——且系前于古代氏族社会的那一阶段;有谓在古代共产社会崩溃后,便发生两个可能的前途,其一转入奴隶制,其一转入亚细亚生产制;有谓亚细亚生产制所说明的社会,便是所谓"专制主义"的国家,正所以别于欧洲的封建国家。

关于奴隶制度的问题,有谓在世界若干民族的发展过程中,除古代希腊罗马而外,都不曾有奴隶制度这一特定阶段的存在(?);有谓中国的奴隶制度,是和亚细亚生产制结合着的;更有人看见在中国历史运动之一长的时期中,都有奴隶之被使用这一事实的存在,便不问其是主要还是残余,无条件的把这些时代划归奴隶制度的社会去管辖。

关于商业资本和高利贷资本的存在,竟亦有人喊出"商业资本主义的社会"来。自然,这不过是波格达诺夫主义之整批的贩运勾当。

把这些议论一一陈列起来,我们很可能发生两个连带的疑问:在我们的历史家们的脑子里,历史运动的法则,究竟是一元的还是多元的呢?在历史连续发展的进程中,有没有中断和"飞跃"的形势之相续的到来呢?他们所握着的历史方法论,是什么历史方法论呢?

关于社会发展之诸阶段的问题,《政治经济学批判》的《序言》中曾有如次的一句话:

> 亚细亚的,古代的,封建的,和现代资本主义的生产方法,构成社会经济发展之相续的诸阶段。

但普列汉诺夫对这所谓"亚细亚的"这一问题,曾有所解释。他说:"原著者后来读到莫尔根关于《古代社会》的著作之后,他大概对于亚细亚的和古代的两种生产方法间的关系,会有所改变。"普列汉诺夫的这种解释，我认为完全是正确的。我们知道，在《家庭、私有制和国家的起源》的著者在发表这一著作之后，对于"亚细亚的"这一问题就很少再提及；卢森堡的《经济学入门》，更无异在其前驱者之所谓"亚细亚的"题目下面，作了一个详细的注脚；在伊里奇的丰富的著作中，更不常提到"亚细亚的"问题来作为孤立的问题考察过。①

所谓"亚细亚生产"制的基础是最典型的印度村落公社，我完全同意卢森堡的意见，它是和德国的马克，俄国的米尔，本质上完全是同一的东西。这用不着申述的。

这问题在中国之重新提出，是马札尔开始的。照他所说明的所谓亚细亚生产方法的特征，可概括为如次的几点：

（一）土地属于国家所有，适用一种永佃制转佃于人民，地租采取一种赋税的形式；

（二）全国分成无数的村落公社，每一公社都是闭关自足的小社会；

（三）国家和官吏是社会事业的承担者，水利的掌管者，借此去统治那些各自独立的小社会，专制政权便由此形成的。

马札尔本是世界的一个权威学者，他所指的这些特征，在中国是否存在，我们暂时把这问题搁置。只是马札尔在这里对问题之认识方法，又不免把首尾倒置起来了。一个忠实而负责的历史家，总不应该单拿上层的政治形态的东西去说明下层的经济的性

---

① 伊里奇虽有时曾提到亚细亚生产方法的问题，但是他并不曾把它当作孤立的问题去考虑，而只是把它当作亚细亚国家的封建主义的一点特色去考虑的。如他曾说："若是因为在莫斯科的俄国民族有过……土地国有，则他的经济基础是亚细亚生产方法。俄国在19世纪下半期已巩固了，在20世纪则已无条件是资本主义的生产方法的优势。至于普列汉诺夫的论据是如何呢？在亚细亚生产方法基础上的国有和资本主义生产方法基础上的国有相混合了。他从字之相同上来考察根本不同之经济的即生产的关系。"（转引自马札尔《中国农村经济研究》）

质；而且关于那些上层的建筑物，并不能当作一个独自存在的问题去研究的。

说到"亚细亚"国家之水利系统的存在这一问题，自然，谁也不能否认那是一个特殊的地理的条件，然也只能对于所谓"亚细亚"国家在形式上多多少少扮演一点特色，它并不能改变所谓"亚细亚"国家之历史法则的一般的特质。波特卡诺夫（L. A. Botcharov）说得对：

> 中国的官僚，若是我们认其是从灌溉制度上生长起来的超阶级的东西，这便是错误。国家在实现对农奴和被压迫大众之封建集团的政策，而行使其支配之各阶级的机关，在中国也是一样，这是我们应该知道的。（《物观世界史教程》）

因而在考察具有这——水利系统——特殊的地理条件的亚细亚诸国家，而欲说明其历史运动的法则时，只有从生产诸力以及由生产诸力而构成之生产诸关系上去考察，如果在所谓亚细亚国家所代表的生产诸力以及生产诸关系的内容，即土地所有者对直接从事生产者之阶级的相互关系的内容和形式[①]，能符合了封建主义的内容，则适应于其上层的建筑物，也不能不是封建主义的。李达先生曾为介绍如次的一段话：

> 土地所有，是剩余生产物的占有的基础；直接生产者经营独立的经济。在生产手段所有者与直接生产者之间的关系上，经济外的强制实行支配，在土地所有的阶层制度，照应于政治权力的阶层制度。

关于封建主义的这个定义，如果是正确的话，那么，亚细亚的封建主义的问题，就要看那些国家的社会制度中有无因这个表征而显出特征的关系以为断。

---

① 封建榨取，是名义地主对于农民之超经济以外的强制榨取。（Cap Vol III）

这个意见，是十分肯要而正确的。

因而只要人们在研究上肯放弃主观的见解，不把所谓"灌溉制度"故事夸张，不凭依"水"的力量去唬人，问题便自然会明白。我们试一考察秦始皇的统一，是否完全借助于"水"的力量呢？照我看来，那不过是旧封建领主政权向新兴地主阶级政权的转移之一问题，此外构成其社会一切特征的条件，只是在其本身内前进了一步，而并无质的改变。而且秦始皇的统一，在实际的内容上，究竟统一到了怎样的程度？这也应该考察的。如果我们不愿意平白受儒家骗弄的话，便可以看见所谓统一的内容，也还不过是形式的。如果我们无条件把儒家所说的就当作历史的真凭实据，这么，便可以推演出如次的一个结论来：在秦始皇时代的中国政治是完全统一了，但现代的中国反完全回复了军阀割据的状态。然而这不是历史的运动在倒退吗？实际，历史是不会开倒车的，所谓历史家的脑子反往往有开倒车的可能。

再则马札尔在上面所指出的所谓亚细亚生产诸特征的问题，在理论的范畴里面，不只是一种错误，而且包含着极大的危险性。他无异把地主的土地占有，在"土地国有"的名义之下隐蔽起来；把土地对于农民的束缚，在"永佃制"的名义之下隐蔽起来；把地主的本身，在"官僚"的名义之下隐蔽起来；把地主对农民的榨取关系，在国家"赋税的形式"下隐蔽起来；把地主的阶级支配的政权，在所谓"社会事业"和"水利调节"的基础上，建起一座空中的楼阁来。这样，当然便没有地主阶级也没有农奴阶级的存在了——无论马札尔怎样去解释——当然便没有历史运动的动力。因而马札尔便无异在取消亚细亚国家的历史变动事实的存在——这不单是一种逻辑上的错误，而且是一种违反事实的结论。在马札尔所指出的那种所谓亚细亚国家的政权形式，在社会科学的范畴里，应该把它归纳为哪一种类的政权呢？

关于奴隶制度，是否在社会进程中为一般存在的特定阶段之一这一问题，也是近年才提出的。

他们提出这一问题的中心意见，以为马恩两氏所指的奴隶制度社会，单在指古代希腊罗马而说的；在欧洲的现代诸国家如英、德、法等，也都不曾经过奴隶制度这一特定阶段。所以除古代希腊罗马而外，在其他各国家中，奴隶制度经济并不曾取得过独自的领导地位？因而它并不能代表一个特定的社会阶段，而是在阶级社会各阶段中附属存在着的因素的东西。

但是马恩两氏所指的奴隶制度社会，究竟是否系单指古代希腊罗马而说的呢？在希腊罗马而外的世界各民族，在其社会的进程中，是否都不曾有奴隶制这一特定阶段的存在呢？前者只有拿马恩两氏自己的话来参考，后者只有拿事实来作证据，问题才能解决。

恩氏说到奴隶制度时，都是明白的在指一般的古代阶级压迫之支配形态而说的，并不曾限定为希腊和罗马，他在《英国劳动状况》中说：

> 在……古代，阶级的压迫形态，为对于大众之土地榨取并其人格之剥夺，这便是奴隶制度。

在《家庭、私有制和国家的起源》中说：

> 没有奴隶制，便不能有希腊罗马的国家，以及其艺术科学；从而也不能有罗马的帝国。没有希腊罗马帝国的基础，便不会有现代的欧洲文明。

后一段话尤明白的在说，奴隶制度是社会发展过程中一个必经的阶段；若没有这一特定阶段的存在，则后来的文明时代便不能想象。

马氏在其《资本论》第3卷中说：

> 在作为敛财手段之所有形态中的奴隶经济——不是家长

> 式的，而是后来之希腊罗马式的——以货币购买土地和奴隶，为榨取他人劳动的方法，在这种场合里，货币便成为有用，因为他可以这样作为资本去投资，而产生利息。
>
> 古代世界商业的作用和商业资本的发展，常归结为奴隶经济。依照其出发点之如何，其归结，把以直接生活资料的生产为目的的家长制奴隶经济，转变为以剩余价值的生产为目的的奴隶制度。在近代的世界便归结为资本主义的生产方法。

在前一段话中所指的后于家长式的奴隶经济，也不单在指希腊和罗马，而是指一般之"希腊罗马式"的。在后一段话中，明显的指出古代家长制奴隶制度之直接转化的前途，是"以剩余价值的生产为目的的奴隶制度"。

在他们的文集中，像这一类的话，我们还可以找出许多来。

如次的一种叙述，也是说得很明白的：

> 社会的==经济的构成之历史的诸形态（Type）：前阶级的社会；阶级社会的诸构成——奴隶所有制，封建制，资本主义制；无阶级的社会(《生产力论》白杨社版第6页)。

其次在罗马国家存在的当时，日耳曼人和罗马国家的关系怎样，这是值得考察的。照我所知，当时的日耳曼人，大部分是在罗马的统制之下的——无论其关系疏密如何？恩氏在《家庭、私有制和国家的起源》中说：

> 曾为罗马属领支配的日耳曼诸民族，他们对被征服后的罗马人，自非加以组织不可。……因此，便在残存的罗马地方行政机关的尖端上，附加了罗马国家的代用物。

不宁惟此，而且在罗马国家的末期，奴隶制经济已走上衰退途程的时候，已有大批的日耳曼人，或由于被掠获而参加在罗马经济生产的领域中，作了后代农奴之前驱的科劳士（Colouns）；

或是在罗马管辖的区域内，由士兵而作了所谓"边疆佃户"。易言之，在罗马国家解体期中，日耳曼人不仅和罗马发生了很频繁的关系，而且在罗马国家内的日耳曼系人，也已经形成了一种潜伏力量。因而日耳曼民族对罗马国家的文化，是充分地继承过去了的。所以日耳曼民族在其发展的过程中，空白了奴隶制度这一阶段，并不是偶然的。这好像今日的印度一样，她在英国资本主义之下而演过资本社会这一阶段；将来印度直接由此而跃入社会之新的阶段时，我们断不能说印度在历史发展的一般法则中，另有一个途径。欧洲人一走入南北美洲，对其祖国的社会所走过的途程，便不再重复，直接就过渡到资本主义社会。

再次，我们从日本的历史来看，对于中国，这尤其是一个最好的典型的例子。日本历史的发展，依次经过原始共产制，古代奴隶制，中古封建制，近代资本主义制的相续的诸阶段。在这里，因为不是在研究日本史，对其社会演进过程的详细内容，没有检举的必要。请参阅佐野学的《物观日本史》。在日本著名经济学教授福田德三君的《日本经济史》中，也暗示出这个线索，不过福田君有他主观的立场，他不肯明白指出来罢了。更就俄国的历史来说，在她发展的过程中，也依样经过原始共产制，古代奴隶制，中古封建制，近世资本制，……之相续的诸阶段（参看嘉治隆一《俄国经济史》，见《改造社会经济学全集》第29卷《各国经济史》）。

此外在古代地中海沿岸之埃及，希伯来，巴比伦，腓尼基，波斯各国，也皆有奴隶制度的存在过。

最后关于商业资本主义社会这一问题，在中国的所谓学者们，也都是从波格达诺夫那里抄来的现成。这在稍具社会科学常识的人们看来，本是无用申辩的。因为所谓商业资本这东西，它并不能独自的代表何种生产力；也并不能独自的创造出何种生产力；它是在最远的古代就已存在着。

货币及商品的流通，可以适用于各种不同的生产范畴。

因而它并不能成为一种独自支配的构成的社会阶段。而且就是在商业资本最发展的封建社会的末期——到资本社会的过渡期，它也并不能对于封建社会的生产关系有何重大的改变——而能创造出何种新的生产力。库斯聂（Kushner）在其《社会形势发展史》中曾正确的说过：

若是我们认为商业资本出现以后，封建的生产关系就会随之消灭，这见解是绝大的错误。

不宁惟此，"商业资本之独立的发展……是和社会之一般的经济的发展，正成反比例"。然这在"发明"商业资本社会之理论的人们，也应该是懂得的，但他们也常常去引用旁人的话去证实其自己的理论之正确。像如次的一类话，便是他们最喜引用的：

封建生产方法的转变，取两条途径。生产者变为一个商人与资本家，正与中世农业自然经济及城市行会手工业相反对。这是真正革命的路，或则由商人以直接的手段，占有生产。……（注意为这虚点所抹去的文句）这种方法，到处都是真正资本主义生产方法的障碍，依后者的发达而常归崩坏的。（朱其华《中国社会的经济结构》某君序言引）

如果英文的意义真是如此的话，那么，便谁也不能否认，在封建社会和资本社会之间，显然有所谓商业资本社会这一阶段的存在。但我们为慎重起见，无妨再翻一下原文把它重译一下：

封建的生产方法的转变，有两个途径。生产者成为商人和资本家，与农业自然经济以及那和中世都市行会相结合的手工业相对立。这是真正革命的方法。或者，由商人自己直接占取生产,这种形式,也可说有历史的转变作用在里面——如在17世纪的英国织物商,把独立经济的机织业者们,置于自己的支配之下,贩卖羊毛给他们,购买他们的毛织物——然而这都不能提供为对于旧生产方法的革命,反而对旧的生产方法与以支持,以为维持其自身之存在的前提条件……

这种方法,到处都成为真实的资本制生产方法的障碍,随着资本制生产方法的发展,它便归于消灭。

把这段原文看过之后,将可以发见在前者的引文中,那占去两个字的地位的虚点中,包含着一个怎样神秘的葫芦呢?

因而,由封建主义的生产方法到资本主义的生产方法之一过渡期间,并不曾有所谓第三种生产方法的存在;无论商业资本在这一过渡期间的作用如何,但它绝不能产生一种由其独自支配的生产力。

资本之作为商业资本独立优势的发展的事,和不能使生产隶属于资本之下,易言之,资本是在一个外来的,从其本身独立的社会生产形态之基础上发展的事,是意义相同的。商业资本之独立发展……和在社会之一般的经济的发展,恰成反比例。

所以所谓商业资本社会,既没有其独自的生产力作基础,那么,在人间的世界内,便没有它独自存在的依据,有的,就只有在那班诡辩论者的脑子里。

二 中国经济发展之阶段的划分

中国社会经济发展的法则,也和世界其他各民族一样,并没有什么本质的特殊。

中国古代共产社会——原始共产群团，氏族共产社会，依样是顺次的存在过。不过我们目前对这方面的知识，还太缺乏罢了。关于旧石器时代的实物，还可说全无发现。新石器及金石器时代的出土实物，不惟很少，而且至今还不曾完全确定其比较系统出来。

然而这些实物——新石器和金石器时代的出土古物——和丰富的神话传说，能指示我们古代中国诸民族活动的一副轮廓画，则能确切相信的。

现下研究中国经济史的，大抵都只肯从殷代开始；对殷代以前的那个悠久的传说时代，都很小心的不去过问。可是问题长此的悬下去，似乎太不妥当，若是严格的说，我们对殷代的可靠史料，也还是很不够的。所以我们对那一悠久的传说时代，应该来作一次探险的工作。

照我根据目前能有的材料研究的结果，传说中之"尧舜禹"的时代，正是中国母系氏族社会发展完成的时代。所有能凭神话传说所指出的一些特征，几与莫尔根和恩格斯对古代社会的研究所得出的结果，完全符合。

不过所谓"尧舜禹"这三位"圣人"，或者都是神化的人物也未可知。① 或不免系殷周及殷周以后的人们，根据古代神话传说作底本，又制造出这三位圣人来，拿他们和神话传说相结合，又加入作者的时代意识去粉饰一番，便成功了儒家的"华胥之

---

① 帝喾在甲骨文中已得到证明，并且帝喾就是帝舜，也已得到多数人的公认。我此刻虽不敢说"帝喾即帝舜"的结论是错误，然而我觉得"帝喾即帝舜"的证物，还不免薄弱一点。在古代，夏商两族，似悉各为一族的，这从其各自散布的地域去考察，可以得到证明。因而，如果"帝喾即帝舜"，则在商族的"帝舜"是人格化的人，而在和"尧""禹"结合着的"帝舜"，在目前仍不能说他不是神化的人。"禹"之为神化的人，庄子就曾说过："无有为有，虽有神禹，且不能知。"（《齐物论》）近有人谓"禹"为一图腾名称，颇近似。

国"。总之,要决定,还有待于地下的发现。其次"尧","姚","虞","夏"这四个字,我以为或者就由"夏"这一字的讹变而转出来;"夏"和"雅"也或者就是一字。"夏"或"雅"或者就是当时这一族的总名称。这都在后面还要研究。

传说中之"殷"的时代,是古代中国社会之一大变革期——由男系代替母系之一大变革期。和其所结合着的神话传说,也恰能暗示出这一变革时代的特征来。

"羿因民"而"距""太康",是罢免酋长之神话的传说;同时又"立其弟仲康",是酋长的男系世袭权之确立的一种传说。对偶婚的形迹,在"浇因羿室"和"泯"与"浇"的子媳共宿等传说中,可以得到证明。畜牧业的繁盛,在"庖正"和"牧正"等传说中,可以寻出其形迹来。

在传说中所谓"桀"的时代,我也找着一点由氏族到地区的转变的形迹,虽然不甚充分。

自然,对于古代的许多事情,是我们无法知道的。只有借重于比较的研究,去了解其轮廓,或者再待于地下的发现。

出土的一些新石器和金石器时代的实物,所能指出的时代,和神话传说所暗示的竟能符合——自然,还有空白——而其出土的主要地方,亦竟能和神话传说所寄托的主要区域相当。这不能不算是巧合。

只是有一点,莫尔根和恩格斯曾有在东半球,直到中期未开化时代的终局,还不曾知道种植的一个假说。[①] 这在中国,凭神话传说和出土物所指示的,却并不如此;他在新石器时代,一方

---

① 莫尔根在其《古代社会》中曾说:在东半球,经过未开化时代初期,直至中期的终局,似乎还不知道谷物及其他植物的种植。恩格斯在其《家庭、私有制和国家的起源》中也有与此同样的推论。不过他们都不曾坚决的判定,而只在说"似乎"是那样。

面和东半球的其他区域一样,知道畜牧,他方面又能和西半球一样,也知道种植。① 不过这并不曾违反莫恩两氏研究的结果,这是应该声明的。

殷代的社会,现下国内的历史家,几乎一致的判定为氏族社会。若是用投票的方法可以表决,那我们就再没有提出研究的必要了。

但照我的研究,殷代不仅有很繁盛的畜牧②,而且有很盛的农业;不仅在生产事业的范畴里及其他事务上都使用奴隶,而且有专靠奴隶为生的自由民阶级的存在,在上层建筑的政治形态上,已经完全看不见民主主义的形迹,充分在表现阶级支配的机能。

这些特征,在甲骨文字和殷墟出土物中,也都能表示出来;在殷代和周初的文献中,更表现得明白——自然,殷代文献中之后人附加的部分,应该要分别出去。

殷代王位之大部分为兄终弟及的事实,我以为这种上层建筑的东西,是无关重要的。而且终究是男系的父子兄弟的世袭;这种世袭,又不曾有半点选举的形迹。全员选举和自承是氏族社会和政治社会之政治范畴里的画界线,莫尔根在其《古代社会》中,对此曾再三声述过。而且兄终弟及的事实,不惟在古代国家存在过,就是在此后的国家也存在过的,在中国的例子就很多,

---

① 在仰韶的出土物中,曾发现用于种植上的石锄和石耨,又发现有印有布纹的陶器,同时又发现谷粒。可是并不曾有铜器的发现。在兼发现铜器的辛店、沙井和寺洼,知道农业的形迹更显然,可是从其出土物作全盘的考察,主要还是适应于中期未开化时代的。

② "奴隶制度,多是在畜牧对于纯农业比较占着优势,且是于对外贸易占着有利地位的区域发生的。"(山川均《唯物史观经济史》)如果这是正确的话,奴隶制度的经济,在畜牧比纯农业占着优势的情况下,都是可以的。

如武王之与周公①、赵匡胤之与赵光义……是。

关于铁的问题，无疑是问题的中心。莫尔根在其《古代社会》中说：

> 铁的生产：是人类经验中最重要的事件，再没有能和它等量齐观的东西，其他的一切发明和发现，都只是在其一旁的无足轻重的，至少也是居于它的附属的地位。举凡槌，砧，斧，凿，都由铁制造，犁也须用铁尖，并有铁剑。总之，文明的基础，可说是建筑在这一金属上面的。

恩格斯对铁的任务，也有如次的一个评价：

> 我们在这里（未开化晚期——吕）开始遇到铁制的用家畜拖曳的犁头，它使大规模的田野农业得以实现。且由此得以无限制的去增加食粮的生产，其次的一个结果，是森林的采伐，把森林地转化为耕地和牧场，这若是没有铁斧和铁锄的力量，便是不能作大规模的进行的。……这种进步，又实现了人口之急速的增加和小区域内之人口的集中。在田野农业未出现以前，若是让五十万的人口放到一个中央机关的指导之下，而能够得到统一的话，这就只有在异常优良的环境条件下面，才有其可能——这是绝对不会有的事情。

因而田野农业的出现——铁的功用，它无异是文明时代的接生婆。（青铜器在相当的条件下，也似乎有这种功用）可是到现在止，在殷墟的出土物中，还不曾有铁器的发现；然而在出土的铜器中，我们却已找着一点铁的形迹②，虽然还不敢判定，系属铜的自然的含量，还是有意的合金的配合。这就是暂时不信任罗

---

① 周公曾为天子，在《周书》及其他周代的文献中都说得很明白。这到研究周代社会的时候，还要详加研究的。

② 殷墟出土铜器经化验结果，主要成分，多为铜，锡，铁之合金。

振玉所搜集的古物中之铁器为可靠的话。

　　铁在春秋时代，似乎还把它当作"恶金"，只用作制造农具，而不曾用它来制造兵器，制造兵器是用当时人所谓"美金"的铜。殷墟是殷代的首都，人民所用的生产工具的东西，是否也有一些被政府收容在内？这却还是一个问题。在殷虚的出土物中，多是些祭器，食器和兵器等，关于耕种工具的东西，还不多见——严格的说，可称还不曾发现。据去年10月31日北平《世界日报》所载，董作宾君发掘春秋时代邾国（按即邹）的遗址，亦不曾有铁的发现。① 如果所发现的果属春秋或战国时代的遗物，并且在该处将来若继续仍无铁的发现，这便值得我们特别的注意。不过凭传说去判定古物的时代，这是很危险的。

　　从文字演进的程度说，甲骨文的文字，并不是所谓象形文字；实际已是演到较复杂之声音文字阶段的文字。这是大家都能看得见的事实问题。那么拿莫尔根研究的结果来说，即此就能证明是"文明时代"的象征。②

　　在甲骨文中的"命周侯"三字的发现之后，不仅指出了殷代国家政治支配区域之扩大，同时又指明了贵族诸侯之业已存在。这实在给我们说明了不少的问题。③

　　商业对于奴隶制度的存立，是有其重要意义的。殷代商业发展的情形，我们不能单凭传说去说明。然而在殷代，从奴隶之作为商品交易（易旅卦），以及殷墟中之远方物件的发现的事象去考察，便不难想见其商业上的一个概况出来。

　　作为商品交换之媒介物的货币形态，便可以作为考察商业发

---

① 参阅当日该报。
② 文明时代，以声音字母之使用，以及借文字而记录的作品而开始。（《古代社会》）
③ 殷代有从属的诸侯，甲骨文中尚多见。（参看郭沫若《甲骨文字研究》释封

展程度的一个尺度。在古代的希腊和罗马,作为商品交换之媒介物的东西如阿司(ass),也还是货币之一种早期的形态;以 ass 作为货币的单位,真正的意义上,就是意味着以一匹驴为货币的单位。因而不论其代替物是什么,它也还是一种早期形态的货币。我们在殷墟中所发现的珠玉和贝货①,它的性质上,也已经专门在作为商品交换的媒介物而存在了。我国文字,凡关于货币的字类均从贝,从贝字除三数字外,又多系形声,商字的本身,也便是一个从贝的形声字(参看《说文》),贝当为最初之专门化的货币。此其一。我在山东,曾亲自见过一块和周代的铲币形状一样的铲贝,并灼有"文贝"字样,而视其构造大小,又非能作为器物使用者,我以为这便是古代曾专门充任货币任务的贝货。此其二。

但是我并不否认,殷代的奴隶制度,或并不曾发展得像古代希腊罗马的奴隶制度那样繁盛。这当然各受其地理的环境的条件所限制的。古代希腊罗马,占取地中海那样天然交通的区域,和"逆子"般的中国的黄河比较,是不能同日而语的。

凡此,我们到专论殷代社会时,还要详细研究。

西周的社会,虽然还有使用奴隶的事实的存在;然在生产领域里,奴隶经济已退出支配的地位,而让渡给了农奴经济;原来的奴隶主,也已如实的让位给了封建领主。所以在西周,奴隶之被使用这一事实,那不过是前代的一点残余,而且这种残余的东西,实通过了所有阶级制度的社会,通同存在着。

这——奴隶的被使用——到战国之末以迄汉代,不仅贵族们多还拥有大批的奴隶,如秦之吕不韦,汉之王侯公主,便是例

---

① 案有真贝,骨贝,铜贝(同上释朋)。这已专门充任货币的职分,郭先生也不否认。

证，而且卖子鬻女的事情，也还存在着。如果我们只从表面去捉弄，这些表面的事实，便可以蒙蔽我们，能使我们误认秦汉为奴隶制度经济。可是我们一考察谁是担任生产的主要阶级的时候，却看见不是和工具一样的奴隶，而是具有一半人格的农奴的本质的农民；被榨取的，却是用地租、劳役和赋税等表现出来的剩余劳动；榨取的方式，曾充分表现着超经济以外的强利榨取。这而且一直继续到后来一个悠久的时间。

话又说回来，在西周的从事生产的农民，所耕作的土地，不单是公田，并同时有私田，这在《诗经》中之"雨我公田，遂及我私"的一句话便能说明的。农民饲养的牲畜之类，除供纳给领主以外，自己还可以留存一部分，《诗·七月流火》对这事，就有确切的说明。凡此都不是工具化的奴隶们所能想象的。这不过一些例子。

政治上之隶属关系，也完全在表现初期封建社会的一种形态。

研究西周的社会，在周金文和《诗经》这一类可靠的材料中，就能找到他的说明。郭沫若先生在其《中国古代社会研究》中所列举关于西周社会的一些史证，大多只能说明封建制度；并不能说明其所谓奴隶制度。

在春秋时代，可说是中国封建制发育完成的时代，而且最典型。无论在阶级剥削关系的内容上所表现的，抑其上层建筑之诸形态上所表现的，均系如此。详细的内容，我们到专论春秋时代的经济，再详细说明。

很有人紧紧握住庄园制度来度量中国的封建社会，一若庄园经济就是衡量初期封建社会的尺度。实际，照我所见，庄园制度，就是在中古欧洲的各国家，也并非一般都是那样典型的存在着的。

战国时代，中国封建社会内部所包含的一种变化，已开始成长。一方面，新兴地主经济之暂时确立，和商业资本的抬头，一方面原来的封建贵族之大批的没落。因而直到周秦之际，这种内部的变化的因素已经存在，旧封建领主所支配的农奴经济，不能不让渡到新兴地主的农奴经济；因而建筑于其上层的封建领主的政权，当然不能完全符合新兴地主的要求。秦始皇的地主支配之封建国家政权，便在这个基础上建立起来的。

像这样以地主表现领主职分之一形式的封建社会，为要把它别于原来的封建社会，可以叫做地主制的封建社会。实际，阶级剥削关系的内容，本质上并不曾改变。这是应该知道的。

由秦代一直到鸦片战争的前夜，这种经济性质的内容，并不曾改变，只在封建经济的体制内连续的发展，但并不曾中断。

秦代以后的封建社会系专制主义的封建社会，因而在政治的形式上表现为一种外表的统一的国家，经济上有商品经济和高利贷者的存在和活动——实际，这在其前代就已存在着的。这便使许多观念论的历史家们都陷入迷途，只能看见现象，对于其本质上的认识，便显出十分无力的窘状。因为从现象去认识问题，连什么都无法认识的。只有从社会自身之本质的最基础的东西方面去把握，则建筑于其上层的种种东西及一切现象，才能正确的被我们认识；因为一切上层的建筑物，对于其本身都不能说明的。因而要了解入秦以后到鸦片战争前这一阶段的经济性，只有从其阶级的剥削关系的内容上去考察，才是问题的核心，才能说明经济的性质。如果阶级的剥削关系的内容是封建主义的内容，那么，社会也便是封建主义的社会。封建主义的经济以及和其相次的资本主义的经济，都各有其不同的特质，是不容混淆的。

农奴的经济？在三种体制上和资本制体制不同。即一，封建经济，系属一种自然经济，反之，资本制经济，是以货币为基础的；二，封建制经济之剥削基础，在把劳动之隶属于土地——受领于领主的土地——之上，反之，资本制经济的剥削基础，则置于所谓从土地解放出来的劳动者的事情上……三，领得一部分土地的农民，便须把其个人从人格上都隶属于领主！……因以形成农奴制的超经济的强制……反之资本制则在于自由市场上，资本家与劳动者间的契约之完全自由。（伊里奇）

我们依此去考察由秦到鸦片战争前的中国经济，连半点资本主义的特征也找不出来；反之，封建主义的特征，却完全具备。这到我们专论这一时代的经济性时，还要详细研究的。

可是，自秦至鸦片战争前这一长时期中，社会的内容性质，虽还是不曾改变，却也在连续不断的向前发展中。譬如从地租和赋税的形态来说，在秦代，大体上可说还行着劳役地租和劳役赋税；到汉代，地租和赋税便都以现物为主要而表现出来了；一到唐代的"天宝"时代，在赋税的范畴里，现物便完全为货币所代替。但在地租方面，直到这一时期之末，还是现物为主要。虽然，通过这一时期的全时间，劳役还常常存在着，不过它的重要性，是随着时代的进展而渐次丧失了的。

地租的本身，在前资本主义社会的场合里，无论用何种形态表现出来，本质上都是剩余劳动即无偿劳动的构成物。

> 地租在历史上……是剩余劳动即无偿劳动之一般形态。在这种场合里，剩余劳动的占有，与资本家的场合不同。在这种场合里，为其基础者，……是露骨的奴隶制，农奴制，以及政治上之隶属关系。（《剩余价值学说史》）

封建地租之最基本的形态，便是劳役地租，而且"劳役地租，也就是地租之最单纯的形态"。但是"劳役地租向现物地租的转化，在经济学上，不曾引起地租本身之何种变化"。就是由现物地租转化为货币地租的时代，构成地租的基础的东西，也还是同一的。

货币地租——那虽属行将崩溃——的基础，与为其始点的现物地租的基础，是同一的。就是直接生产者由其相续或其他的因袭，依然对土地的占有者，而须将强制的剩余劳动——易言之，即须将不受相等代价而须给付的无偿劳动——以转化成货币的剩余生产物的形态，支付给为这重要生产条件所有者即地主之手。

不过在这里须慎重指出的，现物地租一转化到货币地租的形态，即由劳役地租递演到货币地租的形态，封建地租的基础，便临于崩溃。同时随着货币地租的发现以后，农村无产劳动者即农村雇佣工人阶级便必然伴着产生，这种农村无产劳动者，他们在表面上之人格的完全自由以及雇者与被雇者间的契约之完全自由这一点上，和后来之产业劳动者是同一的。随着这一新阶级的发生，社会的阶级剥削关系的内容，便随着转变——直到这一阶级在生产领域上占着优势的时候。

现物地租之货币地租化，不仅更使为货币而将其自身卖给他人雇佣的无产日佣劳动者之一阶级，便必然的伴着而形成，而且是依此而先行着的。虽然，这新的阶级，还不过说是开始在这里那里散布的发生期，在占有优良地位的负有支付义务的农民们之间，就必然地发生出用自己的计算从农村工资劳动者来剥削的习惯。这恰如在封建时代的富裕的隶农民，雇佣他们自身或奴隶一样。（转引自《读书杂志》）

货币地租从现物地租的转化，是随着商业，都市工业，商品生产一般，及货币流通等显著的发达为前提的。

为说明封建地租之诸形态，不禁引话过多，现在再回到本题来。

由秦到鸦片战争这一长的时期中,社会内部的矛盾,曾爆发为多少次的内战。各次战争的结局,常归结为两个形式:其一是农民常为其同盟者或首领所拍卖,而归结为封建地主政权之延续;其一,农民军往往为地主阶级引来之外力所压服,因而地主阶级的政权,乃在又一形式之下得到延续。前者如秦末农民军之与泗上亭长刘邦,西汉末农民军之与大地主刘秀,元末农民军之与僧人朱元璋,……后者如唐代的农民军黄巢,为唐政府引来之沙陀李克用所镇服,宋末农民军为地主阶级引来之鞑靼势力所镇服,明末农民军为地主阶级引来之满洲势力所镇服。这都是些历史上最显明的例子。甚而"太平天国"一役,亦曾把关税特权易来之英国势力(戈登将军)的援助之下才得到平定的。

不过在每一次战争的结局,地主阶级的经济,也不能不一时的呈现衰退,以及因战争的残杀而发生之人口的减少,这往往反使社会内部的对立的矛盾,渐趋于缓和;直至矛盾的发展一达到某种局势,内战便又重新爆发。不过这种战争的范围,总是一次比一次更扩大,内容也便一次比一次更充实。所以这并不是内战之循环的回复。

地主阶级的经济发展到元代,商业资本和高利贷资本的发展,可说已到了尖端。这时的中国,无异已成了中世的"国际市场"。尤其是和海外交通的广州和泉州,手工制造业中心的杭州,内河商运都市中心的苏州和扬州,更成了商业的中心地。可是随着元代政权的崩灭,中国和中亚细亚的交通,便被强制的停止了。然而在地主阶级的经济遭受战争的大破坏之后,明代却仍然在继续作海外通商航路之恢复的企图;可是虽然有太保郑和之"三下西洋"以及其他类此的事情,也终于不能不受其同时代之亚洲封建各国家之封建闭锁政策所影响,而减低其成效。

自鸦片战争以到现在的中国经济性质应归中国现代经济问题那一课题中去决定。

(原载《文史》创刊号,1934年4月15日)

秦代经济研究

这是我的讲稿之一部分,《文史》编者吴先生临时向我索稿,仓促间未能加以补充和修改,勉强以此应命。意在借此去获取学术界的意见。——笔者

由封建领主经济到封建地主经济的转换——秦代══地主经济的组织——农民的徭役输给和秦代政权的没落。

一　由封建领主经济到封建地主经济的转换

由封建领主经济到封建地主经济══由农奴的经营到佃户的经济,在农业生产性的提高上,是其本身的一步前进。

在秦国发生的地主阶级,以其较进步的农业生产══雇役佃农制的生产,很快的就把原来的落后的农奴制的生产代替了。情形大概是这样的,因为有地主经济的雇役佃农制生产的存在,给予负荷奇重的农奴们以一种有力的吸引,而作为他们逃亡的一个归宿地;因而引起领主们领地上的农奴们

之不断的逃亡,至领主们的田园因劳动力的缺乏而至于荒芜,从而又把领主们的农奴制生产引向地主经济的雇役佃农制生产,结果使原来的领主也不断的转化为地主。

在这个过程中,领主们虽然对地主们抱着很深的仇视态度,然而事势所趋,亦终于为地主的势力所克服了。《史记·商君列传》说:

商君相秦十年,宗室贵戚多怨望者。

赵良曰:"君……相秦……刑黥太子之师傅(公孙贾)。……公子虔杜门不出,已八年矣;君又杀祝懽而黥公孙贾……君之出也,后车十乘,从车载甲,多力而骈胁者为骖乘,持矛而操闟戟者旁车而趋……尚将欲延年益寿乎?则何不归十五都灌园于鄙?……君尚将贪商于之富?"

商鞅系秦国地主阶级政治上的第一个代理人,这在如次的一段话中便能说出来。

今秦之地方千里者五;而谷土不能处二,田数不满百万,其薮泽溪谷名山大川之财物货宝,又不尽为用,此人不称土也。……三晋……韩魏……土狭而民众,其宅三居而并处……民上无通名,下无田宅,而持奸务末……此其土之不足以生其民也,似有过秦民之不足以实其土也。意民之情,其所欲者田宅也;而晋之无有也,信秦之有余也。如此而民不西来秦者,秦土戚而民苦也……不夺三晋民者,爱爵而重复也。(《商君书·徕民》)

这完全系满足新兴地主阶级农业劳动力的一种政策。他的第二个抑制领主的政策,即所谓"作耕战"的奖励有功的办法,对参加作战的有战功的农民,视其功之大小,可以免除徭役的一部或全部,功更大者得准其私有其耕种的土地。这样去把农民从领主的支配下解放出来（自然，并不是让农民得到解放）。他又使这班领有土地的农民，也把自己的土地佃给新来民耕种，让他们仍去从事战争。据他说：

> 兴兵而伐，则国家贫；安居而农，则敌得休息，此王之所以不得而成也。……今以故秦事敌，而使新民作本；兵虽百宿于外，境内不失须臾之时，此富强两成之效也。臣之所谓兵者，非谓悉兴尽起也，论境办所能给军卒车骑，令故秦兵；新民给刍食。（《商君书·徕民》）

这样，便把地主阶级在秦国的支配地位开始树立起来了。又"合民以粟入官爵，官爵必以其力"（《商君书·靳令》），给地主阶级辟开一条直接参加政权的道路。由于地主阶级在秦国取得支配地位之后，秦国的经济便得到一个较进步的发展，而形成为当时全中国经济最发展的主要区域。这从其当时对农业的耕作方法上可以看出来。

> 上田弃亩，下田弃甽，五耕五耨，必审以尽，其深殖之度。……是以六尺之耜，所以成亩也，其博八寸，所以成甽也。耨柄尺此其度也，其耨六寸，所以闲稼也。地可使肥，又可使棘。（《吕氏春秋·任地》）亩欲广以平，甽欲小以深。（《吕氏春秋·辨土》）

此外《吕氏春秋·上农》、《审时》各篇，亦均系关于增进农业经营生产性的研究。

秦国的地主阶级在这种经济基础上把全中国统一起来，而树立其封建地主阶级的经济的——政治的支配权。

二 秦代——地主经济的组织

(一) 土地私有制的确立

新兴地主是随着土地私有制的发生而存在的。在中国的历史上，土地私有制在春秋时代已开始出现。至秦，土地私有制便得到确定，地主阶级对于土地的兼并，乃为更剧烈的进行。这在汉代的文献中记载得很明白：

> 秦为无道，厚赋税以自奉……兼并起，贪鄙生，强者规田以千数，弱者曾无立锥之居。(《前汉书·王莽传》)

> 其视有天下也，与无立锥之地同。(《吕氏春秋·为欲》)

> 至秦，则不然……小民……或耕豪民之田，见税什伍。(《前汉书·董仲舒传》)

> (陈平)少时，家贫，好读书，有田三十亩……伯常耕田，纵平使游学。(《史记·陈丞相世家》)

> 井田废。田非耕者之所有，而有田者不耕也。耕者之田资于富民，富民之家，地大业广，阡陌连接，募召浮客，分耕其中，鞭笞驱役，视同奴仆……田主日累其半以至于富强，耕者日月秋收以至于穷饿而无告。(马端临引苏洵语)

这一方面表示土地私有制业已确立，而盛行着土地的买卖。一方面说明土地集中到大地主的手中，多数农民已转化为雇役制度下的"浮客"……

(二) 佃耕——雇役制和剥削关系

从农奴制度解放出来的自由农民，所谓自由也还是表面的，本质上依旧和前此无何区别。新兴地主依旧把他们束缚在土地上面，对他们实行其在农奴制时代的榨取。

> 使农毋得擅徙,则诛愚乱农,农民无所欲食而必农。(《商君书》卷一)
>
> 今以草茅之地,徕三晋之民。(《商君书》卷四)
>
> 避农则轻其居……凡治国者患民之散,而不可不搏也。(《商君书》卷一)
>
> 则农不得无田,无田不得不易其食……田者利,则事者众。(《商君书》卷五)
>
> 农不上闻,不敢私藉于庸,为害于时也。然后制野禁,苟非同姓,农不出御,女不外嫁,以安农也。(《吕氏春秋·上农》)

因为不如此,地主对农民,便不能实行超经济以外的强制榨取。这种给予农民的土地,就是地主给予农民的作为维持其最低物质生活的工资,同时作为保有其必需劳动力的一种手段,不然,若是农民可以自由移徙,则地主不仅无法施行其超经济的强制榨取,而且其经营上的必要劳动力也无所保障。

农民对于地主的劳动力支付的形态,主要是以"剩余劳动"和"剩余生产物"的两种形态而支出的。前者,仍是由农民除以一部分劳动力在其分有地上劳动外,另一部分的劳动则在地主的土地上劳动。

> 农民不饥不饱,则公作必疾,而私作不荒,则农事必胜。(《商君书》卷一)

后者,大概由农民向地主缴纳现物地租。

> 百姓曰:我疾农,先实公仓,余收以食亲。(《商君书》)
>
> 至秦……小民……或耕豪民之田,见税什伍。
>
> 田主日累其半,以至于富强。

同时,农民还要随时去供应地主的杂役。此外还须向地主阶级的政府输纳现物赋税,应征徭役。关于赋税,例如:

诸侯所税于民轻重之法，贡职之数，以远近土地所宜为度。(《吕氏春秋·季秋》)

令送粮无取僦，毋得反庸车马牛舆。(《商君书》)

故爵五大夫皆有赐邑三百家，有赐税三百家者。(同上)

关于徭役，则下列的事实，更说得很明白：

为国分田数小，亩五百，足待一役，……方土百里出战卒万人者，数小也。此其垦田足以食其民，都邑道路足以处其民，山林薮泽溪谷足以供其利，堤防足以畜。故兵出粮给而财有余，兵休民作，而畜长足，此所谓任地待役之律也。(同上)

民无一日之繇。(同上)

能人得一首，则复夫劳。(同上)

城郭高，沟洫深，则民力罢矣。(《吕氏春秋》)

陈涉起匹夫，驱瓦合谪戍。(《史记·儒林列传》)

高祖以吏事繇咸阳。(《史记·萧相国世家》)

二世常居禁中……右丞相去疾……进谏曰："关东群盗并起……皆以戍漕转作事苦，赋税大也。请且止阿房宫作者，减省四边戍转。"(《史记·秦始皇本纪》)

在这里，我们可以看出农民所任的赋役和前此的封建时代稍有差异者，便是前此只有其直属领主的一层征发；至此，则有地主和地主阶级的统治机关之两层征发。从而农民在其事实上的负担，还甚于在前此的农奴制时代。

除这种农民而外，参加生产者还有所谓"佣"的存在，如陈涉"为人佣耕"，栾布"穷困赁佣于齐"，便是一例。同时，小自耕农民亦已存在，如陈平有田三十亩，其兄"伯常耕田，纵平使游学"便是一例。

在另一方面，在这时还有大量奴隶的存在，如吕不韦和张良各有大群的"家童"。不过他们已不是担任生产的主要阶级，而且我们找不出这时的奴隶担任农业劳动的事实来。

(三) 商业和工艺

这时的大地主固不必同时便是大商人，但大商人却同时便是大地主。如《前汉书·货殖列传》说的商人卓氏和孔氏都同时是大地主。

卓氏：田池射猎之乐，拟于人君。

孔氏：大鼓铸，规陂田。

商品的种类，《史记·货殖列传》中就列出如次之种类：

谷，丝，漆，帛，絮，鱼，盐，枣，栗，皮，革，竹，木，金，锡，珠玑，犀，玳瑁，果，布，牛，羊，彘，薪藁，僮婢，酒，醯酱，浆，漆木器，钢器，铁器，马，筋角，丹砂，文采，荅布，櫱曲，狐貂羊裘，旃席……

大部分为农产品，其次为手工制品，再次为海滨及远方物品，更次为人口买卖。在这里，人口买卖和手工制品是有其关系的。《前汉书·货殖列传》说"童手指千"。是在说明以奴隶从事手工业制造。同时吕不韦，卓氏，白圭……均系大商人而拥有大群的"童"，这种"童"大概便是为他们制造商品的奴隶，从而童婢的买卖的价值因以发生了。这是由于商业资本的活动所引起的结果，同时便可算是变种的中国封建社会的一个特点。

不过在秦代，担任手工等制造的，确乎不只奴隶之一种，还有独立手工业者① 和专为官府制造物品的工匠② ——这似系由

---

① 齐有北郭骚者，结束鄙捆蒲苇织葩屦，以养其母，犹不足也。（《吕氏春秋·士节》）"凡民自七尺以上，属诸三官，农攻粟，工攻器。"（《吕氏春秋·上农》）

② 是月也，命工师，令百工，审五库之量，金铁，皮革，筋，角，齿，羽，箭杆，脂胶，丹漆，无或不良，百工咸理，监工日号，无悖于时。（《吕氏春秋·季春》）

工奴转化来的一种遗制。

我们根据上述商品种类和上注②来看，当时手工业的分业已有相当发展。由于分业的发展，手工技术便也随着发展了，据《史记》所说秦始皇统一六国后，乃销天下兵器，铸为金人十二，是这时的手工技术已发明铸造铜像。其次《吕氏春秋·精通》篇说："慈石召铁，或引之也。"已具有素朴的物理学知识——这当然由劳动经验而来的。

在秦代的伟大的土木工程的建筑，如"万里长城"与火焚"三月不绝"的阿房宫，却都是农民徭役劳动的结晶品。

再说回到商业，秦始皇的统一，商业在其对商路的要求上，大概曾尽了一个相当的作用。商人和地主在这里本来是二位一体的，秦始皇的地主政权，当然也不能不代表商人的利益。所以吕不韦以一商人而参加政权，为相封侯（文信侯）。他如《史记·货殖列传》说：

秦始皇帝令倮比封君，以时与列臣朝请。而巴蜀寡妇清，其先得丹穴，而擅其利数世，家亦不訾。……用财自卫，不见侵犯。秦皇帝以为贞妇而客之，为筑女怀清台。

其次，度量衡的统一是商人所要求的商品交换秩序之建立的前提。秦代的彝器铭文有：

二十六年，皇帝乃兼并天下诸侯，黔首大安，立号为皇帝。乃诏丞相状绾法，度量则不壹嫌疑者，皆明壹之。（《薛氏钟鼎彝器款识》解秦权及平阳斤）

（四）阶级的构成

在秦代的地主的统治权之下，依旧还有封建诸侯的遗制的存在。秦始皇的左右，在秦统一七国后，仍有封侯食邑者。不过经济领域中是地主经济的支配罢了。

因而形成秦代封建统治阶级的，除为其主要的地主══商人外，还有封君。

在被统治阶级方面，主要为农奴本质的农民——雇役佃农（浮客），自由农民，"佣"和手工业者——独立手工业者，官府的工匠，"童手"——和执贱役的贱奴。

主要对立的阶级为地主和农民。

三　农民的徭役输纳和秦代政权的没落

秦代的新兴地主阶级的政权，在短时内就已没落下去了。这在许多机械论者看来，曾引起两种很大的误会：一方面有人因此误认秦代为封建领主的政权，汉代是以地主阶级的势力起来把秦的政权推翻；一方面有人因此也认秦代为地主阶级的政权，由已没落的封建领主的死灰复燃，又把秦代的地主阶级推下历史的舞台，前者显然是不认识秦代政权的性质，后者则显系历史"退化"论的见解。只有辩证的考察，才能认识问题的本来面目。

我们试一考察燃起秦末暴动的第一把火焰的陈涉是属于那一个阶级？他怎样去燃这一把火焰的？照《前汉书·陈胜项籍列传》说："胜少时常为人佣耕。""胜……初为王，其故人常与佣耕者，闻之乃至陈。"贾谊《过秦论》说："陈涉瓮牖绳枢之子，甿隶之人，而迁徙之徒。"陈涉的本身完全是一个雇佣农民，这是很明白的。再看他是怎样在发动这一次暴动的吧，这一班的参加者是些什么人？贾谊在同文中说："蹑足行伍之间，俯起阡陌之中，率罢散之卒，将数百之众，而转攻秦。斩木为兵，揭竿为旗，天下云集响应。"班固在同书同文中说：

> 秦二世元年，发闾左戍渔阳九百人，胜广皆为屯长，行至蕲大泽乡，会天大雨，道不通，度已失期，失期法斩……

胜曰：天下苦秦久矣，……今诚以吾众为天下倡，宜多应者。

并杀两尉。召令徒属曰：公等遇雨，皆已失期，当斩，藉第令毋斩，而戍死者固什六七。

再拿秦代大地主们自己的话来看：

右丞相去疾左丞相斯将军冯劫进谏曰：关东群盗并起，秦发兵诛击，所杀亡甚众，然犹不止。盗多，皆以戍漕转作事苦，赋税大也。（《史记·秦本纪》）

班固也说：

至于始皇，遂并天下。内兴工作，外攘夷狄，收泰半之赋，发闾左之戍。男子力耕，不足粮饷，女子纺织，不足衣服。竭天下之资财以奉其政……海内愁怨，遂用溃畔。（《前汉书·食货志》）

从而，揭竿而起的是农民阶级，为首领导的也是农民；激起起义的主要原因，是农民阶级不堪赋税和徭役的苛重的负担，所谓"遇雨""失期"那一偶然事实，只不过起了促进必然性的作用罢了。

我们再从刘邦来看，他的家庭是自耕农，他自身却是"泗上亭长"——地主阶级的爪牙。据班固说：

高祖常繇咸阳。

高祖以亭长，为县送徒骊山，徒多道亡。自度比至皆亡之。到丰西泽中亭，止饮。夜皆解纵所送徒，曰："公等皆去，吾亦从此逝矣。"（《前汉书·高帝纪》）

萧何曹参曰……愿君召诸亡在外者，可得数百人，因以劫众。（同上）

如萧曹樊哙等皆为收沛子弟，得三千人。（同上）

很明显，这些地主阶级的爪牙所领导的武装，也是以农民为主力的。而这些地主阶级的爪牙也去揭起反抗,却是因为处在失职逃亡的境地。

农民暴动的火焰燃起以后,原来已没落了的各"国"领主,也纷纷乘机起来,企图作死灰复燃的挣扎,这虽属历史上数见不鲜的事情,然却并不能对历史引起何种作用。这从汉初政权的构成上去看,是能十分明白的。这到他处再说。

(原载《文史》第 1 卷第 3 期,1935 年)

隋唐五代经济概论

本文的范围，暂断自安史之乱至宋王安石的变法这一阶段。安史之乱为小土地所有者和大地主利益冲突之爆发。天宝以后，大地主商人的土地兼并之猛烈的进行，和小土地所有者农民之不断的无产化，以及小土地所有者偏倚的负担，于是引出了小地主与大地主之间利益的冲突，农民与地主间之阶级的仇视均呈剧烈化。同时在唐代地主经济复兴的基础上，而随来的商业资本和高利贷资本的发展，以及海外贸易的扩大，招来了外国商业资本及高利贷资本和中国地主阶级的商业——高利贷资本相勾结联合，来宰割本国的佃农和小土地所有者。因而便引发王仙芝、黄巢等所领导的农民的大起义，由于地主阶级本身对农民起义镇压之无力，于是便去引进沙陀和突厥（东土耳其）来为其平定叛乱。然而结果上，农民的大集团势力虽在地主阶级和引进外力的联合袭击之下而归于消灭了，却不曾解除了矛盾；同时地主阶级只有能力去引进外力，却没有力量去排除它，从而在斗争的局势中反增加了一个新的因素，从此便引进了所谓"五代"的"纷乱"。宋代的统一以后，到王安石变法，为此一长期"混乱"的一个结束点，小地主经济的优势，于此得到确立。这直到宋的没落，历史的运动本身又跃进了一步。

一 地主阶级经济的复兴

（一）隋代的统一和其没落

隋代继着后周的政权出现。但在后周的末期，因劳动力的缺乏而引起的"庄园"经济的解体，因而隋代在这种业已解体的"庄园"的废墟上，便从"庄园"的生产组织而转化为地主的经济组织。从而把土地分赐其左右而定为"永业田"。这种"永业田"式的土地的占有，便是地主的土地占有形势，因为受取"永业田"的贵族，对其所受取的土地，取得相当的自由处分与买卖的权力。因而受取"永业田"的贵族们便无条件的都化为地主了。

"隋"在这种转变的基础上，在其原初的统治区域内——从南北朝所统治的区域内的经济，便迅速的复呈活跃了。

同时由于隋代这一生产组织的转变，从而在经济的组织上和南朝是无何区别了。从而南朝的地主——商人阶级敌视"北朝"的前提不存在了。另一方面由于南朝的地主——商人们要和北方的商业交通，加之南朝的统治层首脑部已完全腐化。于是隋代在"南北"两方面地主阶级的支持之下便又把全中国统一了。

从而地主阶级的经济便又迅速的发展起来。从而手工业和商业也迅速的发展了。海外通商也迅速的扩大了。《北史·隋本纪》说：

> 文帝十年吐谷浑、契丹并遣使朝贡。（《本纪》上）
> 十一年高丽、靺鞨并遣使朝贡；突厥献七宝盌。（同上）
> 十二年突厥、吐谷浑、靺鞨并遣使朝贡。（同上）
> 十三年契丹、霫、室韦、靺鞨并遣使朝贡。（同上）

十五年吐谷浑、林邑等国并遣使朝贡。(同上)

十七年高丽、突厥并遣使朝贡。(同上)

二十年突厥、高丽、契丹并遣使朝贡。(同上)

炀帝六年倭国遣使贡方物。(《本纪》下)

七年百济遣使朝贡。(同上)

十一年正月甲午朔,宴百寮。突厥、新罗、靺鞨、毕大辞、诃咄、傅越、乌那曷、波腊、吐火罗、俱虑建、忽论、靺鞨、诃多、沛汗、龟兹、疏勒、于阗、安国、曹国、何国、穆国、毕、衣密、失范延、伽折、契丹等国并遣使朝贡。(同上)

十二年真腊遣使贡方物。(同上)

其次从水上交通工具的发展,也可以说明商业交通发展的情形。

吴、越之人……私造大船,因相聚结……间有船长三丈以上。(《北史·隋本纪》上)

炀帝"遣黄门侍郎王弘、上仪同於士澄往江南采木,造龙舟、凤䑸、黄龙、赤舰楼船等数万艘。"(《北史·隋本纪》下)

其次关于商路的开发上,炀帝东征的那一段事实,便是一例。

八年诏云:"今宜授律起行,分麾届路,掩勃海而雷震,及扶余以电扫。……左第一军可镂方道,第二军可长岑道,第三军可海冥道,第四军可盖马道,第五军可建安道,第六军可南苏道,第七军可辽东道,第八军可玄菟道,第九军可扶余道,第十军可朝鲜道,第十一军可沃沮道,第十二军可乐浪道。右第一军可粘蝉道,第二军可含资道,第三军可浑弥道,第四军可临顿道,第五军可候城道,第六军可提奚道,第七军可踏顿道,第八军可肃慎道,第九军可碣石道,第十军可东𬇕道,第十一军可带方道,第十二军可襄平道。凡此众军,先奉庙略,络绎引途,总集平壤。……朕躬驭元戎,为其节度。涉辽而东,循海之右,解倒悬于遐裔,问疾苦于遗黎。……又沧海道军,舟舻千里,高驱电逝,巨舰云飞。横断浿江,径造平壤。……称朕意焉。"(同上)

　　总一百一十三万三千八百,号二百万,其馈运者倍之。癸未,第一军发,终四十日,引师乃尽。旌旗亘千里,近古出师之盛,未之有也。(《隋本纪》下)

这时的商业,依样完全在满足宫廷和贵族地主的豪奢生活,并不曾影响到农民的自足经济上。如次的两段事实,便是一个例子:

　　于皂涧营显仁宫,采海内奇禽异兽草木之类,以实园苑。徙天下富商大贾数万家于东京。(同上)

　　东西行幸,靡有定居,每以供费不给,逆收数年之赋。所至,惟与后宫流连耽湎,惟日不足,招迎姥媪,朝夕共肆丑言。又引少年,令与宫人秽乱,不轨不逊,以为娱乐。(同上)

　　课天下富室分道市武马,匹直十余万,富强坐是而冻馁者,十家有九。……每幸之所,辄数道置顿。四海珍羞殊味,水陆必备焉。求市者无远不至。(同上)

这对于当时商业的性质,已够说明了。

但是当时经济的最繁盛的区域已经不是中原和西北,而移到东南了:东南不仅成了农业的丰产区域,而且扬州已成了当时商业的中心。因而为沟通漕运和南北商运的直接联贯上,便使用农民的徭役劳动去开凿横贯南北的运河。例如:

　　四年……诏发河北诸郡男女百余万开永济渠,引沁水南

达于河，北通涿郡。(《隋本纪》下)

　　元年发河南诸郡男女七百万开运济渠，自西苑引谷、洛水达于河，自板渚引河通于淮。(同上)

贯通南北的运河，便这样在广泛的农奴的徭役劳动的过分的输纳下，成功了中国历史上这一伟大的工程了。这运河的建筑一方面由商业的发展以引起，一方面由于经济中心之移向东南，西北已不能不依赖的供给，所以不能不设法便利由东南到西北的剩余劳动生产物的漕运。

同时统治阶级为要极力去追求其生活的享受，又广兴徭役，动员几百万的劳动农民到长安和洛阳去建筑宫殿。为避免游牧民族的侵袭，与企图巩固其统治，又动员大批的劳动农民去建筑长城，例如：

　　四年七月辛巳，发丁男二十余万筑长城，自榆林谷而东。(《隋本纪》下)

从而农民在这样苛重的徭役和兵役的负担之下，加以赋税的繁重恰和统治阶级的享受向两极驰趋，矛盾对立的局势，便急剧的趋于突端。李延寿说：

　　骄怒之兵屡动，土木之功不息。频出朔方，三驾辽左。旌旗万里，征税百端。滑吏侵渔，人弗堪命，乃急令暴赋以扰之，严刑峻法以临之，甲兵威武以董之，自是海内骚然，无聊生矣。俄而玄感肇黎阳之乱，匈奴有雁门之惊。……加之以师旅，因之以饥馑，流离道路，转死沟壑，十七八焉。于是相扳聚灌蒲，猬毛而起，大则跨州连郡，称帝称王；小则千百为群，攻城剽邑。流血成川泽，死人如乱麻。

　　无辜无罪，横受夷戮者，不可胜记，……六军不息，百役繁兴，行者不归，居者失业，人饥相食，邑落为墟……区

宇之内，盗贼蜂起，劫掠从官，屠陷城邑。(《隋本纪》下)

辽东战士及馈运者，填咽于道，昼夜不绝，苦役者始为群盗。(同上)

在这样的矛盾情势的展开下，农民们便爆发着普遍的暴动。

炀帝大业九年，贼帅杜彦永、王润等陷平原郡，大掠而去。(《北史》卷十二)

同年平原李德逸聚众数万，称阿舅贼，劫掠山东。灵武白榆妄称奴贼，劫掠牧马，北连突厥，陇右多被其患。(同上)

同年济北人韩进洛聚众数万为群盗。(同上)

同年济北人孟海公起兵为盗，众至数万。(同上)

同年北海人郭方预聚徒为贼，自号卢公，众至三万，攻陷郡城。(同上)

同年济北人甄宝车聚众万余，寇掠城邑。(同上)

同年余杭人刘元进举兵反，众至数万。(同上)

同年吴人朱燮、晋陵人管崇，拥众十万余，自称将军，寇江左。(同上)

同年贼帅陈瑱等三万，攻陷信安郡。(同上)

同年济阴人吴海流、东海人彭孝才并举兵为盗，聚众数万。(同上)

同年贼帅梁慧尚聚众四万，陷苍梧郡。(同上)

同年东阳人李三儿、向但子举兵作乱，众至万余。(同上)

同年贼帅吕明星率众数千围东郡。(同上)

同年齐人孟让、王薄等众十余万，据长白山，攻剽诸郡。清河贼张金称众各数万，勃海贼帅格谦，自号燕王，孙宣雅自号齐王，众各十万，山东苦之。(同上)

同年扶风人向海明举兵作乱，称皇帝，建元白马。（同上）

十年丁酉，扶风人唐弼举兵反，众十万，推李弘为天子，自称唐王。（同上）

同年彭城贼张大彪聚众数万。（同上）

同年贼帅宋世谟陷琅琊。庚申延安人刘迦论举兵反，自称皇王。……贼帅郑文雅、林宝护等众三万，陷建安郡，太守杨景祥死之。（同上）

贼帅司马长安破长平郡。乙卯离石胡刘苗王举兵反，自称天子……众至数万……是月，贼帅王德仁拥众数万，保林虑山为盗。……庚寅，贼帅孟让聚众十余万，据都梁宫。（同上）

十一年贼帅杨仲绪等率众万余攻北平。（同上）

同年丙子，王须拔反，自称漫天王，国号燕，贼帅魏刁儿自称历山飞，众各十余万，北连突厥，南寇赵。（同上）

同年淮南人张起绪举兵为盗，众至三万。（同上）

同年彭城人魏麒麟聚众万余为盗，寇鲁郡。壬申，贼帅卢明月聚众十余万，寇陈、汝间。东海贼李子通拥众渡淮，自号楚王。（同上）

十二年雁门人翟松柏起兵于灵丘，众至数万，转攻傍县。（同上）

同年东海贼卢公暹率众万余，保于仓山……魏刁儿新部将甄翟儿号历山飞，众十万，转寇太原。将军潘长文讨之，反为所败，长文死之。（同上）

同年东海人杜伏威，扬州沈觅敌等作乱，众至数万，……安定人荔非世雄段临泾令，举兵作乱，自号将军。

(同上)

　　同年鄱阳贼操天成举兵反……攻陷豫章。……鄱阳人林士弘自称皇帝……攻陷九江。(同上)

　　十三年……齐郡贼杜伏威率众渡淮,攻陷历阳郡。丙辰,渤海贼窦建德设坛于河间之乐寿,自称长乐王,……辛巳,贼帅徐圆朗率众数千破东平郡。弘化人刬仓成聚众万余人为盗,……朔方人梁师都杀郡丞唐世宗,据郡反,自称大丞相。……马邑校役刘武周杀太守王仁恭,举兵作乱,……贼师李密、翟让等陷兴洛仓……自称魏公,称元年,开仓以赈群盗,众至数十万,河南都郡,相继皆陷。……庐江人张子路举兵反,……贼师李通德众十万,寇庐江,……金城校尉薛举率众反,自称西秦霸王,……贼师孟让夜入东都外郭,烧丰都市而去。……贼师房宪伯陷汝阴郡。……武威人李轨聚兵反,攻陷河西诸郡,自称凉王。……太原杨世洛聚众万余人,寇掠城邑。丙申,罗令萧铣以县反,鄱阳人董景珍以郡反,迎铣于罗县,号为梁王。(同上)

在这样烽烟弥漫的情形下,地主阶级的统治机关及首脑部已完全失去其统治的机能。因而大地主们便只有重新组织自己的武装起来自卫。这其中最值得提出来说的,便是:

　　炀帝十三年甲子,唐公起义师于太原。(《北史》卷十二)

这一位大地主"唐公"把他的"义师"组织起来之后,因为有许多的地主们都去依附他,因而他的势力便立见庞大了,同时原来混合在所谓"盗匪集团"中的地主们像魏征之流,于此便也纷纷去投奔他,而且也替他去引诱所谓"盗匪"中的渠魁,从而农民军又终于在地主阶级的势力下,归于消灭了。

(二) 唐代地主经济的诸构成和其剥削诸关系

1. 生产的组织

唐代的地主阶级从社会大骚乱中，挽回其阶级的统治。但是长期而普遍骚乱的结果，引起劳动人口之大量损失——逃亡与被杀戮；同时土地所有者，也大量的在农民的骚乱中死亡了。因而一方面呈现着大量的荒芜的土地，他方面却是劳动力之过分缺乏。

地主阶级在这种情形下去进行其生产的恢复，而获得其劳动力，先决的前提在使存在着而逃亡的劳动人口的复员，但是要他们依然回来去领受雇役制剥削下的生活，这无疑是没有效力的。因而便改变一个形式，给与他们以土地，使之为表面的自由农民的独立经营。所谓"均田制"，便在这种情势下产生了。

丁男给永业田二十亩，口分田八十亩；其中男年十八以上依丁男给；老男笃疾废疾寡妻妾当户者，各给永业田二十亩，口分田二十亩。(《通典》)

武德七年定均田赋税，凡天下男丁十八以上者给田一顷，笃疾废疾给田十亩，寡妻妾三十亩，若为户者加二十亩，皆以二十亩为永业，其余的分口。永乐之田，树以榆桑枣及所宜之木，田多可以足其人为宽乡，少者为狭乡，狭乡授田减宽乡之半。其有地薄厚，岁一易者倍授之，宽乡三易者不倍授。工商者，宽乡减半，狭乡不给。凡庶人出乡及贫无以葬者，得卖世业田，自狭乡而徙宽乡者，得并卖口分田。已卖者不复授，死者收之，以授无田者……授田先贫后富及有课役者，凡田乡有余以给比乡，县有余以给比县。州有余以给比州。凡授田者，丁岁输粟二石，谓之租；丁随乡所出，岁输绢，绫，绝各二丈，布加五之一，绵二两，输布者，麻三斤，谓之调；用人之力，岁二十日，闰加二日，不役者，日为绢三尺，谓之庸。(《通典》)

依此，地主阶级的政府，原在把农民束缚于土地之上，作成实质的国家的农奴，不过既给予农民对其受有的"永业田"和"口分田"有买卖之权，因而事实上除户绝者外，他们便成了事实上的小土地所有者。所谓小地主的经济便是这样产生出来的。

同时，在另一方面，除原有的既存的大地主外，大批的新贵，在"永业田"授受的名义之下，也都成为大地主了。

> 其永业田，亲王百顷，职事官正一品六十顷，郡王及职事官从一品各五十顷，国公若职事官正二品各四十顷，郡公若职事官从二品各三十五顷，县公若职事官正三品各二十五顷，职事官从三品二十顷，侯若职事官正四品各十四顷，伯若职事官从四品各十顷，子若职事官正五品各八顷，男若职事官从五品各五顷，上柱国三十顷，柱国二十五顷，上护军二十顷，护军十五顷，上轻车都尉十顷，轻车都尉七顷，上骑都尉六顷，骑都尉四顷，骁骑都尉各八十亩，云骑尉武骑尉各六十亩。其散官五品以上同职事给，兼有官爵及勋俱应给者，唯从多，不并给。……诸永业田皆传子孙……即子孙犯除名者，所承之地亦不追。（《通典》）

> 若从远役外任，无人守其业者，听贴赁及质。（同上）

> 其官人永业田及赐田，欲卖及贴赁者，皆不在禁限。（《通典》）

在这里，和土地联系的封建统治层的组织，无异乎是一副活现的图画。

这种大地主的土地的经营方式，为前者一派承袭下来的雇役佃耕制的经营，承佃者为所谓"私属"、"佃客"、"浮客"或"放附户"。陆贽说：

> 今富者万亩，贫无容足之居。依托豪强，为其私属；终岁服劳，常患不充。有田之家，坐食租税。京畿田税亩五

升，而私家收租亩一石。官取一，私取十，穑得安得足食？宜为定条，限裁租价，捐有余，优不足。(《陆文宣公集》)

从而所谓受田的自由农民，由国家去征取"租"，"庸"，"调"；所谓"私属"，"佃客"，"浮客"，"放附户"，则直接受地主的现物和劳役的榨取外，并须向国家缴纳什一税和负担徭役。此外手工业的担税，则为"诸工匠不役者收庸，无绢之乡，绝布三丈"。(《九通分汇总纂》) 役则为"诸工匠岁役二十日，有闰之年加二日。须留役者，满二十五日免调，三十日租调俱免。"

所以虽云"租庸调之法，以人丁为本"，实际上贵族地主以及贵族地主的扈从却都是例外的。

武德元年诏曰："……诸宗姓有官者宜在同列之上；有未职任者，不在徭役之限。"

制卫士八等以下……仍免调庸。

华夏诸任官应免课役者，皆待蠲符至然后注免；符虽未至，验告身灼然实者亦免。

因而土地的大部分握在贵族地主的手中，而担税则累于自耕农民——小土地所有者及佃户的身上。这存在着一个根本的矛盾。这个矛盾的存在，便爆发为所谓"安史之乱"。

不过由于农民之转化为小土地所有者，却使大地主相当的感受劳动力之缺乏。因而奴隶买卖事情，又呈活跃了。例如：

元和四年闰三月敕，岭南，黔中，福建等道百姓，虽处遐俗，莫非吾民……公私掠买奴婢，宜令所在长吏，均切加捉搦。(《唐会要》卷八六)

对突厥，吐番，回鹘各处，也均有同样的情形发现。实验主义者或者又可以说，这又是奴隶制的现象。但是这时的奴婢，却也是被改变的而为实质的佃户，和"良民"比较，只是身份上的差异。并且是可渐渐获得良民的地位的，《唐书·职官志》云：

"都官郎中员外郎掌配役隶，凡公私良贱，必周知之。凡反逆相生没其家为官奴婢。一免为番户，再免为杂户，三免为良民。"

同时，随着劳动人口的繁殖和经济之急速的复兴，因而一方面原来的所谓自由农民，虽已如实的而成为小土地所有者；他方面，大地主却急速的在进行着土地的兼并。失去土地的农民，土地虽已丧失，而租庸调的负担，却依旧依户存在。这又包含着一个根本的矛盾。为和缓这个矛盾的杨炎的"两税法"，却不曾获得具体的结果。所谓"两税之法，久而生弊"（《续通典》）。而且在业的农民，反因此而负担益重，地主——商人们反因此而获利。所谓：

安居不迁之民，赋役日重，自建中定两税，而物重钱重，民以为患。至穆宗时四十年，当时为绢二匹，牛者为八匹，大率加三倍。豪宗大商积钱以逐轻重，故农人日困，末业日增。（《通考》）

因而在这种矛盾的发展中，便随着而来了两个畸形而残酷的现象。其一便是随着贵族大地主的土地财富的集中，而减少其担税户口。

乾元末，天下计六十九州，户百九十三万一百三十四，不课者百七十万四千五百九十二；人口千六百九十九万三百八十六，不课者千四百六十一万九千五百八十七。减天宝户五百九十八万二千五百八十四，口三千五百九十三万八千七百二十三。（《户籍考》）

道州旧四万余户，经贼已来，不满四千，大半不胜赋税。到官未五十日，承诸使征求符牒二百余封，皆曰："失其限者，罪至贬削。"……吾将守官，静以安人，待罪而已。（元结《春陵行序》，见《全唐诗》卷九）

其二便是农户因不堪负担而逃亡，地主阶级的政府为获取逃亡户口担税的补偿，于是便取偿于所谓"安居不迁之民"。

> 代宗朝，租调之违负及逋逃者，计其大数而征之，择豪吏为县令而督之，不问负之有无，赀之高小，察民有粟帛者发吏围之，籍其所有而中分之，甚者十取八九，谓之白著，有不服者，严刑以威之。(转引自《九通分汇总纂》)

第一方面，农民，小土地所有者，为无力偿付租税的负担，便可告贷于地主——商人们。这样，不仅加重了他们对于商人地主的从属，而且又移入到高利贷的压榨之下。

这种矛盾的现象，随着其经济组成，直通过五代迄宋，到王安石的变法，才入于一个转换点。

2. 商业和高利贷

随着地主阶级经济的复兴与发展，商业资本与高利贷资本也很迅速的又活跃发展起来了。

随着前此不断继承下来的国际通商的范围也更为扩大与积进了。主要的商路，其一为中亚细亚的突厥（东土耳其），阿拉伯和波斯。这一方面的交通的路线上，一为从波斯湾经过印度洋而达广州，一为由中亚细亚经陆路而直达中国的黄河上游的长安。其一为朝鲜和日本。其一为印度。由中国达印度的交通，一为由海道到广州，一为绕道中亚细亚由陆道达黄河上游的长安。

这些商人都是些大地主官吏在充任。例如：

> 西南大海中诸国舶至，则尽没其利，由是锷家财富于公藏。日发十余艇，重以犀象珠贝，称商货出诸境。周以岁时，循环不绝，凡八年，京师校门多富锷之财。(《旧唐书·王锷传》)

> 故事，使新罗者，至海东多有所求，或携资帛而往，贸易货物以为利，崇敬一皆绝之。(《旧唐书·归崇敬传》)

在对内的贸易上，也是他们在承当的。如《唐会要》卷八六云：" 先是诸道节度观察使，以广陵当南北大衢，百货所集，多以军储货贩，死置邸肆，名托军用，实私其利息。"又《资治通鉴》卷二三四云："……遂使豪家、贪吏、反操利权，贱取于人，以俟公私之乏。又有势要、近亲、羁游之士，委贱籴于军城，取高价于京邑。"

所以中国的地主——商人阶级便要求商路的开发，他们为商路的开发与保持，并采取着强硬的军事行动。为保持由中国经朝鲜的商路以及和朝鲜本国的通商，用强大的武力去把朝鲜克服，在朝鲜组织直属的武装，并派遣使节。对中亚细亚方面，则采取两个办法，强大的东土耳其，波斯和阿拉伯，则和他们缔结和好的条约；对其弱小区域，则用武力去克服，也同样在被克服的区域内，组织直属武装，屯驻使节。①

因而便有大批的阿拉伯和波斯的商人来到中国，据阿拉伯商人的日记载，在广州一隅就不下十二万人，他们并在广州设立工厂（沙发诺夫《中国社会发展史》）。中国地主阶级的政府，并在广州和泉州一带设置许多税关。他们的商品一经纳税之后，不但可以倡行全国，而且经过登记的手续之后，中国政府还负着保护和赔偿损失之责。他们在和中国地主——商人阶级结合的原则下，同时又反而对中国的农民施放高利贷的赔款。（据同上）

由中国输出的商品，大抵为绢、丝、麻、布和粮食等。这都

---

① 例如《旧唐书·郭虔瓘传》云："虔瓘以开元初以北庭都护兼瀚海军经略使。"又《新唐书》云：开元二年突厥默啜子同俄特勒围北庭，都护郭虔瓘击斩之，又侵轮台，虔瓘遣张守珪往援，中道逢贼，苦战，斩首千余级，禽颉者一人。又《观堂集林》卷七载：新疆吐鲁番附近西州高昌出土之唐李慈义援勋告身跋云："瀚海军破河西陈白陈涧等总六阵，准开元三年三月二十二日敕，并于恩洛城与贼战斗，先后序上阵比类府城及轮台等功人，叙勋，则令递减，望各酬勋拾转，白丁西州李慈艺高昌县右可上护军。"黄门经州梁大钦等十四人并战若风驰，捷如何决，拟如朝奖，俾峻找班，可依首伴主者施行。开元四年正月六日。……"

是地主阶级从农民那里征取来的剩余劳动的生产物，易言之，即农奴式的剩余劳动的结晶品。输入的商品，主要为宫廷的装饰品，贵族地主阶级的奢侈消费品……因而这依旧不曾冲破农民们的自足经济的藩篱。

不过这时的商业，究竟比其在汉代时前进了一步。这是由于小地主经济的比重的增大，把国内交换的领域扩大了。

由于交换领域的扩大和商业的发展，需要的货币量便随着增大，因而便扩大去铸造。

武德四年，废五铢钱，铸开元通宝钱，径八分，重二铢四参，积十文重一两，千文重六斤四两。仍置铸钱监于洛、并、幽、益、桂等州。秦王、齐王各赐三炉铸钱，右仆射裴寂一炉。（《通考·钱币考》）

后来由于商品交换的发展，货币具有一般物品的交换的价值，便普遍的当作财富的"基本"形态而被储积起来。这从元和十二年的敕令及文宗太和四年的诏文中可以看出来。

敕自今文武官僚，不问品秩高下，并公郡县主，中使，下至士、庶、商旅、寺观、市坊，所有私贮见钱，不得过五千贯。

诏积钱口以七缗为率。除合知数外，万缗至十万缗者，期以一年出之。十万缗至二千万缗者，以二年。凡交易百缗以上者，帛、米、粟居半。……未几皆罢。

且从而不仅各藩镇均各自铸缗钱，例如"元和时，京师里间区肆所积多方镇钱，如王锷、韩弘、李惟简，少者不下五十万贯，于是竞买地屋以变其钱，而高赀大价，多依倚左右军官身为名，府县不能究治。"而且地主——商人也竞相制造私钱。例如各"富商奸人，渐收好钱，潜将往江淮南，每一钱货得私铸恶钱五文，假托公钱收入京私用，京城钱日加碎恶。"（《通典》）币制上的这种纷乱情形，正是封建时代的特色。

不过另一方面，因为绢帛是主要的输出品，所以绢帛也同时还在充任货币的机能。例如：

> 再有人将此图（按即清明游西园图）求售，周封惊异之，遽以绢数匹易得。（唐李绰《尚书故实》）

> 魏征曰……贞观之初，天下饥歉，斗米值匹绢……今比年丰穰，匹绢得粟十余斛。（《资治通鉴》卷一五九，贞观十二月八日条）

同时为适应于这种情形下的赋税，便正式的确定为现物和货币（钱谷）并收了。

> 天宝三年僇郡县官，日值课钱，但计数多少，同料钱加数充用，即应差充丁日直并停。

> 天宝中，天下计账户约有八百九十余万，其税钱约得二百余万贯，其地税约得千二百四十余万石，课丁八百二十余万。其庸租调等约出丝绵，郡县计三百七十余万丁，庸调输绢约七百四十余万匹，绵则百八十五万余屯，租粟则七百四十余万石；约出布郡县计四百五十八万丁，庸调输布约千三百十五余万端，其租约百九十余万丁；江南郡县折纳布约五百七十余万端，二百六十余万丁；江北郡县纳粟约五百二十余万石。大凡都计租税庸调，每岁钱粟绢绵布约得五千二百二十余万端匹屯贯石，诸色资课及句剥所获不在其中其度支岁计粟则二千五百余万石，布绢绵则二千七百余万端屯匹，钱则二百余万贯。（《九通分汇总纂》①）

同时，官吏的俸给，也由现物而转化为货币，例如："武宗

---

① 宪宗时户部尚书杨於陵奏云："开元中，天下铸钱七十余炉，岁盈百万；今才十数炉，仅十五万而已。大历以前，淄青，太原，魏博杂铅铁以通时用；岭南杂以金银丹砂象齿，今一用钱货，故用钱不足。"

六年敕：文武百寮俸料，宜起三月一日并给见钱，其一半先给，灵估匹段，对估价支给。"

因而社会的财富，便集中到了大地主商人的手中。同时因为商人，大地主，官僚的一体，所以把许多农民生活必需品的买卖利益，也操纵在他们的手中，从而所谓盐商大贾，便相连的出现了。例如：《策林》二三云："自关以东，上农大贾，易其资产，入为盐商，率皆多藏私财，别营稗贩；少出官利，唯求隶名；居无征徭，行无赋税。身则庇于盐籍，利尽入于私室。"（《白氏长庆集》卷四六）又《白香山诗集》卷四盐商妇诗云："盐商妇女多金帛，不事田农与蚕绩……本是扬州小家女，嫁得江西大商客。饕餮溜去金钗多，皓腕把来银钏窄，前呼苍头后叱婢，问尔因何得如此？婿作盐商十五年，不属州县属天子。每年盐利入官时，少入官家多入私。"

随着一方面社会财富的集中，他方面，所有者为农民既感穷乏，而负税与各种剥削反日形加紧，因之便又不能不出于举债之一途，从而反促成了高利贷的残酷的发展。

（三）地主阶级内部的冲突和社会矛盾的发展

1. 安史之乱和地主阶级内部的冲突

在唐初所发生的小土地所有者的经济，在社会经济的范畴里，和大地主的经济有其同等的重要，而且在他们的本身上，是能离开大地主而独自存在的。但是国家的赋税却偏由小地主们……在负荷，大地主们反没有负担。从而随着小地主经济的独立性的确立，他们的愤懑和不平便表现出来了。

在这种经济利益冲突的背景上，便爆发了所谓安史之乱，安史之乱是以小土地所有者的"番户"为背景而爆发的。不过安史之乱，并不曾解决这一矛盾，而只算是这一矛盾之公开斗争的开端，此后的斗争，便已由武装的政治运动而转入于"和平的"政治运动，由小土地所有者的政治代言人和大地主的政治代言人在统治机关内形成不断的政争。这一直继续到王安石变法。

2．矛盾的发展和"黄巢起义"

另一方面，由于大地主——商人的兼并的进行，又不断的失去其土地，这不惟扩大了佃农的数量，而且制造出大群的失业农民。

农民失去土地以后，而户仍未除，在已死的骆驼的背上，还依样负荷着租庸调的重荷。

关于在业农民，由于商品交换的发展和租税户口的减少，地主更加重对他们的剥削。且使他们更加陷于高利贷的压榨机下面。加之地主商人阶级为开辟商路，又赋予农民以过分的兵役。这对所谓自由农民和佃农是有同样意义的。照马端临所说，情形是如次的：

> 租庸调法以人丁为本，开元后，久不为版籍……丁口转死，田亩换易，贫富升降，悉非向时，而户部岁以空文上之，又戍边者蠲其租庸，六岁免归。玄宗事夷狄，戍者多死，边将讳不以闻，故籍贯不除。天宝中，王铁为户口使，务聚敛，以其籍存而丁不在，是隐课不出。乃按旧籍……积三十年，责其租庸，人苦无告……至德后，天下兵起，人口凋耗，版图空虚，……科敛凡数百名……吏因其苛，蚕食于人。富人丁多者，以宦、学、释、老得免，贫人无所入则丁存。……是以天下残瘁，荡为浮人，乡居土著者百不四五。（《文献通考》）

这种剥削的残酷情形，在唐代几个诗人的口中也说得很明白！

> 合浦无明珠，龙洲无木奴。足知造化力，不给使君须。

越妇未织作，吴蚕始蠕蠕，县官骑马来，狞色虬紫须。怀中一方板，板上数行书。不因使君怒，焉得诣尔庐？越妇拜县官，桑牙今尚小。会待春日晏，丝车方掷掉。越妇通言语，小姑具黄粱。县官踏飧去，簿吏复登堂。(《李长吉集·感讽》)

赐洛旨长缨，与宴非短褐。彤庭所分帛，本自寒女出。鞭打其夫家，聚敛贡城阙。(《杜诗镜铨》)

国家定两税，本意在爱人……奈何岁月久，贪吏得因循：浚我以求宠，敛索无冬春。织绢未成匹，缲丝未盈斤。里胥追我纳，不许暂逡巡。岁暮天地闭，阴风生破村。夜深烟火尽，霰雪白纷纷。幼者形不蔽，老者体无温。悲喘与寒气，并入鼻中辛。昨日输残税，因窥官库门。缯帛如山积，丝絮如雪屯。号为羡余物，随时献至尊。夺我身上暖，买尔眼前恩。进入琼林库，日久化为尘。(《白香山诗集·秦中吟》)

有吏夜叩门，高声催纳粟。家人不待晓，场上张灯烛。扬簸净如珠，一车三十斛。犹忧纳不众，鞭责及僮仆。(《白香山诗集·纳粟》)

杜陵叟，杜陵居，岁种薄田一顷余。三月无雨旱风起，麦苗不秀多黄死；九月降霜秋早寒，禾穗未熟皆青干。长吏明知不申破，急敛暴征求考课。典桑卖地纳官租，明年衣食将何如？剥我身上帛，夺我口中粟。虐人害物即豺狼，何必钩爪食人肉。(《白香山诗集·杜陵叟》)

国感赋更重，人稀役更繁。(《李义山诗集》)

姑春妇担去输官，输官不足归卖屋。(元稹《长庆集》)

其次关于农民应征兵役的写实诗，在白居易的《新丰折臂翁》和《败旅雁》；杜甫的《石壕吏》和《兵车行》，写得最生动深刻。

所以在政府的这种厚税重役的苛榨下，农民还要担负政府、官吏和地主的三重苛索。其次又加以兵祸的破坏。再次又如商人的食盐等类操纵和高利贷的榨取。因而农村的生产组织便又衰落了下来。一方面形成小地主与大地主的矛盾斗争的持续，一方面便又展开地主和农民的斗争。自然，农民们在这样求生不得的情形下，于是便从矛盾的局势中冲破出来，而爆发为"王化云""黄巢"所领导的农民大暴动。暴动发作后，首先便直袭今日广州；他们把广州攻下后，曾表现有两点值得注意的行动：一、屠杀了12万的波斯和阿拉伯商人及高利贷者，并捣毁他们的工厂；二、击坏公私的积仓，放粟赈济贫民。他们回头便直袭洛阳和长安，消灭地主阶级的统治首脑部，也同样的捣毁其组织，并开仓赈贫。同时，僧人也为他们所极端反对，有不少的僧人被屠杀。这已把其暴动的背景，表示得十分明白了。

这一次的暴动，在很短的期间内就泛滥了全中国。地主阶级到了其无力平定暴乱的时际，于是又重抄故事，去假援外力；一方面引来沙陀的李克用，一方面又引进东土耳其来代平叛乱。

黄巢领导的农民军，虽然在地主阶级引来之外力的袭击下被镇压下去了，但是这并不曾消灭了社会的矛盾。同时，地主阶级有引进东土耳其和沙陀的能力，却没有驱出他们的能力。因而反把矛盾斗争的内容扩大了。唐代的政权，便不能不如此崩解，而入于一个长期的混战时期，即入于纷乱的"五代"。

二　大地主经济的没落过程

（一）矛盾斗争扩大的过程和大地主经济的衰落

1. 矛盾斗争扩大的过程

大地主阶级为镇压黄巢所领导的农民大暴动，不惜去引进沙陀和突厥的势力来,因而把社会内部的矛盾斗争的内容,反更为扩大了。黄巢所领导的那一集团的农民武装虽然被解除了,但是存在于农民及小土地所有者和大地主之间的矛盾并不曾消解,而且在继续其发展,因而这两者之间的斗争,也依样在存续着,发展着。另一方面,由于进来的武装集团形成为对中国民族的统治,在历史上,这种由一民族去统治其他民族的局面下,便必然会引发出民族的斗争,这也正是人类历史运行过程中的一个矛盾。

在这种矛盾的复杂对立的局势下,就引起如次样的一个情势。中国的地主阶级和统治民族间,在其对农民的统治上——维护其共同的剥削关系上,两者间是统一的;但在其彼此间利益的矛盾上,两者间又有其对立性存在。在中国的地主们和农民们之间,在其社会的生产关系上是根本上对立着剥削与被剥削的两个阶级,而且随矛盾的发展而扩大剥削的。[1]但前者对统治民族有其利益的冲突,后者对统治民族则有一个剥削和被剥削之根本的

---

[1] 统治者对农民的剥削,随着经济的衰落与劳动人口的减少而愈益加重了。例如:据《旧五代史》所载,朱梁一代是有不少次减税明文的,事实上所减者不过是些残欠无法征收的赋税,另一方,自唐以来的所谓"营田"、"庄宅"、"榷盐"等额外苛杂却完全继续着,而且另加了"牛租"等杂税。在后唐,《文献通考·田赋考》有这样的几句话:"租庸使,孔谦……更制括间问君,尽率世使公廨钱,天下怨苦,民多流亡,租税日少。"洪氏《容斋三笔·朱梁轻赋》亦云:"峻法以剥下,厚敛以奉上,民产虽竭,军食尚乏,不三四年以致颠陨,其义无他,盖赋役重,而宣区失望故也。"又《旧五代史·庄宗本纪》云:"时军饥民困,百姓不胜其酷,京畿之民,多号泣于路。"在后汉,同书《王章传》云:"旧制秋夏苗租民税一斛,别输二斛谓之雀鼠耗。""乾祐中输一斛者,别另输二斗谓之为'省耗',百姓苦之。……章急于财赋,峻于刑法,有犯盐、矾、酒、曲之令,虽丝毫滴沥,尽处极刑。吏缘为奸,民不堪命。"此外如南唐"民间鹅生双子,柳条结絮,皆税之"。(《十国春秋南唐后主本纪》引邵纳《见闻录》)在吴越,"按吴越每身钱三百六十,是丁钱又最重矣。"(同上,卷八一)在闽,"国小民贫,军旅不息。杨思恭以善聚敛得幸,增田亩山泽之税,至于鱼盐蔬果无不倍征,国人谓之杨剥皮。"(《通鉴》卷二八三《后晋纪齐

对立关系存在，因而这两者间在其对统治民族的反抗上，却又有其统一性存在。"五代"的历史，就是这种矛盾斗争的过程。

因而在五代，一方面爆发为被统治阶级和统治阶级间之不断的战争，一方面爆发为被统治民族和统治民族间的战争，一方面又爆发为各封建集团相互间的战争。战争的持续与扩大，是与社会矛盾的发展相适应的。最后由于长期的混战的结果和大地主经济的衰落，大地主和农民及小土地所有者间的矛盾局势的暂呈缓和，以及统治民族的军事的衰落，归结为由军事的掠夺而成为小所有者的集团的势力的统一。

2. 大地主经济没落的过程

五代的经济完全承袭唐代，并无何种组织上的变更，在经济领域中的各种活动因素也是一贯地存在着的。①

王》上）在南汉，"是时国用日蹙……重民赋敛……课邕民人城人输一钱，琼州米斗税四五钱，制大量每石凡输一石八斗。"（《南汉书·卷六·后主纪》）此外杂税，更形苛重，如后梁特加税者如"牛租"，又增置茶税。（《旧五代史·梁书》）如后晋关于盐税一项，《资治通鉴·晋纪》有这样一段记载："先是河南、北诸州官自卖海盐，岁收缗钱十七万；又散蚕盐敛民钱。言事者称民坐私贩盐抵罪者众，不若听自贩，而岁以官所卖钱直敛于民，谓之食盐钱，高祖从之。俄而盐价顿贱，每斤至十钱，至是三司使董遇欲求增羡利，而难于骤变前法。乃重征盐商，过斤七钱。……留卖者十钱，由是盐商殆绝，而官复自卖。其食盐钱，至今敛之如故。"在南唐有所谓"博征"（同上，卷二九三《后周纪》），钱又有所谓"曲引钱"、"盐米"、"鞋钱"、"蒇米钱"。（《田赋》载宋咸淳六年江东饶州，乐平县土民白剀子陈所云）这不过是一些例子。因而社会的矛盾，乃随着赋税加重而更为扩大了。

① 例如生产的组织，仍承袭着雇役佃耕制，人民的主要负担——被剥削的剩余劳动。除地主之直接摄取农民的现物地租外，国家所课取者（除苛杂外），在朱梁，仍为租庸调演化而来之"两税"（见上引《太祖纪四》）。在后唐亦为所谓秋夏两税，《旧五代史·明宗本纪》云："天成二年十月戊戌，诏曰：诸道州府自同光三年以前所欠秋夏税租，并主持务局，败阙课利并沿河舟船折欠，天成元年残欠夏税，并特与

但是长期的阶级间——民族间的混战,既有的生产力不断地受着破坏:劳动人口的死亡逃散,引起土地的荒芜,以及大地主的灭亡,致有主的土地成为无主的荒废状态。失业农民所形成的盗匪和士兵对富有户的抢掠,以及统治民族所施行的无条件的掠夺,又促速了经济衰落的过程。随着经济的愈形衰落和劳动人口的减少,统治愈加紧农民的负担。这样,一方面使生产更为衰退,一方面使社会之内在矛盾愈形扩大。

虽然,在五代的过程中,统治者也虽不断的企图去和缓矛盾,恢复农业生产,例如朱梁太祖(朱温)于开平三年八月敕云:

所在长吏放杂差役,两税外不得妄有科配。自今后,州县府镇,凡使命经过,若不执敕文卷并不得妄差人驴及取索一物已上。又今岁秋田,皆期大稔。仰所在切如条流本分纳税及加耗外,初令更有科索。戒切所繇人,更不得于乡村乞托扰人。(《旧五代史·梁史·太祖纪四》)

又《张全义传》云:"初,蔡贼孙儒诸葛爽争据洛阳,迭相攻伐。七八年间,都城灰烬,满目荆榛。全义初至,惟与部下聚

除放。"在后汉亦为"秋夏两税"(见前引《王章传》)。在后周,例如《旧五代史·世宗本纪》云:"今年所征夏秋税及沿钱并放","放今年夏秋税。"在吴,《十国春秋·吴藩帝纪》云:"顺义二年,命官兴簿,定租税,厥田上上者,每顷税钱二贯一百文,中田一顷税钱一贯八百文,下田一顷税钱一贯五百文。皆足陌见钱,若见钱不足许依市价折以金银。并计丁口课调,亦科钱以为率。"在西蜀,同书卷三六《前蜀高祖本纪》云:"武成元年,正月壬午,大赦之几内诸州及诸州府,应征今年夏税,每贯量放二百文。"在闽,同书卷九一《闽惠宗王鏻本纪》云:"天成三年,十二月王弓量田土为第三等,膏腴上等以给僧道,其次以给土著,又其次以给流寓。科取之法,大率仿兩税而加重焉。"从和这种税制相适应的土地所有诸形态,自也不能不是唐以来的地主的土地所有诸形态。

居故市井邑，穷民不满百户。全义善于抚纳，课部人披榛种艺，且耕且战，以粟易牛，岁滋垦辟。招复流散，待之如子，每农祥劝耕之始，全义必自立畎亩，饷以酒食……数年之间京畿无间田，编户五六万。"（详文请看《太祖纪》、《张全义传》及《食货志》）然而朱温之劝农，是基于"戎机方切，国用未殷，养兵须藉于赋租，税粟尚烦于力役"（《太祖纪·六制文》）的理由上。而张全义之宽政劝农，却亦基于"系货财""货以藩身"（《本传》）的理由之上的。然而事实上，其效果并不甚大，同时在后唐、后晋、后汉和后周也都有这同样的文章。

只是在既存的社会经济关系之下，统治者又为着必需品的获得和维持其军事上的开支与收入，乃不能不极力去维持商业关系的存续，从而又去无条件的（无时代和地域的限制）承认货币的交换价值。士兵们在各处所掠取财物和货币，其采得的货币当然不只是属于一个朝代和一个封建区域的，但他们要求无条件的与以同等的交换价值，这也获得一个重要的意义。

在上述这两方面的情形下，于是便有离开土地的占有的独立自由商人层的出现。这对于此后的都市经济的兴盛，给予一个更具体的前提，这前提的自身自然是存在于从历史上发展而来的货币经济的基础之上的。但是这种独立自由商人的存在，随着其势力的生长，到北宋初，他们对于独占商业利益之大地主——商人手中的邸店和盐铁等的专利，便引发了利益的冲突。他们为支持其自身的立场，于是便出现了自由商人的城市"基尔特"。

另一方面，在矛盾斗争的过程中，农民们以破坏大地主的经济为其斗争上的消极的策略；在积极方面又同时去发挥其小所有者的根性，采取财物，甚而去获得土地。

随着社会经济的破灭，那班战斗集团中的农民，由于在战争中的掠夺率皆拥有小量的财物，依旧成为小所有者了。他们便普遍的对战争感着厌倦，要求去安度其小所有者的生活。这种群众心理的趋势，在历史上的所谓"陈桥兵变"和赵匡胤的"黄袍加身"那两出悲喜剧中，表现得很明白，沙发诺夫在其《中国社会发展史》中曾引用了如次的一句话：

  站住！总司唤他们——你们要想这样作，为的是要成为有钱人，但是他们是不是服从我呢？如果你们不服从我，那我就不愿作你们的皇帝。(原注 Textes p. 1556——这句话，我此刻还没找着中文中的原文)

这样在士兵——小所有者的拥戴之下，便把长期的骚乱作个暂时结束，又把"统一"的局面展开了。

(二)"宋代"的统一和"王安石变法"

1. 完成"宋代统一"的社会背景

赵匡胤在士兵——小所有者的拥戴之下，奠定宋代的统治的基础。同时把后周的统治权结束了。这完全由于大地主经济的衰落，和小所有者的时代要求。

在当时和后周并存的各封建国家内，在社会经济上都到了同样的情势，以小所有者为基础势力的"宋代"，很快的便把它们消灭了。易言之，在当时经济的情况下，一方面各国小所有者也同样在对战争厌倦；一方面在小所有者经济条件上所成立的商业资本者——自由商人，他们要求各区域的封锁性的打破，这为完成宋代统一的主要动力。

其次也正是在小所有者的经济条件上而成立的都市经济，把都市和都市间的联系，较前此更前进了一步，他们——商人们要求都市与都市间的经常交通关系的连结，而不利于封建性的封锁。因而相沿已久的"藩镇制度"①，在赵匡胤的"杯酒言欢"之下，便作了一个暂时的结束。这在各藩镇诸侯的封区内，以及其属下的士兵大众，已先有这个要求的存在，才引起这一"急转直下"的转变。

2. 统一后的宋代初期的经济

宋代政权的树立，原发动于小所有者的要求。因而随着宋的统一的出现，原来的失去土地的农民，又大都已获有一小块的土地，而成为小土地所有者②，而且由于大多数的大地主的灭亡，所以小土地所有的形态，在宋代一开始就占着优势。

另一方面，原来存留下的大地主，以及国王左右的将军军官之占有土地而转化成为大地主者，这也在宋代一开始就存在着，不过他们所占有土地的面积和全面积比较，在最初，在全经济的领域中，并无何重要的意义。

此外，国家直属的土地如官田的营田，屯田，官庄，职田；公田的义仓田，学田，寺田的总面积，在全量上也无何重要意义。

大地主的土地——即所谓形势户及官户的土地，和官田及公

---

① 按唐及五代以至宋初的藩镇制度，本质上完全同于秦汉的诸侯王……及南北朝的王公。他们是在变种的封建时代所保存的典型封建时代的地方的封建领主的孑遗。不过后者系属其领区内的政治的经济的绝对支配者，为其领区内的土地的惟一领有者，其领区内的农民则均由他给予"分有地"，他们则对他供纳劳役地租（或现物地租）及其他贡纳和徭役。前者则在其封区内有其占有的私有地，在这一点上，他们是以大地主的资格去表现的；同时又有其他的大地主……等的占有地存在，对于在此种大地主占有土地上耕作的农民的剩余劳动的被剥削，一部分是以地租和杂役等等的形态而贡纳地主，一部分则以赋税和徭役的形态受封建主们的征取，一如中央政府在其直属区域内所行使的一样。

② 同时因地主的死亡与他去，则佃耕土地的农民便获得其土地的所有权。原来自唐以来的小地主至此充任了这一阶层的主要成分，其次便为失去土地的农民，也因此又都获得了一块的土地所有。

田的经营，则适用一种佃耕制度；不过在后者的关系中，"国家"统治机关又同时以大地主的资格而出现。

国家对于小土地所有者征取二税（唐代的租庸调一变而为具体化的以财产为标准的两税，再变而为宋代之以土地为标准的二税）和力役。官田和公田的所有者是"国家"本身，所以二税是被融化在地租之内而仅以地租的名义去征自佃农。同时耕种官田和公田的佃农又以农奴的资格去应征国家的力役。"国家"对于形势户和官户的土地的赋税是免除征收的。他们所应担的力役，名义上也是被免除的，实际上是令耕种其土地的佃农在负担，这种佃农还须向"国家"缴纳人头税（丁口税）；——小土地所有者也有这种纳税；——他们对于大地主，则供纳地租和杂役。

这样，小土地所有者的内部，一方面也有以土地出佃去剥削他人的剩余劳动的小地主，一方面有以自己的劳动去耕种自有土地的自耕农民。

这样，在社会的内部，一方面存在着地主和佃农及小农民的两个主要阶级，一方面在地主阶级的内部，又包含着一方面又被剥削的小地主和逍遥在一切负担之外的大地主。另一方面又包含有城市的自由商人……

随着经济的发展和土地的兼并，原来的小土地所有者，当他们的土地被形势户或官户兼并以后，国家虽然还保留他们的纳税户额，但是他们是在逃避事实上的负担了；同时这些被形势户或官户兼并了的土地，便也随着而免除了"二税"的供纳。因而原来的纳税的总额却不曾减少，这便是转嫁到小土地所有者身上。这两者间的矛盾，便随着而愈趋尖锐了。这为引起小地主阶层的政治运动——王安石变法的一个主要的社会的经济的根据。

另一方面，在历史的条件下面而成长起来的都市经济的发展，适应于小地主经济的生产的优势的条件下，一方面发现对农民之借债定货的事情,同时农民及小地主为缴纳赋税上的货币的需要,扩大了向商人们去请求借债的事情,这作为宋代高利贷发展的一个主要的依据;他方面由于商品交换范围的扩大,需要商品的增加,因而把原来的手工业者聚集到都市,进行其行会制度的生产,这无宁是中世都市所存在的吸引乡村农民的一种因素,从而发生着中世都市的流浪之群。但是这时的商人,却拥有邸店而独占商业上之利益的商人地主,同时又因出现了的自由商人,他们和前者是有其根本的利益矛盾的。

随着这种事情的进行,高利贷资本者——商人大地主们对小地主和农民们所行的剥削,高利贷又成了一个食人的恶魔了。同时,小地主及农民们,又随人在高利贷的血轮的压榨下,不能动颤了。于是解除高利贷的压榨,便成了当时小地主和农民们一致的要求,另一方面拥邸店和国家特权的独占业者,对于自由商人的存在与发展是一个大的障碍,推翻这种独占业,却成了自由商人之迫切的要求。因而他们便转和小地主阶层在这点上取得联合。这又作为引发小地主阶层的政治运动——王安石变法之又一主要的社会的经济的根据。

3. 王安石变法的历史意义和其主要内容

根据上节的叙述,当时小地主及农民所最苦者为赋税和高利贷两者。赋税中又以力役为甚;自唐的租庸调法中的庸到宋初已三倍[①]折税,力役依然存在,加之贵族地主,形势户及富户,既不输力役,小地主及农民的负担便更重。加之封建官吏(州官县令)和乡村豪绅(里正乡户)辗转为奸,力役更成了吃人的恶法了。这在当时韩绛的一段话中说得很明白。

> 害农之弊,无甚差役之法。重者衙前,多致破产;次则

---

① 到"两税"而两倍,到"二税"而三倍。

州役，亦须重费。向闻京东有父子二丁，将为衙前，其父告其子曰："吾当求死，使汝曹免冻饿"，自经而死。又闻江南有嫁其祖母及与母析以避役者。此大逆人理，所不忍闻。又有鬻田宅于官户，田归不役之家，而役并增于丁户。其余戕贱农民，未易遽数。望今中外臣庶，条具利害，委侍从台省官集议，考验古制，裁定。使役力无偏重之患，则农民知为生之利，有乐业之心。（按韩绛亦一小地主阶层的代言者）

这在王安石的前驱者李觏也说得明白：

君子之于小人，裁其劳逸而用之，可不谓义乎？世有仕学之乡，或舍役者，半农其间者，不亦难乎？而上弗之恤，悖矣。贵者有爵命，服公事者有功劳，诚不可役，然后其身而已，世有一户皆免之。若是，则老者疾者亦可以阖门不使耶？至于马牛皆辨其可任者，夫所有人未尝刍秣，而以牵傍其僦费，败家者众矣。况乎水旱疾役之岁，饥饿之弗察，死亡之弗图，而临以定制，敺之给使可乎？故均人凡均力政以岁上下，丰年则公旬用三日焉，中年则公旬用二日焉，无年则公旬用一日焉，凶札则无力政无财赋也。（《国用·十五》）

与力役相连者，则为赋租负担的不均，易言之，由于小土地所有者农民的偏负，例如《宋史》云："皇祐中，天下垦田视景德增四十一万七千余顷，而岁入九谷乃减七十一万八千余石，盖田赋不均，其弊如此。"（卷一七四）此盖由大地主逃税之故。又如："畿甸民苦税重，兄弟既壮乃析居，其田亩聚税于一家，即弃去；县岁按所弃地除其租，已而匿他舍，冒名细作。"（《宋史》卷一七三）

这样，小地主及农民在这赋税和力役的一点上与大地主阶级封建官僚已立到利害矛盾的尖端。

其次则为高利贷，关于高利贷的情形，在唐代已很剧烈，此种情景，在唐人咏农家的诗中说得明白：

二月卖新丝，五月粜新谷。医得眼前疮，剜却心头肉。

这到北宋，便更为厉害，所谓"丝谷预约"，便很普遍的行使着。这由于赋税甚而田租的负担过重，小地主及农民在青黄不接，丝谷尚未成熟之际，经济更感缺乏，剜肉医疮的救急办法，惟有向大地主及商人借债，但是这班鄙吝的高利贷者们，不是无抵押就肯应借的，因而便行使着所谓"丝谷价预约"的事情。在这种"丝谷预约"的原则之下，丝谷的价格是受着极大的限制，而一听高利贷者的指画，所以每年丝谷登场，便由高利贷者以极低贱的价格捆载而去。

和高利贷相并的，大地主在商业独占上的操奇制胜所加于自由商人与小地主所有者及农民的剥削，例如李觏说："买贱卖贵，乘人之急必劫倍蓰之利，大贾蓄家之幸也。"（《国用·第九》）大地主商人持以作为操纵之工具行为所谓"邸店"，这"邸店"制度，把自由商人完全置于其支配下。在这一点上，自由商人与小土地所有者及农民对于大地主商人的利益上的矛盾，是共同的。

和上述这些情形相对比的，第一便是大地主商人（寺院地主和世俗地主是同一的）的土地的兼并，例如《宋史·谢绛传》云："乱亡之后，田庐荒废，诏有能占田而倍入租者与之，于是腴田悉为豪右所占，流民至无所归。"（卷二九五）同书卷三一一云："王随言民所以饥者，由兼并闭粜，以邀利也。"《李若谷传》云："李若谷知寿州，豪右多占芍陂，陂皆美田。"（卷二九一）又卷一七三云："明道后，水平浸久，势官富姓占田无限，兼并冒伪，习以为俗，重禁莫能止焉。"其一便是大地主商人之集中社会财富豪断乡曲，例如："抚州民李甲、饶英恃财武断乡曲，县莫能制。"（《宋史·王彬传》）"青州大姓麻士瑶，阴结贵侍，匿兵械，服用拟尚方，亲党仆使甚多，州县被陵蔑。"（《宋史·胡顺之传》）

此盖自宋初发展而来者。

两相对比，在这赋役、高利贷和邸店的重重压榨之下的小地主自由商人及农民，自然会去追求其相当的对策；尤其是在生产形态中已占着优势的小地主们，由于其切身的利害出发，在政治上以上述诸问题为基础。和大地主处于利益对立的地位。在这种对立的情势下，很自然的便发生了小地主阶级的政党，以之作为其联合向大地主之政治上的斗争武器（自然，在历史上，由这种阶级的内讧所引发的政治斗争，常不免是温和主义的所谓和平的斗争）。王安石站在小地主阶级的利益的立场上，便为其领袖，而身立于政治斗争的前线。

在另一方面，随着小地主阶层的政党的出现，大地主阶层为其自身的优越的权利的防卫，也便组成政党，在他们的政党中，便是以大地主司马光为其领袖。这种大地主的政党，后来由于在政治上的斗争的失败，便发现其内部的破裂，而分化为所谓"蜀社"及"洛社"等等的组织。

这两者的斗争的当中，由于小地主经济自身在当时社会经济领域中的优势，以及他们的政纲又包含着农民及自由商人的要求在内，所以在对立物的统一的原理之下，把农民及自由商人也抓住在其自己的身边，在斗争上自然便占着一个绝大的优势结局，小地主阶层的政党把政治的首脑都拿到自己的掌握中，把大地主排挤出去。

小地主阶层的政党掌握政权以后，马上便如实的把其政纲中适合其自身急需的几个大原则捧出来实施，那便是"王安石变法"中的"免役""青苗"和"市易"等等。

"免役"为平均大地主和小地主的赋税力役的负担，从而去减轻其自身——小地主阶层的重荷；让原来的不任"役力"的大地主们也同样来负担。其办法为：使民出钱募人充役，计民之贫富分五等输钱,名"免役钱",官户,女户,寺观,单丁未成丁者亦等第输钱,名"助役钱"。凡数钱,先视州若县,应用雇直多少,随户等均取雇直;又增取二分以备水旱欠缺,谓之"免役宽剩余"。

这样小地主阶级及农民得到宽优,贵族豪右则受着裁取,"坊郭品官之家,尽令输钱",坊场酒税之人,尽令入役。这当然又引出大地主阶级之激烈的反对。于是大地主阶级的一个代表文彦博便马上去向神宗提出抗议,他俩曾有如此的对话:

彦博:"祖宗法制具在,不便更张,以失人心。"

神宗:"更张法制,于士大夫诚多不说,然于百姓何所不便?"

彦博:"为与士大夫治天下,非与百姓治天下也。"

但是时势所趋,大地主们的反对,也是徒然的。

和免役相并的便是均输,王安石在制置三司条例上说:

窃观先王之法,自几之内,赋入精粗,以百里为之差,而几外邦国,各以所有为贡,又为经用通财之法以懋之。其治市之资财,则无者使有,害者使除。市之不售,货之滞于民用,则更叙之,以待不时而买者。凡此非专利也。盖聚天下之人不可以无财,理天下之财不可以无义。夫以义理天下之财,则转输之劳逸,不可以不均……诸路上供,岁有定额,丰年便道,可以多致,而不敢或赢,年俭物贵,难于供备而不敢不足,远方有倍蓰之输,中都有半价之鬻……臣等以谓发运使总六路之赋入……今在京库岁支见在之定数所当决劣者,得以从便受变卖以待上令,稍取轻重敛散之权归之公上而制其有无,以便转输,省劳费,去重敛,宽农民。

更次为"青苗"。"青苗"为小地主阶层从高利贷压榨下解放出来的一个政策。初由陕西转运使李参试行于陕西,后来小地主阶层的政治机关（条例司）更依之草成具体的政策，普遍的施行于全国。熙宁三年，"条例司"所申请的内容要点如下：

> 诸路常平、广惠仓钱谷，……依陕西青苗钱例，愿预借者给之。随税输纳斛斗，半为夏料，半为秋料，内有请本色或纳时价贵愿纳钱者，皆从其便。如遇灾伤，许展至次料丰熟日纳。非惟足以待凶荒之患，民既受贷，则兼并之家不得乘新陈不接以邀倍息。又常平、广惠之物，收藏积滞必待年俭物贵然后出粜所及者不过城市游手之人。令通一路有无，贵发贱敛，以广蓄积，平物价贷农人有以赴时趋事，而兼并不得乘其意。凡此皆以为民，而公家无所利其人。是亦先王散惠兴利、以为耕敛补助之意也。（《宋史·食货志》）

这样作为把小地主——从高利贷的压榨下解放出来，不但使大地主不得因有无即操纵物价乘人急需而倍乘利息，因以行使其对小地主的土地的兼并；且给予高利贷以根本的打击，使之无其存在的可能。

然这又引出大地主阶级的另一代表司马光现身出来反对他说：

> 夫民之所以有贫富者，由其材性愚智不同，富者智识差长，忧深思远，宁劳筋骨，恶一菲食；终不肯取债于人，故其家常有赢余，而不致狼狈也。贫者苦窳偷生，不为远虑，一醉日富，无复赢余；急则取债于人，积不能偿，至于鬻妻卖子，冻馁填沟壑，而不知自悔也。是以富者常借贷贫民以自饶，而贫者常假贷富民以自存。

这一段黑心的冤话，把历史上大地主阶级的狰狞面孔，却完全暴露出来了。同时，儒家所呼吁称道的"司马文公"，原来是这样一个无耻的下流地主。

和青苗相并者，则为所谓"市易"。"市易"为打击大地主商人的"邸店"的一个政策。市易的办法，王安石的前驱者李觏说："今远方各以其物，如异时商贾所转贩者，为赋；置平准于市师，都受天下委输。大农诸官尽笼天下之货物，如此富商大贾无以牟其利，则反本而隽物不得腾跃。故抑天下之物，名日平准。"（《国用·第九》）王安石说：

> 其治市货财，则无者使用，害者使除。市之不售，货之滞于民用，则更敛之，以得不时而买者。凡此非专利也。（见上引）

因而"市易务"便取得"邸店"的地位而代使"邸店"的垄断无所施其伎俩，以致使邸店失其存在之依据。这不但是小地主的要求，同时又是自由商人的要求。

小地主政府的这各大政策，虽然在实施的过程中遇着不少的挫折和障碍，然而并不曾因大地主的反攻而打消，恰恰相反，终随着其本身的经济的优势而持续着；而且到很圣时，关于"青苗"钱的内容的改进又前进了一步，根据董遵的意见又把二分的利益改至一分了（虽然，这两个阶层的冲突，是继续到南宋的灭亡才结束了的）。

还该说明的一点，便是小地主阶层也并不是让农民——小作农民及佃农也同样得着利益；恰恰相反，不过为其自己从大地主方面夺回一部分利益，同时把大地主间接直接从农民方面剥削去的利益，夺回到自己的手中来，易言之，把直接间接在大地主支配下的农民，夺回来放到自己的支配下罢了。因而他们之所谓"凡以为民，公家无利"的口号，也包含着一个骗局在里面。历史上的统治者在其夺取政权之初——无论是新阶级的代起或阶级内部的交替——所叫出的口号，总是比较雅观的。

有人误认王安石的改革为发动于市民阶级的运动。实则王安石新法中的各大政策，如果不把"市易"一点去作孤立的考察，而把它联系起来考察，固无一不以小地主阶层的利益为中心也；不过当时小地主的要求，在有些点上又是和农民及自由商人有其同性质而已。在相反的方面，他在其咏诗中述其志愿云："先王有经制，颁赉上所行；后世不复古，贫穷主兼并。非民独如此，为国赖以成。筑台尊寡妇，入粟至公卿。我尝不忍此，愿见井地平……"（《发廪》）"三代子百姓，公私无异财。人主擅操柄，如天持斗魁。赋予皆自我，兼并乃奸回。奸回法有诛，势亦无自来。后世始倒持，黔首遂难裁。秦王不若此，更筑怀清台……"（《兼并》）他所反对的商人虽系指着那以"邸店"为垄断工具的大地主商人，然而他的志愿却在抑"兼并"，他而且又主张从来未有役的"坊场酒税之人，尽令入役"，而其前驱者李觏也说得明白，"为民父母奈何不计本来，农夫以附商贾"。

（原载《中山文化教育馆季刊》第 2 卷第 4 期，1935 年 10 月）

关于明迄鸦片战争前中国资本主义的萌芽问题

(读戴逸《中国近代工业和旧式手工业的关系》、林增平《中国民族资产阶级的软弱性是从娘肚里带来的》,均载1965年8月20日《人民日报》)

(1) 关于中国资本主义萌芽问题的讨论,几十年来,经过了一个曲折的论争过程。其中包括敌对流派间的斗争,也有马克思主义阵营内的"争鸣"。在北伐革命战争失败后的社会史问题论战中,托洛斯基派叫嚣着"外铄"论,他们说,鸦片战争后出现的中国资本主义的产生,全由于"外铄";国民党反动派的陶希圣派,则不只否认鸦片战争以前中国有资本主义的萌芽,甚至说近代中国是末期封建社会。这都被我们粉碎了。争论中,直接间接地触着:鸦片战争以前,中国有没有资本主义萌芽的问题。我们最初提出来并论证:从明朝后期就开始出现了资本主义的萌芽,曾受到普遍的非议或毋视,直到解放前后,才有个别史家相继达到相同的论断。解放以后直到最近,绝大多数史学工作者,或认为自明朝后期,或明清之际,或鸦片战争前夜有了这种萌芽。关于这种萌芽的过程,我们也曾同时提出论证:在明清之际，它受了清廷、清军毁灭性的摧残，突出地表现为出现资本主义萌芽的东南各城市被屠洗，致它一度被绞杀；但绞杀并未能消灭那存在于中国社会的内在根据，所以在康熙、雍正时，这种萌芽又重新出现了，到鸦片战争前，在东南、在广东都有了滋长；鸦片战争的结果，又被"列强"的资本——帝国主义、殖民主义侵略所绞杀，其后产生的民族资本，不是它的直接发展或转化，而是在中国社会历史发展的内在矛盾的基础上，又受到外资影响的结果。但有些同志却一直认为它是一直发展而来的。这也是一个有分歧的问题。与这一问题相关的，在近年的不少论家的论旨中，似是还应提出这样一个问题：是否凡投放于产业的资本就是民族资本？

戴逸同志的文章，围绕中国资本主义萌芽问题，就中国近代工业和旧式手工业的关系，进行了较深入的论证，论说了若干问题。林增平同志的文章，对中国民族资产阶级的特殊性问题，作了有益的论析。这都有助于把这类问题的讨论引向深入。

(2) 鸦片战争以后，中国经济遭到外国资本狂风暴雨般的猛烈打击，走向破产。就手工业说，列强资本——帝国主义大工业生产的机制商品，凭借种种特权和极为雄厚的资本力量，把中国原有的手工业生产（包括：资本主义萌芽状态的手工业、行会手工业、与农业结合的家庭手工业）淹没了。戴文就纺织、钢铁等行业说：

> 由于这些手工业和外国大纺织厂、大钢铁厂生产的同样产品，推销于同一个市场，外国的机制商品很快就排挤了中国的手工业制造品。因此，这些小手工业所面临的不是什么进一步向大工业转化的问题，而是在外国竞争下滞销、破产、改组、歇业的问题。

实际上，这并不只纺织、钢铁等类行业，而是所有手工业行业共同遭到的命运，除非是列强资本主义生产缺门的行业，甚至它们也需要那种产品。其所以如此，不只由于中国手工业以手工制品和外国大工业机制商品在市场上自由竞争，更重要的是外国商品受到特权掩护，中国手工制品则反而受封建统治的阻碍和摧残，等等不利条件。因此，列强资本侵入后，中国原来的手工业和商业资本，除去列强生产的缺行外，不是被改组成为其服务的买办资本，就是被摧毁——它们原有的经验、技术、设备、人手乃至资本，就大都被外国资本、为外资服务的买办资本所吞食或归于沉淀，也有成为民族资本所利用的条件。鸦片战争后出现的买办资本、官僚资本、民族资本，都是在被歪曲了的中国社会发展的过程上，即半殖民地半封建社会形态的基础上出现的。中国原来资本主义萌芽的生产，则没有按照其历史过程发展下来，又一次被绞杀了。而产生它的中国社会内在的根据，则是其后民族资本出现的主要依据。如果鸦片战争后手工业等原有生产的被摧毁，只是一个与外国大工业机器商品在市场竞争的结果，那么，便会把中国近代资产阶级革命降低和缩小为保护关税的问题。所以戴文又说：

总之，考察鸦片战争以后经济的变迁状况，可以辨认出中国旧式手工业的去脉和近代工业的来龙，两者之间存在着一定的联系。帝国主义的侵略是中国历史上前所未有的狂暴风飙，它严重地摧残了中国原有的手工业。但无论如何，它不可能完全阻塞中国经济的发展，也不可能完全割断中国经济前后的联系。中国近代工业有很少数是从旧式手工业直接转化而来的，另一部分是凭借旧式手工业所提供的一些条件而建立的，还有一大部分是在旧式手工业破产的废墟上从头开始的。

这大都是对的，一二类情况的分析，似是还可更深入一步。

文章说："中国社会经济的基础以及在外国侵略下中国社会自身的变化，是产生近代工业的第一位原因"，归根到中国社会内在根据的基础上，是正确的，必要的。说："鸦片战争以后，处于剧烈变动中的中国社会既唤起了近代工业的迫切需要，又提供了近代工业产生的必要条件。"这样提法，如果不予以充分的正确的说明，便可能使人解释为："帝国主义侵略"，岂不反而成了中国"近代工业""产生"的推动力？

戴文的主要论证，放在第一、第二种情况上，下面分别谈谈这两种情况和我的看法。

(3)"第一种情况是原有手工业直接转化为机器工业，如缫丝和某些加工工业。这种情况是少数。"

戴文关于这种情况所举的例证，是有力的，能说明问题的。论述虽不够全面、深入，但包含着一些基本正确的论旨。关于缫丝，它引用广东顺德、南海关于这一行业的资料。这两处原来"旧式手工业"的缫丝、丝织等行业都比较发达的。它引了一个"外国人1933年的记载南海佛山镇附近受雇织丝的男女童工就有1万7千人。"① 鸦片战争后，"1872年，陈启源在广东南海的简村设立继昌隆缫丝厂，开始使用蒸汽动力和传动装置。此后，新式缫丝工厂在南海顺德等地迅速生长。1882年南海有机器缫丝厂11家，1901年顺德有机器缫丝厂200多家。""广东的机器缫丝厂规模很小，资金很少，机器设备简单……如从19世纪80年代顺德的35家机器缫丝厂来看，合计只有资金105万元，平均每厂资金只有3万元；而雇工却有17300人，平均每厂494人。这就是说，每投资60元就要雇用1个工人。……每个工厂只有极少极简单的机器设备，许多重要的操作过程仍是使用着手工劳

---

① 《中国文库》第2卷第7号，第205—206页。

动。"这提供了原有手工业缫丝业向近代机器工业转化的具体情况。

关于它的转化的原因，戴文论述说："……鸦片战争后，帝国主义大量掠夺中国的丝、茶。丝的出口数量连年激增，帝国主义也需要缫丝这一类加工工业为自己的掠夺性贸易服务。"出口的情况是这样的："从广东一地丝的出口数量来说，1882—1883年度，共出口丝9557担，其中'七里丝'（按为手工产品——吕）占87%，'厂丝'（机器产品——吕）和仿厂丝占13%；到1894—1895年度，丝的出口总数达20338担，七里丝下降到只占10%，而厂丝和仿厂丝已占90%。""手工缫丝就进入了衰落的过程。""……20世纪中，日本丝织业突起竞争，中国的机器缫丝业受到严重的打击。一直到抗日战争前夕，已有五六十年历史的广东机器缫丝业，仍然停滞在陈旧落后的小型工业阶段。"

这些情况，是能够说明一些重要问题的。在当时，由于所谓"列强"各国都没有缫丝这一行业，它们又都需要这种产品，所以不只原有的手工业缫丝能存在一个时期，而且从其中"转化"出"机器工业"的缫丝生产。但在日本有了和发展起机器缫丝工业后，"中国的机器缫丝业就受到严重打击"和停滞不前了。旧式手工缫丝业，就早已在内外夹攻中垮了。同时，由于这种新的机器缫丝工业的加工性，对外资的依赖性，而又是民族资本，所以又常受外资的直接控制，而不能得到独立的发展。所以缫丝业虽"转化"为机器缫丝的加工业，而原来的丝织业却完全被挤掉、被摧毁了——这是能说明问题的。

至于戴文说："如果没有外国市场这个条件，那也就不会有机器缫丝工厂的出现。"这一提法是值得进一步考虑的。"如果没有外国市场"，列强各国也没有这一行业兴起；中国缫丝和丝织原来也有其国内市场，按照其自身的发展过程，是会进入到机器缫丝和丝织的——虽然可能较缓慢一些。"外国市场"虽加速了机器缫丝的出现,却给了它以加工性和对外资的依赖性,又截断丝织行业的命脉,这是牢牢地捆绑了它的手脚。

戴文还举了其他行业作为"直接转化"的例证。它说:"从手工业直接转化到机器工业的例子,在其他行业中也是有的,如浙江宁波的通久轧花厂,原来是一个手摇机和足踏机的手工工场,1887年有人投资5万元,从日本购买蒸汽机和新式轧花机,在旧工场的基础上建成了机器轧花厂。又如汉阳的周恒顺机器厂,在19世纪60年代,只是一个小型的炉冶坊,大约在甲午战争前后,该厂的资本家周仲萱在原有的基础上逐步扩充,采用了蒸汽机和现代翻砂技术,逐渐使它发展成一个近代化的工厂。"前者似还不能看作"直接转化",而是"有人投资5万元","在旧工场的基础上建成"的加工厂。原来的那种轧花机坊,鸦片战争前后,在全国很多城镇都有,经营代客轧花,机器有手摇足踏的,有只用足踏的,还有水力的,它是与农业结合的家庭纺织业对商品经济顽强抗拒的一点反映。后者如系"直接转化",也只能说是在一定条件下的个别情况,所以说:"这类情况在甲午战争以前尚不多见。"

(4)"第二种情况是原有的手工业没有直接转化为机器工业,但为机器工业的产生准备了条件。"

对此,就航运和采矿举了些例证。关于航运,戴文论述说:"中国沿海的航运事业,在很早就发展到较高的水平。鸦片战争以前,'沙'、'卫'、'宁'、'南'各个航帮[①]拥有十多万船工和

[①] "沙航"航行于东北、河北和江苏之间,此外航行于东南亚的船只亦泛称"沙船";"卫船"航行于山东江苏各个口岸;"宁船"、"南船"航行于长江以南各海口。——原注

大量的船只、资金。但在鸦片战争以后，……英商怡和、太古和美商旗昌等轮船公司老早就垄断了中国的沿海航运，不允许中国商人插足其间。连得到清政府大力扶植的轮船招商局也无法同外资竞争。""旧式船帮虽然没有完成转化，但它和新式轮船公司并不是绝无联系的。上海和广东的商人包括沙船商在内，很早也有购买轮船，向新式航运业转变的意图和尝试，但是他们不敢用中国商人的名义，而是借用了外国洋行的招牌。李鸿章说：'各省在沪股商，或置轮船，或投资本，向各国装载贸易，俱依附洋商名下。''近来华商附搭洋轮，亦有殷实沙户在内。'① 像著名的买办唐廷枢、徐润等都有轮船往来于上海、香港和日本。""70年代初，轮船招商局成立，李鸿章就把那些依附于帝国主义的买办、商人拉到自己的身边。唐廷枢和徐润都当过轮船招商局的总办。招商局的发起人之一朱其昂就是一个出身于沙船帮的人物。李鸿章说：'朱守自己即有沙船，其亲友更多。'② 通过朱其昂的关系，招商局所招的股金中即有一部分沙船帮的投资。"

这些情况表明，鸦片战争以后，在"列强"步步深入的侵略下，原来有了相当发展的中国航运业，基本上都被压倒、挤垮，归于消亡了。由于它们原来的发展和资金等力量，转而经营轮船航运行业是完全可能的——虽然在三敌的压制下也不可能有远大发展前途。戴文所举例证，如唐廷枢、徐润，还有郑观应等购买有轮船经营航业，大都是为外资服务的买办资本，所以李鸿章也说："向各国装载贸易。"招商局则是洋务派手中的官僚资本，具有为外资服务的强烈买办性；李鸿章，尤其是唐廷枢、徐润、郑

---

① 原注：《李鸿章全集》，奏稿，卷20《试办招商轮船局折》，《朋僚函稿》卷12《复何筱宋制军》。

② 同上。

观应都是一身而二任焉的大买办兼洋务派大官僚。

关于采矿，戴文举例说："由清政府和大官僚开办的新矿场，显然不是从旧矿场直接转化而来的，但是旧矿场在以下几个方面为新矿场准备了条件。一、提供矿址。……例如福州船政局的用煤最初取于台湾的小煤窑，后来船政局……并吞……许多煤窑，投资购买机器，建立了中国第一个新式的大型煤矿——台湾基隆煤矿。另一个有名的新式大型煤矿——直隶开平煤矿……开平、唐山一带的小煤窑原来就很多。'该处煤井乃明代开起，遍地皆有旧址，现在开挖者亦有数十处。''其煤井均系民业已弃旧井，无不乐意出售'。[①]……这些旧矿井一部分变成了开平煤矿的产业。开平的部分矿井就是利用旧井开凿的。""二、提供了技术和经验。……早期的新式矿场，资本很小，……而雇用的矿场中技术熟练的矿工。……""三、提供了资金。……如山东峄县煤矿开设的时候，'望族绅耆，殷实行户，亦皆入资搭股'[②]……又如热河的三山银矿，原是一个土法采掘的旧矿场，后来被洋务派官僚并吞，'改为机器开采。旧矿主所有的矿井、山场、房屋和木柴折合白银1万两，作为旧矿主对于新矿的投资'。"

这也是与航运业的例证一样，基本上说明了同样的问题，无须赘词了。这类旧式的手工采矿业，虽在"列强"侵略下未能逃脱被毁灭的命运；而其矿址、技术、经验乃至资金，等等东西，便为外资、官僚买办资本所吞食，也成为民族资本利用的条件，或者便归于消亡。

鸦片战争以后，作为资本主义萌芽的原有手工业生产，除"列强"缺门的行业外，都未能沿着自己的过程发展而归于毁灭，

---

① 原注：唐廷枢：《禀勘开平煤铁矿务并呈条陈情形书略》。
② 原注：朱采：《清芬阁集》卷8《禀丁宫保峄县煤矿地方官禀陈失实》。

主要由于外国帝国主义的侵略和半殖民地统治。清朝为代表的封建统治对资本主义生产的阻挠、摧残，较之先进各国资本主义出世以后所遇到情况更加严重，乃是半殖民地半封建的中国封建统治在这方面的反动作用，又多方为外资服务的一面；它又与官僚、买办资产阶级相结合，共同为帝国主义服务的走狗、工具。但不应把它对于资本主义萌芽的手工业生产的摧残，或其向机器工业"转化"的"阻挠"、堵塞等反动作用，放到帝国主义侵略的反动作用以上。

(5) 林增平同志的文章，肯定说：

> 在明清之际的某些城市居民中也产生了少许萌芽状态的资产阶级分子，可是……西方资本主义国家于19世纪40年代侵入了中国，并同中国的封建统治者结合起来，使中国一步步变成一个半殖民地半封建社会。从而把上述中国资本主义独立发展的道路截断了。
>
> 中国原有的资本主义萌芽备遭摧折。

这是基本正确的。虽然，把萌芽放在"明清之际"的文字分寸上似不够明确；把那种萌芽状态下的市民谓之为"资产阶级分子"是值得斟酌的，我以为他们只是资产阶级的前身。

关于民族资本的产生，林文说：

> 另一方面，在外国资本主义侵略的刺激下，随着中国自然经济结构的逐步分解和城乡商品经济的发展，在19世纪下半期，中国资本主义的兴起又获得了某些客观的条件和可能。这时，谁能够出来投资于资本主义的新式企业呢？过去那些萌芽状态的资产阶级分子已经分化消逝。于是一部分同外国资本主义多少有些联系的商人（主要是买办），少数接受某些西方影响的地主和官僚就取而代之，成了中国近代资产阶级的前身。例如，根据1895—1910年中国民族资本创

办的19家棉纺织厂的创办人进行考查,其中买办富商约4人,官僚富绅约13人,身份不明者3人①这个统计虽未必精确,而且大多数既是买办商人,又是官僚地主,即所谓亦官亦商,官商身份并无截然界限,但举一反三,未尝不可以从这里看出近代中国资产阶级的基本来历。

19世纪70—90年代间,中国民族资本很大一部分托足于官办和官督商办、官商合办的企业……
对所举例证的估计上,也包含有正确的方面。问题在于:买办、官僚投资兴办的企业,其中可能有属于民族资本性质的;但以之一律估为民族资本,是值得进一步研究的。民族资本、买办资本、官僚资本的区别何在?应该怎样去区别它们呢?我以为这应该是近代史研究中应予以考察的一个问题。

戴逸、林增平两同志的文章,对我有不小帮助,使我获得一定的具体知识。我随笔中随感而书的一些看法,可能错误不少。

(1965年8月23日)

---

① 原注:汪敬虞编:《中国近代工业史资料》第二辑下册,第924页。

孔丘派哲学思想的发展
——由孔丘到荀卿

一 孔丘的封建制度维持论

（一）孔丘的社会身份和其身份的观念

孔子自己曾说："吾少也贱。"（《论语》）《史记·孔子世家》亦称："孔子贫且贱。"但他的先世却是宋的贵族。《左》桓二年传说，"宋督攻孔氏，杀孔父。"《孔子世家》亦说："孔子生鲁昌平陬邑，其先宋人也。"且说鲁大夫孟厘子诫其嗣懿子曰："孔丘圣人之后，灭于宋，其祖弗父何始有宋而嗣，让厉公。"似此，他却是一个没落贵族的家世。据孟子说，在他的少年时，"尝为委吏矣，曰：会计当而已矣；尝为乘田矣，曰，牛羊茁壮长而已矣。"《世家》亦说："孔子贫且贱，及长尝为委吏，料量平；尝为司职吏而畜蕃息。"因而他的自身的出身，又系属于封建统治层的"士"的阶层中。据《家语》说：孔子曾为鲁司寇；《世家》说："由是为司空。"盖在其年三十以前。《论语》也说："颜渊死，颜辂请子之车以为之椁。子曰：材不材，亦各贤其子也。鲤也死，有棺而无椁；吾不徒行以为之椁，以吾从大夫之后，不可徒行也。"《仲尼弟子列传》亦有同一记载。是孔子后来，在鲁国已跻于贵族的地位。从而有人说："孔丘是平民阶级的学者"，便不符事实。

因而在孔了的思想体系中，便划出一道很深的"身份制度"的鸿沟，而分为"君子"和"小人"的两个对立的壁垒。在当时的坐食者们看来，根本上便认为从事生产劳动，是一种卑贱可耻的事情，是被治者的"小人"分内所作的。因而"樊迟问稼"，子曰："吾不如老农。""请问为圃"，子曰："吾不如老圃。"樊迟出，子曰："小人哉！樊须也。"荷蓧丈人批评他说："四体不勤，五谷不分，孰为夫子？"（《论语》）他自己又说："富而可求也，虽执鞭之事，吾亦为之。如不可求，从吾所好。"（同上）是在孔子的根本观念中，不啻以劳动为耻辱，认为那只是"小人"的分内事。但是君子又该做些什么呢？在他看来，"君子"只是特别为"治人"而设的一个阶级。如他说：

君子学道则爱人，小人学道则易使也。

"士"何事？"在国必达，在家必达。"（《论语》）

子张问："士何如斯可谓之达矣？"孔子曰："何哉？尔所谓达者。"子张对曰："在国必达，在家必闻。"孔子曰："是闻也，非达也。夫达者质直而好义，察言而观色，虑己以下人，在国及家必达。"（《仲尼弟子列传》）

君子笃于亲，则民兴于仁。

君子疾没世而名不称焉。

百工居肆以成其事，君子学以致其道。（《论语》）

在他的教育方针上，也只在培植一些离开生产劳动的"治人者"。樊迟不了解夫子这个宗旨，才自讨没趣。试考察他所最得意的那些门徒，究竟是一些怎样的人才吧。例如他自己曾说，"雍也可使南面"；"千室之邑，百乘之家，求也可使治其赋也"；"仲由居千乘之国，可使治其赋也。"而"一以贯之"的曾参，却缘不达时务，还不免落得一个"参也鲁"的评语。从这观点出发，他之所谓"儒"，也便有"君子儒"和"小人儒"的分别了（汝为君子儒，毋为小人儒）。

从而在他看来，"君子"是应该离开生产劳动专去履行"治人"的责任，"小人"便应该"劳力"去"治于人"（治人者和治于人者为孟轲所惯用的术语），而且在他们之间，是有一种不可逾越的天生的品质上的悬殊的呵！《论语》说：

君子有勇而无义则乱，小人有勇而无义则盗。（《仲尼弟子列传》"有"作"好"）君子固穷，小人穷斯滥矣。

君子喻于义，小人喻于利。

色厉而内荏，譬诸小人；其犹穿窬之盗也欤？

君子上达，小人下达。（疏：君子达于德义，小人达于财利）

君子怛荡荡，小人常戚戚。

君子之德风，小人之德草。草上之风必偃。

君子而不仁者有之矣，未有小人而仁者也。

惟女子与小人为难养也，近之则不逊，远之则怨。（以上《论语》）

小人不耻不仁，不畏不义，不见利不劝，不威不惩。（《易·系辞》下引）

在他看来，"小人"和"君子"在品质上是有如此之悬殊的。在"君子"的群中，自然有坏人存在其间（？）；但在"小人"之中却绝对找不出"达于德""喻于义"而能有操守有修养的"仁者"来的。他们是生成的劣质——在孔子看来，"小人"，"女子"，"盗"同是劣质的——是天造地设要"君子"去统治他们的。所以因为仲弓的父是贱人，而仲弓却成了他的"高足"，使得他不胜惊异地说："犁牛之子骍且角，虽欲勿用，山川其舍诸。"

(《论语》)

他不了解社会各种人们的意识的歧异是基于其各自的社会地位的异歧，反误归结于"君子"和"小人"之质的不同。在另一方面，这却把人类意识的社会性完全抹煞了。

(二) 作为孔丘思想出发点的"仁"

在孔子的思想体系中，并没有考虑到宇宙本体论的问题。因为他是一个政治家，所以其学说只从政治问题的解决上出发，只提论到"人生哲学"的问题上；同时因为他系出身于没落贵族的家庭，所以他只肯从主观观念论上去说教，而抹煞客观的存在。但是他也没有提论到人的精神是独自的存在与发展的，还是受着何种外的存在的支配的问题。他只是直观的认人有一个"先天的""秉彝"的"仁"（自然他认为又自有"君子"和"小人"之先天的分别的）。不过在这里，照《中庸》给他所作的注释，"仁也者，人也"来看，他之所谓"仁"，却只是以"人"为条件的先天的禀赋；然而为什么"小人"又不能"仁"呢？这却构成孔子自己的理论上的一个矛盾。在这矛盾的交叉点上，后来便演化为孟轲的性善论和荀卿的性恶论——自然，这都是有其社会历史的原因的。同时却正在这种矛盾点上，表现着孔子在哲学上的"独断论"。

孔子自己也曾极力想逃避这种理论上的矛盾，所以他认为"仁"虽属是"人"的先天禀赋，但仍是要克己修养的培持，否则依然会消逝的。其培持"仁"的为学方法，照《大学》给他的注释是：格物→致知→诚意→正心；修养的方法是：知止→定→静→安→虑→得。故此他又非常注意学问，且主张博学。他自己说："吾十有五而志于学；三十而立，四十而不惑，五十而知天命，六十而耳顺，七十而从心所欲，不逾矩。""假我数年，卒

（《齐论》作五年）以学易。"不过学的中心，便在培养一个"仁"。所以他说："赐也。汝以予为博学而多能乎？予'一'以贯之。"（《论语》）从而他进一步说，认为"君子"的人只要肯专心求"仁"，那却是很容易达到的，"仁远乎哉？我欲仁，斯仁至矣。""为仁由己，而由人乎哉？""有能一日用其力于仁矣乎？我未见力不足者；盖有之矣，我未之见也。"（同上）所以他又认"为学"虽在求"仁"，但"仁"却不自"外"求的。他从这里，从"学问"上绕个弯子，便又回到纯粹观念论的领域中去了。

然而他之所谓"仁"，究竟是什么？照他自己的解释，也很不一致。兹略揭数例如次：

颜渊问"仁"。子曰："克己复礼。一日克己复礼，天下归仁焉。……"颜渊曰："请问其目？"子曰："非礼勿视，非礼勿听，非礼勿言，非礼勿动。"

子贡曰："有一言可以终身行之者乎？"子曰："其恕乎！己所不欲，勿施于人。"

樊迟问"仁"。子曰："居处恭，执事敬，与人忠，虽之夷狄，不可弃也。"

樊迟问"仁"。子曰："爱人。"

仲弓问"仁"。子曰："出门如见大宾，使民如承大祭。己所不欲，勿施于人。"

子张问"仁"。子曰："能行五者于天下为仁矣：恭，宽，信，敏，惠。恭则不侮，宽则得众，信则人任，敏则有功，惠则足以使人。"

仁者其言也讱。为之难，言之得无讱乎？

仁者先难而后获，可谓仁矣。

刚，毅，木，讷近仁。

志士仁人，无求生以害人，有杀身以成仁。（以上

《论语》)

依此,他自己对于"仁"的解释,也很模糊。但是因为《论语》有如次的几句话:"子曰:'参乎。吾道一以贯之。'曾子曰:'唯。'子出,门人问曰:'何谓也?'曾子曰:'夫子之道,忠恕而已矣。'"在他处亦常提及"己所不欲,勿施于人"的话。因之多数的学者,便都认为"忠恕"是孔子的"仁"的解释。不过他又曾说过:

> 忠恕违道不远,施诸己而不愿,亦勿施于人。君子之道四,丘未能一焉;所求乎子以事父未能也,所求乎臣以事君未能也,所求乎弟以事兄未能也,所求乎朋友,先施之未能也。

是则所谓忠恕,仍不过是孔子之所谓"仁"的第二义。似此,"仁"的内容便应该是忠,孝,悌,信吧?然而在别处又说:"君子道者三,我无能焉;仁者不忧,知者不惑,勇者不惧。"而且在这里,他之所谓"知"和"勇"是否在仁以外呢?他说:"知及之,仁不能守之,虽得之,必失之。""未知,焉得仁?""君子有勇而无义则乱。""由也,好勇过我,无所取材。"是则"知"和"勇"对"仁"来说,仍不免是第二义的。从"仁"的相反的方面说:"巧言令色,鲜矣仁。""人而不仁如礼何!人而不仁如乐何!""礼云礼云!玉帛云乎哉?乐云乐云,钟鼓云乎哉?"依此去解释,"仁"又有"仁者诚也"或"真"的意义。又说:"不仁者,不可以久处约,不可以长处乐。"

从"仁"的作用来说,"一日克己复礼,天下归仁焉。""君子笃于亲,则民兴于仁。""君子之德风,小人之德草,草上之风必偃。""夫仁者,己欲立而立人,己欲达而达人。能近取譬,可谓仁之方也矣。"依此,"仁"不啻是"治人者"的一个无上的"法宝"。

因而他之所谓"仁",只是一个无美不备,"施之四海而皆准"的他理想中的"圣人"的"心传"——虽属是先验的独自存在着的东西。因而他认为只要大家都肯去作"仁"的"修养"和实践,则一切社会内部的矛盾,便都能从个人内心的修养上去消灭于无形——下犯上哪,臣弑君哪,子弑父哪,邻国相侵哪……易言之,君臣,父子,兄弟,夫妇,朋友的"反目"哪,便都不会发生,("孝悌也者,其为仁之本与!""其为人也孝悌,而好犯上作乱者鲜矣。")乐利幸福的社会,便自然会出现。

因而"仁"不啻是他的理论体系中的核心,其表现到政治上伦理上……也都是从此核心的作用去发动的。犹之果实的"核仁"。不过因为其观念的模糊,所以佛家说他在哲学思想上,只达到其"第六识";诚然,到两宋的"理学家"才依此而达到佛家之所谓"第八识"即"阿赖耶"的境界——在观念论的哲学上。

(三) 孔丘时代的政治问题和其对策

初期封建制度发展到春秋末期,由于内在的矛盾的发展,而表现为其从来未有的各种混乱现象,如孟轲所谓:"世衰道微……臣弑其君者有之,子弑其父者有之。孔子惧,作《春秋》。"(《孟子》)齐景公所谓:"信如君不君,臣不臣,父不父,子不子。"(《论语》)总纳当时社会的情形,在孔子的脑子里,不啻浮现着如次的几个问题:一、等级名分的紊乱;二、诸侯相互的侵伐与兼并;三、宗法制度的破坏;四、农民和封建主间的矛盾的发展和封建统治者地位的动摇。在封建领主出身的孔子看来,当然不会了解这均属封建主义之内在矛盾发展的必然结果,不肯从社会发展之自身的运动上去把握,而只肯从抽象的心理学的范畴上去觅取观念论的解释。而且更从其没落的贵族之自身的地位利益出发，对于西周的社会，不但寄予不少的回忆，而且在他看来，那才是最高理想的制度。这在其如次的几句话中能充分的流露着。

> 殷因于夏礼，所损益，可知也；周因于殷礼，所损益，可知也。
>
> 周监于二代，郁郁乎文哉！吾从周。（《论语》）

这样不啻把他自己固定于封建制度之维护的立场上，且自认为文武周公之惟一继承者。因而他说：

> 天之将丧斯文也，后死者不得与于斯文也；天之未丧斯文也，匡人其如予何？
>
> 文王既殁，文不在兹乎？
>
> 文武之道，未堕于地，在人。（同上）

另一方面，封建主义发展到春秋末期，社会经济的文化发展，已达到一个相当高度，这给予社会上层的意识形态的东西以较高度的发展之基础的物质条件。这样，使孔子得以创造封建统治者的哲学的政治的理论体系，而把从来的思想上的遗产——继承过来，予以体系化。且从而与以多多少少的理想化的成分。我们的"夫子"之成为数千年的思想领域中之最高支配者，原因便不难明白。

因而孔子对当时所遭遇的政治问题，便拿出一个"正名主义"来，作为安定封建秩序的武器；更拿出一个"礼治主义"来，作为强化等级制的政治的手段。对于当时所存在着的社会问题，便拿出那由他而把它在理论上具体化的"伦理"的社会原理来，去充实且扩大宗法制度的内容，作为奠定社会基础的精神统治的武器。他的"伦理"的人生哲学和其"正名主义"的政治哲学之相互的作用和关联，在"仁"的下面被统一起来，恰如宗法制度和等级制度之在封建主义的体制内被统一起来一样。

（四）"正名"主义与"礼治"

在孔子看来，认为名分——等级制的紊乱，最高领主——周天子政治权威的旁落，地方"诸侯"的衰弱和"大夫"的骄横，"诸侯"僭越"天子"，"大夫"僭越"诸侯"……"庶人"任意而"议政"，不但是一种反常的事情，且属政治上的最大危机。他指述当时的这种情形说："《诗》云：'相维辟雍，天子穆穆，奚取于三家之堂？'""三家者以雍彻。""季氏八佾舞于庭。"（按八佾为鲁侯祭周公的仪节）"邦君树塞门，管氏（仲）亦树塞门；邦君为两君之好有反坫，管氏亦有反坫。"（均《论语》）其意正如《左》成二年传所谓"唯名与器不可以假人"。因而对前者愤怒不平的说，"是可忍也！孰不可忍也！"对后者，他所推崇过的管仲①，至此也不免失望地说："管仲之器小哉！"盖以为像这种逾越非分的乱"君臣之义"的事情，和乱"长幼之节"有同一的严重性，都是"乱大伦"的。② 然而那却不但齐鲁如此，而是当时普遍的现象。从而他对当时的政治作一个总合的批评道。

> 天下有道，则礼乐征伐自天子出；天下无道，则礼乐征伐自诸侯出。自诸侯出，盖十世希不失矣；自大夫出，五世希不失矣；陪臣执国命，三世希不失矣。天下有道，则政不在大夫；天下有道，则庶人不议。

> 禄之去公室，五世矣，政逮于大夫，四世矣。故三桓之子孙微矣！（《论语》）

因而他认为挽救当时的危机，首先便当恢复最高领主——天子的

---

① 孔子曾说："桓公霸诸侯，一匡天下，民到于今受其赐，管仲之力也。微管仲，吾其披发左衽矣。如其仁！如其仁！"（《论语》）

② "不仕无义，长幼之节，不可废也；君臣之义，如之何废之？欲絜其身而乱大伦。君子之仕也，行其义也。"（《论语》）

权威，制止诸侯，大夫，陪臣各级领主之僭越与擅夺，使之各退守自己的名分，才能恢复到"天下有道"的政治。但又怎样去实现这种理想呢？他便认为只有"正名"，把等级名分重新确定，这不啻是一切政治设施的前提。从而他理想中的封建制度，便不难实现。所以《论语》说：

> 子路曰："卫君待子而为政，奚先？"子曰："必也正名乎！"子路曰："有是哉？子之迂也。奚其正？"子曰："野哉由也！君子于其所不知，盖阙如也，名不正，则言不顺；言不顺，则事不成；事不成，则礼乐不兴；礼乐不兴，则刑罚不中；刑罚不中，则民无所措手足。故君子名之必可言也，言之必可行也。"

不过这是要从领主们各自的"正身"为起点的，譬如天子要恢复其权威，便当先正其自己固有的名分；诸侯亦然，大夫要想常保其地位，不使庶人来"议政"，便当退守到其自有的名分上去。但这又怎样能保证其实现呢？那便只有靠各人从"仁"的修养上而得出的观念的转变。"夫子"在这里，自是不免蹈了空。然这在他看来，在解决当时统治者内部的政治问题上，是有无上之功用的。他说："其身正，不令而行，其身不正，虽令不从。""苟正其身矣，于从政乎何有？不能正其身，如正人何？""季康子问政于孔子，孔子对曰：'政者正也，子帅以正，孰敢不正？'"（《论语》）

他在重新确定等级名分的主张下，然后对那班僭越不守名分者，便由"天子"去主持讨伐。但在这等级名分没有恢复前，他又主张对那不守名分的领主们，为维持名分，便是大家都可以去加以讨伐的。所以：

> 陈恒弑其君。请讨之。
> 公山弗扰以费畔（畔季氏）召，子欲往。子路不

说。……子曰:"夫召我者,而岂徒哉?如有用我者,吾其为东周乎?"

佛肸召。子欲往,子路曰:"昔者由也闻诸夫子曰:亲于其身而不善者,君子不入也。佛肸以中牟畔(畔晋赵简子),子之往也,如之何?"子曰:"然。有是言也,不曰坚乎?磨而不磷,不曰白乎?涅而不缁,吾岂匏瓜也哉?焉能弃而不食?"(《论语》)

依此可以看出,在他的政治主张中,等级名分的恢复是先于一切的。在其拥护等级名分制度的政治运动中,并主张不择手段,在这里也说得很明白了。

等级名分的尺度是什么呢?那便是所谓"礼"。《左传》所载师服语云:"名以制义,义以出礼,礼以体政,政以正民。""礼"不啻是等级制的具体内容。故"礼"又有"天子""礼","诸侯""礼","大夫""礼","士""礼"的等级的分别;"礼"只是"不下庶人"。此即左庄十八年传之所谓"名位不同,礼亦异数"。第一方面,在朝、聘、会、盟、征、伐上,也是以礼作尺度的。《王制》云:

诸侯之于天子也,比年一小聘,三年一大聘,五年一朝,天子五年一巡守。

山川神祇有不举者为不敬,不敬者君削以地……宗庙有不顺者为不孝,不孝者君黜以爵;变礼易乐者为不从,不从者君流;革制度衣服者为畔,畔者君讨;有功德于民者,加地进律。

《王制》虽系战国以后之伪作,然《左》庄二十三年传也说得明白:"夫礼,所以整民也。故'会'以训上下之则,制财用之节;'朝'以正班节之义,帅长幼之序;'征'、'伐'以讨其不然。"

"礼"又以什么为标准而制定呢?那便是师服所谓"名以制

义，义以出礼"。《左》僖二十八年传所谓："礼以行义。"又怎样去维护"礼"呢？《左》僖二十八年传继续说："信以守礼。"

是"礼"显然为一种制度。

然孔子之所谓"礼"，在《论语》中有如次之诸条：

克己复礼，一日克己复礼，天下归仁焉。

上好礼，则民莫敢不敬；上好敬，则民莫敢不服。

非礼勿视，非礼勿听，非礼勿言，非礼勿动。

人而不仁如礼何，人而不仁如乐何！

礼云礼云！玉帛云乎哉？乐云乐云！钟鼓云乎哉？

能以礼让为国乎，何有？不能以礼让为国，如礼何？

道之以德，齐之以礼，有耻且格。

礼，与其奢也，宁俭；与其丧也，宁戚。

鲤！学礼乎？不学礼，无以立。

生事之以礼，死葬之以礼，祭之以礼。

夏礼吾能言之，杞不足征也；殷礼吾能言之，宋不足征也。文献不足故也。足则吾能征之矣。

是"礼"不但是政治的骨干，是一种仪文，而且是一种制度，在等级制构成的各阶层中各有其自己之分际的一种尺度——从"名以制义，义以出礼"的。这便是"礼制"的由来。

礼在当时，必然有其一种具体的规定。《周礼》、《仪礼》、《礼记》三书系后人所作是无疑的（我正在另文考证）。故其所述种种，自西周以至春秋是否如实存在，还是一个论争纷纭的问题。惟就《孝经》所载孔子自家"三代出妻"的事实看，则关于"女子七出"的条文，至少其原则已存在于孔子的当时。《孝经》自亦后人伪作，然在宗孔的儒教徒的作品中流露着这种传说，要不失其有几分真实性。因而"三礼"所述的内容，至少有其部分的系依据春秋时代的社会背景。

(五)"伦理"的社会观

孔子的"伦理"哲学,和其政治哲学同样,同是以"仁"为核心出发的。并同样由于当时浮现到他眼前的现象——臣弑君,子弑父,弟弑兄,同僚相侵伐,农奴反抗领主,家长不能约束家族成员……等现象使他提出解决的要求。他(孔子)只是从其一定社会立场出发;但并不知道,那在封建社会自己运动的矛盾的发展中,都有其必然性的。因而他不知从动的观点上去把握,也依样是从维持旧制度的观点上去追求补救策。

他的"伦理"观,是以"孝"为中心的。所谓"孝悌也者,其为仁之本与?(《论语》)但这于农奴和领主,下和上之间有何直接的政治意义上的联系呢?他说:"其为人也孝悌,而好犯上作乱者鲜矣。"(同上)所以他之所谓"孝"是要从狭义(孝父母)而达到广义的(忠)内容的。宗法制度便充任了这两者之联系的桥梁。曾子曰:"慎终追远,民德归厚矣。"(《论语》)所谓"慎终追远",不啻是宗法制度的精髓。宗法上之所谓"大宗""小宗"的派演和构成,便是"慎终追远"的原则之演绎。宗法上,必须是"大夫",才能成立"大宗"。这便是把个人在家庭中的地位和在政治上的地位连成一片。而且"大宗"的成立,在原初的原则上为诸侯之"别子","大宗"陪同嗣君得祭诸侯;但原则虽如此,非与诸侯同姓的"大夫",自亦依样成立其"大宗",他们对"先君"的祭祀关系,也只得和前者一样。这样,"宗法"的组织,便完全成了附属于政治组织的一种社会机构。其原因当然由于"大夫"所领有的食邑,原则上是诸侯所赐予的;而"大宗"和"小宗"的派演,亦恰在反映其土地的承袭制度。另一方面,基于封建土地关系上,"事父"的意义还要解释到"事君"的意义上去。《论语》说:"尔之事父,远之事君。"子夏曰："……事父母能竭其力，事君能致其身。"故此能归结到"民德归厚矣"。

所以"齐景公问政于孔子。孔子对曰：'君君、臣臣、父父、子子。'"可知孔子的伦理观，是以"忠""孝"作中心而砌成的。"忠"是等级的政治制度的中心原理，"孝"是宗法的社会制度的中心原理。易言之，前者是适应于政治的特殊机构，后者是适应于经济的生产构成上而成立的。虽然，孔子也常把政治哲学和"伦理"哲学的概念混合不分，例如他说："惟孝友于兄弟，施于有政，是亦为政，奚其为为政。"（同前）然这也正是古代哲学的特色。非和封建主义下的政治概念完全适应着的。其次的一伦便是"兄弟"的"友"，又次的一伦为"朋友"的"信"，更次的所谓夫妇的一伦，我们在《论语》中始终还找不出说明来。并且在孔子的学说中，妇女并没有完全人格的地位。"兄弟"和"朋友"的两伦，也是从属于"君臣""父子"那两伦的。在他看来，前者在其社会性上是次于后者的。例如孔子说："惟孝友于兄弟。""弟子入则孝，出则悌，谨而信，泛爱众，而亲仁。"（《论语》）

事君的"忠"，事父的"孝"，处兄弟的"悌"，处朋友的"信"。孔子虽不曾作过系统的说明，但从其语录中的零细的说明考察，便不难看见其根本的见解。兹略举《论语》中的记载如次：

其为人也"孝""悌"，而好"犯上"者鲜矣！不好"犯上"，而好"作乱"者，未之有也。君子务本，本立而道生。"孝""悌"也者，其为人之本欤？

今之"孝"者，是谓能养，至于犬马，皆能有养，不"敬"，何以"别"乎？

孟武伯问"孝"，子曰："父母惟其疾之忧。"

孟孙问"孝"于我，我对曰："无违。"樊迟曰："何谓也?"子曰:"生事之以礼,死葬之以礼,祭之以礼。"

父在观其志,父没观其行,三年无改于父之道,可谓"孝"矣。

弟子入则"孝",出则"悌",谨而"信",泛爱众,而亲仁。

一朝之忿,忘其身以及其亲,非惑与?

父母在,不远游,游必有方。

父为子隐,子为父隐。

君子笃于亲,则民兴于仁;故旧不遗,则民不偷。

主"忠""信",无"友"不如己者。

子曰:"事君尽礼,人以为谄也。"定公问:"君使臣,臣事君,如之何?"孔子对曰:"君使臣以'礼',臣事君以'忠'。"

子游曰:"事君数,斯辱矣;朋友数,斯疏矣。"

弑父与君,亦不从也。

子贡问"友"。子曰:"忠,信而善道之;不可则止,毋自辱也。"

曾子曰:"君子以文会友,以友辅仁。"

颜渊季路侍。子曰:"盍各言尔志?"子路曰:"愿车马,衣轻裘,与朋友共,敝之而无恨。……愿闻子之志。"子曰:"老者安之,朋友'信'之,少者怀之。"

与朋友交,而不"信"乎?

子夏曰:"贤贤易色,事父母能竭其力,事君能致其身,与朋友交,言而有信。"

人而无信,不知其可也?

子夏曰:"君子敬而无失,与人恭而有礼,四海之内,皆兄弟也。"

有时孝弟相连，有时忠孝相连。这正表示古代哲学之理论体系的欠完密。

然而在当时全社会之各种各样的构成分子，在其相互的社会关系上，在孔子看来，不外是君臣，父子，兄弟，朋友……等关系。他对这些关系，不从社会经济之生产关系的构成上去理解，只肯从观念上去理解。这不但由于其社会地位在拘限着。而且正因如此，孔子才取得在中国思想领域中的数千年的支配地位。

他认为在这种伦理的社会观的原理支配下，存在于当时的人与人间的社会关系的破绽，便完全可以弥补起来了；他所拥护的封建主义的社会也便能够"万古长存"了。"犯上"，"作乱"的现象再不致出现，农奴逃亡……的事情也不致发生。后来的一般腐儒，却并不了解"夫子"的学说在政治方面有"如此这般"的积极性，只当作独自的处世修养的教条去理解者，那无疑是歪曲了。

(六)"德"与"刑"

他以"礼"和"正名"作为维护封建的等级政治制的基本原理，从这样去奠定等级制的政治机构。但是对于被统治者，又怎样去进行其统治呢？在前面说过，他认为"小人"从根本的品质上就是恶劣的，较统治层的人民是低下一等的。同时他也和其他封建统治阶级的分子一样，认为"小人"是没有完全人格的。因而他主张对于他们，根本上便是"民可使由之，不可使知之"的"愚民政策"。但是"治于人者"的觉醒，却不是由统治者之"可""不可"能够支配的，因而他又主张对他们施以软性的教化。这种软性教育的原理，第一便是"命"，其次便是所谓"德"。

自然，"命"在他的思想体系中，曾被广泛的解释，作为其对实现存在的等级制度之解释的自然的基础。用"安命"的原理作为教大家去各安守其等级地位的说教的教条。所以他说：

"不知命，无以为君子也。"

"吾……六十而知天命。"

"丘之祷久矣！"

"亡之命也乎？"

"君子有三畏，畏天命，畏大人，畏圣人之言。"

"子夏曰：死生有命，富贵在天。"

一方面，他又正在这里表现其自然主义的色彩。但在另一方面，不管他的"安命"的说教如何，却无补于"治于人者"之实际生活上的饥饿之苦。他们仍然是：

小人不知天命，而不畏也，狎大人，侮圣人之言。

这班该死的"小人"（农民）！他们不但不遵信安命的说教，而且公然把"圣人"对他们所说的当作"无事"一样看待，而且还要来狎弄"圣人"。

其次的一个软性教育的宗旨，便是用"德"。

为政以德，譬如北辰，居其所，而众星拱之。

道之以德，齐之以礼，有耻且格。

君子之德风，小人之德草，草上之风必偃。（以上《论语》）

孔子曰：礼云礼云，贵绝恶于未萌，而起敬于微眇，使民日徙善远罪而不自知也。（《大戴礼记·察礼篇》《小戴礼记·经解篇》）

在这种软性教育政策失去效力的时候，他便主张彻底的用刑罚去惩治；不过在他看来，刑罚虽是"治人者"统治"小人"的必要的武器，但却不能专靠刑罚去维持"治人者"地位的久远，所以那只能作为补软性教育之不足的手段去使用。所以他说：

> 道之以政，齐之以刑，民免而无耻；道之以德，齐之以礼，有耻且格。

不过他之所谓刑罚，却是以"礼乐"去作它的标准的。例如他说："礼权不兴，则刑罚不中，刑罚不中，则民无所措手足。"因此他主张刑罚要有一个标准，不主张当时那班无标准的对"治于人者"滥用刑罚的领主们的作为。

二 孟轲的折中主义

（一）孟轲传略

孟轲，邹人，受教于孔子之孙子思之门人。据《孟子》本书讲，他曾见过梁惠王、齐宣王；《史记·孟轲荀卿列传》说："当是时，秦用卫鞅，富国强兵；魏用吴起，战胜弱强；齐威王、宣王用孙子、田忌之徒。"是他并与商鞅、吴起、孙膑同时。考其生年为周烈初年，约当公历纪元前三七零年左右；卒年为周赧二三十年之间，约当公历纪元前二七零年左右。

其著作为《孟子》（即所称为《上孟》，《中孟》及《下孟》）。据现在多数学者意见，谓《孟子》一书，大约为孟轲之门人公孙丑、万章等所追述；但为孟轲思想的本来面目，则公认不疑。

孟轲的出身，有人说他先世为"平民"；但是这种见解多系根据孟轲有"民为贵，社稷次之，君为轻"之一类类似民权思想的说教之一种推论，实际孟轲并不是民权主义者，仍是一个初期封建秩序的拥护者。而且他还是鲁公族孟孙之后哩。考《孟子》全书的一贯理论，本质上，完全是从孔丘、曾参、子思一脉承继下来的，只是跟着其社会环境的变化而更前进了一步。

在"身份"制度的观点上，孔子把社会人类分为"君子"和"小人"之两种不同的社会身份；他也坚持着这根本观念，不过他更具体的确定"君子"是"治人"的"劳心者","小人"是"治于人"的"劳力者",说明这两者之存在,是由社会需要"治人者"和"治于人者"的分工;因而把"治人者食于人"和"治于人者食人",也从这个分工上去觅得解释,作为依他人劳动以为生的其本阶级的社会根据。其次,孔子极力拥护等级制度的存在;他更画出一副所谓"周室班爵禄之制"的等级制度的构想图来。再次,孔子认为"君子而不仁者有之矣,未有小人而仁者也"的两阶级之品质悬殊的成见;他也说:"体有贵贱,有小大。"不过同时从修养方面作了一个更具体的解释。(例如他说:"人之所以异于禽兽者几希,庶民去之,君子存之。")

在思想的出发点上,孔子抱定一个"仁"字;他便依此而解释为内在(仁)和表见(义)的两个方面,并根据时代的要求,以之发挥为"性善"论。在伦理的社会观方面,他也和孔子一样,并亦根据他的时代要求而加了一点"推恩"的说明。孔子的政治思想,他根据而发挥为"霸道"与"王道";只是孔子主张用"正名"去维护初期封建的政治秩序,他却主张由"定于一"的方式去重建等级制度的秩序。这由于其时代的各异而表现的方式各异,但本质上是同一的。孔子忽视新兴地主——商人,他却主张在统一物的内部去求妥协。这也由于其时代的使然。在知识论上的见解,他也和孔子是同一的。但在理论的系统上,他却比孔丘更要完整、严密。然这也正是上层意识形态的东西之发展的辩证法。无怪孟老先生公然以战国中世的孔子自居(乃所愿,则学孔子也——《孟子》)。

(二)性善论的人生哲学

在孟轲的时代,一方面新兴地主——商人这一阶层的势力已高涨得利害。在其与旧封建领主间的矛盾并已严重的展开,孟轲在这一点上,第一他认为再想抹煞这一阶层的社会力量已是不可能;第二他却看出他们和封建领主的剥削对象却是同一的;虽然有其利益不一致的关系在,然而他认为那不过是统一物内部的对立性,应该能求得协调的。因而他主张调整两者的利益,即新兴地主——商人的利益要从属于封建领主的利益下面去求发展,封建领主要顾虑到新兴地主——商人的利益。不过他认为要依照这一原则去调整两者的利益,首先必须要打破新兴地主——商人之意识形态上的错觉(在孟轲看来应认作错觉)。所以他一方面主张"薄赋税"和"关市讥而不征",并提出"民为贵,社稷次之,君为轻"的口号;一方面又极力鼓吹"距杨、墨"。

另一方面,在他的当时,"治人者"和"治于人者"之两者的对立形势,亦已严重的展开了。他认为和缓"治于人者"的反抗和逃亡,是妥定当时社会最要紧的一件事。但是这种存在于对立物相互间的矛盾有什么方法去和缓呢?他确认为那只有用饲养母牛的方式去软化,所以他主张"轻徭役薄税敛",并揭出"民有恒产则有恒心"的政治原理。但是"治于人者"的自觉意识已在发展着,因而他认为便当首先要打破这种正在发展的自觉意识,是第一重要的。

因而他大声疾呼,认为消灭新兴地主——商人和"治于人者"那两种社会思想的发展,是安定当时政治的先决前提。他说:

> 杨氏为我,是无君也;墨氏兼爱,是无父也。无父无君,是禽兽也。公明仪曰:庖有肥肉,厩有肥马,民有饥色,野有饿莩——此率兽而食人也。杨墨之道不息,孔子之道不著,是邪说诬民,充塞仁义也;仁义充塞,则率兽食人,人将相食。吾为此惧,闲先圣之道,距杨墨,放淫辞邪说者不得作,作于其心,害于其事,作于其事,害于其政,

圣人复起，不易吾言也。昔者禹抑洪水而天下平；周公兼夷狄，驱猛兽，而百姓宁；孔子作《春秋》，而乱臣贼子惧。《诗》云："戎狄是膺，荆舒是惩，则莫我敢承。"无父无君，是周公之所膺也。我亦欲正人心，息邪说，距诐行，放淫辞，以承三圣者。予岂好辩哉？予不得已也，能言距杨墨者，圣人之徒也。（《滕文公》下）

第三方面，在他的当时，不但最高领主的周天子已完全没落下去而沦于中小领主的地位；各国的诸侯亦皆权力旁落，而"政在私门"。因势利导，所以他主张贤能政治，并创为尧舜让贤之说；并以"定于一"的主张去代替孔子的"尊周"。但是在当时的统治阶级的内部亦已丧失其精神的统制物，在这一点上，他认为有重新从意识形态上去建立根基的必要。

他的性善论便是基于这三方面的意义上而发挥出来的。

在性善论的基础上，人类的天赋的本质却不问社会地位如何，原是同一的（民之秉彝，好是懿德），即所谓精神的人格是平等的。因而不但大夫受禅诸侯，诸侯受禅天子，都有其天然的根据；把新兴地主——商人容纳于统治阶级之内，也便有其天然的根据了。另一方面，从性善论出发，不但可以说服新兴地主——商人，软化"治于人者"，而且把不同的阶级性与不一致的经济利益也给麻痹着了。①

现在进而考察他的性善论的内容。

在孔子还只模糊的说了一个"仁"字，他更从所谓人性上去树立一个根源——性善。但他之所谓"性善"，完全是先验主义

---

① 这在他的如次的一段话中说得明白："曹交问曰：'人皆可以为尧舜者，有诸？'孟子曰：'然。……子服尧之服，诵尧之言，行尧之行，是尧而已矣；子服桀之服，诵桀之言，行桀之行，是桀而已矣。'"（《告子》下）

的。他说：

> 人之所不学而能者，其良能也；所不虑而知者，其良知也。（《养心》）

他认为在人类的头脑中先天就有这种"良知""良能"的先验的性能存在着。同时他还举出一个例子去证明这种先验的性能之存在的正确。他继续着说：

> 仁义礼智，非由外铄我也，我固有之也。仁义礼智根于心。

> 孩提之童，无不知爱其亲者；及其长也，无不知敬其兄者。亲亲，仁也，敬长，义也。

他不了解"爱亲""敬兄"之相对的社会关系，那是无足怪的。

从而他之所谓"良知""良能""便是性善"的说明。但是这种"性善"的先验物是从哪里发生出来的呢？孟轲说是"民之秉彝，好是懿德"，这仍无异说："先验着的就是先验着的"，并没有前进半步的说明。然而孟轲自己也很知道他这种说明是独断论的，并不足以说服其论敌。因而他又从五官和"四端"去觅取说明的例证，他从所谓"四端"来说：

> 人皆有不忍人之心。……今人乍见孺子将入井，皆有怵惕恻隐之心，非所以内交于孺子之父母也，非所以要誉于乡党朋友也，非恶其声而然也。由是观之，无恻隐之心，非人也；无羞恶之心，非人也；无辞让之心，非人也；无是非之心，非人也。恻隐之心，仁之端也；羞恶之心，义之端也；辞让之心，礼之端也；是非之心，智之端也。人之有是四端也，犹其有四体也。（《公孙丑》）

孟轲在这里，虽然想极力觅取证明，可是对问题依然没有半步的前进。这种应该从历史的根源上去说明的问题，而他却归之于人类头脑中的先验的东西。而且这些意识形态上的东西，还都不过是从经济关系所发生的相对物。现在再看他的另一说明吧。他说：

> 故举凡同类者，举相似也，何独至于人而疑之。……故龙子曰："不知足而为屦，我知其不为蒉也。"屦之相似，天下之足同也。口之于味也，有同嗜焉，易牙先得我口之所嗜者也。如使口之于味也，其性与人殊，若犬马之于我不同类也，则天下何嗜皆从易牙之于味也？至于味，天下期于易牙，是天下之口相似也，惟耳亦然。至于声，天下期于师旷，是天下之耳相似也。惟目亦然。至于子都，天下莫不知其姣也；不知子都之姣者，无目者也。故曰：口之于味也，有同嗜焉；耳之于声也，有同听焉；目之于色也，有同美焉；至于心，独无所同然乎？心之所同然者，何也？谓理也，义也。圣人先得我心之所同然耳。故理义之悦我心，犹刍豢之悦我口。（《告子》上）

原来孟轲当时的闻见，把这种事情作为真理去判定，那是无怪其然的；但把他这种说明交付给现代的生理学去裁判，则是违背事实了。因而他在这里对问题仍没有得着较好的说明。

至于他对申不害的批判以及在他俩辩论中他所引的一些说明，却更属一些诡辩。

另一方面，孟轲既承认人性的本源同是善的，那么为什么在人类间又有种种相反事实的表现呢？尤其是为什么有所谓"君子"或"大人"与"小人"（所谓圣、贤、智、愚、不肖）的分别呢？他在这里的答案仍是根据"性相近也，习相远也"的原则来说明的；易言之，他认为那完全由于各人的修养。他说：

> 体有贵贱，有大小，无以小害大，无以贱害贵。养其小者为小人，养其大者为大人。
>
> 公都子曰："钧是人也，或为大人，或为小人，何也？"

孟子曰："从其大体为大人，从其小体为小人。"曰："钧是人也，或从其大体，或从其小体，何也?"曰："耳目之官不思，而蔽于物。物交物则引之而已矣，心之官则思，思则得之，不思则不得也。此天之所与我者，则小者不能夺也。此为大人而已矣。"

乃若其情，则可以为善矣，乃所谓善也。若夫为不善，非才之罪也。（以上均《告子》）

虽然，只要肯修养，是"人皆可以为尧舜"的，然孟轲也只有适用于封建统治阶级——自然要展延到新兴地主——商人，对于小人阶级却是一个例外。什么原因呢？他说："人之所以异于禽兽者'几希'，庶民去之，君子存之。"人之所以不同于禽兽的这点"几希"——先天的性善，"小人"阶级在从他的母胎里一堕下来便已把它"去之"了；因而他们根本上也就无从修养的。我们应该仿照朱熹老先生的办法，在孟老夫子的这句话下作一句注释："呜呼！此小人之所以为小人也耶？"

最末，他之所谓修养的终点和始点，是以性善为根源，经过修养的功夫，以达到孔子之所谓"仁"为止。但是"仁"的本身是"内在"的，"仁"的表现则成为"义"。他说："仁，人心也；义，人路也。""仁，人之安居也；义，人之正路也。""居恶在，仁是也；路恶在，义是也。居仁由义，大人之事备矣。"但是怎样去修养呢？虽有所谓"寡欲"，"尚志"，"立命"或"俟命"诸端，但其重要点却在"养夫浩然之气"，亦即所谓"平旦之气"。

（三）伦理的社会观

孟轲之非难杨朱说："杨氏为我是无君也。""无君"，便是破坏封建的等级制度——当时之所谓君，是一种层叠的宝塔式的；惟士无土，则不君。他非难墨翟说："墨氏兼爱，是无父也。"

"无父",便是破坏"亲亲"的宗法制度。因而他之非杨墨,是从拥护等级封建制度和宗法制度出发的。

他对于从来的宗法组织,在原则上并未提出何种新的意见;而只把宗法组织和封建政治的等级构成间的关系更具体的予以确定,他说:

> 天下之本在国,国之本在家,家之本在身。

使前者(宗法制度)附丽于后者(等级制度)而形成为两位一体,作为维系初期封建秩序的两大台基。

关于伦理的解释,原则上,他也完全承袭着孔子,不过他从其性善论出发,更极力发挥孔子的伦理学说在人类心理上的根据。例如他说"父子"的一伦,是由于"父子有亲","父子主恩"。因而"三年之丧"及"厚葬",是在尽"孝子仁人"之心。他说:

> 古者棺椁无度;中古棺七寸,椁称之,自天子达于庶人,非直为美观也,然后尽于人心。(《公孙丑》)

> 盖上世,尝有不葬其亲者;其亲死,则举而委之于壑。他日过之,狐狸食之,蝇蚋姑嘬之,其颡有泚,睨而不视。夫泚也,非为人泚。中心达于面目,盖归反虆裡而掩之。掩之诚是也。则孝子仁人之掩其亲,亦必有道矣。(《滕文公》)

不过在孔子所说的冠婚丧祭之礼是"不下庶人"的;孟轲在这里,关于丧葬却主张适应于"自天子以达于庶人"。盖其时,新兴地主——商人在社会身份上也仍是"庶人",孟轲既主张与这一阶层调协,便不能不有这点改变。

其次,孔子主张"弟子入则孝,出则弟,谨而信,泛爱众而亲仁"的各亲其亲而尊其尊的主义;孟轲虽也宗奉这一原则,但却把内容的解释扩大了,主张人不独亲其亲,长其长,并要"老吾老,以及人之老;幼吾幼,以及人之幼"的"推恩"主义。这从哲学上说,是从所谓"不忍人之心"出发的。从政治的意义上说,因为在他的时代,社会权在"大夫",各"大夫"各从其自己的宗法家系出发而互相侵凌的情形,较孔子的时代已变本加厉。因而在这一点上,他认为应该要从宗法伦理的解释上去调和各家的私争。其次,适用推恩的原则,把新兴地主——商人也拿入到宗法的系统中来,因为前此宗法组织的原则,是要食邑的"大夫"才能成为"大宗"的,新兴地主——商人虽已有其土地,但并没有获得"大夫"的政治地位,他们是已经从宗法的防障中溃决出来了的。

再次,他对于君臣一伦,仿佛和孔子的绝对主义在背驰着。例如他告齐宣王说:

> 君之视臣如手足,则臣视君如心腹;君之视臣如犬马,则臣视君如国人;君之视臣如土芥,则臣之视君如寇仇。王曰:"礼为旧君有服。何如斯可谓之服矣?"曰:"谏言行听,膏泽下于民。有故而去,则君使人导之出疆,又先于其所往,去三年不反,然后收其田里。此之谓三有礼焉。如此则谓之服矣。"(《离娄》)

这因为在他的时代,周室已没落,各国诸侯亦多名存实亡。因而在他的扶植一新的力量去把天下"定于一",代替周室,把原来的封建等级制度重新建立的政治理想下,对既存的君臣关系,势不能不从相对上去解释而确立其根据。我们的哲学家们在这些所在,却认为是孟轲的民权主义的说教。实不能不算是对孟轲的一大误会。

(四) 孟轲的政治哲学

在孟轲的时代,各封建领主各从其自身之私利出发,而发为漫无限制的争吞攘夺。其结果而流为所谓"霸道"。孟轲不解这是封建制度发展之必然的内在矛盾,而认为封建秩序的破坏,"治人者"与"治于人者"之对抗,纯由于所谓"霸道"所引出之结果。因而他从拥护封建秩序的立场上,非难霸政说:"仲尼之徒,无道桓文之事者。"(《梁惠王》)"五霸者,三王之罪人也。"(《告子》)且说:

> 五霸桓公为盛,葵丘之会,诸侯束薪载书而不歃血。初命曰:诛不孝,无易树子,无以妾为妻;再命曰:尊贤,育才,以彰有德;三命曰:敬老,慈幼,无忘宾旅;四命曰:士无世官,官盛无摄,取士必得,无专杀士大夫;五命曰:无曲防,无遏籴,无有封而不告。曰:凡我同盟之人,既盟之后,言归于好。(《告子》)

在这样互为盟约遵守封建秩序之"五霸"盟主,犹是"三王之罪人";则那"皆犯此五禁"(《告子》)之孟轲时代诸封主,当更系破坏封建秩序之罪人了。

他一面非难"霸道",一面便提出其所谓"王政"来。他认为只有"王政"才能救济当时社会的偏弊,把封建制度重新妥定。所以他说:"尧舜之道,不以仁政,不能平治天下"(《离娄》);"行仁政而王,莫之能御也。"(《滕文公》)但"王政"与"霸政"的分别在哪里呢?他说:

> 以力假仁者"霸","霸"必有大国;以德行仁者"王","王"不待大,汤以七十里,文王以百里。以力服人者,非心服也,力不赡也;以德服人者,中心悦而诚服也。(《公孙丑》)

> 孟子见梁惠王,王曰:"叟,不远千里而来,亦将有以利吾国乎?"孟子对曰:"王何必曰利!亦有仁义而已矣!王曰,何以利吾国?大夫曰,何以利吾家?士庶人曰,何以利吾身?上下交征利,而国危矣。万乘之国弑其君必千乘之

家，千乘之国弑其君者必百乘之家。万取千焉，千取百焉，不为不多矣！苟为后义而先利，不夺不餍。未有仁而遗其亲者也，未有义而后其君者也。"（《梁惠王》）

是他所谓"霸道"的中心主义便是"利"，"王道"的中心主义便是"仁义"。他从其先验主义的性善论出发，认为以"利"为归趋的中心主义是社会一切纷争和攘夺的根源；以"仁义"为归趋的中心主义，各人均能"存心""养性"以"俟命"，社会便自趋安定了。——因为在性善的根源上，"舍利而取仁义"即"存心"，"养性"以"俟命"是完全有其可能的。这和孔子的以"仁"的修养去代替争取为安定封建秩序的见解，完全是一脉相承的。

但他之所谓"王道""仁政"的内容包括些怎样的节目呢？

（甲）在封建统治阶级内部，作为其理想的政治的组织，他依托西周为如次的假定：

天子一位，公一位，侯一位，伯一位，子男同一位，凡五等也。君一位，卿一位，大夫一位，上士一位，中士一位，下士一位，凡六等。天子之制，地方千里，公侯皆方百里，伯七十里，子男五十里，凡四等；不能五十里，不达于天子，附于诸侯曰附庸。天子之卿受地视侯，大夫受地视伯，元士受地视子男。大国地方百里，君十卿禄，卿禄四大夫，大夫倍上士，上士倍中士，中士倍下士，下士与庶人在官者同禄，禄足以代其耕也。次国地方七十里，君十卿禄，卿禄三大夫，大夫倍上士，上士倍中士，中士倍下士，下士与庶人在官者同禄，禄足以代其耕也。小国地方五十里，君十卿禄，卿禄二大夫，大夫倍上士，上士倍中士，中士倍下士，下士与庶人在官者同禄，禄足以代其耕也。耕者之所获，一夫百亩。百亩之粪，上农夫食九人，上次食八人，中

食七人，中次食六人，下食五人，庶人在官者其禄以是为差。(《万章》)

在这样的一种组织系统下，要保持着如次的一种秩序："春秋无义战。彼善于此则有之矣。征者上伐下也，敌国不相征也。"(《尽心》)这也和孔子的"礼乐征伐自天子出"的原则是完全一致的。

(乙)对付被统治者所施的治术，则为所谓"教养"中心主义。所谓"养"是从如次之一种庄园组织的劳动编制出发的：

方里而井，井九百亩，其中为公田，八家皆私百亩，同养公田。(《滕文公》)

他认为要保证这种庄园内的必要劳动力，必须把农民束缚于土地上。"死徙无出乡，乡田同井，出入相友，守望相助，疾病相扶持，则百姓亲睦。"(同上)然而尤须能保证农民之最低物质生活，不但之保证必要劳动力之再生产，且以防止其逃亡……故他说：

无恒产而有恒心者，惟士为能；若民则无恒产，因无恒心。苟无恒心，放僻邪侈，无不为矣。是故仁君制民之产，必使仰足以事父母，俯足以畜妻子，乐岁终身饱，凶年免于死亡，然后驱而之善，故民之从之也轻。今也制民之产，仰不足以事父母，俯不足以畜妻子，乐岁终身苦，凶年不免于死亡，此惟救死而恐不赡，奚暇治礼义哉？……五亩之宅，树之以桑，五十者可以衣帛矣，鸡豚狗彘之畜，无失其时，七十者可以食肉矣；百亩之田，勿夺其时，八口之家，可以无饥矣。(《梁惠王》)

其次他主张课取于农民的劳役和赋税，若毫无一个限度，也不免要引起农民的逃亡与反感的。因为在当时，"治于人者"与"治人者"的对抗形势已十分严重——农民对赋役的负担已超过其负担能力故。所以孟轲又主张"省刑罚薄税敛，深耕易耨"，"勿夺其民时"。认为"庖有肥肉，厩有肥马，民有饥色，野有饿莩"。与"使民无时"等现象，是当时的最大危机。

说到孟轲的所谓"教"，更包含着一个最大的内容。他认为要能使超经济以外的强制榨取，能得到维系与妥固，补刑罚之不足的软性教育是必要的。他说：

  善政不如善教之得民也；善政得民财，善教得民心。（《尽心》）

所教的又是什么呢？他说："教以人伦，父子有亲，夫妇有别，长幼有序，朋友有信。"（《滕文公》）易言之，便在把农民的意识束缚于宗法的伦理观下面。

（丙）在当时的新兴地主——商人们，一方面要求在解脱封建赋役的负担，一方面感受商业交通之封建障碍与封建主们对商人的劫掠与苛税榨取。孟轲从调协两阶层的利益出发，一方极力主张减轻新兴地主及其属下农民的赋役负担，并主张让他们也共同去利用公共的池泽和山林（泽梁无禁）；一方面主张保证商业的安全，并免除其过关税与市纳。所以他主张："市廛而不征，法而不廛；……关讥而不征。""廛无夫里之布。"他认为如此，则两阶层间的矛盾可以缓和，利益可以渐趋一致，封建主们便能把新兴地主——商人拿到自己的周围："耕者皆愿耕于王之朝；商贾皆愿藏于王之市，行旅皆欲出于王之涂。"这便是孟轲的"王道仁政"的"教养"内容。

在他的政治哲学中的第二个要点，便是所谓贤能政治与"定于一"的原则。

孟轲很明白当时社会的矛盾，一为存在于封建领主与新兴地主——商人间的利益之不一致，一为存在于"治于人者"与"治人者"间的对立。这种形势在各国都很严重。他认为只有实行他理想中的"王道仁政"能缓和这种矛盾的局势。另一方面，周天子到此时已丧失其实行这种"王道仁政"的地位；但同时他却又认为无论哪一国的诸侯，只要他能接受他的"王道仁政"主张而施诸实行，那便不但能缓和其国内的矛盾局势，而且能得到他国的新兴地主——商人，农民之拥护的。他便由此而能完成其"定于一"的任务，代替垂殁的周室，把封建等级制度重建。故《梁惠王》篇说：

> 孟子见梁襄王，出语人曰：望之不似人君，就之而不见所畏焉。卒然问曰："天下恶乎定？"吾对曰："定于一。""孰能一之？"曰："不嗜杀人者能一之。""孰能与之？"对曰："天下莫不与也。王知夫苗乎？七八月之间旱，则苗槁矣；天油然作云，沛然下雨，则苗勃然兴之矣。其如是，孰能御之？今夫天下之人牧，未有不嗜杀人者也；如有不嗜杀人者，则天下之民皆引领而望之矣。诚如是也，民归之犹水之就下，沛然谁能御之。"

他曾属望各国的诸侯，劝他们接受他的政治主张来履行这一"定于一"的任务；并说："汤以七十里，文王以百里"，是不论国土之大小，只要能实行"王道仁政"的便有这种资格。他曾经说教过梁惠王，齐宣王，滕文公……例如他和齐宣王的问答说：

> 曰："德何如？则可以王矣。"曰："保民而王，莫之能御也。"曰："若寡人者，可以保民乎哉？"曰："可。"(《梁惠王》)
>
> 今王发政施仁，使天下仕者皆愿立于王之朝，耕者皆愿耕于王之野，商贾皆愿藏于王之市，行旅皆愿出于王之涂，天下欲疾其君者皆欲赴愬于王。其如是，孰能御之。……然而不王者，未之有也。

在这里应附带交代一下他之所谓"仕者"，那便是在当时贩卖

"王道仁政"的"士"的集团，孟轲自身也便是这集团中的一分子。

话又说回来。他因而极力鼓吹各国诸侯，教他们不要"罔自菲薄"。是"人皆可以为尧舜"的；"舜何人也，予何人也，有为者亦若是"，"尧舜与人同耳"！他又激励"士"的集团，不必择人太严，教他们去鼓吹各国诸侯。"待文王而复兴者，凡民也；若夫豪杰之士，虽无文王犹兴。"

但是这和他所提倡的"君臣"的伦常岂非矛盾吗？在这里，他却很苦心的又从"民"字上求得其理论的根据。他说："民为贵，社稷次之，君为轻。"在这一理论的前提下，于是便能更进而说："齐宣王问曰：'汤放桀，武王伐纣，有诸？'孟子对曰：'于传有之。'曰：'臣弑其君可乎？'曰：'贼仁者，谓之贼；贼义者，谓之残。残贼之人，谓之一夫。闻诛一夫纣矣。未闻弑君也。''桀纣之失天下也，失其民也。失其民者失其心也。得天下有道，得其民，斯得天下矣。得其民有道，得其心斯得其民矣。'"我们的哲学家们不了解这一点，因此说孟轲是民权主义者，形成其对孟轲的又一误会。

其次的一个论点是他的所谓"禅让"说。在当时，天子既已不能约束诸侯，诸侯亦已不能约束"大夫"；上权下移，已成定局。主张通权达变的孟轲，为顺应这种情势，便创为禅让说，使之能名实相符，促速其政治主张的实现。而且在当时许多国的"大夫"，不但把国内的主要地域都作成其自家的食邑，而且把境内的人民也都笼络到自己的周围——这在此时以前的齐国的田氏用公量贷出与私量收入的小惠，已经作到使齐国之民尽归心于田氏的事实；这种情形，到孟轲时更甚。《万章篇》说：

万章曰："尧以天下与舜，有诸？"孟子曰："否，天子不能以天下与人。""然则舜有天下也，孰与之？"曰："天与之。""天与之者,谆谆然命之乎?"曰:"否,天不言,以行与事示之而已。"曰:"以行与事示之如之何?"曰:"天子能荐人于天,不能使天与之天下;诸侯能荐人于天子,不能使天子与之诸侯;大夫能荐人于诸侯,不能使诸侯与之大夫。昔者尧荐舜于天,而天受之;暴之于民,而民受之……舜相尧二十有八载,非人之所能为也,天也。尧崩,三年之丧毕,舜避尧之子于南河之南。天下诸侯朝觐者,不之尧之子而之舜;讼狱者,不之尧之子而之舜;讴歌者,不讴歌尧之子而讴歌舜。故曰,天也。夫然后之中国践天子位焉。……《秦誓》曰:天视自我民视,天听自我民听,此之谓也。"

我们的"历史家"不了解孟轲之所以创为禅让说的时代背景与其政治意义,而说孟轲创为此说为其"士人阶级"去受禅为天子的说教。我想孟轲时代文化水准虽然低,也断没有这样的傻瓜去作这种不可能的妄想。

再次的一个论点便是所谓贤能政治说。在这里的对相上是不能和禅让的对相混同的。禅让是主政者的禅让,贤能是参政者的贤能。这在如次的一段话中说得很明白:

国君近贤,如不得已,将使卑逾尊,疏逾戚,可不慎与?左右皆曰贤,未可也;诸大夫皆曰贤,未可也;国人皆曰贤,然后察之,见贤焉,然后用之。(《梁惠王》)

这因为在当时,新兴地主——商人受着从来的社会身份的限制,而没有参加政权的机会。孟轲既主张和这一阶层调协,便不能不为之辟一参加政权之途径。在封建的亲亲主义的政治结构下,无权的"士"阀亦已丧失其参加政权的机会。孟轲在这里,便不能不为其自己的集团辟开一参加政权的途径。因此只有从贤能政治的立场上,一面打破身份限制,一面打破亲亲主义,所以他说:

舜发于畎亩之中,傅说举于版筑之间,胶鬲举于鱼盐之中，管夷吾举于士，孙叔敖举于海，百里奚举于市。故天之将降大任于是人也，必先苦其心志，劳其筋骨，饿其体肤，空乏其身，行拂乱其所为，所以动心忍性，增益其所不能。（《告子》）

这还不算明白吗？（我们本打算再来一节"'劳心者'与'劳力者'的分工"，但觉太累赘，说《孟子》暂止于此）

三 荀卿的封建制度改组论

（一）荀卿传略

荀卿又名荀况，刘向《叙录》亦作孙卿。其经历及生卒地方，据《史记·孟轲荀卿列传》说：

> 荀卿赵人，年五十始来游学于齐。驺衍之术，迂天而阔辨。奭也文具难施。淳于髡久与处，时有善言。……田骈之属皆已死齐襄王时，而荀卿最为老师。齐尚修列大夫之缺，而荀卿三为祭酒焉。齐人或谗荀卿，荀卿乃适楚，而春申君以为兰陵令。春申君死，而荀卿废，因家兰陵。……著数万言而隐，因葬兰陵。

刘向《叙录》亦云：

> 齐人或谗孙卿，孙卿乃适楚，楚相春申君以为兰陵令。人或谓春申君曰：'汤以七十里，文王以百里；孙卿贤者也，今予之地百里，楚其危乎？'春申君谢之，孙卿去之赵。后客谓春申君曰：'伊尹去夏入殷，殷王而夏亡。管仲去鲁入齐，鲁弱而齐强。故贤者所在，君尊国安。今孙卿天下贤人，所去之国，其不安乎？'春申君使人聘孙卿，孙卿遗春申君书，刺楚国，因为歌赋以遗春申君。春申君恨之，复固谢孙卿，卿乃行，复为兰陵令。春申君死，而孙卿废，因家

兰陵。

由前之说，荀卿曾两度为齐祭酒，一度为楚兰陵令；由后之说，亦曾两度为楚兰陵令。

由前之说，其出身籍贯为赵地，游齐时年已五十。后适楚，因废居而死于兰陵，春申君死时犹存。刘向亦同此说。按《史记·春申君传》说春申君被刺死于楚考烈王二十五年，是年适当于公纪前二三八年。是他的时代为战国末期，较诸子最为晚出（《韩非》除外）。至其翔确之生卒年代，则殊不敢忆断也。

细读《荀子》一书，其学问较诸家最为渊博；并概见其曾遍读诸子书；其对诸子学说，一一均予以批判，其全书亦几皆从批评之态度而立说。盖因其生当诸子后，兼时代不同的原故。

（二）"性恶"与"伪"

中国初期封建制一进到战国末期，其社会之内含的矛盾已完全暴露了出来而趋于剧烈化，反映着封建领主的相互间，以及其与新兴地主——商人及农民间之相互的纠纷，而构成社会自身之极端的混乱，因而反映在意识形态上之错综复杂的情形。而且此种错综复杂的情形，从其表层上看，一若发动于人类之各自的私利与私欲似的。荀卿在这一点上，便发生对其前驱者孟轲之所谓性善论的怀疑。同时在孔子原来之所谓"仁"也并没有明白说出是"先验的"还是后天的，而且他所谓君子之能"仁"是经过修养而来，而"小人"却又是"未有""仁"的。因之，他便确认人性原来是"恶"的，而所谓"仁"与"善"则完全系从后天的修养（伪）得来的。这里在他之所谓"伪"，是意义着人类之克服自然的说明。这缘于当时社会生产力的进步（尤其是手工业的发展）和人类对自然的占有程度之增高为其条件的。

现在进而考察其内容。首先他给"性"与"伪"作了一个说明：

> 凡性，不可学，不可事；礼义者，圣人之主也，人人所学而能，所事而成者也。不可学，不可事，而在天者谓之性。可学而能，可事而成之在人者，谓之术。（《性恶》）

在这里，第一他认为人性是同一的。他说："凡人之性者：尧舜之与桀跖，其性一也；君子之与小人，其性一也。"这又作为其"法后王"的贤能政治之哲学基础。第二他也认为性是"先验的"存在着的；礼义则是"后天"的由"伪"而来的。但何以证明人类的先验的"性"之存在呢？他说：

> 凡人有所一同：饥而欲食，寒而欲暖，劳而欲息，好利而恶害，是人之所生而有也……是禹桀之所同也；目辨白黑美恶，而耳辨声音清浊，口辨酸咸甘苦，鼻辨芬芳腥臊，肤理辨寒暑疾养，是又人之所常生而有也……是禹桀之所同也。可以为尧舜，可以为桀跖，可以为工匠，可以为农贾；在势注错习俗之所积耳，是又人之所生而有也，是无待然而然也，是禹桀之所同也。（《荣辱篇》）

在这里，他也和孟轲一样，对他所要说明的问题依样没有进步，而只是独断的先验的认定。

然而他又是怎样证明"人性"是"恶"的呢？第一他从人之"为利"，"好声色"，"疾恶"等表征上去企图证明：

> 今人之性，生而有好利焉。顺是故争夺生，辞让亡焉。生而有疾恶焉，顺是故残贼生，而忠信亡焉。生而有耳目之欲，有好声色焉。顺是故淫乱生，而礼义文理亡焉。顺人之情，必出于争夺，合于犯分乱理，而归于暴。故必将有师法之化，礼义之道，然后出于辞让，合于文理，而归于治。由此观之，然则人之性恶明矣。其善者伪也。（《性恶》）

其次他又从金石木材等物性去证明：

> 故拘木必将待檃栝蒸矫然后直，钝金必将待磨厉然后利，今人之性恶，必将待法师然后正，得礼义然后治。今人无师法，则偏险而不正，无礼义，则悖乱而不治。古圣人以人之性恶，……是以为之起礼义，制法度。

更次他又从耳目等感官上去与以证明。

> 今人之性，目可以听，耳可以见。夫可以见之，明不离目；可以听之，聪不离耳。目明而聪，不可学明矣。孟子曰：今人之性善。将失丧其性故也。曰：若是则过人矣。今之性，生而离；其朴离，其次必失而丧之。由是观之，然则人之性恶明矣。

最后他又从人类对衣、食、安乐等要求之表征上去证明：

> 今人之性，饥而欲饱，寒而欲暖，劳而欲休，此人之情性也。今人饥见长而不敢先食者，将有所让也；劳而不敢求息者，将有所代也。夫子之让乎父，弟之让乎兄；子之代乎父，弟之代乎兄；此二行者，皆反于性而悖于情也。然而孝子之道，礼义之文礼也。故顺情性，则不辞让矣。辞让则悖于情性矣。用是观之，然则人之性恶明矣，其善者伪也。（《性恶》)

这缘他在一方面不了解有机物之生存的本领，一方面不了解人类生活诸关系的核心所在，而流于这种诡辩论，从其历史的地位说，是无足怪的。

但是他既认为人性恶，又怎样能转出那一统制社会的标准——"礼义"和"法度"来呢？他托为问答的口吻说：

> 问者曰："人之性恶，则礼义恶生？"应之曰："凡礼义者，是生于圣人之伪，非故生于人之性也。……圣人积思虑习伪，是故以生礼义而起法度。"

然而这"伪"又何自而起呢？

感而自然，不待事而后生之者也，夫感而不然，必且待事而后然者，谓之生于伪。是性伪之所生，其不同之征也。故圣人化性而起伪。伪起而生礼义，礼义生而制法度。然而礼义法度者，是圣人之所生也。故圣人之所以同于众，其不异于众者性也；所以异而过于众者，伪也。

因而他认为其所谓"伪"是起于人类的感官作用。但"人性"既是"恶"的，"圣人"的感官又怎能"化性起伪"，而不扩大其"恶"的发展呢？荀卿在这里，又构成其自己的一个矛盾。不过他在这里，若是认感官是"化性起伪"的第一义的东西，那却尚不失为客观论的说明；在他，却还有统制感官作用的"心"才是第一义的东西。例如他说："心也者，道之工宰也。"（《正名》）"心者，刑之君也，神明之主也，出令而不受令。"（《解蔽》）然而"心"与"性"及感官的相互作用又怎样呢？他说："人之好恶、喜怒、安乐谓之情；情至而心为之择，谓之虑；心虑而能为之动，谓之伪。"（《正名》）心为什么有这种主宰作用呢？他说：因为"心"是"虚"而"静"的东西。因而曾经触到客观论之边际的荀卿，在这里，便完全又回到主观观念论的家系中去了。

其次，他既然主张人性是同一的，那为什么又有"君子"与"小人"之别呢？这是很重要的一点。假若他不去找出其解释的根据，那就无以别于杨墨了。惟其从他的人性同一的逻辑出发，当然也不能不认为人人有为"圣人"和"君子"的可能。所以他说：

涂之人可以为禹，曷谓也？曰：凡禹之所以为禹者，其为仁义法正也。然则仁义法正有可知可能之理。然而涂之人也，皆有可以知仁义法正之质，皆有可以能仁义法正之具。然则其可以为禹明矣。（《性恶》）

他在这里找着了由新兴地主来代替旧封建领主，把等级封建制重建的根系。在另一方面，他认为人性虽属是同一的，但由于"知"的修养与"积伪"的悬殊，因而便发生在统治阶层内部之等级的差异；同时因为"小人"不知修养与"积伪"，只知"纵性情"，所以便成为被统治者。他这种解释，完全同孔孟是同一的。他说：

> 涂之人百姓，积善而全尽，谓之圣人。彼求之而后得，为之而后成，积之而后高，尽之而后圣。圣人也者，人之所积也。人积耕耨而为农夫，积斫削而为工匠，积贩货而为商贾，积礼义而为君子。工匠之子莫不继事，而都国之民安习其服。居楚而楚，居越而越，居夏而夏；此非天性也，积靡使然也。故人知谨注错，积习俗；大积靡则为君子矣。纵情性而不足问学，则为小人矣。（《儒效》）

因而"知"的修养与"积伪"，便成了"君子"的专业；同时生产者便也"积"于其所业，而被抛出于"积伪"的领域之外；这样形成"劳力"与"劳心"的分工。而且社会是非有由"积伪"而创立的"礼义"与"法度"来统制不可的，因而"积伪"的君子便获得了"治人"的专责；积业的"小人"却反而非有那班"积伪"的君子来统治不可——他们只知"纵性情"而不知改变恶的本性，便是天生的"治于人"者。他在这里也和孟轲达到同一的结论。

不过荀卿之所谓"伪"，却含着一个对自然斗争的意义。因而在这里，第一他便不能不否定"天"与"命"，第二他便不能不提倡"人定胜天"的说教。所以他说：

> 故君子敬其在己者，而不慕其在天者；小人错其在己者，而慕其在天者。君子敬其在己，而不慕其在天者，是以日进也；小人错其在己而慕其在天者，是以日退也。（《天论》）

他不但不主张"慕其在天";而且说"惟圣人为不求知天"。不但主张"不求知天",而且又主张"制天"——即克服自然。他说:

> 大天而思之,孰与物畜而判裁之?从天而颂之,孰与制天命而用之?望时而待之,孰与应时而使之?因物而多之,孰与独能而化之?思物而物之,孰与理物而勿失之也?愿于物之所以生,孰与有物之所以成?故错人而思天,则失万物之情。(同上)

在这一点上,荀卿代表了儒家思想的一个大转换点,同时亦表现了社会意识的一大转换点。

(三) 社会论——"群"与"分"

荀卿从"性恶"论之人性同一的观点,由"修养"与"积伪"而曲折到"君子"与"小人"之两社会阶级的分裂的由来,而确定其社会观——政治观的立场。

在其社会观的立论上,人必须要"群"才能生存;易言之,即谓人是社会的动物。人所以不同于植物和其他动物,也便在这一点上。所以他说:

> 水火有气而无生,草木有生而无知,禽兽有知而无义;人有气有知有生亦且有义,故最为天下贵也。力不若牛,走不若马,而牛马为用,何也?曰:人能群,彼不能群也。(《王制》)

因而人性虽"恶",但为其生存而不能不"群"。但"群"与"性恶"却是矛盾的,所以便不能不拿"分"来节制各人的"性恶"的物欲等天性;这样便自然能"群"了。所以他继续又说:

> 人何以能群?曰分。分何以能行?曰义。故义以分则和,和则一,一则多力,多力则强,强则胜物。故宫室可得而居也。故序四时,载万物,兼利天下,无他故焉,得之分

义也。(同上)

反过来说，无"分"便不能"群"，不能"群"人便不能"胜物"；从而人类全体的生活便都要受着威吓。"人之生不能群。群而无分则争，争则乱，乱则穷矣。故无分者，人之大害也；有分者，天下之大本也。"(《富国》)

"分"何自起呢？他说"以义"，"以义"而定出的"分"的节文便是"礼"。但性恶的人类谁能为"以义"定"分"，从而制"礼"呢？他说："圣人。"因而在社会学上，他又找着其统治者之发生的由来的根据。故说：

> 礼起于何也？曰：人生有欲，欲而不得，则不能无求，求而无度量分界，则不能不争，争则乱，乱则穷。先王恶其乱也，故制礼义以分之，以养人之欲，给人之求；使欲必不能穷乎物，物必不曲于欲，两者相持而长，是礼之所起也。(《礼论》)

这种"圣人"是哪里生出来的呢？他说：不但由于"修养"与"积伪"，他们而且是天生的(天地生君子)。因而从"群"中就"分"出"治人者"的"君子"，那而且是为应着公众的需要而"天造地设"的。故说：

> 天地生君子，君子理天地。君子者，天地之参也，万物之总也，民之父母也，无君子，则天地不理，礼义无统，上无君师，下无父子夫妇，是谓之至乱。君臣，父子，兄弟，夫妇，始则终，终则始，与天地同理，与万世同久，是之谓大本。故：君君，臣臣，父父，子子，兄兄，弟弟，一也。农农，士士，工工，商商，一也。(《王制》)

他在这里，一面说明"治人者"之发生的由来，而确立其存在之社会根据。一面又以同一的理由去说明孔孟之一贯相传的"宗法制度"之社会根据；一面更以同一的理由去说明"治人者"与

"治于人者"以及社会的分工的由来,并把他确固化。

在另一方面,对社会等级的差别,他认为是由各人所具的"知贤愚能不能"之"分"而分化出来的天然的差别,"圣人"不过因这种天然的差别而"制义以定分"。例如说:

> 夫贵为天子,富有天下,是人情之所同欲也,然则从人之所欲,则势不能容,物不能赡也。故先王为之制义以分之。使贵贱之等,长幼之差,知贤愚能不能之分,皆使人载事而各得其宜。

当然,假使人人皆去作"治人者",又谁来供给剩余劳动的生产呢?假使"治人者"多,而"治于人者"少,剩余生产物也自然会发生"不能赡"的现象。因而他认为社会内的治者的数量不要过多,应该把多数人都去作剩余劳动的生产者。《富国篇》说:"观国之强弱……其耕者乐田,其战士安难,其百姓好法,其朝廷隆礼,其卿相调议,是治国已。"反之,"士大夫众,则国贫;工商众,则国贫。下贫则上贫,下富则上富。"所以他认为如次样的一种社会的组织才是合理的:

> 农分田而耕,贾分货而贩,百工分事而劝,士大夫分职而听,建国诸侯之君分土而守,三公总方而议,则天子共己而已。……是百王之所同也,而礼法之大分也。(《王霸》)

作为维系这种社会的政治的组织之骨干的便是"礼","礼"的内容则是:"礼者,贵贱有等,长幼有差,贫富轻重各有称者也。"(同上)所以他在这里,一面把封建制的社会的——政治的等级构成,重新说明;一面把孔子的"礼"的等级性重新说明。

(四) 政治论

在荀卿的政治见解上,他并不否认等级构成的初期封建制,在原则上,且与以确认。不过他认为当时的旧封建领主已经完全腐化；而且新兴地主已成为社会的实际力量者。因而他主张由这种社会的实际权力者——新兴地主把初期封建社会的政治重建，同时便不能不把旧的封建领主否定。但是旧的封建贵族之存在的依据是"天"与"命"；并不是他们的智能如此。荀卿在这一点上，对所谓"受命于天"的原理便予以根本的否定，而主张由贤能来组织政权。不过在他看来，人的贤能的程度也是齐一的，所以该照他们的程度而派生为各级的统治者。故说："上贤禄天下，次贤禄一国，下贤禄田邑，原悫之民完衣食。"（《正论》）把各级的封建领主在这一原则下重现出来，但是贤能的子孙却未必是贤能，所以在这一点上，他认为封建领主的世袭与否，则以其子孙的贤能与否以为定。"不问其世族也。"所以说：

贤能不待次而举，罢不能不待顷而废，元恶不待教而诛，中庸杂民不待政而化。分未定也，则有昭缪也。虽王公士大夫之子孙也，不能属于礼义，则归之庶人。虽庶人之子孙也，积文学正身行能，属于礼义，则归之卿相士大夫。

（《王制》）

在这里所谓庶人，是指新兴地主而说的。

然而各级的领主不世袭时，其所领有的领邑又如何呢？因为在新兴地主土地所有诸关系的基础上，领邑的内容也不同于从前的，而占有土地的封建地主，尽可存在于领邑内，而不必是从前那样的权力者。他们由农民征取剩余劳动，领主则征取什一税。所以他说："田野什一"（《王制》）。在这一点上，他的思想，恰表示由旧的封建领主政治到新兴地主政治思想的一个过渡。

但是君子的能力（《贤能》）从哪一方面表现呢？那便是"治人"的本事；生产上的技术智识，却算不得智能，而是在贤能的领域之外的。故说："相高下，视肥硗，序五种，君子不如农人；通货财，相美恶，辨贵贱，君子不如贾人；设规矩，陈绳墨，设备用，君子不如商人。……若夫适德而定次，量能而授官，使贤不肖皆得其位，能不能皆得其官，万物得其宜，事变得其应。慎墨不得进其谈，惠施、邓析不敢窜其詧。言必当治，事必当务，是然后君子之所专也。"(《儒效》)易言之，君子所能的便是这一套治术；至那种生产技术的智能，则系"小人之事也"。那么，人只要有这一套治术的本领，哪怕你是贫且贱者，便均能候补君子。但这种事情能从哪里去求得呢？他说只有"学"能满足这种要求。所以他说：

> 我欲贱而贵，愚而知，贫而富，可乎？曰：其唯学乎？彼学者，行之曰士也敦慕君子焉，知之圣人也。上为圣人，下为士君子，孰禁我哉。(《儒效》)

这种由"学"以登富贵的"儒效"——仕途，充分包含着软性的欺骗作用，在此后中国社会的一个长时间——封建地主的社会内，曾尽了一个很大的作用。然而有力去从事这种"学"的，当然又只有"士"；易言之，当然只有有产者的子弟才有可能；那终日"积"于其生产技能的生产者——农工，无疑是无力治"学"的。这样，"治人者"将永远出自"治人者"的集团内，"治于人者"亦将永为"治于人者"(农之子常为农，工之子常为工)。

他为要使他的理论得到确立，便不能不否定古代，而主张所谓"法后王"。故说："天地始者，今日是也。"(《不苟》)其非古的理由是："文久而息，节族久不绝，守法数之有司极礼而褫。故曰，欲观圣王之迹，则于其粲然者矣，后者是也。"(《非相》)他这里的主要意思是"极礼而褫"，易言之，古法已穷，而当酌斟现实重立法度。他在这里虽仿似稍稍触着了一个动的观点，但实际他并不是从动的观点上去说的；恰恰相反，而在拿出一个"礼"把它久恒化，认为"变"只不过是形式的，而本质的"理"

却是永恒不变的。所以他说：

> 以人度人，以情度情，以类度类，以说度功，以道观尽，古今一度也。类不悖，虽久同理。（《非相》）

其次说到荀卿之所谓"礼"与"法"。荀卿的所谓"礼"，仍是统治阶级内部的等级的节文，与孔孟的意见，略无不同；而只是更具体了。对于"小人"的统治，则主张用法，他也同样在主张"礼不下庶人"的。所以《富国篇》说：

> 礼者，贵贱有等，长幼有差，贫富轻重皆有称者也。故天子袾裷衣冕，诸侯玄裷衣冕，大夫裨冕，士皮弁服。德必称位，位必称禄，禄以称用。由士以上，则以礼乐节之；众庶百姓，则以法数制之。

但在他的随人的贤能而发生的身份流动的基础上，关于"礼"的节文，也自然要不以其人，而当以其"位"和禄为准则，因而便不能不需要一个更具体的说明。所以"礼"在荀卿的理论体系中，亦不能不带着一点"法"内容。于是处置统治层内部的"礼"与统治小人的"法"之两者便显化而成为所谓"法度"。故《修身篇》说："非礼，是无法也。""学也者，礼法也。"《劝学篇》亦曰："礼者，法之大分。"且有"法之不行，自上犯之"之语。荀卿在这里的理论，恰充任了由孔孟的"礼治"主义到韩非李斯的"法治"主义之过渡的桥梁。

统治者依照这种法度去行统治，并以之强制人民遵守；只要这两方面都能奉守惟谨，便会形成裕民之政。什么是裕民之政呢？《富国篇》说：

> 量地而立国，计利而畜民，度人力必受事。使民而胜事，事必出利，利足以生民，皆衣食为用出入相掩。必时藏余，谓之称数。故自天子通于庶人，事无大小多少，由是推之。故曰："朝无幸位，民无幸生"，此之谓也。轻田野之

税，平关市之征，省高价之数，罕兴力役，无夺农时，如是则富矣。夫是之谓以政裕民。

他虽然认为"法"的重要，依然认定"人治"的重要，认为若是主观的"人"的条件不合，法也是徒然的。《王制篇》说："有良法而乱者有之矣。有君子而乱者，自古及今，未尝闻也。"为什么呢？因为"法不能独立，类不能自行。得其人则存，失其人则亡。"（《君道》）在这一点上，正是他只能从维持等级制的政治上去说教，不这样，便和他自己的立场会根本矛盾。

但是"人"和"法"的两种条件都具备之后就满足了吗？他说，这也不然，还必须那执行"法"的人要有势，"法"才能发生力量；否则"法"也不过是具文而已。故他说：

人主者，天下之利势也。（《王霸》）

造父者，天下之善御者也。无马则无所见其能。羿者，天下之善射者也，无弧矢，则无所见其巧。大儒者，善调一天下者也，无百里之地，则无见其功。（《儒效》）

为什么呢？因为，"人之生固小人，无师，无法，则惟利之见耳。人之生固小人，又以遇乱世，得乱俗，是以小重小，以乱得乱也。君子非得势以临之，则能由得开内焉。"（《荣辱》）有了势，然后人民有违法或乱法者，便无拿严刑酷罚去制裁，镇压，故《性恶篇》说：

古之圣人以人之性恶，以为偏险而不正，悖乱而不治，故为之立君上之势以临之，明礼义以化之，起法正以治之，重刑罚以禁之，使天下皆出于治，合于善也。……今当试去君上之势，无礼义之化，去使正之治，无刑罚之禁，倚而观天下民人之相与也，若是则夫强者害弱而夺之，众者暴寡而哗之，天下之悖乱而相亡，不待顷矣。

听政之大分，以善至者，待之以礼；以不善至者，待之

以刑，两者分别，则贤不肖不杂，是非不乱(《王制》)

从而他既认为"刑"是"治人者"的必要武器；同时为适应在他的当时，"治于人者"的反抗和骚动的严重化的情势下，他便主张用重刑去镇压。《正论篇》说：

> 轻其刑，然则杀人者不死，伤人者不刑也。罪至重而刑至轻，庸人不知恶矣，乱莫大焉。刑人之本，禁暴恶恶，且惩其末也。

> 夫征暴诛悍，治之盛也。杀人者杀，伤人者刑，是百王之所同也。……刑称罪则治，不称罪则乱。故治则刑重，乱则刑轻。犯治之罪固重，犯乱之刑固轻也。

有势，然后名亦得而正也。不过他之所谓正名，一方面是属于其伦理学，这里不具论。一面便是正其礼义法度以及言谈思想等。

他认为"辟说邪言"是妨碍"正名"，破坏"礼义"、"法度"的。所以他主张不与辩争，由统治者应用"势"去制裁；易言之，他主张统治思想和言论。《正名篇》说：

> 凡辟说邪言之离正道而擅作者，无不类于惑者矣。故明知其分而不与辩也，夫民易一以道，而不可与其故。故明君临之以势，道之以道，申之以命，章之以论，禁之以刑。

后来他的弟子李斯依照这一主张在秦国实施起来。因为在荀卿的当时，"治于人者"的阶级意识很是发达，他认为这尤其是应该禁止的；其次凡所以不同于他的主张者，他也认为同属危险物。《正名篇》说：

> 今圣人没，天下乱，奸言起。君子无势以临之，无刑以禁之，故辩说也。

从而他认为临之以势，禁之以刑，统制是能够实现的。《非十二子篇》说：

> 一天下，财万物，长养人民，兼利天下，通达之属莫不

从服，六说者立息，十二子迁化。则圣人之得势者，舜禹是也。今夫仁人也，将何务哉？上则法舜禹之制，下则法仲尼子弓之义，以务息十二子之说。如是则天下之害除，仁人之事毕，圣王之迹著矣。

故凡所谓"六家""十二子"的学说，他认为都应在禁止之列的。不过荀卿不懂得，"六家""十二子"的书籍学说是能以禁止其流行的，但又有何种方法去禁止人民的思想呢？而况"六家""十二子"的学说于荀卿的当时究有何危害呢？

(原载《中山文化教育馆季刊》第 2 卷第 3 期，1935 年 7 月 10 日)

老聃派哲学思想的发展
——由老聃到庄周

一 老聃的辩证观念论

(一)《老子》成书的时代及老聃的社会身份

我们研究道家的思想，第一重要的，得略为提述一下老子出世的时代问题。关于这一问题，最初是梁任公先生提出的。但梁氏所提出的六大理由，已在张煦等人的笔下受着"裁判"，此外的一些借"疑古"而闻名的历史家，便不过把梁氏所提出的问题一再重复。(我不反对"疑古"，且认为必要；只是不同情以"疑古"为能事的诡辩家。我主张用否定之否定的方法去接收疑古的成绩)但我这里不能详细引述，请读者去参看《古史辨》第4册，第303—518页。我这里只提出疑古家无可置疑的三点来——因为《庄子》和《孝经》中所列孔子入周见老子的故事，并不曾取得我们的疑古家的同意。

1. 胡适之君说："《史记·孔子世家》和《老子列传》，孔子曾见过老子。这事不知在何年？但据《史记》孔子与南宫敬叔同适周。又据《左传》，孟僖子将死，命孟懿子南宫敬叔从孔子学礼（昭七年）。孟僖子死于昭公二十四年二月。清人阎若璩因

《礼记》曾子问孔子曰:'昔吾从老聃从葬于党巷及堰,日有食之。'遂推算昭公二十四年夏五月乙未朔巳时日食,恰入食限。阎氏因断定孔子适周见老子在昭公二十四年,当孔子三十四岁。(《四书释地续》)"

2. 《论语·述而篇》说:"述而不作,信而好古,窃比我于老彭。"似此,老彭至少和孔子同时,或在其前,而且老彭是一位为孔子所崇敬的思想家或著述家。《论语·宪问篇》说:"或曰:'以德报怨。'何如?"《老子》六十三章说:"大小多少,报怨以德。"《宪问篇》又说:"仁者必有勇。"《老子》六十七章说:"慈故能勇。"《论语·卫灵公篇》说:"无为而治者,其舜也与?"老子说:"无为而治。"又《述而篇》云:"圣人吾不得而见之矣,得见君子者斯可矣。……亡而为有,虚而为盈,约而为泰。"这明显的系受了老子思想的影响。传说并有老子教孔子云:"良贾深藏若虚,君子盛德,容貌若愚。"(参看黄方刚《老子年代之考证》)"

3. 《老子》五千言中所说明的时代社会——无论在经济构成上或意识形态上——以及其所表现的阶级性,一方面恰合于春秋末期之封建兼并的时代背景,一方面恰合于春秋末期之没落贵族的身份言论。若果我们确认人类的思想不能离开社会而孤立存在这一理论的正确,则对《老子》出世的时代便不难明白。那班"疑古专家"把人类的意识和其实践生活隔离起来,去从事其所谓考古工作,其不能得着若何圆满结果,自无足怪。独是叶青君也不知从这一原理上去判定《老子》的时代,也依样拊拾诡辩论者的"牙慧",殊令人惊异——自然,在他们之间,曾有着血缘关系。

有人说老聃就是太史儋(创此说者为毕沅与汪中),我前此亦颇以为是;但细考太史儋于孔子卒后百零六年见秦孝公(《史记》谓为百二十九年），其时为三十九岁，是其生在孔子六七十年后，与《论语》所说老彭不符。又有谓老子为关尹者。实则这种诡辩尤无必要。因为我们只在说明某一时代有某种思想代表已足。

因而近人唐兰君在其《老聃的姓名和时代考》一文中结论所云："子、老聃和老子是一人。丑、老聃较在孔子前。寅、《道德经》是老聃的遗言。""老子《道德经》除了有一部分后人搀入错乱以外，我们可以信为是老聃手著的。"单从唐君的这一结论说，是正确的。（参看该文，集见《古史辨》第四册）

其次我们说到老聃的阶级身份，这是最重要的。否则，我们便无由说明其思想体系。但有人说，老子是西周末没落的奴隶主贵族；可是西周并不是奴隶制度社会（详见拙著《中国社会史》第二分册）。又有人说他是战国末期的具有"士"的身份的"小农"。但老聃非战国末人，而所谓"小农"和"士"的身份统一的概念，也是十分模糊的。他如胡适之君则谓其为春秋时的"极端破坏派"，梁启超则称之为战国末的"平民阶级"，便更呈概念上的模糊了。这在一方面，缘于各人在哲学的概念上的模糊和社会学理论的欠素养，一方面由于可靠史料的欠丰富。不过较细心的去析解，老子的社会身份却是十分明白的。

据《庄子·天下篇》说：

> 孔子西藏书于周室，子路谋曰："由闻周之征藏史有老聃者，免为归居，夫子欲藏书，则试往因焉？"

司马迁亦称老聃为周"守藏史"。但在孔子以前，求智识是封建贵族的专利，平民是没有这种权利的；故《礼记·王制篇》附拾传闻云："天子命之教，然后为学……天子曰辟雍，诸侯曰頖宫。"至孔子在他的"有教无类"的口号下，才把受教者的范围稍稍扩大；不过事实上，还只扩充到"士"的阶层及一部分新兴地主——商人的子弟。然而《老子》所表现的意识，又是完全和新兴地主——商人相反的。因而老聃便无疑是属于统治层中之一分子。不过他由楚跑到周去作"守藏史"，必已失去其自有的领地。在春秋数百年间，由于强大领主的兼并，曾引起若干中小领主的没落，这种没落者的呼声和其愤懑情绪，在老聃的全部著作中能充分表现出来。

近人有因老聃思想体系中有辩证的观点，便误认他为属于被统治阶层。然而黑格尔为什么能发现辩证法呢？于是便不能不归究到认识论上去。自然，唯心和唯物正是"治人者"和"治于人者"的认识论上之根本的分野；因而便又有把老聃化装为辩证唯物论者而出现，实则在老聃的哲学体系中具有第一义的决定的东西，并不是"名"和"朴"，而是"玄之又玄"的"道"，下面再说。

(二) 老聃的认识论

在这里，我们进而考察老聃的认识论。

如上所述，有些学者，把老聃一拿入哲学的范畴中，便说他是辩证唯物论者；一拿入到政治科学的范畴中，他同时便又成了社会主义的学者。实则一个没落的封建贵族，其自身犹附丽在不劳而食的队伍中的老聃，能发明辩证唯物论和社会主义，宁非中国历史上之一大奇迹。

从老聃的整个思想体系中去考察，且从而以之与其实践生活联系起来去加以考察，则在其思想体系中，确曾应用了一个辩证的观点。在其全部著作中常常把事物的现象从对立方面去说明，如刚—柔，牝—牡，雌—雄，善—恶，美—丑，祸—福，利—害，曲—直，洼—盈，虚—实，强—弱，兴—废，夺—与，厚—薄，进—退，得—亡，贵—贱，……这是他发现了现象之对立的矛盾性，企图从矛盾的对立性中去说明现象且从而实象。因而他同时把一般认作绝对的"是非"也都否定了。他说：

> 唯之与阿，相去几何？善之与恶，相去何若？

于是他又进而说明事物之否定其自身的现象，例如他说：

> 正复为奇，善复为妖。
>
> 祸兮福所倚，福兮祸所伏。

这就是说："肯定"的"祸"的自身的"否定"便是"福"，"福"又有其自身的"否定"而转化为"祸"，他从这里又企图进而去说明事物之发展法则，而归结出"道生一，一生二，二生三，三生万物"的原理。同时他可从外在的关联上企图去说明由"量"到"质"的循环变化。他说：

> 天下皆知美之为美，斯恶矣，皆知善之为善，斯不善矣。有无相生，难易相成，长短相较，高下相倾，声音相和，前后相随。

然而老聃恰恰止住在这里便不能前进了。他一方面只了解事物之外的矛盾的对立，而不了解内在矛盾之斗争的统一，因而便无法了解由量到质的变化以及由新质而引入新量的发展之事物的自己运动的内在的必然性，而只是当作观念的变动，从而便认为事物自身是无变动的。从而从浮现于外的矛盾的现象上出发，便很自然的达到其历史的循环运动的见解。因而他从这里便又回到"自然主义"和"复古主义"中去了，这由于在其没落的封建贵族的实践生活中，一方面感到其自身阶级地位的没落，与新兴地主——商人的代起（他也不了解这种在渐变过程中所引起之部分突变的法则）给予他对社会变动现象的认识；另一方面，在历史上，没落的封建贵族，并不能扮演为进步阶级而登场，便很自然的只肯从愤恨现状中去留恋过去，不肯而且不能彻底地去否定现状，作更积极的了解。因此，老聃虽曾把握了辩证法之正反对立的观点,但不能深入到对立物之斗争的统一的理解。一方面仍是形而上学的;他方面,他不能进入到唯物论,仍旧把辩证法的首尾倒置。

因而在他说到物质和精神的依存关系时,虽还承认本体(朴)是先于概念(名)而存在的;但当他进一步去究问本体的究极时,便又绕回去了。本体究竟是自身存在的物质还是什么呢?他的答案是:"天地万物生于有,有生于无。"(四十一章)这"无"又是什么呢?在他看来,在没有人类社会的出生前,宇宙自体是否就存在着呢?宇宙自体又是在一种怎样的状态中存在着的呢?他的答案是:

> 有物混成,先天地生,寂兮寥兮,独立而不改,周行而不殆,可以为天下母。吾不知其名,字之曰道,强为之名曰大。
>
> 无名天地之始,有名万物之母。

是存在系先于概念而自在的。但这"先天地生"的"无名之朴"又是怎样发生的呢?原来由于那不知所以名而名之的"道"在那里生作用。然而道又是什么东西呢?他说:

> 道之为物,惟恍惟惚。惚兮恍兮,其中有象;恍兮惚兮,其中有物;窈兮冥兮,其中有精,其精甚真,其中有信。

然而在这里,还可以把他的所谓"道"解作星云气体中的各种物质原素,把存在于星云气体的混沌状态中的宇宙解作他的所谓"无";从星云气体的凝结以至万物的发生解作为他的所谓"有"。可是他又曾说过:"吾所以有大患者,为吾有身;及吾无身,吾有何患?""善摄生者……以其无死也"是明明把精神的"我"和物质的"我"对立着,易言之,在他看来,离开物质的我,还有一个精神的真我存在。又云:"夫物芸芸,各复归其根,归根曰静，是曰复命，复命曰常。"在这里，所谓"命"即是精神，亦可意义为所谓"灵魂"；另一方面便由此而达到本体原是静的他的见解。所以他之所谓"道"的内容，并不是物质性的东西，而是精神的东西。

所以在他看来，这"道"的作用，是我们人间世界所不能知晓的"玄之又玄"的东西，是造化的主宰（众妙之门）。所以他又说：

道可道，非常道；名可名，非常名。无名，天地之始，有名，万物之母。故常无欲，以观其妙；常有欲，以观其徼。此两者同，出而异名，同谓之玄，玄之又玄，众妙之门。

天之道，不争而善胜，不言而善应，不召而自来，默然而善谋。

道常无为，而无不为。

因而不但只有这"常无为而无不为"的"道"，才是自身存在着的（道法自然）而且"天"和"道"，还是意识的在主宰万物。所以在老聃思想的体系中，"道"才是第一义的，"名"和"朴"不过是第二义的东西。"道"是创造宇宙，统治宇宙的最高主宰（道冲而用之……渊兮似万物之宗）。虽然如此，"强为之名"又可称作"大"的"道"，又是"万物归焉而不为之主"的，因为他虽然"无不为"，却又"无为"。老聃在这里，不但是一个不可知论者，而且完全成了一个有神论者。所以他说："天得一以清，地得一以宁，神得一以灵……万物得一以生，侯王得一以为天下正。"其公然在承认"神"的存在（自然，在历史上，只有蒲罗来达黎阿才是最彻底的无神论者），因而他在究极上，还是以一个十足的观念论者而出现。

另一方面，从其正反对立之外在矛盾对立的观点上，却达到其循环论的见解。故说:"复归于无极……复归于朴","各复归其根"。"其事好还"。"复归于婴孩"。因而归结出取消事物之发展与变化的复古的他的主观期望,更从而否认人类之现实的自生,生存,存在为必要。故说:"夫唯无以生为者,是贤于贵生。""天地所以能长且久者,以其不自生。""善摄生者……以其无死也。"这达到其和佛家的同样的人生观。

(三) 老聃的政治哲学

老聃从他的认识论出发,企图把其理论应用到实践上,便归结出如次的一个原则:"王法地,地法天,天法道,道法自然。"把他所认识的宇宙界和社会界的主宰排成这样一个纵的联系。从而他认为"道"既是"无为而无不为"的,那么"道"所派生的人类社会,也便应该"无为而无不为"。这样把他的宇宙论和社会论在"无为"的原则下面统一起来。因而他说:

处无为之事,行不言之教,万物作焉而不为始,生而不有,为而不恃。

我无为而民自化,我好静而民自正;我无事而民自富,我无欲而民自朴。其政闷闷,其民醇醇;其政察察,其民缺缺。

道常无为而无不为,侯王若能守之,万物将自化。

民之难治,以其上之有为,是以难治。

上德无为而无不为,下德为之而无以为。

他认为人类社会间的一切罪恶,都是由于"有为"所引发出来的。"有为"所以才发生大封主并吞小封主,被治者反对治者,以及中小封主的没落和新兴地主——商人的代起之阶级地主的变动。他一方面又看见这种变动是由于社会自身之矛盾的发展,但在另一方面又受着其自身所处的阶级地位的拘限,不能从进化的观点上去理解存在着的社会现象之矛盾的发展法则，构成其自身在理解上的矛盾。在这矛盾的交叉点上，不知如何去把握变动的法则，反浮回到表层上，只去作如何消灭这种变动的因子的设想。由于他不了解构成物之自身运动的物之内在的矛盾的斗争，只了解对立物的矛盾的斗争，所以他认为只要消灭外在的矛盾的因子，运动便可以停止了。所以他认为这种变动都是由于"有为"而引起的；如果人类都肯"法自然"的"无为"，不但这种社会的变动便可以停止，阶级的地位，可以永久的固定着，阶级间的仇视永远不会发生，而且他所梦想的封建社会初期的社会秩序，也便可以永远的维系其存在。同时，他以为引起这种变动的，最主要的在由于封主们和新兴地主——商人们的太重视"有为"，前者由"有为"发动去从事战争，开辟土地，而造成互相兼并的罪恶，后者由"有为"发动，为贪财市利而造成种种社会罪恶。所以他对这两种人的"有为"，便益加深恶痛绝。他痛骂那班"内杂霸"而"外仁义"的封主们说：

大道废，有仁义，智慧出，有大伪，六亲不和有孝慈，国家昏乱有忠臣。

绝圣弃智，民利百信，绝仁弃义，民复慈孝。

师之所处，荆棘生焉。大军之后，必有凶年。

佳兵者不祥之器，物或恶之。

胜而不美，而美之者，是乐杀人。夫乐杀人者，则不可以得志于天下矣。

天下无道，戎马生于郊。

以智治国，国之贼；不以智治国，国之福。

他不但反对封主们使用智巧去施行横征暴敛的统治；而且根本主张非战，并从当时由战争所发生的各种恶果去阐明其非战的理由。这是完全从其自身所感受的痛苦发露出来的。他又痛骂新兴地主——商人们说：

> 绝巧弃利，盗贼无有。
>
> 天下多忌讳，而民弥贫。民多利器，国家滋昏。人多伎巧，奇物滋起。法令滋彰，盗贼多有。
>
> 五色令人目盲，五音令人耳聋，五味令人口爽，驰骋田猎，令人心发狂，难得之货，令人行妨。
>
> 不贵难得之货，使民不盗。
>
> 金玉满堂，莫之能守；富贵而骄，自遗其咎。

在这里，不但痛斥商人为造成社会内所有豪奢盗贼等现象的罪人，且充分表露其对那班暴发户的富人的疾忌。

他认为只要从人类的观念上的转变，改变这种"有为"的观念，则构成社会变动之外的矛盾，便可以消灭了一大半，从而社会的变动便可以大部的转入静止的状态。但是这种"有为"又是客观地存在着的，这一矛盾又怎样去解决呢？于是他又转入到他的主观上的人生哲学的概念中去求补救，易言之，即祈望人们的观念之自动的转变。所以他说：

> 见素抱朴，少私寡欲，绝学无忧。
>
> 众人熙熙，如享太牢，如登春台；我独归兮其未兆，如婴儿之未孩，儽儽兮若无所归。众人皆有余而我独若遗，我愚人之心也哉！沌沌兮，俗人昭昭，我独昏昏；俗人察察，我独闷闷。澹兮其若海，飂兮若无止。众人皆有以，而我独顽似鄙。

他不了解人类社会间各种观念形态的构成和转变，并不是决定于其自身，反而同是被决定的。另一方面，作为其根基的社会矛盾的存在，各种复杂的观念形态便也跟着其存在发展而存在发展的。自然，在这些处所，也正在表现老聃的观念论。

他这样把统治阶级的方面安排之后，于是便转到被统治阶级的农民方面来了。为要使农民能长安于被统治被剥削的地位，在这一点上，他和儒家的意见完全是一致的，在根本原则上，同是愚民政策。他说：

> 古之善为道者，非以明民，将以愚之。民之难治，以其智多。故以智治国，国之贼；不以智治国，国之福。

> 不尚贤，使民不争；不贵难得之货，使民不为盗；不见可欲，使民心不乱，是以圣人之治，虚其心，实其腹，弱其意，强其骨，常使民无智无欲。

不过他虽然认为这是统治农民的最根本的办法；但若统治者对他们无限度的剥削，致他们无以为生，那么，"不能言语的奴隶"也会怠工的。农民们虽然"无知无欲"也会为其自身的生存而起来反抗的。所以他又说：

> 民之乱，以其上食税之多。

> 民之饥也，以其上食税之多也，是以饥。

因而统治者所取于农民的剩余劳动物，他并不认为不当，只是主张要有一定限度，不主张无限度的去激成"民饥"和"民乱"。因为超过某种限度外，刑罚也不能维持其效用的，故他曾说："民不畏死，奈何以死惧之！"

最后，归结到他的理想社会，他给示了如次的一个图式：

> 小国寡民，使有什伯人之器而不用，使民重死而不远徙。虽有舟车，无所乘之；虽有甲兵，无所陈之。使民复结绳而用之，甘其食，美其服，安其居，乐其俗。邻国相望，鸡犬之声相闻，民至老死不相往来。

在这种小国寡民的社会中，依他说来，也依样有"圣人"和"侯王"在那里"处无为之事，行不言之教"的。易言之，他并不否认"我无为而民自化"的"化"者和"为无为则无不治"的"治"者的存在。这犹之他主张复归于"无名之朴"以后，也依样不否认"道"的存在一样。所以他又很明白的说：

> 故道大，天大，地大，王亦大；域中有四大，而王居其一焉。王法地，地法天，天法道，道法自然。

> 朴散则为器，圣人用之则为官长。

> 侯王得一以为天下贞。

同时在这"小国寡民"的社会中，也依样有等级贵贱制度的存在，所以他说：

> 故贵以贱为本，高以下为基，是以侯王自谓疏寡不足。

其次，在"小国寡民"的"小国"之上，依他说来，也并不是没有大国的存在，不过治"大国"也当"无为"罢了。所以他说："治大国若烹小鲜。"

因此，老聃的理想政治，无宁是封建社会初期的一副构想图。

从而我们归结说：

1. 老聃之所以提出"小国寡民"的政治理想，正因为其自己所代表的社会阶层存在的依据，是封建初期的社会秩序。

2. 他之反对大封主和封建战争，正因为其自身所代表的社会地位，是消失在这种封建兼并的战争之下的。

3. 他之反对新兴地主——商人，正因为其自身没落的另一方面，是这些分子之部分的代起，而且商人又是促进封建战争的一个因子。

最后说到他的政治主张之所以不能实现，一方面，因为社会在其本质上便是不能后退的。一方面，他的主张和大地主及新兴地主——商人都有其矛盾性而立于利益相反的地位；从其所主张的既有剥削关系的维持这一基因上，和农民便根本的对立着；其自身所代表的没落集团，则已失去其社会政治的——经济的依据。

二 老聃哲学的发展——庄周的"出世主义"

(一) 庄周传略及其著作

《史记·老庄申韩列传》说:"庄子,蒙(今河南归德)人也,名周。"后人曾称他为宋人,又有称为魏人者。实则蒙地原属宋,后宋为魏所灭即属魏。《史记》并称:"周尝为蒙漆园吏,与梁惠王齐宣王同时。……楚威王闻庄周贤,使使厚币迎之,许以为相。"庄周却之。是:一、庄周曾为小吏;二、庄周与梁惠齐宣楚威同时。且与惠施为论敌,同时兼为好友。胡适之君谓庄周死于纪前275年左右。然据《史记》其与梁惠同时,按梁惠立于周烈六年,适为西纪前370年,是庄周应生于纪前370年前后。据张秉同君所考,谓庄周生于纪前355年,卒于纪前二七五年。此说较确。

其著述,据《汉书·艺文志》称有五十二篇,经晋郭蒙删定有今本《庄子》三十三篇,内篇七,外篇十五,杂篇十一。从来中外学者均谓内七篇为庄周亲著;其余为战国及秦汉之晚出道家所作,或系出自其门人笔记者,惟其中之《天下篇》,王夫子,姚鼐等均谓为庄周自序,日人渡边秀方亦认为系研究庄周思想之无二好史料。

在他的全部著作中没有提及孟子,因而近有谓庄周生于孟前者;渡边氏认为此系由于当时交通关系,他们没有接触的缘故。但梁惠齐宣均见于《孟子》,与孟轲为同时人。故渡边氏所见甚确。特附及之。

(二) 庄周的人生哲学

据叶青陶希圣各君的意见,庄周也是一个"辩证唯物论者"。

其实这并不曾摸索着庄周思想的边际。

庄周的思想体系是由老聃而一贯继承下来的，是老聃哲学的发展；只是第一点，他把它更深化更系统化，第二点，他在政治上已完全由老聃的复古论而转化为出世主义。关于前者，由于社会生产力的发展而作成其前提；关于后者，由于到庄周的时代，不但没落的封建领主的地位已全无复活的希望，即还存在着的"各国"领主亦不啻日暮途穷。因而在那一群没落分子的意识中，对一切都感觉根本的失望，由失望而转入到"出世"方面去。在这里，我们试考察一下目前的中国，为什么大批没落的封建残余分子，均在皈依佛法呢？这是可以应用同一的"逻辑"去说明的。

在叶青君他们看来，认为庄周正是一个革命的代表"工商业"者的思想家。果尔，则中国的"工商业"者由战国发展到现在，中国便应该成了"超帝国主义"了。无怪叶青等人估量中国目前的社会为资本主义社会。可惜这种估量始终都只是一种哲学的玄想。其实在庄周思想的全体系中，不但没有替"工商业"者说了半句话，而且根本在否定"工商业"者的存在为必要。《德充符篇》说："圣人不谋，恶用智？不斫，恶用胶？无丧，恶用德？不货，恶用商？"《胠箧篇》说："摘玉毁珠，小盗不起。……掊斗折衡，而民不争。……毁绝钩绳而弃规矩，攦工倕之指，而天下始人有其巧矣。"人类史上恐怕不会有这样"工商业"者的代言人吧？

又有人说庄周是无政府派的虚无主义者。实际上，还同时在主张"明""君臣之义"（《天下篇》）的庄周，又怎能和无政府虚无主义发生关系呢？这到后面再说。

在庄周的思想体系中，也确实曾包含着一个动的辩证的观点。例如他说：

方生方死，方死方生。(《齐物篇》)

察其始，而本无生；非徒无生也，而本无形；非徒无形也，而本无死，杂乎芒芴之间，变而有气，气变而有形，形变而有生，今又变而之死，是相与为春秋冬夏四时行也。(《至乐篇》)

夫大块载我以形，劳我以生，佚我以老，息我以死。(《大宗师篇》)

寂寞无形，化变无常。(《天下篇》)

在这里，他认为万物都是变动的，由"无"而生"有"，由"有"而后又归于"死灭"。这完全从老聃的思想中承袭下来的。这也由于他亲自感受着阶级地位的变动；他们自身的地位，原是被大封建领主的势力否定的，现在的大封建领主又已走上被新兴地主——商人所否定的途中——虽然是部分的突变形势。这种社会现实生活的事实，给予他对社会之一动的变化的感觉。因而在这种时代变动的潮流中，使他又不能不进而去追求人生的究竟，由人生之究竟之追求上，又不能不进而去追求宇宙的究竟。

在阶级地位变动的当中，使他感觉到：原来甲可以被否定而转化为乙，乙又可以被否定而成为丙。但是他在这里，并不能正确的进行辩证的把握，而只归结到宇宙间社会间的是非并没有固定的位置与标准。例如他说：

物无非彼，物无非是。自彼则不见，自知则知之。故曰：彼出于是，是亦因彼。彼是方生之说也。虽然，方生方死，方死方生，方可方不可，方不可方可。因是因非，因非因是。……是亦彼也，彼亦是也。彼亦一是非，此亦一是非。果且有彼是乎哉？果且无彼是乎哉？(《齐物篇》)

> 罔两问景曰："曩子行,今子止;曩子坐,今子起。何其无特操与?"景曰:"吾有待而然者耶?吾所待又有待而然者耶?吾待蛇蚹蜩翼耶?恶识所以然,恶识所以不然。"

因而他从这里便由相对论而转入到怀疑主义与不可知论。所以他继续又说：

> 自我观之,仁义之端,是非之涂,樊然淆乱,吾恶能知其辩?

> 既使我与若辩矣,若胜我,我不若胜,若果是也,我果非也耶?我胜若,若不我胜,我果是也,若果非也耶?其或是也,其或非也耶?其俱是也,其俱非也耶?我与若不能相知也。则人,同受其黮暗,吾谁使正之?使同乎若者正之,既与若同矣,恶能正之?使同乎我者正之,既同乎我矣,恶能正之?使异乎我与若者正之,既异乎我与若矣,恶能正之?使同乎我与若者正之,既同乎我与若矣,恶能正之?然则我与若与人俱不能相知也,而待彼也耶?（《齐物篇》）

这种主观的是非标准的形成,他也不知从构成社会矛盾之根底的生产关系即剥削关系的基础上去说明,而归咎于主观的个性。故说:"猿猵狙以为雌,麋与鹿交,鳅与鱼游。毛嫱丽姬,人之所美也,鱼见之深入,鸟见之高飞,麋鹿见之决骤。四者孰知天下之正色哉?"（《齐物篇》）

由怀疑论的观点出发,一面使自然会达到诡辩主义,所以庄周在这里,同时又表现其诡辩论的色彩。例如他说:

> 昔者庄周梦为胡蝶,栩栩然胡蝶也。自喻适志与?不知周也。俄而觉,则蘧蘧然周也。不知周之梦为胡蝶与?胡蝶之梦为周与?周与胡蝶则必有分矣,此之谓物化。（《齐物篇》）

> 庄子与惠子游于濠梁之上。庄子曰："儵鱼出游从容，是鱼之乐也。"惠子曰："子非鱼，安知鱼之乐？"庄子曰："子非我，安知我不知鱼之乐？"惠子曰："我非子，固不知子矣；子固非鱼也，子之不知鱼之乐，全矣。"庄子曰："请循其本。"惠子曰："汝安知鱼乐云者，既已知吾知之，而问我，我知之濠上也。"（《至乐篇》）

从这里转入到他的人生哲学，便形成其"出世主义"的立场。首先，他从相对论出发，第一他认为贵贱在究极上也都是相对的。例如他说：

> 以道观之，物无贵贱，以物观之，自贵而相贱；以俗观之，贵贱不在己。以差观之，因其所大而大之，则万物莫不大；因其所小而小之，则万物莫不小。（《秋水篇》）

第二他认为寿夭在究极上也是相对的。他说：

> 天下莫大于秋毫之末，而泰山为小；莫寿乎殇子，而彭祖为夭。（《齐物篇》）

第三他认为死生在究极上也是相对的。他说：

> 予恶乎知说生之非惑耶？予恶乎知恶死之非弱丧而不知归者耶？……予恶乎知夫死者不悔始之蕲生乎？……丘也与女皆梦也；予谓女梦亦梦也。（《齐物篇》）

> 彼以生为附赘县疣，以死为决疣溃痈。夫若然者，又恶知生死先后之所在。（《大宗师篇》）

他从其相对论出发而达到这种结论之后，便自然会归结出出世主义的人生观来。同时他从自然主义出发，便又达到宿命论的见解。他借仲尼的口吻说：

> 死生，存亡，穷达，贫富，贤与不肖，毁誉，饥渴，寒暑，是事之变，命之行也。（《德充符篇》）

从这里自然归结到安于自然而反对人类在生存竞争中的各种

企图与作为。因而他不但反对社会人类的一切欲望以及为满足此欲望所行使的一切手段,而且反对一切"人知"。一方面他认为"知"是不能究竟的,故说:"吾生也有涯,而知也无涯,以有涯寻无涯,殆矣。"一方面认为"人知"是一种沾染,因而他认为人应该丢去这些沾染,而返归于赤子之心;且不但要"忘"去各种知觉,而且要忘去自己的形骸。《德充符篇》说:

> 故德有所长,而刑有所忘;人不忘其所忘,而忘其所不忘,此谓诚忘。故圣人有所游而知为孽。……

因而便应该使一切"人知"不入于"灵府",而全其"天"。这"天"的内容是什么呢?在庄周哲学的概念中,便是"道",是"天机"。能全其"天机"的便是"真人"。因之,"真人"便是庄周的人生观的最高模范。但所谓"真人"是怎样的模范呢?《大宗师篇》说:

> 何谓真人?古之真人,不逆寡,不雄成,不谟士。若然者,过而弗悔,当而弗自得也;若然者,登高不栗,入水不濡,入火不热,是知之能登假于道者也若此。古之真人,其寝不梦,其觉无忧,其食不甘,其息深深。真人之息以踵,众人之息以喉。屈服者其嗌言若哇。其耆欲深者其天机浅。古之真人,不知悦生,不知恶死;其出不䜣,其入不距。翛然而往,翛然而来而已矣!不忘其所始,不求其所终。受而喜之,忘而复之。是之谓不以心捐道,不以人助天,是之谓真人。若然者,其心志,其容寂,其颡頯,凄然似秋,暖然似春,喜怒通四时,与物有宜,而莫知其极。

因而他认为凡所谓修养也都是做作,都是"人知"。真人的意境,便是离开形体而自在的"道"。"道"不是修养所得,只是全其所"天"。人能全其所"天",便是所谓"天地与我并生,而万物与我为一"。能与"万物一体",与天地共终始。且从而不但能超是非，而且能超社会人事上之贵贱，寿夭，生死……，例如他说：

彼是莫得其偶，是谓道枢。枢始其致中，以应无穷。"是"亦一无穷也，"非"亦一无穷也。故曰莫若以明。

是以圣人和之以是非，而休于天钧，是谓之两行。

可乎可，不可乎不可，道行之而成，物谓之而然。恶乎然？然于然。恶乎不然？不然于不然。物固有所然，物固有所可；无物不然，无物不可。……道通为一。其分也，成也；其成也，毁也。凡物无成无毁，复通为一。惟达者知通为一，为是不用而寓诸庸。庸也者，用也；用也者，通也；通也者，得也；适得而几矣，因是已。(《齐物论》)

所以"道"是无上的。而且在这里，"道"又成了一具折中主义的利器。

然而人能全其所"天"，为什么就合于"道"呢？庄周认为万物都是受取于"天机"而成，由这"天机"的作用，而分别的构成为宇宙间的万象殊类。人不过是万象殊类中的一种。只有"天机"或"道"是独自存在的，其他便都是由其派生的。所以全"道"的"真人"，便能因应"天机"的妙用。

同时，人之所以有生，正因为赋有"天机"之一微妙作用；物质体的形骸，那不过是副次的东西，故云"以死为决疣溃痈"。因而在他追究到这一问题时，便达到他的宇宙论。

(三) 庄周的宇宙论

当他追究到人是怎样来的，又为什么有生呢？他说凡宇宙间的万象殊类（连人也在其中）都是以天地为一大洪炉而铸造出来。(以天地为炉，造化为大冶——《应帝王篇》) 在未被铸造成形以前，都是"类"，以后才分类殊形的。所以他说："一与言为二，二与一为三，自此以往，巧历不能得，而况其凡乎？故自无适有以至于三，而况自有适有乎？无适焉，因是矣。""若化为物，以待其所不知之化已乎？且方将化，恶知不化哉？方将不化，恶知已化哉？"万物都是这样辩证的演化出来的。然演化而分成万物，却是形体的；而其所以能成形的本来的赋予却是同一的。故他说："假于万物，托于同体。""自其异者视之，肝胆楚越也；自其同者视之，万物皆一也。"在他看来，万物所同者是先天之机，所异者是后天之形。因而他认为这"机"是千变万化的，马所赋有的"机"，可以生出人和其他东西来，反之也当然是如此。因为万物所赋的"机"，原是同一的。故说：

> 种有几，得水则为㡭。得水土之际，则为鼃蠙之衣。生于陵屯，则为陵舄；陵舄得郁栖则为乌足；乌足之根为蛴螬，其叶为胡蝶。胡蝶，胥也，化而为虫，生于灶下，其状若蜕，其名为鸲掇。鸲掇千日为鸟，其名为乾余骨。乾余骨之沫为斯弥。斯弥为食醯。颐辂生乎食醯，黄𩲸生乎九猷。瞀芮生乎腐蠸，羊奚比乎不箰，九竹生青宁，青宁生程，程生马，马生人。人又反入于机。万物皆出于机，皆入于机。

(《至乐篇》)

有人认为这是物种由来说，其实由于不曾懂的庄周之所谓"机"。本来庄周确认万物都是以"机"为根源而借天地冶铸出来的；而被演化出的万物，也是实在存在着的，故说"名者，实之宾也"。"名是实宾"。他这里之所谓"实"，即老聃哲学概念中的所谓"朴"。而然进一步去追究到他的所谓本体的起源时，他说：

> 古之人其知有所至矣。恶乎至？有以为未始有物者，至矣尽矣，不可以加矣。其次以为有物矣，而未始有封也。其次以为有封矣，而未始有是非也。

> 有始也者，有未始有始也者，有未始有夫未始有始也

者。有有也者，有无也者，有未始有无也者，有未始有夫未始有无也者。俄而有无矣，而未始有无之果孰有孰无也。今我则已有谓矣，而未知吾所谓之果有谓乎其果无谓乎？天下莫大于秋毫之末，而泰山为小；莫寿于殇子，而彭祖为夭。天地与我并生，而万物与我为一。既已为一矣，且得有言乎？既已谓之一矣，且得无言乎？一与言为二，二与一为三，自此以往，巧历不能得，而况其凡乎？故自无适有以至于之，而况自有适有乎？无适焉，因是已。(《齐物论》)

故在庄周的哲学概念中，天地万物都是由无而适无的。由无适有的根源便是"机"。然而机是什么呢？是自在的实体还是什么呢？在他，认为是由"道"为根源而发作出来的。而且他和老聃一样认为宇宙也是由"道"所创造的。故他说：

道行而成，物谓之而然。……无物不然，无物不可……恢诡憰怪道通为一。

官天地，府万物。

道恶乎往而不存。

惟道集虚。

是"道"不但是创造宇宙万物的最高主宰，而且只有"道"才是独自存在的。然而"道"是存在的实在还是什么呢？他说：

夫道，有情有信，无为无形。可传而不可受，可得而不可见。自本自根，未有天地，自古以固存。神鬼神帝，生天生地。在六极之上而不为高，在六极之下而不为深。先天地生而不为久，长于上古而不为老。狶韦氏得之，以挈天地；伏戏氏得之，且袭气母，维斗得之；终古不忒；日月得之，终古不息；堪坏（疏：昆仑山神名也）得之，以袭昆仑；冯夷得之，从游大川；肩吾得之，以处大山；黄帝得之，以登云天；颛顼得之，以处玄宫；禺强得之，立乎北极；西王母得之，生乎少广，莫知其始，莫知其终；彭祖得之，上及有虞，下及五伯；傅说得之，以相武丁……乘东维，骑箕尾而比于列星。(《大宗师篇》)

是庄周哲学概念中的"道"，也和老聃同样，并非什么具有物质属性的东西，而是一种玄妙的精神的解释。而且，他在这里，也同样达到有神论的结论。从而他也把精神的"我"和"形骸"的"我"对立着。（"彼何人者耶？修行无有而分其形骸。" "立乎不测，而游于无有。"）在这里，在玄学的范畴中，道学和佛学便更接近了一步。

（四）庄周的政治论

庄周的政治思想，是从他的宇宙论和人生论出发的。他对当时政治上的一切制度措施都感觉失望；但同时又感到新兴地主——商人势力的蓬勃，有如火燎原之势；而旧的封建统治层中的领主们，则一边还在醉生梦死的互相攘夺；其自己所代表的这一没落小领主阶层，却已完全丧失了社会的依据，因而又没有勇气去进行挽回其地位的政治企图。故庄周对现实问题，便只有由失望而至于对一切社会人事的厌绝。所以他对当时的社会，只有消极的批评，而没有积极的政见。

庄周也和老聃一样，认为构成当时社会现状的一切不安，不外由于那存在于各阶层相互间的智巧，争夺和虚伪的"仁义"之观念的谬误；其所以形成这种错综谬误的观念，也认为系由于"有为"。同时他认为"有为"是由后天的"人知"作根源而出发的，因而若能去"人知"而返归于"无为"的"天知"，人类的既有的谬错观念便都可以消灭于无形，从而那一切社会的不安现象便都可以不发生，社会便自然安定了。所以他说：

> 若亦知夫德之所荡，而知之所为出乎哉！德荡乎名，知出乎争。名也者，相轧也；知也者，争之器也。二者凶器，非所以尽行也。（《人间世篇》）

去"人知"，复"天知"，这种观念的转变，他认为完全在于各人主观之一念。故说："女游心于淡，合气于漠，顺物自然而无容私焉，而天下治矣！"（《应帝王篇》）自然，他在这里，也和老聃陷在同样的主观观念论的错误中。

其次他又看到形成当时社会的主要力量，是"小人"的抬头和其对"君子"的反攻。因而在他的没落者的心情中，以为假若社会内没有"君子"和"小人"这两者的分别的存在，又何致发生当时那种敌对集团之对抗的恶局势？他们那一群没落者更何致落得穷无所归的惨局？所以他说："夫至德之世……恶乎知君子小人哉？同乎无知，其德不离；同乎无欲，是谓素朴。素朴，而民性得矣。"（《马蹄篇》）他从这一观点出发，一面便不免憧憬于原始社会：

> 彼民有常性，织而衣，耕而食，是谓同德。一而不党，命曰天放。故至德之世，其行填填，其视颠颠。当是时也，山无蹊隧，泽无舟梁。万物丰生，连属其乡；禽兽成群，草木遂长。是故禽兽可系羁而游，鸟鹊之巢，可攀援而窥。夫至德之世……，恶乎知君子小人哉？（《马蹄篇》）

一面又埋怨于分裂社会为诸阶级，而促发"人知"的"圣人"。例如他说：

> 及至圣人，蹩躠为仁，踶跂为义，而天下始疑矣；澶漫为乐，摘僻为礼，而天下始分矣；故纯朴不残，孰为牺樽？白玉不毁，孰为珪璋？道德不废，安取仁义？性情不离，安用礼乐？五色不乱，孰为文采？五声不乱，孰应六律？夫残

朴以为器，工匠之罪也；毁道德以为仁义，圣人之过也。（同上）

因而庄周从其自己的立场出发，不但厌绝当时的政治，而且绝心利禄，（这或者由于没有参加政治的机会而至于走入其人生的歧途）故《逍遥篇》说：

> 故夫知效一官，行比一乡，德合一君，而征一国者，其自视也亦若此矣。

> 夫根游于殷阳，至蓼水之上，适遭无名人而问焉，曰："请问为天下。"无名人曰："去，汝鄙人也，何问之不豫也。"（《应帝王》）

> 不从事于务，不就利，不违害，不喜求，不缘道，而游乎尘垢之外。

可是庄周虽然从其出世主义的立场上而绝情仕禄；在另一方面，他并不否定当时的社会制度，而且和老聃一样，认为统治者的存在是必要的。故他说：

> 天地虽大，其化均也；万物虽多，其治一也；人卒虽众，其主君也。君原于德而成于天。故曰：立古之君，天下无为也；天德而已矣。以道观言，而天下之君正；以道观分，而君臣之义明；以道观能，而天下之官治；以道汎观，而万物之应备。……故曰：古之富天下者，无欲而天下足，无为而万物化，渊静而百姓定。（《天地篇》）

他在这里，明显的在肯定为"人卒虽众"之主的"君"的地位，而且在讲求明"君臣之义"与"天下之官治"。不过他也和老聃一样，主张统治者应该要"原于德而成于天"的"无为""无欲"。这所谓"君原于德而成于天"和老聃的"王法地，地法天，天法道，道法自然"是同一意义的。

最后该附带一述者，道学到秦汉之际而一度变质为统治者的政治哲学，到后汉末以至魏晋，则一面分化为以葛洪为代表的没落贵族的哲学，一面则分化为以鲍敬言为代表的农民派的哲学，后此且演化为农民派的宗教教义。特附及之。

（原载《中山文化教育馆季刊》第3卷第2期，1936年4月）

论我国历史上民族关系的基本特点

我们党的民族政策,是以毛泽东同志关于国内民族问题的理论为指导而制定的,是毛泽东思想的具体体现。毛泽东思想是马克思列宁主义和中国历史实际革命实际的结合。因此,谈谈我国历史上民族关系的特点,对我们学习毛泽东思想和党的民族政策,可能有一些帮助。

一 对历史上民族关系的看法的两种民族观

在我国,同其他多民族国家一样,在民族问题上,曾经存在着马克思列宁主义和资产阶级民族主义或其倾向间的斗争;后者又表现为大汉族主义或其思想和地方民族主义或其思想。在这个问题上,还表现为历史唯物主义和历史唯心主义两种民族观的斗争。

正如毛泽东同志所教导:"今天的中国是历史的中国的一个发展;我们是马克思主义的历史主义者,我们不应当割断历史。"[①] 民族主义者和抱有民族主义思想以及有其他错误认识

---

① 《毛泽东选集》第2卷,第522页。

的人，都从历史唯心主义的民族观出发，在不同程度上来歪曲民族历史和历史上的民族关系，来"割断历史"，这在民族主义与民族主义思想及其他错误认识之间，是有着性质的区别，在民族主义思想及其他错误认识之中，也有着方面和程度的不同。

首先，他们有意或无意地来抹煞各民族劳动人民为主体的民族关系的光明面，或历史上民族关系的主流，片面地甚至臆断地夸大各民族统治集团间所发动的战争，把我国民族关系的历史，描绘成黑漆一团的相互"仇杀"和"掠夺"的虚构图画，甚至用极端唯心主义的人性论去加以渲染，来歪曲和抹煞历史的真实面目。他们常常是把各民族人民间的关系混同于统治阶级间的关系，把民族矛盾和阶级矛盾对立起来，并把民族矛盾绝对化；而又无分析、无区别地把各民族统治阶级所发动进行的战争，一律看待（虽然，各民族的统治阶级，在其对劳动人民进行剥削的阶级利益上，彼此总是一致的），而不是通过具体历史进行具体分析。这无异抹煞民族问题、民族关系历史的阶级内容。列宁说道："我们要向一切民族的社会党人说：每一个现代民族中，都有两个民族。"① 这在原则上，对于资本主义社会以前的各个阶级社会时代都是适合的，每一个奴隶制或封建制的部族或古代民族，也都有两个部族或古代民族，有奴隶主或封建主阶级的部族和部族关系，还有奴隶阶级或农奴阶级等劳动人民的部族和部族关系。资产阶级、奴隶主阶级或封建主阶级所进行的压迫和剥削，是民族压迫和剥削的基础；消灭了阶级制度的社会主义的社会，便根除了民族压迫和剥削。

其次，有的史学家把历史上早已成为祖国的组成成员的某

---

① 《列宁全集》第 20 卷，人民出版社 1959 年版，第 15 页。

些兄弟民族看作"外国",把国内各民族间的关系作为敌国的关系处理。这基本上是承袭了某些地主阶级历史家的大汉族主义观点。至于那些胡说什么西藏或新疆是"独立的国家",那是完全违反历史真实的。文献记载、地下遗存、民间口碑、现实生活和人民愿望,等等,在他们看来,好像都是不存在!

其次,有些人又曾经有过这样一种错误思想,他们妄图把民族隔绝或孤立起来,并以一种虚无主义的态度,去对待各民族人民共同进行生产斗争、阶级斗争的久远历史及其对祖国历史和文化的巨大创造作用,各民族人民交插杂居、互助合作及其为追求美好未来的巨大愿望;好像把民族从统一的伟大祖国大家庭中孤立起来,还可以独自能得到"解放"似的!这是对历史实际和革命实际的毋视,对人民的根本利益和真实愿望的毋视。

其次,有些人又曾经存在这样一种错误思想和错误认识,他们自觉或不自觉地把民族看成绝对的、无条件的、永恒的存在,不承认马克思列宁主义认为民族只是一个历史的范畴的真理。在我国的长期历史过程中,各民族人民,在坚强的经济纽带和共同斗争的基础上,在交插杂居的关系上,不分彼此地交往、亲近、互助、合作,相互吸收和不断丰富彼此的语言和文化,以至彼此人口的部分融合(溶合)或同化,等等,对此,他们都不肯承认是历史发展的必然趋势和有利于祖国和各民族的发展,甚至加以否认和反对;其或对社会主义祖国大家庭中各民族共同性日益增长、差异性日益减少的历史趋势和进步作用,也不愿意承认而抱有反感;对先进民族人民给边疆和民族地方的帮助、各族人民在社会主义建设的共同劳动中的兄弟般的亲近和互相影响、互相学习,等等,也不是给予欢迎和赞成。他们把所谓民族的独特性或差异性绝对化，叫嚣什么"民族特点消失"等等谰言。这在实质上，不外是在所谓"民族特点"、"民族利益"、"民族文化"的幌子下，包藏着资产阶级或其他剥削阶级的思想、利益和要求，它们妄图挽回历史车轮的梦想。马克思、恩格斯、列宁、斯大林分析和总结了人类全部历史，论证了民族和阶级、国家、政党等等一样，都只是个历史的范畴——虽然，又正如斯大林所说，民族不是个简单的历史范畴——都有其发生、发展和消亡的一定历史过程。存在于我国（其他国家也是一样）历史上的氏族，在原始公社制时代已走完了它的历史过程；在它消亡前的相当长的时期内，就出现了不同血统的部落间的平等联合、不同氏族的人们间的地缘结合。部族（或古代民族）在奴隶制和封建制的时代已走完了它的历史过程；在它的发生、发展和消亡的过程中，自始就有着不同部族人们间的融合和同化。近代资本主义民族的形成，列宁举例说："纽约州好像是一个碾碎民族差别的大磨坊"，"在纽约州以巨大的国际规模发生的那种过程，现在在每个大城市和工厂区也发生着。"[①] 斯大林论证了意大利、法兰西、英吉利、美利坚等近代资本主义民族，都是由一些不同的种族和部落所组成的。他们对历史上的民族"融合"、"溶合"、"同化"或"局部同化"，认为只要"不是借助于暴力或特权进行的"，不是通过"反人民、反革命"的"同化政策"进行的，都是符合历史发展的趋势和人类长远利益的，是不可避免的。到将来共产主义社会的高级阶段，全世界各民族都将融合成为一体。因此，无产阶级反对资产阶级"宣传民族分裂和疏远"、"宣传民族独特性和沙文主义"，而"宣传民族接近"，"宣传一国的各族工人在统一的无产阶级组织中的融合"，并把"不但坚持各种民族和各种语言必

[①] 《列宁全集》第20卷，人民出版社1959年版，第12页。

须有最完全、最一贯、最彻底的平等,而且还坚持各个民族工人必须在各种统一的无产阶级组织中融合起来",作为"马克思主义的民族纲领与任何资产阶级的……民族纲领的根本的区别……"① 因此,列宁又教导说:

反对一切民族压迫是绝对正确的。

马克思主义提出用国际主义即用各民族高度统一的融合来代替一切民族主义,这种融合我们亲眼看到正在随着每一俄里铁路的修筑,随着每一国际托拉斯的建立,随着每一工人协会……的建立而增长。

无产阶级不仅不坚持每个民族的民族发展,相反地,还警告群众不要抱这种幻想,……欢迎民族的任何同化,只要它不是借助于暴力或特权进行的。

无产阶级不能赞同任何巩固民族主义的作法,相反地,它赞同一切帮助消除民族差别、打破民族壁垒的东西,赞同一切促使各民族之间的联系日益紧密和促使各民族融合的东西。②

布里亚特同志提出在创立全人类的无产阶级文化的过程中个别民族的同化问题。毫无疑问,有些民族可能会经受到、恐怕一定要经受到同化过程。这样的过程从前是有过的。……因为个别民族的局部同化过程是各民族一般发展过程的结果。③

拥护一切民族发展,拥护一般'民族文化'是绝对不正确的。

---

① 《列宁全集》第20卷,人民出版社1959年版,第287、288页。
② 同上书,第17、18、19页。
③ 《斯大林全集》第7卷,第188页。

我们应当教育工人'漠视'民族的差别，这是无可争辩的。但是，不能教育他们漠视兼并主义者。……要作一个社会民主党人国际主义者，就不应当专为本民族着想，而应当把一切民族的利益、一切民族的普遍自由和平等置于本民族之上。①

那么，列宁、斯大林、毛泽东同志和中国共产党，为什么又坚定不移地，采取一切可能的步骤来帮助少数民族发展经济和文化（包括民族的语言和文字等等），而且都已获得了在以往时代不可想象的辉煌的、巨大的成就！帮助少数民族发展经济，使之赶上先进，正是为了社会主义和实现民族在事实上的平等，促进民族的融合和团结，为未来的民族消亡奠定物质基础；帮助少数民族发展社会主义内容的民族形式的文化，正是为创造无产阶级的国际主义文化、包括全人类的共产主义文化准备条件。发展各民族的经济、文化，和民族间的差别性日益减少以至消失、共同性日益增长以至形成，乃是一个对立统一的辩证的发展过程。

由此可知，马克思列宁主义的民族问题，是改造现实社会制度的总问题的一个部分，是服从于无产阶级事业、社会主义和共产主义事业为最高原则的；无产阶级反对一切民族压迫、剥削、特权和不平等，等等，都是从这个原则出发的。马克思列宁主义对于历史上的民族关系，是在厚今薄古的方针下进行历史唯物主义的考察。

---

① 《列宁全集》第20卷，人民出版社1959年版，第18页；第22卷，第341页。

二　我国历史上民族关系的基本特点

我国各兄弟民族长期以来就住在祖国的土地上，都经过一定的历史发展过程而来的，各兄弟民族间的关系也都经历了一定的历史发展过程，在和其他多民族国家所具有的共同性外，又具有许多不同的特点或特殊性。毛泽东同志在《中国革命和中国共产党》中，对多民族的我国历史的特点、我国各民族的历史和民族关系的特点、汉族的主体地位和主导作用的特点等等方面，作了高度的科学概括。他写道：

我们中国现在拥有四亿五千万人口，……十分之九以上为汉人。此外，还有蒙人、回人、藏人、维吾尔人、苗人、彝人、壮人、仲家人、朝鲜人等，共有数十种少数民族，虽然文化发展的程度不同，但是都已有长久的历史。中国是一个由多数民族结合而成的拥有广大人口的国家。

中华民族的发展（这里说的主要地是汉族的发展），和世界上别的许多民族同样，曾经经过了若干万年的无阶级的原始公社的生活。而从原始公社崩溃，社会生活转入阶级生活那个时代开始，经过奴隶社会、封建社会，直到现在，已有了大约四千年之久。在中华民族的开化史上，有素称发达的农业和手工业，有许多伟大的思想家、科学家、发明家、政治家、军事家、文学家和艺术家，有丰富的文化典籍。……所以，中国是世界文明发达最早的国家之一，中国已有了将近四千年的有文字可考的历史。

"中华民族不但以刻苦耐劳著称于世，同时又是酷爱自由、富于革命传统的民族。以汉族的历史为例，……在汉族的数千年的历史上，有过大小几百次的农民起义，反抗地主和贵族的黑暗统治。而多数朝代的更换，都是由于农民起义的力量才能得到成功的。中华民族的各族人民都反对外来民族的压迫，都要用反抗的手段解除这种压迫。……在中华民族的几千年的历史中，产生了很多的民族英雄和革命领袖。所以，中华民族又是一个有光荣的革命传统和优秀的历史遗产的民族。"①

毛泽东同志指明了如何去认识统一的多民族的我国历史、我国各民族的历史和历史上的民族关系的方向，爱国主义和国际主义相结合的高度原则。

我国历史上的民族关系，在阶级社会时代，一面是占统治地位的民族的统治阶级和其本民族的人民及其他各民族的人民间的关系，一面是处于被统治地位的各民族的统治阶级或上层集团各自和其本民族人民及其他各族人民间的关系，一面是处于不同地位的各民族的统治阶级或上层集团相互间的关系，一面是各民族人民相互间的关系。这形成了一种极其错综复杂的矛盾。其中以占统治地位的民族的统治阶级为中心构成的统治阶级和各民族人民间的矛盾是主要的矛盾；在某些时候的短期间，民族矛盾才居于突出的地位。包括占统治地位的民族的人民在内的各民族人民间的关系，是民族关系的主流，在他们之间本质上不存在着压迫、剥削、特权和不平等的关系，在某种情况下出现过的疏远、隔阂、敌视等现象，是统治阶级所制造和强加于他们的；所以，在他们，利于彼此间的团结、友爱、互助和合作，也不断发展了这种团结、友爱、互助和合作。历史上统治阶级或个别人物对民族关系所起的作用，我们应通过具体史实进行具体分析。总的说来，某些朝代的统治集团或个别人物，采取和实施了一些有利于

---

① 《毛泽东选集》第 2 卷，第 616—617 页。

民族和祖国历史发展的步骤，不只是迫于人民群众的要求，而又是从维护其统治利益出发的；但这至少在客观上是起了进步作用的。可是，在他们，不论是以汉族统治者为主体或其他民族的统治者为主体的某些朝代的统治集团或个别人物，却作过许多不利于各民族人民和祖国历史发展的坏事，实施了民族压迫和歧视的政策，人为地制造民族间的疏远、隔阂、不团结，等等。

以各民族人民间的关系为主流的我国历史上的民族关系的基本特点，我认为，主要可归结为以下的几个方面。

（一）在原始公社制时代，还没有阶级和剥削制度存在，各部落或人们集团间的关系，本质上都是劳动人民间的关系。数十年来，尤其是十一年来在经济恢复和社会主义建设的过程中，各省（区）市大量发现的各个系统的新石器文化遗存：黄河中下游的仰韶文化和龙山文化，长江中下游和沿海地区的"百越文化"，沿东北、西北迄西南沙漠草原地带的细石器文化，以及东北、西北、西南地区的其他系统的新石器文化，大抵都是我国各兄弟民族的祖先在原始公社制后期的遗存。这些遗物和遗迹表明，他们当时就有着相互的影响和交往，其中属于汉族祖先遗存的仰韶和龙山文化是最先进的，它们给了其他系统的新石器文化以更深远的影响和更多的推动，表现了主导的作用。在各种文化系统的接合部，常表现有两个以至两个以上文化系统混合的色彩，如湖北屈家岭文化便包含着青莲岗文化（百越系）、仰韶文化、龙口文化三者的成分。这可能是不同血统的部落间平等联合和相互融合的结果，显示着由血缘关系的人们集团到地缘关系的人们集团转化的线索。

（二）我国历史上的四个革命都是各民族人民共同进行的。文献记载、地下遗存和殷商或两周历史发展的情况表明，成汤、伊尹等为首的奴隶制度革命，武王领导的革命战争即封建制度革命，都是所谓"万方"、"万邦"等等，即各部落和部族的人民共同进行的；经过革命而创建的奴隶制度国家或初期封建制度国家，都是多民族的。中国共产党领导的民族民主革命（及其以前孙中山为首的旧民主主义革命）和社会主义革命这两个伟大的革命，都是国内各民族的人民共同进行的，并都是我们亲身经历和目见。属于民族民主革命一个组成部分的新疆"三区革命"，是新疆各民族人民共同进行的，又是"协同人民解放军"的入疆，而确保了胜利和作出了"对于全新疆的解放和全中国的解放"的"一个重要的贡献"，正如我国各民族人民的伟大领袖毛主席所评价。① 无数次规模较大的农民起义和反对外来民族压迫的战争，其中大多是以汉族人民为主体进行的，也每每有其他各族人民的参加；又有不少次是由某一个或某几个少数民族人民为主体和有汉族及其他民族人民的参加共同进行的；只有个别和很少几次是由一个民族的人民单独进行的。这种由各族人民共同进行的革命和战争，是我国社会历史发展的真正动力，实现了我国社会历史由每一个较低级的社会阶段向较高级的社会阶段过渡，并推着长期的封建社会波浪式地向前发展、推着各民族的历史波浪式地向前发展。这是我国各民族人民共同创造祖国历史和文化的集中表现和伟大创举。各民族人民在共同进行的革命和战争中，尤其在革命战争的过程中和革命胜利以后，为着革命和建设新社会，便很自然地打破了彼此住处的界限和不断引起大量人口交流；在为着共同的目的和事业，在共患难、同祸福、同生死、同生活的斗争中，结成了不分彼此的密切关系，血肉相连的兄弟情谊，互相

---

① "伊犁、塔城、阿山三区人民的奋斗，对于全新疆的解放和全中国的解放，是一个重要的贡献，谨祝三区人民和全新疆人民团结一致，协同人民解放军，为共同建设人民民主的新新疆而奋斗。"（1949年10月21日，电复新疆保卫和平民主同盟，载1949年10月25日《人民日报》）

影响、帮助和学习，便很自然地逐步减少差别性，增长和形成共同性，形成和发展了彼此不可分割的密切联系。

（三）在欧洲和美洲，"各个民族更加接近，彼此杂居"的情况，特别像犹太人"以少数民族资格杂居在其他民族地区里"[①]的情况，主要发生在资本主义时代，列宁和斯大林都认为这是一种进步的现象。在我国，各民族住区的交插和人口杂居、或所谓大杂居小聚居的情况，却有了一个长远的历史过程。其所以形成这种情况，除上述的原因外，还有：1. 在起义和反压迫失败后的劳动人民，常扶老携幼以至只身逃往其他民族地方或边疆（以至远走国外），或者为着组织起义而去到其他民族地方或边疆，这其中尤以汉人为多；2. 历朝差不多都有不少汉族劳动人民及内地其他民族的劳动人民，被征募到民族地方或边疆驻防、屯田而留住当地，某些边疆少数民族劳动人民被征募到内地服兵役而留住下来，或迫于部落间的械斗而安置到内地生产和谋生；3. 历朝都有不少汉族劳动人民，为着反剥削、反迫害和谋生，常成群结队地去到边疆少数民族地方，斩荆披棘，重建家园；4. 由内地去到民族地方或边疆和由民族地方或边疆来到内地的商人，在当地留住下来；5. 殷商奴隶制度时代和后来实行过奴隶制度生产的某些民族地方，奴隶主所使用的奴隶大都来自其本族以外的各族，周代农奴制度时期和其后实行过农奴制度生产的某些民族地方，农奴主所使用的农奴和奴隶等，也不少系来自其他部落、部族和民族；6. 历史上以汉族统治阶级为主体的皇朝，和以某些兄弟民族统治阶级为主体建立的皇朝，为着其国家机器的需要和对全国各族人民行使统治，还引起驻防、屯田以外的人口的大量移动和交流，等等。因此，在长期的历史过程中，到解

---

① 《列宁全集》第20卷，人民出版社1959年版，第401页；《斯大林全集》第7卷，第328页。

放前便形成了各民族住区的插花、交错和大杂居的情况，尤其是全国每个少数民族地方，无不有相当数量的汉人①，形成了我国各民族住区的不可分割性。这种情况是符合历史发展的要求和人类长远利益的。相继去到其他民族地方的人民，和当地人民共同进行生产，开发祖国疆域，带去当地所没有的生产经验、技术和文化成果；尤其是相继去到少数民族地方或边疆的大量汉族人民，把整个中世纪时代都居于人类最先进地位的汉人的生产经

---

① 据少数民族社会历史调查，1957年和1958年的人口统计，全国没有一个少数民族地方只居住着一个民族的人民，都是除本族外还住有汉族和其他少数民族。如内蒙古自治区共人口8735606人，内蒙古人133426人占11.64%，汉人8452614人占86.82%，还有回、满、达斡尔、朝鲜、鄂温克、鄂伦春各族共149566人；另方面，又有329530口蒙古人居住在辽宁、新疆维吾尔自治区、吉林、黑龙江、青海、河北、河南等省区。少数民族人口比较集中的新疆维吾尔自治区，共人口5853459人，内维吾尔人3962972人占67.70%，汉人998205人占17.05%，还有共占人口892282人的哈萨克、回、柯尔克孜、蒙古、俄罗斯、塔吉克、乌兹别克、锡伯、塔塔尔、达斡尔、满各族；据《西域琐谈》稿本所述，这些兄弟民族（除个别系其后迁入者外），在成书当时（即清乾隆时），已形成了住区交插和人口杂居的情况；另方面，又有一部分维吾尔人住居在湖南桃源，一部分哈萨克人散布在甘肃、青海。在西藏比较集中的藏族，却有一半以上的藏族人口散布在青海、甘肃、四川、云南与汉族等兄弟民族交插杂居；在西藏境内有汉人、回人等杂居外，可能还有其他少数民族。少数民族中人口最多的壮族，在广西壮族自治区，只占总人口19790044人中的36.83%，汉人占58.48%，境内还有瑶、苗、侗、仫佬、毛难、回、彝、水、仡佬等九个兄弟民族交插杂居；同时又有493337口壮人散布在云南、贵州、广东各省。在解放前比较闭塞的大小凉山彝族自治州共人口1087012人，其中彝人703655人占64.78%，汉人379231人占34.89%，还有其他少数民族人口4126人杂居；另外，又有2460777口彝人散布在云南、四川、贵州、广西等省（区）。少数民族地方汉人占比例较小的地方之一为云南怒江傈僳族自治州，共人口216329人，其中傈僳人128171人占56.63%，其他少数民族人口共89148人占39.49%，汉人9010人占3.98%；一为新疆克孜苏柯尔克孜自治州，共人口80786人，其中克孜人52151人占28.85%，其他少数民族人口共25737人占69.55%，汉人2898人占1.6%。以上少数民族总人口系1957年统计数字，散布在实行民族自治地方以外的本民族人口，系用1957年统计的总人口数字减去1958年统计的实行自治地方的本民族人口数字。由于1958年少数民族人口普遍都有了增加，因此，这种折算可能不够准确，但不会相差太大。

验、技术和文化等等，带到各个兄弟民族地方。[①] 这对祖国历史的发展、尤其是落后地方的发展都是起了推进作用的，对祖国的文化、全国各民族文化的发展都起了促进和丰富的作用的。

（四）各民族长期生活在一个国家内，逐渐形成了经济上相互交往、影响、联系、依赖、推动和渗透的不可分割的纽带，并表现为带有一些地区分工性质的供求关系，尤其是边疆和少数民族地方对较先进的内地产品的需求。内地出产的铁器、铜器、锡器、金银器、陶瓷器、绸缎、绢帛、布匹、盐、茶、农产品及其他工艺品等等，边疆和少数民族地方生产的皮毛、药材（如麝香、牛黄、红花、白药、人参……）、木材、珠宝（宝石、珍珠、琥珀、翡翠、玛瑙、玳瑁……）、骆驼、马及其他土特产等等相互供求的东西，其中不少是相互间必需的生产和生活资料。国际间贸易往来的主要商路，在中世纪的很长时期内都必须通过边疆民族地方。历史上的"贡""赐"、"互市"、内地和边疆的成群结队的贸易往来，不但从没有中断，而且次数越来越多、越频繁和经常、交换量越大。不论在中央朝廷如何衰弱或战争纷更的时代（如五代），边疆各族的统治者或头人，都把"贡""赐"、"互市"、贸易作为对中央朝廷的重要要求；中央朝廷的统治者也常以这种不可分割的经济联系作为所谓"抚绥"的手段，并常以"闭关"、"绝市"的反动政策去控制那些他们认为不驯顺的代理人、即某些边疆民族的统治者或头人，使他在本族人民中和在当地各部族部落中遭受到反对和孤立；边疆各民族的统治者，通常

---

① 例如把首先出现在民族地方的植棉、纺纱技术、烤酒、医道和药材、优良品种的牲畜以及菠菜、葡萄、苜蓿、胡萝卜、胡茄、胡琴、音乐、舞蹈等等传入内地；把汉族地区的冶金术、金属工具和器具的制造、育蚕、缫丝和丝织、造纸术、印刷术、火药制造术、农作物种子和耕作技术经验、医道以及其他科技知识和书籍、笔、墨等传入少数民族地方和边疆。

也都以得到中央朝廷的册封、诰命和印绶作为行使统治的合法根据。这正是不可分割的经济联系的反映，是关涉各族广大人民的实际生活的利益和要求的反映，各族人民利于生活在统一的祖国内的要求的反映。这种不可分割的经济联系，只有在鸦片战争后的 109 年间，个别民族地方如新疆和西藏有着一些变化；那也正表现了英国帝国主义和沙俄帝国主义对新疆和西藏侵略的更加深入和险毒，当地的农奴主和买办更加无耻地出卖祖国、民族和人民的利益。所以新疆和西藏的人民，也和全国人民一样，在这 109 年间是更加穷困了。

（五）在各民族人民长期间的共同斗争、居住地区的不可分割、经济联系的不可分割的基础上，又形成了我国自秦汉以来就是一个统一的多民族的国家这个重大特点。从秦汉以来，其间虽有着以某一少数民族的统治集团为主体的所谓"五胡十六国"（其中的北燕、冉魏、西凉都是以汉族上层为主体）、北魏、北周、北齐、南诏、大理、辽、金等在国内局部地区建立起独立性的政权。但是一方面，它们都是包括不同民族的统治阶级或上层人物的联合政权，而且都包含有汉族地主阶级在内；一方面，它们都不是把自己看作有固定疆域的独立国家，只是与国内其他政权相争夺的敌对集团，始终都是不稳定的。因此，它们基本上都是同于三国、五代十国的分立的性质。至所谓"回纥汗国"，自始就没有成为独立性的政权。据新旧《唐书》及其他有关文献记载，可汗（王）及其属下都只是唐朝朝廷统治"西域"的代理人，所以可汗、可敦（王妃）及其属下重要文武官吏，都是由唐朝朝廷册封、任命和颁给印绶。因此，我国从秦汉以来的总的历史过程，是统一的多民族的国家，在鸦片战争以前，则是一个统一的多民族的封建国家。这个统一的多民族的封建国家，一面存在着斯大林所论述的居鲁士帝国或亚力山大帝国的一些情况，

"是历史上形成的,是由不同的部落和种族组成的",并有着一些智暂时间的、某种程度的"分";但又存在着极大不同的特点,它不是"偶然凑合起来的,内部缺乏联系的集团的混合物"①,而是在长期的历史过程中,形成了经济上、住区上以至政治上不可分割的内在联系。

(六)从鸦片战争开始,由于外国资本帝国主义的侵略,我国沦为殖民地半殖民地半封建社会,规定了我国各民族人民的共同命运和共同要求。在这样的社会形势下,毛泽东同志指出:"帝国主义和中华民族的矛盾,封建主义和人民大众的矛盾,这些就是近代中国社会的主要的矛盾。……而帝国主义和中华民族的矛盾,乃是各种矛盾中的最主要的矛盾。"② 这表明在国内各民族间不存在着近代殖民主义的支配和被支配关系,历史给中国各民族人民提出的任务,是共同需要从帝国主义的殖民主义及其工具封建主义、官僚资本主义的压迫、剥削下解放出来。要战胜这样凶恶的强大的敌人,全国各民族人民如果没有中国共产党的领导和在党的周围团结起来,共同进行艰苦、顽强、持续的斗争,胜利是很难想象的,胜利了,要想保卫住胜利的果实和把胜利往前发展,也是不可能的。毛泽东同志关于民族民主革命的理论,和在这个理论的指导下制定的我们党的方针和政策,是我国各民族人民获得解放的唯一武器和道路。这都已为我国的革命的实践所证明,历史还将继续给予证明。

解放前中国社会的半封建性,是从全国范围内占支配地位的东西和起主导作用的方面来说的。由于历史发展的不平衡,还由于国内较落后的民族和较先进的民族间相互影响、相互推动、相

---

① 《斯大林全集》第2卷,第291、292页。
② 《毛泽东选集》第2卷,第625、626页。

互联系和渗透的深度与宽度不同，形成了各兄弟民族间社会发展进程也很不相同，帝国主义的侵略和封建的地方的封锁性又扩大了这种不平衡。因此，在解放前，连同较先进的汉族在内，谁也没发展到资本主义生产占领导地位的时代，汉族和接近汉族发展水平的一些兄弟民族都处在半封建的状态，有些兄弟民族进到了封建制后期的状态，有些则为封建制前期的农奴制状态，有的还停滞在奴隶制状态下，还有一些兄弟民族则还停滞在原始公社制，或由原始公社制到阶级制度的过渡状态下，还有不少少数民族，同一民族的不同地区的发展进程也很不相同。这又给中国共产党提出了这样一个严重的课题和历史任务：在民族民主革命胜利后，把发展进程不同的各兄弟民族都及时地转入到社会主义革命和社会主义建设的轨道，使落后赶上先进，共同建成社会主义和将来共同进入共产主义社会的高级阶段。毛泽东同志和我们党，沿着列宁所指明的道路，在理论上、政策上、实践上胜利地解决了这个严重的问题，如果不是按照党和毛泽东同志所指明的道路，各民族在统一的祖国大家庭内团结、友爱、互助、合作，先进帮助落后、内地带动边疆，让那些停留在各种社会状态下的兄弟民族，沿着各自的历史道路前进，那么，业已实现的到社会主义的过渡是不能想象的，民主改革也是不能想象的。

三 历史上民族关系的特点对民族政策的规定作用

马克思列宁主义解决民族问题的总的战略方针和要求，在一切国家都是一致的，都是为着无产阶级事业、社会主义和共产主义事业，在全世界实现共产主义以后，达到民族消亡和全世界各民族都融合为一体。而为要实现这种方针与要求的具体方针政策和方式方法，必须适应个别国家民族的历史特点和革命特点，即在共同性或一般规律的基础上适应于各自的特殊性而有所不同。列宁教导说：

> 要达到使一切民族完全平等、密切亲近和进而融合的共同目的，显然要走各不相同的具体道路……。
>
> ……无论如何不能建立在使斗争策略规律千篇一律、死板划定、彼此雷同的基础上。①

毛泽东同志又反复地深入地阐发了列宁的这个伟大思想，并教导我们，"……马克思主义必须和我国的具体特点相结合并通过一定的民族形式才能实现。"②

适应我国历史发展的特点、革命特点和民族关系的历史特点及当前时代的形势，无产阶级领导的工农联盟为基础的多民族的我国的国家制度和民族地方的组织形式，只能是单一的国家制度和区域自治，这都是历史的必然趋势，两者间又是互为因果、互相适应的。

在我国的情况下，按照民族和民族居住的地域去划分是不能设想的。因此，正如斯大林所说："正确解决问题的唯一办法就是区域自治"，"区域自治是解决民族问题的一个必要条件。"他并指出：

> 区域自治的优点首先在于实行的时候所遇到的不是没有地域的空中楼阁，而是居住于一定地域上的一定居民。其次，区域自治不是把人们按民族划分的，不是巩固民族壁垒的，相反地，是打破这种壁垒，把居民统一起来，以便为实现另一种划分即按阶级划分开辟道路的。最后，它使大家不

---

① 《列宁全集》第22卷，人民出版社1959年版，第340页；第31卷，第73页。
② 《毛泽东选集》第2卷，第522页。

必等待总的中央机关的决议而能最适当地利用本地区的天然富源并发展生产力，……。①

这在列宁也反复论证过的。毛泽东同志和我们党以之结合我国的具体情况，把区域自治确定为我国解决民族问题的基本政策，是适应于单一的国家制度，正确地反映了客观规律的。

在我国的情况下，单一的国家制度、即统一的多民族的国家，是我国历史和我国革命发展的必然结果，是民族关系的历史特点规定的，和民族的区域自治的组织形式相适应的。这种统一的多民族的大国最有利于无产阶级事业和各民族人民的共同事业，它既能极大地发挥全国各民族人民团结的力量，来保卫我们共同的胜利果实和建设社会主义，又能在反对世界帝国主义和坚持两条阵线的斗争中，为保卫和平、民主，为支援民族解放和人民解放的革命斗争，能极大地发挥我国人民的力量和作用。毛泽东同志曾多次阐明了各民族在平等的基础上共同建立统一的国家的原则，加强和巩固我国各民族间的团结共同建立我们伟大的祖国的原则；在新政治协商会议筹备会上的讲词中，又详尽地阐明了我们这个统一的多民族国家的"共同的政治基础"②和其巨大作用；在《关于正确处理人民内部矛盾的问题》中又一次指出："国家的统一，人民的团结，国内各民族的团结，这是我们的事业必定要胜利的基本保证。"对于无产阶级说来，这类"大国家"的好处，列宁曾多次指出过，例如在《社会主义革命和民族自决权》中说道："……因为无论从经济发展或群众利益来看，大国家的好处是不容置疑的……。"在《关于自决权问题的争论总结》中说道："因为大国在社会主义制度下将意味着：每日劳动时间较少，每日

---

① 《斯大林全集》第2卷，第353页。
② 载1949年6月20日《人民日报》。

工资较多。争取摆脱资产阶级桎梏的劳动群众,为了取得这种'文化援助',一定会尽一切力量来同先进的社会主义大民族建立同盟和融合……。"在《无产阶级在我国革命中的任务》中说道:"无产阶级政党力求建立尽可能大的国家,因为这对劳动者是有利的;它力求各民族的接近以至进一步的融合……"①

毛泽东同志关于解决国内民族问题的理论和原则,又集中地反映在庄严的《中华人民共和国宪法》的"序言"、"总纲"、"民族自治地方的权利机关"与《中国人民政治协商会议共同纲领》的"总纲"和"民族政策"中。乌兰夫同志在《认真学习毛泽东思想,广泛宣传毛泽东思想》一文中说道:

> 关于我国国内的民族问题,毛泽东同志有一个一贯的、最基本的思想,就是在共产党的领导下,联合与团结全国各民族共同进行革命斗争,建立统一的祖国大家庭,在祖国大家庭内,实行彻底的民族平等,实行民族的区域自治,充分调动各民族人民的积极性,共同建设社会主义和共产主义。

照我的理解能力看来,认为乌兰夫同志的体会是正确的。

四十年来,解放十一年来,全国各兄弟民族继民族民主革命胜利以后,又基本上取得了社会主义革命的胜利和社会主义建设的巨大成就,西藏也已基本上完成了民主改革,国家的面貌、民族地方的面貌改变了,各兄弟民族都已经成为社会主义的民族或社会主义范畴的民族。这充分表明了毛泽东思想关于国内民族问题的科学的伟大胜利,党的民族政策的伟大胜利。

1961年1月29日

(原载《学术月刊》1961年第6期)

---

① 《列宁全集》第22卷,人民出版社1959年版,第140、333页;第24卷,第51页。

编者注 1957年8月4日，周总理在青岛民族工作座谈会上的讲话提到："今天有吕振羽同志在场，他知道的比我清楚。我很希望我们的历史家讲一讲中国的民族发展史，可以更加证明我们民族的交插时代很多。""像吕振羽同志这样的作家，我倒是希望他能多写一点。"

周总理的讲话给吕振羽同志以很大的鼓舞，他更加注意对我国民族历史的研究，连续写出了《从远古文化遗存看我国各民族的历史关系》、《论我国历史上民族关系的基本特点》、《关于历史上的民族融合问题》、以及《新疆和祖国的历史关系》等文，先后发表在《人民日报》、《历史研究》、《民族团结》和《学术月刊》等报刊上。

地下出土的远古遗存和我国原始公社制时代的历史过程*

我国原始公社制时代的地下文物遗存，是极其丰富的，表明我们伟大祖国从很早以前的远古时代起，就具备了最适宜于人类生存和社会发展的优越条件。以往朝代的文献就有关于远古文物出土的零星记载；在解放前的几十年中，便已开始有了对于旧石器时代、新石器时代和殷、周等朝代的地下文化遗存的发掘和研究，其中最著名的有"中国猿人"、"河套人"、"山顶洞人"的化石与其文化遗存、渑池的仰韶文化、城子崖的龙山文化、小屯的"殷墟"等的调查发掘和研究，等等。但这都是无计划的、不系统的，虽曾对我国原始公社制时代历史的研究，提供了一些宝贵资料和提出了若干问题，但仍不足以系统地全面地解决问题。

解放以来，在全国范围展开的经济恢复、规模宏伟的社会主义建设的进程中，尤其在大跃进的进程中，由于党和政府的全面安排与极大关怀，对远古和古代文化的地下遗存的发现、发掘和研究，都获得了很大的成果，对原始公社制社会的科学研究，提

---

* 此文1961年4月23日于《人民日报》摘要发表时题目改为：《从远古文化遗存看我国各民族的历史关系》。——编者

供了比较系统的大量的珍贵资料，不只确证了马克思主义者过去对原始社会研究的若干科学结论，且得以进一步解决多年来若干悬而未决的问题；对于我国原始公社制发展的过程及其诸阶段、对于我国各民族祖先在远古时代的关系、各氏族集团的族别，等等，都得以作出进一步的论断，还能更加确定地把以汉族为主体的中国各民族共同的历史，追溯到50万年以前。但也不容否认，仅凭已出土的远古文物，来说明我国原始公社制社会的基本问题，不论关于国境内的远古各文化系统的发展过程、族系的派演和各系相互间的关系、各别集团的分布及其移动方向，等等方面，还存在着空白。对此，我们有充分信心，在不断提高马克思列宁主义、毛泽东思想的理论水平的基础上，不断提高科学研究水平和地下的继续发现，将填补这些空白和获得日益扩大的成就，更好地发挥为社会主义服务的作用。

一 旧石器文化的遗存，基本上表述了我国原始公社制社会的野蛮时代的历史过程

解放前，在华北及国内其他一些地方，曾有关于旧石器（包括所谓中石器）的遗址、遗物或遗迹的发现，其中并有一些重要的发现。解放以来，在华北、西北、华中、华南和东北等地区，都有不少旧石器文化的遗址、遗物和遗迹的发现。其中尤其是山西，北起大同、左云，南至三门峡水库区及晋豫间的黄河两岸，西由黄河边缘东达寿阳，以垣曲、襄汾为中心的十几个县，共已发现旧石器文化遗址、遗迹近200处，其中，汾河上游与黄河沿岸、漳河上游、桑干河上游一带，都是遗址较密的地区，连同著名的北京周口店"中国猿人"和"山顶洞人"的化石及其遗址遗物，都有了比较系统的发现，并在山西襄汾丁村、广东韶关马

坝、广西来宾麒麟山、柳江新兴农场、湖北长阳下钟家湾、四川资阳黄鳝溪等处，发现了属于古人和新人的"丁村人"、"马坝人"、"麒麟山人"、"柳江人"、"长阳人"、"资阳人"等人类化石及其遗址遗物。这样，在我国境内就有了猿人、古人和新人及其文化遗存的系统发现。据专家研究，使用旧石器工具的"中国猿人"、"丁村人"、"山顶洞人"、"河套人"都是蒙古人种在野蛮时代①的遗骸；使用新石器工具的开化时代的"仰韶人"、"龙山人"等等人们集团，都是从它派演出来的；"仰韶人"和"龙山人"的体质特征则和现代华北人相像，也就是说，他们正是汉族的祖先——即形成汉族的主流。因此以汉族为主体的我国历史，可以从50万年前的"中国猿人"时代开始；从"中国猿人"到"丁村人"到"山顶洞人"到"仰韶人"、"龙山人"，表述了从原始公社制的野蛮时代和开化时代的发展过程。②

华北（河北、山西、河南、内蒙古自治区）及陕西发现的旧石器文化遗存，比较系统，包括有初期、中期、晚期各阶段的遗址遗物——自然，从全部发展过程看来，还有未发现的空白——而且是属于同一系统的。

（一）属于这个系统的旧石器时代初期的遗址，主要有（1）北京周口店"中国猿人"（即所谓"北京人"）化石产地（洞穴），相当于"中国猿人"化石产物的底部堆积的周口店第13地点

---

① 本文所述"野蛮时代"、"开化时代"，即张仲实译恩格斯：《家庭、私有制和国家的起源》（人民出版社1954年版）的《有史以前的诸文化阶段》的"蒙昧时代"、"野蛮时代"；本文系沿用拙著《史前期中国社会研究》所引旧译及杨译莫尔根：《古代社会》旧译和近译。

② 中国猿人、山顶洞人、丁村人、河套人盖为蒙古人种的祖先；以蒙古人种为主流的当代各民族，除汉、蒙、满、朝鲜等族外，尚有待于体质人类学的进一步研究；同时，汉族在历史过程中吸收了不少其他种族的成分，这里是仅就其主流而说的。

(洞穴)，河南陕县侯家坡、陕西潼关张家湾、卧龙铺、山西垣曲官沟、东岭、柴火圪塔、坪道、八角凹、小赵村、申家庄、河西坡、许家庙；(2) 周口店第15地点（洞穴）、山西襄汾丁村（砂砾层）、离太原55公里的古交、离古交5公里的古交钢厂附近、静乐凤程山（红色土上部）、侯马市南梁（砂砾层）、交城范家庄后岩岭、卢子峁（红色土上部）、垣曲南海峪（洞穴）、永济匼河（砂砾层）、曲沃里村西沟（泥炭岩），等处。专家认为（1）（2）两类遗址又可分为旧石器文化初期的前后两个阶段，前一阶段在地质年代上属于更新世初期和中期，后一阶段则属于更新世晚期；同一阶段的各遗址遗物所表现的发展程度也不都是一样的。①

"中国猿人"化石产地，从1929年发现第一个"中国猿人"头盖骨起，已发现了不少旧石器、灰烬层、动物化石等，解放后又发现了中国猿人牙齿、下颌骨，前后共计已发现40个左右个体的化石，上10万件石器材料以及三门马、肿骨鹿、中国鬣狗、剑齿虎等115种动物化石及其他等等，可考知他们已知道用"直接打击法"、"碰砧法"、"垂直砸击法"等初步加工的方法制造石器、石片及较少的石核，制成"有敲砍痕迹的砾石"、"砍砸器"、尖状器、刮削器、两极石片五大类型，并使用砍砸器等石器工具去制造木棒等木器工具等。他们使用这种工具去集体进行生产——猎获野兽、挖掘球根、采集草木果实等——和保卫自己，又把它充作生活用具。同时，由于有很厚的灰烬层的堆积，可知他们已知道管理和使用火来为自己服务。这种工具的制造、发展

---

① 不少专家认为第（1）类属于中更新世前期，第（2）类为中更新世晚期，三门期及泥河湾期属于更新世前期，故周口店应为中更新世，并志此，以待专家的进一步研究和发掘。

和使用工具去进行劳动,把他们自己和古猿分离出来,并不断改造和发展自身、创造和发展人类社会。中国猿人化石的科学分析,正表明他们不只和存在于更新世初期的巨猿,而又和其前身的古猿分离的过程,并首先是从制造工具和使用工具去进行劳动的双手完成其转变过程的。① 这一系列的情况,以及共生的动物化石群,指明了这个遗址的地质年代属于更新世中期;1960年夏发掘的芮城匼河遗址,有下更新世的轴鹿化石与石器共存,它的年代可能与中国猿人同期,也可能较早。中国猿人和其遗存,已不是属于旧石器时代开始时的情形,正确地说,不是才开始进入人类社会的野蛮时代的低级阶段的情形。但由于生产力依然很低下,他们对生产、对自然的其他斗争都是很困难的,生活是极其艰苦的,因而社会的进程和改造人类自身的进程都是极其缓慢的,但由于在生产和生活等方面都依靠和发挥了"群"的集体力量,便逐渐改进了情况,提高了对自然的占有程度。

上述同类的其他遗址的遗物,在石器类型虽有所区别,但作法一样,表现和中国猿人的遗存为同一人种系统的遗存,其基本内容和性质也大都是差不多的,而其发展程度则并非完全一样。

关于第(2)类遗址的"丁村人"②的遗存,与人类化石一

---

① "中国猿人的上肢骨,除它的内部结构外,完全具有现代人的形式;下肢骨虽已具有现代人的形式,但还有若干原始性质,如股骨盖上半的内侧缘显著隆起,股骨上端没有转子间线和耻骨肌线,胫骨前线和横断面的较为圆钝等;而中国猿人的牙齿和头骨则远较现代人为原始,中国猿人的脑量也远在现代人之下。"(科学出版社:《中国人类化石的发现与研究》,吴汝康、贾兰坡:《中国发现的各种人类化石及其在人类进化上的意义》。)并参看《古脊椎动物与古人类》1960年3月第2卷第1期,吴汝康:《中国猿人体质发展的不平衡性及其对劳动创造人类理论的意义》。

② "丁村人",即在山西襄汾丁村(砂砾层)的旧石器文化遗址中,发现三枚儿童的牙齿化石,专家认为属于距今十几万年前的古人阶段的人类化石,上距"中国猿人"约40万年左右,下距"山顶洞人"约五六万年左右,属于蒙古人种的类型。

同出土，有石器两千多件和梅氏双角犀、披毛犀、原始牛、河套大角鹿、纳玛象、最近鬣狗等动物化石……其中有些动物是前一阶段所没有的，这证明它在地质年代上晚于"中国猿人"的遗址。用角页岩等石料制造的石器、石片和石核，虽然还是用前一阶段的那三种方法打制，但已知道用双手举起大石块由巨型石核的平面边缘上砸击出巨大而厚的石片，制造出多边型砍砸器、手斧、大三棱尖状器、小型尖状器、球形器、平圆状器、刮削器等，其中球形器是初出现的器型，尖状器也可作为代表；制作比较好、种类比较多，提高了劳动效率和扩大了生产领域。这不只表现了制造工具的方法和技术等水平，比前一阶段有了显著的进步和发展，而又正表现了生产水平的显著提高，例如使用这种工具，能从较远的距离猎获较大较多的野兽和飞禽，从较硬较深的土中挖掘球根，并增强了对猛兽进袭的防卫能力，等等。

上述同类的其他遗址的遗物，基本上也都表现和"丁村人"的遗存为同一文化系统，其基本内容和性质也大都是差不多的；但其发展程度却并不完全一样。

专家论断，"丁村人"的时代，今华北地区发生极巨大的气候变化，天气变得寒冷、酷燥，天上连续降落黄尘，并引起某些种类的动植物的死亡、减少或他去；这给人类生活带来了更大的困难，并逼使人们迁移。这个论断自还有待于进一步的发掘和研究。

中国猿人和丁村人时代的人类社会，是处在最初年期的原始群团的状态。大约已走过了传说中的"有巢氏"时期而过渡到了"燧人氏"的时代。"丁村人"的石器制造，已开始出现了旧石器时代中期的一些因素。

（二）属于旧石器时代中期的诸遗址，主要有宁夏回族自治区银川市水洞沟（黄土层）、内蒙古自治区南部萨拉乌苏河（细砂层），山西宁武杨庄（砂砾层），朔县后圪塔峰（黄土底部砾石层），寿阳羋山、尹家庄、高瑙、平定枣烟、大梁丁（黄土与红色土交接处），保德火山和离山的黄河岸边，中阳的许家坪，河南灵宝孟村（黄土底部砾石层）等外，并都属同一系统。

河套文化遗址。由于1922—1923年，在萨拉乌苏河岸的细砂层中发现一枚人类的左上外侧门齿化石，考古家命之为"河套人"，随又在水洞沟发现同类型的旧石器遗址。解放后，又在内蒙古自治区伊克昭盟乌审旗滴哨沟湾发现"河套人"顶骨和股骨化石。专家鉴定，"河套人"为间于中国猿人与现代人之间的古人类型较晚阶段的化石。

河套文化主要是指萨拉乌苏和水洞沟两地的遗存而说的，即在阴山山脉南麓的河套地区的远古文化，它是旧石器时代中期较典型的遗存，所发现的石器和动物化石有共同的特点。萨拉乌苏发现的动物群，有纳玛象、披毛犀、河套大角鹿、转角羚羊、原始牛、水牛、骆驼等四十八种。因而其地质年代应属于更新世晚期。石器的制造方法、技术和类型，表现着它对"中国猿人"→"丁村人"文化的继承性和共同性。更重要的，就较多的水洞沟石器——主要为石片、石核较少——来说，又具有一个较高发展阶段的基本情况，如工具显著地表现着第二步的加工和掌握了修整台面的技术，由石核的多方面打击使之构成多边形，制造出长而薄的较规则的石片等；类型上，制成了较细致的砍伐器、手斧、尖状器、刮削器、雕刻器，等等，并表现了形式的多样化，如刮削器有船形、圆形的形式……这正是旧石器时代中期的石器工具的基本特点，而雕刻器又表现了晚期的因素的出现。

上述这一时期的其他遗址的遗存，在基本的内容和性质上也大都差不多，但其发展程度也不是完全一样的。

由于知道制造和拥有这类旧石器工具，更加扩大了生产领域，提高了劳动效率和防卫能力，并提高和改进了对木器的制造。进行第二步加工的薄而长的石片，可以制成石刀、石剑和绑到木柄上的石枪及较锋利的投掷器，等等，前此没有的生产工具、生活用具，亦即防卫武器，大大提高了集体的力量和狩猎、采集等生产成果。拥有和使用这类工具，便得以产生男女老少的级别分工——依这种级别分工进行集体生产和群团的集体消费。与这种生产相适应，便产生了年龄相若的同辈兄弟姊妹互为婚配的血缘群婚，后来又发展为非血缘的群婚，由这种老年、中年、成年的夫妇群构成群团的社会组织。因此，"河套人"的时代，大致正相当于传说中的"燧人氏"的时代和其到"伏羲氏"的时代的过渡。

（三）属于旧石器时代晚期的同系统的诸遗址，主要有：周口店山顶洞（上洞）、即1930年第一次在中国猿人化石产地的龙骨山山顶上发现的山顶洞人遗址。它在地质年代上属于更新世晚期。① 山西大同马坡山后二圪塔峰（砂砾层）、朔县梵王寺（灰黄土层）、平陆七里坡、河曲巡检司南黄河岸（黄土层），内蒙古自治区中南部两岸地区的清水河县、准格尔旗等地所发现的近百

---

① 在"中国猿人"约40万年左右以后，蒙古人种的"山顶洞人"又住到了周口店山顶洞一带。从1930年发现这个遗址起，先后在山顶洞上室的第一文化层发现有人类牙骨、1枚穿孔的牙齿、两件火石器物，第二层发现人类牙齿和残骨数件、穿孔的狐或獾的犬齿28枚，第四层发现被人类居住和被烧炙过的痕迹；下室第四、五层发现数个单个人牙和几枚穿孔狐牙、骨坠及1件燧石石片、3具完整的人类头骨及一部分躯干骨（1男性老人和两个女性的头骨），其旁散布有赤铁矿粉粒，第五层的下窨发现很多脊椎动物化石的完整骨架，其中以食肉动物为多，等等。与"山顶洞人"共生的有鸵鸟、斑鹿、赤鹿、野猪、野马、羚羊、鬣狗、野兔、狼、狢、洞熊、虎、豹、香苗及青鱼等鱼类，其中脊椎动物化石54种内哺乳动物48种，除鬣狗、洞熊、鸵鸟外，现均生存于华北、东北和内蒙。鹿、野猪、獾、狐、狸等也常为"山顶洞人"所猎获。专家确认"山顶洞人"为属于新人类型的蒙古人种的人类，他们体质的基本特征与现代人差不多。

处旧石器地点，专家也认为有可能均属于旧石器时代晚期的遗存。

山顶洞人的遗存。石器方面，出土有25件石器及一些石英碎片和没有加工痕迹的砾石，材料主要为石英及绿色砂岩的砾石及燧石等。在石器制作方法和技术上，"山顶洞人"不只继承了"河套人"的经验，并已知道使用间接打击法、压削法、把材料放到火中去烧等技术，打击出长而薄的石片及石核，修制成规则、对称、均匀、锋利适用的各种类型的精致工具，各种尖状器、刮削器（半月形和圆形等）、两端刃器、砍伐器、钻孔的砾石、雕刻器及穿孔的石珠，尤其是很多斧状器等等。（1958—1959年在内蒙古中南部的清水河、准格尔旗等处和山西西北部，也发现有规则、均匀、对称和底部成圆弧形的细长的尖状器，周围经过修理、石片疤痕平浅、两侧边缘锋利平正的刮削器，有锯齿和比较整齐的弧形刃，便于手握的石球，等等）。还发现了在中期所没有的骨器：骨锥，针身圆滑、针尖长而锐利、又挖有小针眼的骨针，一些有过加工痕迹的碎骨片，刻有沟纹的骨管，钻孔的青鱼上眼骨，磨光的鹿角，穿孔的介壳，等等。这都显明地看出，他们已开始掌握刮挖、磨光、钻孔、磨擦、染色等骨制技术。钻孔的砾石和石珠等的发现，可知当时的石器制造也已经有了磨制技术和钻孔技术的萌芽。他们还使用石器和骨器工具去制作较多较精致的木器，等等。间接打击法、压削法，石器类型规则化和多样化，骨制品和各种装饰品的出现，以及知道使用磨光和钻孔法等等，正都是旧石器时代晚期的特征。山顶洞人拥有这类生产工具以及吃过的各种动物残骨化石等的存在，标志了他们渔、猎发展的生产水平，猎获野兽成了他们生活资料的主要来源：以兽肉为主要食料、以兽皮缝制衣服、以兽骨作工具和装饰品的原料……；也表述了他们已能够和实现了男女间的集体分工,男子从事渔、猎和主要生产工具的制造,女子掌管和处理渔、猎品、烹饪和分配食物、修整兽皮和制作衣服、并与孩童从事采集,等等。

与这种生产相适应,便是由非血缘群婚到对偶婚的转化,由群团组织到母系本位的氏族的出现,并有了以对偶婚夫妇为基础的家庭的胚卵(为远在其后氏族公社内构成家庭公社的家庭的形成的胚卵)。因此,"山顶洞人"的时代,大致相当于传说中的"伏羲氏"、"女娲氏"的时代。

在这样的社会生产、社会形态的情况下,便有了以石珠,钻孔砾石,穿孔的獾、狐、鹿、野狸、黄鼬、虎等牙齿和骨管,穿孔海蚶,钻孔青鱼眼骨等串在一起的美丽多彩的项饰。埋葬的人骨旁布有赤铁矿粉,则可能是原始宗教萌芽的迹象。

从山顶洞人到仰韶人和龙山人,地下的发现,在华北和西北地区,还空白着以发明和使用弓箭为主要标志的所谓中石器时期,即由旧石器到新石器的过渡期——为时约有4万年左右。这究因自然界的气候等重大变化,原来散布在今华北、西北一带的"山顶洞人",曾一度分别转移到他处,其中某些部分到开始使用新石器的开化时代又回到当地?抑只是由于蕴藏在华北和西北地下的所谓"中石器"文化遗存还没有发现?这均有待于地质学家、古生物学家、考古学家在群众路线方针下的集体努力来作出科学的结论。①

(四)其他旧石器文化遗址和人类化石。解放后在我国境内的华中、华南、西南和东北等处,均有重要的旧石器文化遗址和

---

① 以上参考郭沫若等:《中国人类化石的发现与研究(科学出版社版);科学出版社:《古脊椎动物与古人类》杂志,1959年第114期、1960年112期有关诸文;裴文中:《周口店山顶洞之文化》;贾兰坡:《山顶洞人》(龙门书店版)。

人类化石的发现：

(1) 马坝人及动物化石。1958年6月，农民在大跃进的积肥运动中，在广东省曲江县韶关马坝乡狮子山石炭岩洞穴第二层溶洞堆积中，发现人类化石：部分头顶盖骨、已破的部分额骨及枕骨、部分右眼眶和鼻骨等，即马坝人，专家鉴定为属于中年男性的头骨。一同发现的有很多动物化石，表明与它共生的动物群有：鬣狗、熊、虎、獾、貘、野猪、鹿、羊、牛、豪猪、兔、鼠、剑齿象、大熊猫、纳玛象、龟、蜗牛等19种。专家鉴定为距今约二三十万年的古人化石，可能属于猿人阶段的晚期与古人阶段之间，即属于早期的古人类型；在地质年代上属于更新世中期之末或晚期之初。① 也就是说，在人类进化和历史发展的进程上，马坝人晚于中国猿人。

此外，1959年6—8月间，在广东东兴石角村的亚婆山、马兰基村的马兰咀山也发现旧石器遗址两处。遗址的第二层为新石器文化层；第三层似为旧石器文化层，两处共发现以石核为主的旧石器80件，内有石斧、砍砸器、敲砸器等，以手斧为最多。广东省博物馆的同志们认为："这种文化不同于华北地区以石片石器为主的旧石器各期文化，而与印度支那一带以石核石器为主的旧石器文化似乎保持着一定的关系……。它的时代属于旧石器时代晚期的可能性较大。"② 这提供了它与广东南海西樵山石器文化遗存（可能是属于由旧石器时代到新石器时代的过渡期的文

---

① 广东省博物馆：《广东马坝人类及其他动物化石地点调查简报》（载《古脊椎动物和古人类》第1卷第2期）；吴汝康等：《广东韶关马坝发现的早期古人类型人类化石》（载同志同卷第4期）；《光明日报》1960年3月11日；《广东发现远古人类化石——马坝人化石》）。

② 广东省博物馆：《广东东兴的旧石器》（载《古脊椎动物和古人类》第2卷第1期）。

化遗存)、广东其他地方的新石器文化遗存,有无交替继承的关系,提供了一个重要线索。但这都还有待于进一步的发现和论究。

(2)"柳江人"和"麒麟山人"及其遗存。1955—1958年,在广西各岩洞中发现了不少旧石器文化的遗址、遗迹,主要有柳州水岩山的白莲洞、穿岩山的陈家岩,崇左濑湍区绿轻山的矮洞,来宾麒麟山的盖头洞,柳江通天岩旁的小岩洞等处;并在大新县榄墟区正隆乡那隆村的牛睡山黑洞、柳城区的猿洞等处,发现巨猿及其共生的大熊猫、剑齿象、鹿、牛、猪、犀牛等动物化石。

1956年1月14日,中国科学院工作队,在来宾桥巩圩麒麟山头盖洞上层的红色角砾岩层中,发现了1具人类头骨化石:"仅有颅底部分,包括大部分上颌骨和颚骨,右侧的颧骨和大部分枕骨",即麒麟山人;一同发现的有一件打制的石器——砾石和两件经过人工打制过的石片,同时还有一些属于现代种的哺乳动物和软体动物化石。据专家鉴定,麒麟山人为属于新人类型的人类,其时代为旧石器时代晚期,并可能属于这个时期的后段。

1958年9月,柳江新兴农场工人在大跃进的积肥运动中,挖掘通天岩旁的一个小岩洞时,发现1具人类化石头骨(缺下颌骨外,全部完整,仅两侧颧骨部分断裂),体骨(有完整的下4个胸椎并粘连有长短不一的肋骨5段,完整的5个腰椎和骶骨),肢骨(有右侧髋骨,耻骨有部分缺损)及左右股骨各一段,系同属于一个年龄40左右的男性的人体化石,即"柳江人";一同发现的有中国犀、剑齿象、巨貘、大熊猫、牛类、鹿类等化石,但没有石器及其他工具发现。专家认为"柳江人"属于新人类型,较"山顶洞人"原始,"是至今东亚发现的最早的新人化石",在地质年代上属更新世晚期。由于"柳江人"头骨化石的复原系属中头型，因而有些专家认为它属于南支蒙古人种。①

(3) 资阳人及其遗存。1951年，修筑成渝铁路的工人在资阳黄鳝溪，发现人类"头骨，脑颅部分，除右侧颅底外，大部完整"。面骨仅保存不完整的上颚骨（除上左第一前臼齿的一个齿根外，牙齿全部脱落）等；但头骨骨缝都很明显。专家以之称作"资阳人"，认为系属于一个中年以上的女性遗骸，较"山顶洞人"为原始，也是我国至今发现较早的新人类型的化石。其头骨构造与中国猿人、山顶洞人都具有一些相似的性质。在黄鳝溪桥基附近西部，发现一件用三棱状骨片制成的骨锥；共生的动物化石有：猪獾、鬣狗、虎、箭猪、竹鼠、马、犀牛、猪、鹿、水鹿、羯牛、剑齿象、猛犸象等。专家认为"资阳人"的地质年代属于更新世晚期。②

(4) "榆树人"及其遗存。解放后，东北工学院和吉林博物馆，"先后在榆树周家油坊附近发现时代与山顶洞相近的化石地点，发现有人类的肢骨、头骨碎片、石器和大批哺乳动物的化石"。这种人类化石，就是我们叫作"榆树人"的遗骸。那些动物化石"包括鬣狗、狼、披毛犀、蒙古野马、野猪、麝鹿、鹿、野牛、原始牛、猛犸象等"。专家认为这个动物群的时代，"应比萨拉乌苏晚而和山顶洞相近，而且其中还发现有相当清楚的旧石器，所以应当还是属于更新世的范围以内……。"并称，"另外在哈尔滨附近顾乡屯也曾有被认为属于旧石器时代而与萨拉乌苏相

---

① 贾兰坡等：《广西洞穴中打击石器的时代》，《广西来宾麒麟山人类头骨化石》；吴汝康：《广西柳江发现的人类化石》（分别载《古脊椎动物与古人类》杂志第2卷第1期、第1卷第1期、第3期）。

② 裴文中等：《资阳人》（科学出版社版）。按又有谓"资阳人"为属于一个十四五岁的男孩的遗骸；其头骨构造为长头型，与中头型的山顶洞人有别。并志以待进一步研究。

近的地点，动物群的组成大体和榆树相同。""与榆树产化石相当和与顾乡屯情形相近的堆积，在松花江流域及东北各地的分布很广……"① 因此，"榆树人"是属于新人类型，在地质年代上属于更新世晚期。

（5）1957年在湖北省长阳县下钟家湾发现的人类遗骸上颌骨化石，即"长阳人"；又在同一地层中发现有鬣狗、熊猫等动物化石。专家认为"长阳人"系晚于马坝人的古人类型，在地质年代上不能早于更新世晚期。② 他如在安徽省泗沂县的下草湾河岸山发现的一段人类股骨化石，叫作"下草湾人"，专家认为属于新人类型。③ 此外在祖国其他一些地方，至今也有旧石器文化遗址或遗迹以至人类化石的发现；出现于更新世的哺乳动物化石，则在全国许多地方都有了发现。

马坝人、长阳人、柳江人、资阳人、麒麟山人、榆树人、下草湾人及其遗存，虽然还不能确切地肯定其派衍的族系和其后新石器文化的系统，但都是属于中国民族在原始公社制时代的野蛮时代的祖先和其遗存，似是可以肯定的。

（五）可能系由旧石器文化到新石器文化过渡的广东南海西樵山的石器遗址和遗存。从1955年起，中山大学、暨南大学和广东省博物馆都到当地进行调查、采集和发掘。据报，遗址大致可分为三个部分：第一部分"是第二地点所出土的，似乎打制技术较为原始"，打制的为石片和石核等，其中石片石器46件，包

---

① 周明镇：《从脊椎动物化石上可能看到的中国化石人类生活的自然环境》，科学出版社：《中国人类化石的发现与研究》，第35—36页。

② 按又有说"长阳人"为新人阶段的化石，属于地质年代的更新世晚期。并志以待进一步研究。

③ 吴汝康、贾兰坡：《下草湾人类股骨化石》（载《古生物学报》第3卷第1期）。

含斧形器、各式尖状器、各式刮削器、各式石镞及穿孔石饰，石核石器5件，包含有肩器、尖状器、敲砸器、石球等，但"不见磨光石器和陶片"。弓箭的出现，正是野蛮时代后期，即所谓中石器时代的基本特点；是否知道制陶则是这个时期和开化时代初期分界的主要标志之一。而第二部分的"第一、四、五、六、七、十、十一、十四地点出土的，打制技术比较进步，并有磨制石器与陶器共存"。第三部分"是第三、八、九、十二、十三地点出土的，为磨光石器与几何印纹陶共存的文化遗存"。第二部分的遗址中在打制技术较进步的基础上，有了磨制石器和陶器的共存，显然是进入了开化时代初期，亦即进入新石器文化初期的遗存。第三部分遗址的出土物，不只表现了初期的新石器文化有了一步发展，而且似乎又表现了它和以几何印纹陶与有段石锛为主要特征的广东新石器文化的关系。1959年6月中山大学、暨南大学的历史系又到当地采集了石器700余件，据报："其中大部分为具有旧石器时代晚期特征的打制石器，小部分为属于新石器初期的打制石器及极小量的磨制石器。"这可能是混杂了不同时期的遗物。因此，广东的同志们说：西樵出土的石器，"初步认为很有可能属于中石器时代。"这对于第二地点的遗址遗物说，我认为是合适的。①

而东兴石角村亚婆山、马兰基村马兰咀山两处遗址第三文化层，从遗物中手斧较多及其上层为新石器文化时代的遗存看来，似是也具有由旧石器晚期到新石器时代初期的一种过渡形态。

在北方，据裴文中先生说，在哈尔滨附近的顾乡屯、满洲里

---

① 广东省博物馆：《广东南海西樵山出土的石器》（载《考古学报》1959年第4期。梁钊韬：《广东南海县西樵山石器时代遗址的发现和对遗址性质的一些看法》（《古脊椎动物和古人类》第2卷第1期摘要）。

附近的札赉诺尔,都有中石器时代——按即由旧石器到新石器过渡的时代,亦即野蛮时代后期的文化遗物的发现。这可说是对考古学和历史学提供了一个重要的线索。在北方,除这两处遗址外,还没有关于中石器时代的其他遗址的发现。

二　仰韶文化、齐家文化和龙山文化的遗存基本上表述了我国原始公社制社会的开化时代的历史过程

解放以来,全国发现的新石器地点已达数千处之多,分布在每个省(区),其中尤其是仰韶文化、龙山文化、"吴越文化"三大系统的遗址最多、遗存最丰富,这三大系统以外,在沙漠草原地区,还有分布很广的细石器文化,在西南、西北和东北等处,还有独具特征的新石器文化的若干系统的遗存。在各个系统的各遗址的遗存,不只表现了它们各自的共同性和继承性,也表现了由于时间、地点等条件,在同系统间也形成了一些各自的特殊性或相互间的差异性,在各个系统的相互间,尤其在邻近、交叉以至插花地区,又表现了不同程度的相互影响和联系,这常常具体表现为石器、陶器等器形和作风气派上的接近,并常常表现为彼此文物的交流以至遗址的交错和相互迭压。

已发现的新石器文化遗存,大致可以表述出我国原始公社制社会的开化时代的历史过程——虽然还有空白,尚有待于继续发现。

仰韶文化系统和龙山文化系统的遗址遗物,都是汉族祖先在原始公社制社会的开化时代的遗存,又都是从山顶洞人和其文化派衍、发展而来的。在进入到国家时代——商朝——以前,在黄河流域所分布的属于蒙古人种的人们集团中,有夏、商两个先进

和强大的部落联盟。夏部落联盟主要分布在黄河中上游，商部落联盟则分布在黄河中下游及渤海湾一带，豫西以及冀南和晋东南则是两者的接合、交叉以至插花的地区。从"成汤革命"起进入国家时代以后，便以这两大人们集团为主干构成华夏族——汉族。传说和商、周的文献记载，关于进入国家以前的夏、商两大部落联盟的地理分布情况和发展过程，大致是与仰韶文化、龙山文化遗址的分布地区和发展线索基本上相近。

（一）所谓仰韶文化，即最初在河南省渑池县仰韶村所发现的新石器文化的遗存，按考古学的惯例命名；其后在他处的同类型的发现，都称作仰韶文化的遗存。

就已有的发现说，仰韶文化分布的地区很广，西起甘肃东部（如包括"甘肃仰韶文化"或"马家窑文化"，又是西起青海民和），东至河北正定（如南阳庄）、平山（水库）、曲阳（钓鱼台）、邯郸（龟台寺）、张家口，南至湖北（郧县等处），北至晋北及内蒙古南部等处，都有它的遗址和遗物的发现——只有山东境内至今还没有仰韶遗址的发现。其主要分布区域则为陕西、晋南、豫西、甘肃等处，尤以晋、陕、豫毗连地带和陕甘毗连的渭河流域一带，遗址分布稠密、灰层很厚、遗物堆积很丰富，遗址面积每自几万至几十万、近百万平方米。这正是仰韶文化的人们散布的中心和居住较久的地区。晋南的夏县、万荣、洪赵、临汾、襄汾、曲沃、翼城、平陆、芮城、永济、解县、新绛、稷山、河津、陵川、长治、平顺等县市至今发现的新石器文化遗址，大都是属于仰韶文化的系统，就已发现的说，龙山文化的遗址只是个别的。包括著名的长安半坡村在内的陕西长安、华县、华阴、大荔、朝邑、宝鸡、岐山、鄠县、扶风等县市至今发现的新石器文化遗址，像长安开端庄那样迭压在仰韶文化遗址之上的龙山文化遗址或它的其他遗址，也只是零散的、个别的而且面积不大、文化层较薄，遗物较少，也缺乏山东龙山文化那样典型的黑陶。在仰韶文化遗址密布的甘肃东部，即渭河上游（包括其支流泾河、汧河、雍河……）和西汉水流域地带，至今还没有龙山文化遗址的发现，在甘肃西部，至今也还没发现龙山文化的遗址。在河南西北部至今所发现的新石器文化遗址中，大多属于仰韶文化系统，迭压于仰韶文化遗址上层或交错存在的龙山文化遗址则比较稀疏；反之，愈往东南，仰韶文化的遗址便愈稀疏。

仰韶文化遗址中的遗存，大都或多或少地具有以下的共同特点。石器有刀、铲（豫西发现有肩石铲）、斧、磷、凿、矛、镞、弹丸、纺轮、网坠以及石环等，除石刀亦多打制外，大都是磨口或磨光的，其他盘状器、敲砸器等都是打制的。其中以用作农耕工具的石刀、石铲（或锄）、石斧等较多；石刀大都作成缺口或单孔的长方形，石斧大都作成扁圆刃和横剖成椭圆形、平面成长条梯形。在有的遗址中还发现有骨铲和双齿木耒的痕迹。出土颇多的这类石刀、石斧的形制，是和东方龙山文化的同类工具有显著不同的、富有特征的东西。陶器主要为细泥红陶、夹砂红陶、泥质灰陶、夹砂灰陶四类，此外也有少量的泥质黑陶，在河南的有些遗址中还发现白陶，最为流行和具有特征性的是红陶；都是手制，有些遗址（如陕西华县泉护村）出土有口底经过漫轮修正的陶器和全部轮制的小陶碟。形器上，有小口尖底瓶、大口深腹平底罐、折缘或卷唇盆、深腹碗、圜底钵，还有仿照石刀样式制作的大量陶刀，等等，都是比较普遍和具有特征的东西。又有瓮、釜、陶弹、纺轮、网坠、陶环等。在河南的各遗址中又常有陶鼎等。纹饰以绳纹为主，彩绘主要为几何形图案，部分遗址（如陕西长安、宝鸡、华县）出土有人面纹、鸟鱼纹、鱼纹、蛙纹等绘形的陶器——这又可说是文字的萌芽的前驱。彩陶虽然不是占有绝对的数量，但它在仰韶文化中是有其一定的代表性的、具有特征的东西。半坡村遗址并发现个别有内彩的陶器。骨器较普遍，数量很多，各遗址大都有制作精美的骨镞、骨锥、骨凿等，半坡村遗址还发现有制作精巧的倒刺鱼钩。各遗址大都有面积颇大的氏族公社的遗迹，就至今已发现而保存比较完整的陕西长安半坡村、宝鸡第四中学球场附近、河南陕县庙底沟村、成皋青台等遗址来看，房屋、陶窑、墓葬等方面，分布大都有一定布局，房屋结构、样式、风格和葬俗……房屋排列整齐，除去都有一栋公共活动的大形房子外，大小样式（一般为30至40平方米，庙底沟一带的面积较大）、构造都差不多，一为圆角方形半地坑式或椭圆形半地坑式。一为方形平地式。室内地面，如宝鸡遗址，先铺一层料姜石，然后和四围墙一同涂抹一层草泥土，再涂一层料姜石粉末成灰白的硬面（或用火烤烧），室内都有一个火塘（灶）。前一形式的房屋，门道有台阶，正中偏前者的两侧有支柱的圆洞；后一形式的房屋，室内中间有12根木柱，周围墙上排有木柱，并有砾石柱础。陶窑都成排列在村落的东北部。如半坡遗址，村落周围有较深较宽的壕沟环绕。成片的墓地都在村落北边的台地下。就已发现的情况说，葬式一般为单人仰身伸肢葬，也有个别俯身葬和屈肢葬，少数为夫妇2人合葬，个别有多至20余人的合葬，小孩则用瓮棺葬，坟墓排列整齐。除一部分无随葬品外，一部分有随葬品：一般为陶器一件至四五件，多的达十余件，能成套成组，个别还有石斧、石研盘、骨笄、骨珠、半月形兽牙、松绿石等，随葬品的器物和数量，似因男女而有所不同。

由于较大量的用作农耕工具的石刀、石铲（或锄）、石斧、陶刀及粟谷或粟壳等的发现和长期定居的情况，仰韶人的农业生产已占有相当重要的地位，而主要的粮食作物是粟谷；由于石镞、骨镞、网坠及猪、狗以及可能属于家畜的牛、羊、马、鸡等骨胳的发现，可知畜牧及渔、猎等，在仰韶人的生产中各还占有一定的比重。遗址、遗物、墓葬及其随葬品情况，表述了他们是实行男女分工的集体生产，又似乎把生产品平等分配于各个家庭分别消费。纺轮、骨针等工具和陶器上的布纹等遗物和遗迹的普遍存在，表明他们已有了织机的发明，开始用纺织布匹与兽皮并用来制作服装。墓葬和随葬品的情况又表明了女子在生产中和其对生产品的掌管与分配中的地位。制陶术的发展和房屋建筑技术的水平，表明他们已经历了原始公社制社会开化时代的初期，但也还没有冶金术的发明，因此最高程度也还没有越过开化时代的中期。与这种生产相适应的是母系本位的氏族制度；村落遗址表明，氏族公社有了相当的发展，大都包含有几十个家庭；构成家庭的主要成员的夫妇，大概还是以发展起来了的对偶婚为基础的——我以为还不能设想为一夫一妻制。这种包含几十个家庭的村落，似属一个氏族公社，在这种氏族公社内可能还没有演化出家庭公社来，各别家庭都直接是氏族公社的构成成员或细胞。因此，仰韶人的时代，大致相当于传说中的"黄帝"到"尧"、"舜"的时代。

  仰韶系各遗址遗物所表现的发展水平，并不是完全一样的，同时还存在着地区间的差异。安志敏先生把它分为如次的三种地区：（1）汾渭区，包括陕县以西的豫西地区、晋南汾河流域、陕甘渭河流域的广大地区，基本上属于庙底沟和半坡村两种类型，渭河流域则多属于半坡村类型，汾河流域与豫西则有较多的差别；（2）洛伊区，包括豫西地区的陕县以东至郑州一带，其中有一种类型白陶增多，另一种类型与汾渭区有较大差别；（3）漳卫区，包括豫北和冀南一带，陶器类型、彩绘、形制等与前两区有不少差异。我认为这是接近实际情况的。其中提出的半坡村型与庙底沟型，可说是问题的关键。半坡型各遗址主要分布在渭河流域的陕甘地区，晋南和豫西北都只有其个别的遗址；庙底沟型主要分布在豫西北和晋南，陕西至今仅在东南部的郊县下孟村、西安马王村、华县泉护村等数处发现这一类型的遗址。从发现的遗址遗物作比较研究，庙底沟型在许多方面都比半坡村型有较高程度的发展水平。如生产工具上农具占有更大的比重，庙底沟出土的有石铲130件、石刀100件、陶刀100件、石斧27件，其他手工工具的石磷、石凿、骨凿、角凿各仅一件至数件，捕鱼工具的网仅5件，只有狩猎工具有骨镞71件、石球45件；石铲和石刀等的制作技术也有显著的进步，甚至愈到东面的愈进步，如郑州林山砦出土的通体磨光的扁长带肩石铲，洛阳中州路出土的铲身加长的有肩石铲等，又都比庙底沟的心形式舌状石铲进步。这标志了农业有了进一步的发展。陶器方面的比较繁彩绮丽的施彩，尤其是全部轮制的小陶碟的出现，标志着制陶技术也有了进一步的发展。尤其是住室的建筑，不只面积较半坡型宽广，并使用较多木柱构成的较规则的屋架支撑四壁，并使用砾石作柱础。这显然比半坡型大大提高了。至于半坡村与庙底沟型遗址中发现有白陶或施白色陶衣的彩陶，庙底沟型（如泉护村）遗址出现了半坡型遗址中所没有过的器形，如高圈足镂孔豆之类，成皋青台的住室遗址发现有白灰面的遗迹，等等，可能都来自龙山文化的影响以及集团间的交换，也可能是发展过程中出现的新事物。上述情况，似乎可以设想（如果不发现有相反情况的话），仰韶是由渭河流域一带逐步向东南方向的晋南和豫西北移动的。

（二）关于仰韶文化和"甘肃仰韶文化"（或"马家窑文化"）。近年来，考古学部门的同志们，严正地批判了安迪生的唯心史观的六期说和殖民主义的西来说等谬论，是正确的，必要的。而关于"甘肃仰韶文化"、齐家文化、辛店文化、寺洼文化与仰韶文化及其相互间的关系，我认为还值得进一步去钻研。

"甘肃仰韶文化"或"马家窑文化",主要分布在甘肃西部的洮河流域、黄河附近的临夏、东乡、兰州和河西走廊,并南至青海的湟水流域;其分布所及的地方:南至青海海南藏族自治州东南和西汉水流域,北至宁夏回族自治区,东至渭河上游,西至酒泉。已发现的遗址,仅甘肃境内就将近一百六十处,其中发掘过的重要遗址,有著名的甘肃省临洮(今岷县)马家窑寺洼山、瓦家坪、雁儿湾、广通县半山、兰州市白道沟坪、皋兰县糜地岘、青海省民和县马厂塬、西宁朱家寨、贵德罗汉堂……。"甘肃仰韶文化"和仰韶文化遗址在甘肃境内的主要散布地区是紧相接连的、交错的、甚至还有迭压。

"甘肃仰韶文化"已发现的遗址遗物中,首先关于农耕工具,主要也是石刀、陶刀、石铲和石斧等。石刀和陶刀也大都作成两侧缺口或单孔长方形,是与仰韶型相同的;扁长形的石铲和长方形的石斧,在仰韶系遗址中也有相似的形制,但石铲的数量较少。农业的耕作方法和主要作物、家畜种类和手工工具的类型等,基本上也都和仰韶相同。陶器在"甘肃仰韶文化"各遗址间——如马家窑、半山、马厂——也都有着多多少少的差异;但红色磨光的彩陶也是较普遍和具有共同的特征的东西,只有大口器常内外施彩的作风,在仰韶文化遗址中至今还只在半坡村发现一件有内彩的陶器;器形上,马家窑出土的小平底钵和折缘盆,是和仰韶完全一样的,各类陶缸和陶罐的形制,则与仰韶有所异也有所同。1957年甘肃博物馆在渭河支流的南河、榜沙河、漳河流域的仰韶文化诸遗址中,发现着如次一些同于典型的"甘肃仰韶文化"的成分:如彩陶器中有口沿繁彩而内施彩的钵、口沿繁彩的高肩深腹罐、施横行平行条纹的长颈壶,等等。因此,甘肃博物馆的同志们说:"仰韶文化与甘肃仰韶文化马家窑期和马厂期,有许多极其近似与互相演变的迹象,揭示了它们之间的密切关系。"并说：临洮马家窑——瓦家坪遗址与雁儿湾遗址一样，下部的内涵与甘肃东部仰韶文化遗址常见的遗物是一致的；"从上部和下部的关系看，上部为甘肃仰韶文化马家窑期，下部为仰韶文化的遗存。"这似乎还反映了一个相续的发展过程。因此，我以为，"甘肃仰韶文化"与仰韶文化的内涵，是存在着不少差异的，但主要应在于其共同性，即所谓"极其近似与相互的迹象"或"密切关系"。① 它们可能是属于一个文化系统，因处在发展进程中的不同时间、不同地区，以及与其他文化系统相互间的不同影响，而形成了彼此间的差异性或特殊性；或者是一个文化系统内涵中的两个支系，即属于一个部落联盟的不同部落的文化遗存，否则，有许多情况是难于解释的。自然，最后的结论，还有待于进一步发掘和研究。

（三）关于齐家文化。1924年第一次在甘肃省宁定县齐家坪所发现的文化遗存，及其后在他处发现的同类型的文化，统称作齐家文化。从其遗物的内容（最重要的，有红铜器等一同出土）和埋藏的地层关系，表明它在历史时代上后于仰韶文化和"甘肃仰韶文化"或"马家窑文化"，和有铜器一同出土的龙山文化为同时；帝国主义的宣传员安迪生过去把它安在仰韶文化的时代之前，完全是武断的、违反事实的。

齐家文化主要分布在甘肃至青海东北部的渭河上游及其支流泾河等流域，黄河、洮河、西汉水、大夏河、大通河、庄浪河、湟水等河流域及河西走廊，共已发现遗址数百处；其中甘肃省的天水、武山、陇西、渭源、秦安、静安、临夏、临洮、和政、东乡、兰州、平凉、泾川、庆阳、镇东、宁县、西礼、武威等县

---

① 甘肃博物馆：《甘肃渭河支流南河、榜沙河、漳河考古调查》（载《考古》1959年第7期），并《甘肃古文化遗存》（《考古学报》第28册）。

市，即已发现遗址 300 数十处，青海省的湟中一县已发现遗址 7 处。在陕西，齐家文化遗址与龙山文化遗址在不同地区内同时并存。这在它以前，都是"甘肃仰韶文化"或"马家窑文化"仰韶文化遗址分布的区域。其中重要的遗址，除齐家坪外，有甘肃省天水西山坪、临洮马家窑——瓦家坪、武威皇娘娘台、临夏大河庄和秦魏家、宁定杨家洼、临夏（即原永靖）张家咀，青海贵德罗汉堂等处。

首先，关于齐家文化的主要遗存。至今在皇娘娘台、大河庄、秦魏家三处遗址中，均有纯铜器与石、骨、陶器等一同出土。皇娘娘台发现有铜刀、铜锥等 20 件及铜渣和残器破片，铜刀有砸打磨制和单范模制两种；大河庄发现有铜匕；秦魏家在一个齐家文化墓葬中人骨手指旁发现一个铜指环。这种铜器的发现，正是和其一同出土的石、骨、陶器的发展水平相适应。作为主要生产工具的石器，在大多数遗址中，虽然磨制仍少于打制，但磨制技术水平提高了；在石斧、石刀、石铲、石磋、石凿、石镞、石纺轮等类型外，并新出现了石镰、石臼等，敲砸器制成了便于手握的器形，等等；石刀完全同仰韶文化及甘肃仰韶一样，主要为穿孔长方形与两侧带缺口的两类形制；还有一些三角形石镞和石叶等细器，则可能是由于细石器文化的影响或来自不同人们集团间的交换。骨制品有刀、磋、锥、针、匕、笄等，似是比仰韶文化或"甘肃仰韶文化"有了进一步发展。陶器也是手制；一般遗址的出土物，都主要为夹砂粗红陶，灰陶次之；饰纹也多系绳纹，但篮纹也不少，素面和光面也占有相当分量，各遗址中的彩陶多少不一。出土的罐（其中双耳、单耳罐等是其有特殊风格的）、钵、盆、碗、豆、斝、甗、鬲等形器，大多为平底器，三足器和圜底器只是少数或个别，有些形器是仰韶文化遗存或"甘肃仰韶文化"遗存中所没有的，形制上与仰韶有所异也有所似。据甘肃博物馆在《甘肃古文化遗存》中报道说：武威、兰州各遗址中的陶器遗存，从双耳小罐器形和纹饰看，接近"甘肃仰韶文化"马厂期的一些遗物的特征，似由它演变而来。这是就甘肃西部齐家文化的一些遗址的遗存而说的。在房屋建筑方面，皇娘娘台和临洮瓦家坪、秦安寺咀坪都发现有氏族公社的残破的村落遗址，至今还没有发现像仰韶文化那样较完整的村落遗址。寺咀坪遗址所留下的六个住室遗迹，基本上与仰韶文化的住室结构相同，为方形圆角半坑穴式，室内全用火烧干，四围墙壁先涂一层草泥，再加一层红胶泥土抹平，四壁并有圆柱屋架的遗迹；只是屋底系用白灰面涂成坚硬的又光又平的底面，墙壁底部也有白灰面的痕迹，这是与仰韶文化的住室构制不同的，可能是受了龙山文化的影响。每个住室内的火塘，明显地存在着作饭的遗迹，表明家庭已成了集体生产和平等分配下的消费单位。

从农耕情况和定居形式等方面看，齐家人是和仰韶人或"甘肃仰韶"人用相同的耕作方法经营农业，主要粮食作物也是粟谷，但有了一大步的发展；遗址出土和随葬的大量家畜骨胳的存在，表明畜牧也比后者发展，确切地可以看出，鸡、狗、猪、马、牛、羊都成了家畜；石制陶纺轮、骨针、陶器上也可能是麻布的布纹痕迹，等等，似是表明在纺织和缝纫方面与后者有着一定的共同性和继承性。

在葬俗方面，显然有承袭仰韶文化和"甘肃仰韶文化"的脉络。如大河庄的80多座、秦魏家的百多座墓葬，大多为仰卧直肢单人葬，只有少数屈肢葬、侧身葬，也有少数合葬，墓葬也都排成整列；皇娘娘台有8座墓葬都为侧卧屈肢葬，这在"甘肃仰韶文化"中较普遍，而在仰韶文化遗存中只是个别的。在墓坑的构筑和随葬品方面，大河庄葬区有4座砾石构成的圆圈，周围有牛、羊骨架和卜骨，这是考古学上的新资料；皇娘娘台遗址也发现有14块卜骨；皇娘娘台发现一座一男仰卧直肢、二女侧身直肢面皆向男的合葬，墓形较大，随葬品有陶器16件。前者可能是表现宗教仪式的酋长的墓区，或者是巫师的墓区，卜骨的出现表明它可能是来自龙山文化的影响；后者也可能是氏族酋长的墓葬。它不只与秦魏家那些男子仰卧直肢、女子侧卧屈肢面向男子的夫妇合葬，表明了父系本位的氏族制已代替了母系本位的氏族制，而且似是家长制的一夫多妻因素的出现。随葬品的种类有陶器、石刀、纺轮、骨针、骨锥、骨匕、骨饰、牙饰、松石珠、铜指环、牛下颚骨以至牛、羊等；从数量上，大多只有一两件或没有随葬品，只有少数人随葬品较多，个别的多至64件。这种墓葬、随葬品的种类和数量的差别等等，不只表现了男女间分工的发展和扩大，也表现了生产有了很大的发展；并表现了在氏族集体所有制的母胎内孕育着私有制的萌芽。与这种情况相适应，皇娘娘台部分窖穴中那些"无随葬品"、"凌乱聚集"或"侧卧屈肢"的人骨骨架[①]，也可能是氏族奴隶的萌芽的一点痕迹。

其次，在齐家文化的若干遗址中——如天水柴家坪、西礼西峪坪等处，——都含有仰韶文化（包括"甘肃仰韶文化"）遗物。

更重要的，在很多遗址中，都发现了如次的几种文化层的迭压关系。天水西山坪、陇西寺坪、临洮马家窑西汉水流域的西礼西和镇李家山、西峪坪、渭源及青海民和等遗址，都发现齐家文化层迭压在仰韶文化、"甘肃仰韶文化"层之上的地层关系（如马家窑——瓦家坪，即系齐家文化层迭压在马家窑文化层之上）；西礼长道乡赵家坪、西和镇崆峒山、城关镇阳坪里和马家崖等遗址，都为仰韶→齐家→"周代"（？）相次迭压的地层关系；西礼城关镇雷神店、石碑下、田家坪、寨子里、张家坪、石沟坪等遗

---

① 《甘肃古文化遗存》。

址,则为仰韶→"周代"(?)迭压的地层关系。青海省湟中县已发现的13处新石器文化遗址,有6处为"甘肃仰韶文化",7处为齐家文化。① 在这里,所谓"周代"文化,似是"武王革命"前的周人遗存——究极上自还有待于专家的进一步发掘和研究。据甘肃博物馆的报道说:"西汉水流域的周代遗存,普遍有类似齐家文化高领折肩罐。这……说明周代遗存继承了齐家文化的一些特征。"这类所谓"周代"文化的遗存,不只"与齐家文化有很多相近的地方"和表现"齐家文化的普遍特征"、两者间"具有相当密切的关系"。② 这是合乎田野发掘的实际情况,也是从文献记载上可以得到论证的。而这种文化层次的迭压情况,又根本驳斥了安迪生的"六期"说在故意颠倒、混淆历史的时代性和毫无根据,揭穿了帝国主义宣传员何等武断地在伪造历史!

又次,甘肃省宁定县杨洼湾等处发掘的齐家文化墓葬中的头骨,专家认为:"……在形态方面,基本上是属于蒙古型(Mongoloid)。与近代材料相比较,杨洼湾头骨与现代华北组较为相似。"只是在鼻形方面有些差异③,这可说是由于在漫长历史过程中因人体自身的变化所产生的差异。因此说,齐家人是仰韶人的后裔和现代汉人的祖先。我们就目前已有的资料是可以得出这样的结论的。

这说明齐家文化是由仰韶文化、"甘肃仰韶文化"或"马家窑文化"发展而来,不是属于两个不同的文化系统,而是前者是后者的更高阶段。全部文化遗存的内容表明,大致属于原始公社制社会开化时代的中期的后段和其到晚期的过渡,约相当于传说

---

① 《文物》1960年第6期,第35页。
② 甘肃博物馆:《甘肃西汉水流域考古调查简报》(载《考古》,1959年第3期)。
③ 颜訚:《甘肃齐家文化墓葬中头骨的初步研究》(载《考古学报》第9册)。

记载中的"夏朝",并可能是属其时夏部落联盟的周、姜等部落的遗存——相当于传说的夏"启"到"履癸"或周人的"弃"到"公刘"的时代[①]的遗存——自然,最后的结论还有待于进一步的地下发现和研究。

(四)关于辛店文化和寺洼文化。据实地从事田野考古的同志们报告说:"齐家文化在时间上大致与陕西龙山文化相等。在西汉水流域为周代遗址所代替,在洮河流域和大夏河流域则为寺洼文化和辛店文化所代替。"并说:"……在渭河上游、西汉水流域以及泾水流域,代替了齐家文化的是周代遗存。同时,在部分地区内,代替了齐家文化的还有寺洼文化。"[②] 由此似乎可以说,在"武王革命"前,周人分布的主要地区不只是陕西,而是陕、甘。辛店文化的遗址,至今在甘肃省的临洮、临夏、政和、东乡、兰州等县市及青海东北部,已发现遗址近百处。寺洼文化的遗址,主要分布在洮河流域的临洮(即岷县)及邻近的漳河一带以至渭河上游。这三者的遗址分布的地区毗连、交插,而且大致是同时并存的。就甘、青地区的辛店文化和寺洼文化的地理分布说,有辛店的地方则无寺洼,有寺洼的地方则无辛店。这三者遗址分布的地方都是原来齐家文化遗址分布的地方。那么,是否由于这三者排除了齐家文化而各自兴起的呢?下面略为考察一下这三者与齐家文化的关系及其相互间的关系。

在这三者的遗址中的遗存,首先都有与石、骨、陶器等共存

---

① 周人记载自弃(即后稷)到公刘的传世和自公刘到"武王革命"前的传世,都是由于传说的错落失误而大大缩小了的。
② 《甘肃西汉水流域考古调查简报》、《甘肃渭河支流南河、榜沙河、漳河考古调查》。
不少专家认为辛店文化和寺洼文化不一定是"武王革命"以前时代的遗存,并志以待进一步发掘和研究。

的刀具等青铜器工具及炼铜矿渣等遗物的发现，比齐家文化处在一个较高发展阶段。石器方面，辛店文化的临夏张家咀等遗址出土的石刀、斧、磷、臼、杵、纺轮、盘状器等，也分打制和磨制，磨制的仍有半磨光和通体磨光之分，其中大量而普遍存在的两侧制成缺口的石刀，是经仰韶文化（包括"甘肃仰韶文化"）、齐家文化两个继起阶段发展而来的具有共同的特征的东西。陶器仍属手制，主要为夹砂粗红陶，次为泥质红陶和泥质灰陶；"彩陶大部分磨得光滑"，与齐家相似；"陶质多作黄褐色或红褐色，一部分陶表面涂有红色陶衣"；纹饰"素面居多，绳纹次之，其他纹饰较少，彩绘占有相当比例"。① 所谓其他纹饰，有附加堆纹和殷、周铜器式的云雷纹等，并有表现为象形文字的萌芽的鹿、狗等动物形。器形有罐、杯、钵、盆、鬲、鼎等。骨器有针、锥、铲、梳及装饰品等。这都在若干方面，具有由仰韶文化（包括"甘肃仰韶文化"）→齐家文化而来的共同特点，又在若干方面有所不同和存在着仰韶→齐家所没有的新东西。而寺洼文化遗址中出土的两侧作成缺口的石刀和陶器的形制、风格等方面，也都与辛店相似。或者说，辛店、寺洼各遗址分布的地区毗连，石器器形近似，陶器有共同的特点。因此说，寺洼文化，也具有从仰韶文化→齐家文化两阶段发展而来的上述共同特征或若干特点。而在"武王革命"以前的所谓"周代遗存"，"在西汉水流域却是很丰富的，在时间上大致与寺洼文化相等，都是替代了齐家文化而后在同地区存在"。"在甘肃境内，寺洼文化与周代遗存，在形制上也具有一定的共同性"。而"周代遗存与齐家文化有一定程度的相近之处，这在西汉水流域更为明显。……周代陶器中

---

① 黄河水库考古队甘肃分队：《甘肃永靖县张家咀遗址发掘简报》（载《考古》1959年第4期）。

的高领折肩罐以及道显的竖绳纹等性质，都是周代遗存继承了齐家文化的特征。"①

其次，在张家咀和吴家等遗址，都发现辛店文化迭压在齐家文化之上的地层关系。张家咀第二层为辛店文化层的窖穴，第三层窖穴的灰土内全为齐家文化遗存。仰韶或"甘肃仰韶"→齐家→"周代遗存"相迭压的地层关系，已如前述。在寺洼文化的寺洼山、靳家坪、格致坪等遗址的遗物中，都包含有仰韶文化（包括甘肃仰韶文化）和齐家文化的遗物，等等；有的同志认为这是早期遗物混入晚期的结果，是有一定道理的。自然，这也有来自不同系统的文化遗物的可能，而把全部情况联系起来进行分析，就只能是同系统文化的以往时代的遗物的继承或其器形、风格的承袭。

基上所述，如果将来没有相反的情况或其他情况的发现，目前似乎可以说，辛店文化、寺洼文化以至"武王革命"前的所谓"周代遗存"，都是由齐家文化发展而来的，即它们都是后者的较高发展阶段。考古部门的有些同志认为：仰韶文化（包括"甘肃仰韶文化"或"马家窑文化"）→齐家文化→辛店文化，是同一文化系统的一个发展过程，我认为是正确的。而辛店文化、寺洼文化和"武王革命"以前的"周代遗存"，乃是夏部落联盟的后身周人的姬、姜等不同部落的遗存，或者说是带有不同地方特点的遗存；它们在性质上相当于龙山文化后期，即原始公社制社会末期的父家长奴隶制和其到阶级社会过渡的时期，在时间上相当于殷商时代，由于处在殷商国家之内而为其一个组成部分，并受到先进的商人经济、文化的直接推动和影响。

---

① 《甘肃西汉水流域考古调查简报》、《甘肃渭河支流南河、榜沙河、漳河考古调查》。

散布在甘肃省永昌、天祝、民勤一带的沙井文化，性质上也似是由金石并用时代到青铜器时代的过渡时代的文化，时间上也大致与辛店、寺洼相当，遗物也有彩陶并存，其分布区域和邻近地区又都有"甘肃仰韶文化"和齐家文化遗址；这似乎也可能与其时姬、姜等部落有着一定的关系，但还缺乏必要的资料作出肯定的论证。①

（五）龙山文化，即从首次在山东章历龙山镇城子崖发现的新石器文化遗存命名的，以后在他处发现的同类遗址，都称作龙山文化。

龙山文化，是在我国境内发展最早，对其他系统的新石器文化起过先进和主流作用的。它的分布地区很广，主要为山东、河南、冀南、辽东半岛南部，西及晋东南，南及苏北、皖北；晋南、陕西、河北的唐山和张家口，也已有个别龙山文化遗址的发现。其中以山东，尤其是沿海一带的遗存，为所谓典型的龙山文化，遗址灰层很厚、埋藏的遗物很丰富。② 已发现的龙山文化重要遗址，在山东、辽东半岛和苏北的渤海湾及黄海沿海地区，除城子崖外，主要有：乐陵五里冢、禹城周尹庄、济南大辛庄、邹县滕城、滕县宫家庄、济宁文家庄、宁阳大汶口、安丘景芝镇、

---

① 以上参考尹达：《论中国新石器时代的分期问题》（《考古学报》第9册）；安志敏：《我国新石器时代的仰韶文化和龙山文化》（载《历史教学》，1960年第8期）；佟柱臣：《中国原始社会晚期历史的几个特征》；考古研究所渭河调查发掘队：《陕西渭水流域调查简报》，《宝鸡新石器时代遗址第二、三次发掘的主要收获》，宝鸡发掘队：《陕西宝鸡新石器时代遗址发掘纪要》（分别载《考古》1960年第5期、第11期、1959年第11期、第5期）；许顺湛：《关于中原新石器时代文化几个问题》（《文物》1960年第5期）；佟柱臣：《黄河长江中下游新石器文化的分布与分期》；甘肃博物馆：《甘肃古文化遗存》（分别载《考古学报》第16册、第28册）。

② 例如两城镇遗址，范围达36万平方米，遗物堆积很厚，出土的陶窑等都较典型。

五莲丹土村、临淄北门外、文登石羊村、黄县龙口、即墨姜家泊、青岛市李家宅头、日照两城镇、苏北徐州高皇庙、新海连市二涧水库、辽东半岛大长山列岛上马石、貔子窝、旅大市大台山和王官庄等处。渤海湾沿岸的贝冢遗址，范围特大，堆积特厚，有不少典型遗存。① 在河南、冀南及皖北，包括冀东唐山市大城山遗址在内，主要遗址有安阳后岗龙山文化层、郑州牛砦二里岗、旭岔王、林山砦、浚县辛村、大赉店、永城造津台、洛阳东干沟、南王湾、涧滨、渑池仰韶村、不召寨、陕县庙底沟、三里桥、信阳三里店、商城汪桥、冀南邯郸龟台、涧沟、皖北寿县等处。在晋南和陕西，龙山文化遗存已发现的还较稀少，遗址面积小，灰积薄，堆积少，其中主要有山西平陆盘南村、万荣荆村、陕西长安客省庄、华阴横阵村、华县柳子镇等处。但是在甘肃，除一二处疑似龙山文化的遗迹外，至今尚无龙山文化遗址的发现。

各地区各遗址的相互间，堆积的地层层次和灰层厚薄，遗物的器形、风格和内涵，等等，都有不少差异：如在龙山文化和仰韶文化接合部或交叉地区的河南，尤其是豫西、晋南和陕西，龙山文化遗址出土的陶器、石器等，都在不同程度上敷有仰韶文化遗物的一些器形、风格或杂有其遗物，而且愈往西，龙山文化的遗址、遗迹和特征，愈少愈淡；苏北、皖北以至豫南的龙山文化遗存，又都在不同程度上敷有"吴越文化"的青莲岗文化的特点和杂有其遗物。张家口、大城山以至邯郸的龙山文化遗存中，又都多多少少地夹有细石器文化的一些器形、风格或其

---

① 除渤海湾沿岸的贝冢遗址外，在第三次国内革命战争时期，我所见辽宁省安东、盖平两县沿鸭绿江和沿海一带，农民在耕作中挖掘出不少贝冢，惜当时未及从考古上着眼去进行发掘和研究。志此以待同道。

遗物，等等。同时，各地区各遗址的龙山文化遗存，所表现的历史时代也不是完全一样的。这便包含着一个颇复杂的问题，必须对各别地区各别遗址遗物的内涵，认真地进行历史唯物主义的科学分析。与此相关的，又包含着龙山文化分布地区的伸展方向问题。对此，我将在后面提出一点个人的不成熟意见供商讨。

龙山文化各遗址，一般都具有半月形偏刃石刀、长方形和横剖面呈长方形的偏刃石磋、矩形石斧、黑陶或轮制黑陶（其中有薄到零点二至零点一厘米的蛋壳黑陶）、一般房屋遗址的圆底白灰面，等等特征，都是与仰韶文化遗存根本不同的。此外，陶器的质料，总起来说，主要有细泥质黑陶、泥质灰陶、泥质红陶、夹沙粗灰陶、夹砂红陶、夹砂粗白陶六类。但因地区而有所不同，如山东黑陶较多，河南灰陶较多，黑陶较少（愈往西典型的黑陶愈少，甚至见不到黑陶和素面磨光陶），红、黄、白陶甚少见，一般则灰陶较多。陶器器形有罐、豆、杯、盘、盆、碗及鬲、鬶、鼎、甗、甑、斝，等等；但山东多鬶、鼎，并有小巧精美的高足或带把的小陶壶和陶杯之类，少斝、鬲，无甑，河南则斝、鬲、甑都很多，只鬶较少；大部为平底器，并大量使用把手、三足和圈足底。器面主要为素面和磨光；但也有纹饰及镂孔，其中山东多划纹，河南以西以北多绳纹、蓝纹、方格纹，等等。早期的陶器较原始，以后才逐渐采用和发展起轮制，特别应该指出的，到晚期，不只有了釉陶，并有了用高菱土原料制成和经高热烧制的制瓷术的因素。石器是磨制为主和打制并存，磨制是逐步增多和提高的，不少石器都全部磨光，很精美，愈到后来磨制愈发达；一般为薄而长的穿孔石斧、各式石刀、石磋、石凿、石镞以及盘形器、刮削器，还有装柄的石镰，等等。骨角器有凿、锥、针、笋、卜骨等，还有仰韶文化遗址中所没有的骨铲、骨梭和卜骨、卜龟甲，庙底沟等遗址中并有骨梳。较普遍地使用淡水厚壳蚌等制作镰、刀、镞及装饰品等，并逐步地在增多，个别遗址还发现有蚌锯。有些遗址出现有玉璧、玉镯、玉坠饰及很薄的玉刀、玉斧等，其中有些刀斧的刃部还较锋利；这大概都是较晚期的东西。在庙底沟、三里桥等遗址，都发现木耒、或类于木耒的木插的痕迹。特别重要的，距城子崖约30公里的大辛庄、唐山市大城山、洛阳东干沟等遗址，都发现了铜器，其中有铜刀、铜锯、铜针、铜镞、铜块及铜矿石等；这标志着龙山文化进到了晚期，或已过渡到了殷代的早期。① 滕县宫家庄、邹县七女庙、宁阳大汶口、禹城周尹庄的上层文化层等遗址的埋藏，似是也都属于其晚期遗存的性质。

从各别地区说：

在沿海地区，1958年在旅大市的大台山和王庄寨发现的遗址遗物，是与山东半岛沿海龙山文化的遗存相似；但陶器全系手制，石器打制多于磨制，磨制也不全磨光。辽东半岛另一龙山文化遗址，貔子窝的贝冢遗址及其红褐色与青灰色陶器，等等，和隔海遥对的山东黄县龙口贝冢遗址遗物，很相类似。② 黄县邻近的即墨姜家泊遗址出土的陶器，为夹砂红陶、夹有蛤蜊壳或云母片的粗灰陶和较少量质粗而匀的黑陶。鲁中的城子崖遗址，出土的生产工具和用具，有石制的斧、磷、凿、铲、镰、刀、砺石、磨盘……骨制的锥、凿、梭、针……蚌制的刀、铲、锯……陶器约有50%系轮制，表现了轮制技术的发生、发展的过程和程度；

---

① 不少专家均认为大辛庄、东干沟等处遗物，均系早殷的遗存。
② 按辽东半岛龙山文化的下限，只有周代遗存，没有殷商国家时代的遗存，这是与山东龙山文化的内涵不同的；因此，在殷商国家时代，龙山人似已不住在当地，确否，尚有待于进一步发掘、研究。

以灰、黑、粉黄陶为主，多系光面，间有方格纹等花纹。卜龟甲及其中若干东西，似是均属上层的遗存。在时代上可能晚于城子崖龙山文化的大辛庄出土有：斧、碲、刀、镰、砺石、装饰品等大量石器，盆、罐、缸、瓮、尊、簋、大口器等灰陶、红陶、硬陶等陶器和釉陶残片，锥、针、镞、匕、笄等骨器，不少蚌器，还有铜锯、铜针等铜器及铜矿石、无字卜骨、卜龟甲，等等。鲁东南沿海的两城镇遗址，灰层和遗物堆积都很厚。其中陶器轮制的约达50%以上，并有较进步的云雷纹纹饰，但也有较原始的东西；大都为灰色或灰暗色陶，并有不少薄如蛋壳的黑陶；大量存在用作炊具的鬲和鼎，但无鬹、甗、斝、鬲——这在河南都是大量存在的。也发现有玉斧、玉刀等，但未发现铜器。遗物埋藏的情况，下层全为黑陶，灰陶是逐渐出现和增多的。因此，两城镇遗址似是包含了颇长时期的文化遗存，龙山人在这里连续居住得很久。苏北二涧水库的龙山文化层，出土的陶器，基本上与两城镇、城子崖出土的相似。有的同志认为山东境内的龙山文化遗存，由东向西颇有变化，如"典型的黑陶"及鬹愈东愈多，绳纹、篮纹、方格纹及鬲则愈西愈多。从鲁东南到鲁西北的情况，确是如此。这似是也反映了由东到西的演变过程。

山东龙山文化有不少遗址，范围大都比较大，除两城镇的范围前已述及外，丹土、景芝等遗址的氏族墓地和墓葬，也能反映出这种情况。如景芝的50多座墓，排列很整齐，主要为仰卧直肢；大都无随葬品，只个别墓有小形陶器、松绿石头饰、玉斧三类，这不只表现生产水平还较低，私有制尚无显著的萌芽迹象；又似是反映着村落规模较大，包含家庭较多，还没有从氏族公社中分化出家庭公社来。宁阳大汶口保头的墓葬情况，似是反映了当地曾经为龙山人较长期地居住过，并反映了龙山文化晚期的情况。①

在河南、河北及皖北的龙山文化遗存，是与沿海地区的遗存有着显著的差别。首先，在生产工具方面，石、骨角、蚌制的刀、斧、铲、镰、砺、凿，以及包括极纤细的骨针在内的大小骨针，等等，制作技术都有了显著的改进和发展，样式也较多，并开始出现了木末。已发现的陶窑窑址，不是正列形成陶窑群，而是单个地分别存在（如涧沟等遗址）；这似是表现着制陶技术有了很大的发展，制陶成了公社内个别家庭的专门技能，也正反映了生产的发展水平。卜骨以至卜龟甲几乎到处都有发现，表明了占卜术比较流行，原始公社制末期的巫术师的地位及作用已开始突出。其中又以邯郸、安阳、郑州、洛阳一带的龙山文化遗存，表现了较高的发展水平。首先，制陶术普遍使用了轮制和模制。其次，村落遗址范围都较小，包括家庭较少，但村落分布较密，如安阳洹水岸7.5公里左右的地区内，已发现19处范围不大、住室不多的村落遗址。室内大都有火灶和储物的窖穴。这似是表明家庭公社已从氏族公社分化了出来，而成了生产和社会的基层组织，各别家庭成了集体生产和平等分配下的消费单位，在氏族和家庭的集体所有制的母胎内已孕育着私有制的萌芽。又次，在涧沟龙山文化遗址的一座房子和四号灰坑中，发现了四个被砍头的人头盖骨；这究系来自械斗中的斩杀、战俘或被处死的氏族奴隶，是值得进一步考究的，根据当地龙山文化遗存作综合考察，

---

① 保头发现的120多座墓葬，排列疏密不同，并有大、中、小型之分，不悉包括几辈人的墓葬；其中有8座可能为夫妻合葬。120多座墓葬中，多数没有或只有一二件随葬品，也无墓具，墓型较小或很小；个别大型墓，随葬品最多的达到160件，其中有玉器、石器、陶器、刻工精致的骨器、牙器等。陶器中有大量灰陶及红、黑、白陶、并有彩陶；灰陶、彩陶都有朱绘的。同时有木棺椁的痕迹。这显然表明已有了私有制的萌芽。

是可能存在有氏族奴隶的。又次，而又是极重要的一点，殷商遗存迭压在龙山文化层之上的地层情况，在这一带地方也是较普遍存在——表明了两者间的相互交替和衔接。但此，仅是几个主要的方面。

作为龙山文化与仰韶文化→齐家文化接合部的河南，在陶器的器形、风格、制作方法等方面，一面保持了和其他地区的龙山文化的共同特征，也表现了在共同性的基础上因时因地而形成的特殊性、即其不同于山东，也不同于晋南、陕西龙山文化的一些特点；一面又表现了它与仰韶文化→齐家文化相互间的深刻影响和色彩，如它吸收了仰韶文化→齐家文化的若干特点以至器形，等等，而且愈往西这种色彩愈浓厚。在房屋构造方面，一面也保持与其他各地龙山文化遗址的共同特点，如圆形竖穴、白灰面屋底、周围有柱洞可复原成圆锥形屋顶，这都是与仰韶文化遗址根本不同的；一面也吸收了仰韶文化的一些特点，如方形竖穴、白灰面屋底的房屋，在竖穴和白灰面方面虽仍保持其不同于仰韶文化遗址的基本特点，而方形却是近于方形圆角的形式的。

在陕西和晋南，以著名的长安客省庄龙山文化遗址为例，较之豫西的龙山文化遗存，便具有更多更浓厚的仰韶文化、齐家文化的特点、风格或色彩，如小口尖底瓶、菱形带纹的彩陶盆、涂红衣的陶杯、有耳（单耳、双耳、三耳）罐，等等，都不是龙山系所固有，而是源于仰韶系；其他器形也与山东以至河南的龙山系陶器诸多不同，同时，黑陶很少，甚至由于仰韶系的影响或其他原因，制陶大多使用手制和泥条盘筑、模制、轮制四种方法。所以有的同志认为客省庄类型既接近后岗龙山文化，又接近于齐家文化。这是合乎实际的。但其全部情况，又表明它在历史的发展水平上并不低于河南的龙山文化。首先，在房屋建筑方面，客省庄遗址出现了两个方形竖穴，或两个长方形竖穴，或前方后圆竖穴两室相连的双室构造，并出现了脊梁形屋顶。这在建筑术上是一个不小的进步和发展。其次，客省庄只发现有房屋遗址十座、陶窑二座，同时，发现有三件陶祖（华县泉护村也发现一件），用人股骨雕成的人面型雕，等等。这表明男性崇拜的父系本位已经确立，并表明家庭公社也成了氏族制社会的组织单位和生产单位，而又似是表明有了氏族奴隶的存在。

在河南、陕西和晋南，龙山文化与仰韶文化、齐家文化的关系，尤其是仰韶文化、龙山文化与殷商的地层堆积或参差存在的关系，是极其复杂的。在河南，包括信阳三里店等遗址在内，每见仰韶文化与龙山文化遗物混杂、遗址参差、或后者迭压在前者的文化层之上的地层关系，如黑陶与彩陶共存，或下层有彩陶上层有黑陶，等等情况。其中像豫西的庙底沟、三里桥、仰韶村、陕西的客省庄、柳子镇、横阵村以及晋南的盘南村、荆村等龙山文化遗址，每每是参在仰韶文化遗址之间，前者并每每打破后者的灰层而迭压在后者之上，还杂有后者的文物和特点。所以有的同志说，豫西是仰韶系和龙山系的混合文化。在陕西，迭压在龙山文化层之上的，却是周人的遗存。而在邯郸、安阳、郑州至洛阳一带的广大地区中，也有不少仰韶系和龙山系的遗址交错、遗物混杂等情况；如广武青台山、郑州旭岜王等处，并构成为仰韶→龙山→殷商文化层相迭压的地层关系；后岗、高井台子、大赉店、刘庄、同乐寨等处，则为龙山→殷商文化层相迭压的地层关系；像偃师二里头一样的情况，就更加普遍，例如："1959年在河南发掘了26个县发现了38处与二里头下层文化（按即龙山晚期——吕）相类似的文化遗址；特别重要的是在登封告城……附近的八方村、垌上村……在巩县罗庄附近……偃师孙家湾附近……济源县的原村……发现了类似遗址。……遗址中的出土遗物类同二里头下层遗物。"① 这反映了殷商是继承龙山晚期经过革命的变革和发展而来的。在河北磁县,岳城水库上潘汪村二号遗址,则"包含着西周、殷代、龙山、仰韶四个时期的堆积。"② 这同样说明了殷商和龙山的关系。

山东龙山文化遗存的内涵和地层等关系,确实比较单纯。在文化层的关系上,主要为龙山→殷商的地层关系,或为龙山文化发展到后来便转变为殷商的国家时代;至迭压在有些遗址之上的并非殷遗存而是周遗存,那由于在进到殷商国家前,龙山人曾从那些村落迁移,直到周朝,人们又重新住到那些遗址之上。但也同样存在下述一些复杂情况。一方面,如苏北二涧水库、徐州高皇庙、邳县黄楼村以及皖北寿县等处龙山文化遗址,也都是与"吴越文化"的青莲岗文化遗址交错,遗物混杂,甚或前者打破后者灰层和迭压在后者之上,相互吸收和敷有彼此的影响与特点,等等。一方面,像滕县岗上村、栖霞、平阴于家林、宁阳保头及梁山县等处龙山文化遗存中,都包含有彩陶之类仰韶系的东西,那或系来自人们集团间的交换等关系、或由于长期间相互影响、融合而产生的结果。与花厅村一类遗址的青莲岗文化遗存很接近龙山系的岗上村遗存,更可能原于后一种情况。另方面,龙山文化的各遗址遗物,是包含着颇长时期或不同时代的遗存的,尤其在山东半岛东北部和辽东半岛南部,它不只包含有早期的遗存(如旅大、黄县等地的贝冢遗址和遗物),也包含有晚期的遗存(如大辛庄、大汶口等遗址和遗物);像城子崖一类遗址,又显然包含由较早时期到晚期或较晚的长期历史遗存,其中或者还有层次可分,或者还是层次不分的、相连续的深灰层的情况

---

① 许顺湛:《关于中原新石器文化时代几个问题》(《文物》,1960年第5期)。
② 《文物》,1960年第1期,第74页。

等等。

因此，龙山文化遗存所包括的时代和其发展情况，是一个较复杂的问题。过去有所谓三期论，有的同志批评说：那种"分成'两城'、'龙山'和'辛村'三期，认为'两城'最早，'龙山'次之，'辛村'较晚，它的发展也是由东向西"①——三期论的说法是片面的、缺乏实际根据的。这是有一定道理的。首先，由于三期论仅从几个遗址的空间地位出发，而不是从遗址遗物所表述的历史时代的发展的观点作立体的考察。其次，像龙山镇的上层遗物的内涵，与其邻近的大辛庄遗存相若，高于两城的发展水平，也高于辛村，而其下层的埋存，不只很难区别与两城的时代先后，又都是包含了一个较长时期的积累——似是具有原始公社制开化时代初期后段到中期前段以至后段的若干特征。而龙山镇上层和大辛庄的遗存，几与大汶口、后岗龙山层、洛阳东干沟等处的遗存相若，属于开化时代晚期或其前段的遗存。同时，三期论又错误地把原始公社制开化时代处在黄河下游一带的龙山人的"由东向西"，理解为旅行队式的移动；不知商人（龙山人）的部落或部落联盟始终没有离开山东地区，只是步步向其他方面，主要向黄河中游一带延展，像仰韶人始终没有离开陕甘，而只步步向河南、山西等处延展一样，所以直到商朝国家时代，山东仍是其"邦畿千里"的主要地区，商朝东面的国境是"海外有截"。有的同志从田野考古的实际工作，又可贵地指述了这种立体发展的情况，如1957年邯郸泌河西岸龙山文化各遗址的发掘和报道，就提供了可贵的资料②；可惜报道未介绍全面情况，也没有完全

---

① 安志敏：《我国新石器时代的仰韶文化和龙山文化》。
② 参阅唐云明：《龙山文化与殷周文化陶器间的关系》（《文物参考资料》，1958年第6期）。

打破三期论的框框。

至今已发现的龙山文化诸遗址，山东半岛和辽东半岛隔海相对地方的遗存，似是较原始或较早期的，可能是龙山人在原始公社制开化时代初期的遗存。城子崖下层、两城等处遗物的内涵，还没有铜器或冶金术的发明，而只有较发展的陶器制造、石器等工具制造，农业生产和有了一定程度的发展的牧畜业，并包涵有较原始的东西，等等，因此其上限不至晚于开化时代初期之末，下限也不至越过开化时代中期。城子崖上层、大汶口、后岗龙山层、大城山、客省庄等一类龙山系遗址的遗存内涵，都表明是开化时代中期到晚期的过渡或晚期前段的遗存。像郑州洛达庙、（荣）〔荥〕阳上街、洛阳东干沟、渑池鹿寺那一类遗址遗物，究属于龙山文化晚期之末，即父家长奴隶制的过渡时期的遗存，还是属于殷商国家时代的初期或"早殷"的遗存，我以为还须进一步研究。安志敏在前揭的文章中说："洛阳等地发现的所谓'洛达庙'层，表现了由龙山向殷代过渡的迹象……"这是值得重视的意见。像这一类遗址或稍晚于它的遗址，估计还将有不少发现。

因此，我以为龙山文化内涵，基本上包含了龙山人在原始公社制开化时代的全部历史过程的遗存，是进到国家以前的时代，即"成汤革命"以前时代商部落联盟的遗存；不应把山东龙山文化认作所谓"东夷"族的遗存，同样不应把齐家文化认作"西戎"的遗存。当时山东境内，除商人以外，并不存在另一个达到那种发展水平而又强大的人们集团。像《孟子》的"大舜东夷之人也"一类的记载，也是不能无视的。同样，在陕甘，当时与龙山文化并存而创造齐家文化的，除夏人→周人以外，也并不存在另一个发展到了那种水平而又强大的人们集团。拘泥于"禹都阳城"之类的传说记载，把中原龙山文化和"夏朝"挂钩，给山东等地的沿海龙山文化、陕甘一带的仰韶文化、齐家文化、辛店文化以至寺洼文化等等，均从华夏族系统以外去另找主人，是与殷、周文献及较一般的传说性记载，与古物埋藏的山东的龙山→殷商、陕甘的仰韶→齐家→周的等等情况，不相适合的。设或把所有齐家、龙山文化所分布的广大区域内的遗存，都说成为在"成汤革命"以前的夏部落联盟的一个人们集团的遗存；这在进到国家以前的时代，是难于设想的。这只有把"夏朝"看作我国历史上的第一个朝代，才能说得通。但此也还存在些较重大的困难问题。因此，我的初步意见，认为城子崖上层、大辛庄、大汶口、大成山、后岗龙山层、东干沟、客省庄以至洛达庙一类遗址遗物，似是为由"契"（即夋、亦即舜）到"主癸"（即示癸），也就是"成汤革命"以前商人的父系氏族制时代的遗存，大台山、龙口一类遗址遗物或遗存，则属"契"以前商人的母系氏族制时代的晚期遗存，而不是属于夏人。

（六）龙山文化、仰韶→齐家→辛店文化，是原始公社制的开化时代，在黄河流域并行发展起来的姊妹文化，对我国社会历史的发展，对影响和促进我国境内其他种族和部落的进步，都是起了一定历史时代的重大作用的。

前面简略地论证了：龙山文化是商部落联盟在原始公社制开化时代的遗存，仰韶→齐家→辛店文化是夏及其后身的周部落联盟在原始公社制开化时代的遗存。

夏人和商人都是起源于华北的蒙古人种的后裔，可能由于气候的巨大变化，或由于远古人们的自然移徙，等等原因，而衍化为不同的氏族集团。夏人在开化时代初期就散布在今陕、甘一带，创造和发展起新石器文化。商人沿渤海湾一面达到山东半岛东北，一面转到辽东半岛南部、或者是进到今长城以北或今东北地区后的人们中的一支，又南到辽东半岛和越过渤海湾进到山东半岛，或一面进到辽东半岛，一面沿渤海湾向东南移动至山东半岛；并步沿海南下和沿今黄河一带西上延展，创造和发展起新石器文化。这两大姊妹部落联盟，在今黄河中游的河南、河北、山西的接合地区会合，发生了相互间的影响和促进，并引人了平等的相互融合的过程。这个地区的仰韶文化、龙山文化的遗存、参差存在、遗物混杂、及各自的基本特征和相互给予的特点，等等，正是这种历史情况的表现；而且愈到西部和参差存在的地方，这种交互的现象越多、色彩越浓。这两者的遗存又表明，当它们在这个地区会合时，龙山文化的历史发展水平高于仰韶文化，即龙山人的石、骨、蚌、陶等生产工具和用具的制造，农业与马、牛、羊、鸡、猪、狗都有的牧畜业等生产，都有了较高度的发展。像下面这样的例子也都是有力的说明：如庙底沟26个龙山文化灰坑中的家畜骨，远多于当地168个仰韶文化灰坑的家畜骨的总和。因此，仰韶文化是更多地受有龙山文化的影响和促进作用，但也使前者不可能再向东延展，把中心又转移到陕、甘一带，它原先散布的有些地方便为龙山文化所代替，分散到龙山人村落间的仰韶人部落，便都平等地加入商部落联盟，如齐、吕、申、许等——他们便最先走完了与商人相互融合的过程。这就是龙山文化层每迭压在仰韶文化层之上以至形成为两者的混合文化的历史实际。

在江汉流域一带，有的同志认为分布在豫西南的汉水流域及南阳等地的仰韶文化遗存，是属于黄河流域仰韶文化的晚期。更正确地说，所谓屈家岭文化[①]，实质上，乃是"还保存仰韶文化

---

① 首次在湖北京山屈家岭发现有轮制彩陶的新石器文化遗存，便称作屈家岭文化。嗣在湖北天门石家河又发现有彩陶纺轮等为特征的同类型遗存。在信阳、商城、潢川及汉水下游等处也均陆续有同类型的遗址或遗迹的发现。

晚期或龙山文化的一些特征，但是在很大程度上表现了与皖北、苏北的关系；尤其商城、潢川与苏北的关系似乎显得更密切些。"① 这似是说明了屈家岭文化，乃是以仰韶文化为主流的仰韶、龙山、青莲岗的混合文化。它主要分布在汉水下游，包括桐柏山脉、伏牛山脉，西越武当山迄荆山、大巴山至湖北四川邻界的巫山地区，东越南阳、唐县至信阳、商城、潢川一带的大别山地区，南至江汉三角地带的湖北郧县、均县、京山、天门、江陵、黄岗及武昌、宜昌等处。其中重要遗址，除屈家岭、石家河外，有均县观音坪、郧县青龙泉、江陵阴湘城、武昌洪山放鹰山、黄岗堵城、宜昌李家河、南阳黄山、四川巫山大溪等处；但各处的遗存，也都因时因地而存在着多多少少的、不同程度的差异或特殊。这似是又反映着这样一些历史情况：当仰韶人与龙山人在黄河中部会合后，仰韶人的一部分，相续由豫西沿汉水流域南达江汉地区，并沿江东下及西上；他们又与南去的龙山人、原住的青莲岗人合流，而汇成为华夏族前身之一的屈家岭人。

在江苏、安徽、浙江的称作"吴越文化"的新石器文化遗存中，包含有龙山文化的色彩、特点以至各别文物，同时也有仰韶文化的一些色彩和特点，如彩陶等等。这表明龙山文化及仰韶文化对这一带地区内的新石器文化的影响和作用，尤其是一部分龙山人的不断南下到江淮地区及太湖三角洲一带，与原住种族和部落交错、混合居住，以至引起相互的融合；这样又经历了殷商国家时代及其经济、文化上的作用，所以楚人、吴人及徐、淮人等，在商朝，尤其在周初，已与华夏人同语同文，而只有地方方言的区别——虽然在方言以外的其他方面也还存在不少的特殊

---

① 佟柱臣：《黄河长江中下游新石器文化的分布与分期》（《考古学报》第.16册）。

性。这样就可以具体地理解：殷末徐、淮、荆楚人等与商朝奴隶所有者集团的关系，周初汉东诸姬与楚、吴、徐等邦之所以建立，也才可以具体地理解某些地下遗存（如丹徒烟燉山、仪征破山口之类的周初文物遗存）之所以存在的社会基础，等等。这都是由于不断南去的仰韶人、龙山人与原住民在没有阶级压迫的原始公社制的社会基础上，长期间的比邻、交错、混合居住，共同进行生产斗争的结果。我以为这是符合历史的实际情况的。①

三 "吴越文化"是"百越"各族在原始公社制社会的开化时代的遗存

具有有段石锛和几何印纹陶为共同特征的新石器文化，专家称之为"吴越文化"或"百越文化"。它主要分布在我国东南沿海的江苏、浙江、福建、台湾、广东各省和安徽省的长江两岸、江西省的赣江两岸各县；在两湖等处，也都有这类遗址和遗物的发现；广西僮族自治区也很可能有"吴越文化"的丰富埋藏。在其主要分布的地方，至今已发现的遗址都较多、遗物较丰富；但各地区的遗存的内涵，又有着不少的差异性或特殊性，各自所包

---

① 参考梁思永遗著：《龙山文化——中国文明的史前期之一》（《考古学报》第7册）、佟柱臣：《黄河长江中下游新石器文化的分布与分期》、《中国原始社会晚期历史的几个特征》（均见前揭）、安志敏：《我国新石器时代的仰韶文化和龙山文化》（前揭）、刘敦愿：《日照两城镇龙山文化遗址调查》（《考古学报》，第19册）、山东省文物管理处：《济南大辛庄商代遗址勘查纪要》（《文物》，1959年，第11期）、许顺湛前揭文、黄河水利考古队华县队：《陕西华县柳子镇第二次发掘的主要收获》、考古研究所渭水发掘队：《陕西渭水流域调查简报》（均载《考古》，1959年第11期）、南京博物馆：《1959年冬徐州地区考古调查》（《考古》1960年第3期）、山东省文管处：《山东平阴县于家林新石器时代遗址调查》（《考古》1959年第6期），及《考古学报》、《考古》、《文物参考资料》等杂志的有关文章和报道。

含的历史时代的长短，年代上的上限和下限，也颇不一样。这表明它们并非属于远古的某一个部落联盟或人们集团的遗存，而是属于近亲、或彼此有着长期而深厚的相互影响的不同部落或人们集团的遗存。从它们与龙山文化、仰韶文化、殷、周以至其后一些朝代的关系，结合我国历史记载关于其时散布在那些地方的古代民族或人们集团，大致可以考知它们是属于"百越"各族：东越、杨越、闽越、南越及骆越等族的遗存；在江苏、安徽境内者，则系后来称作徐、淮人或吴人的遗存，他们在当时，已开始成为青莲岗人（即创造青莲岗文化的人们）与龙山人及仰韶人的混合部落。所以青莲岗文化又有"江苏龙山文化"之称。

关于"吴越文化"的第一个主要特征的几何印纹陶、即印有几何形纹饰的泥质或夹砂质陶器，它是在泥质陶、砂质陶（包括红、灰、黑陶）的基础上发生和发展起来的，因此，就一般遗址说，都是泥质陶、砂质陶早于几何印纹陶，几何印纹软陶又早于几何印纹硬陶。1914—1915年，从广东省南海县南越文王墓中首次发现几何印纹陶起的几十年来，尤其是解放以来，在所谓"吴越文化"的新石器文化分布到的地方，都不断有发现，尤其在广东省和福建省的许多遗址中有更大量的发现。在广东中部，在广州市、番禺、南海、新会、宝安等市县发现的密集的新石器文化遗址中，大多有较丰富的几何印纹陶出土，其中尤以几何印纹软陶为多；在北江的英德、翁源、清源、佛岗等地，也有发现；在沿海各县和香港等岛屿、东江的海丰等县，海南岛的文昌西边坡、临高昌栱村、崖县旧塘园村、琼中荒塘陂、白沙合水村等处的新石器文化遗址中也有所发现。在全省各县几乎都有新石器遗址的福建，包括著名的昙石山遗址在内，闽南的华安大地乡、武平天马山及厦门、南安、惠安、龙岩、连江等市县的新石器文化遗址，闽江流域从下游直到上游的光泽诸遗址以至闽西等处，不只有几何印纹陶的发现，而且不少遗址发现的数量都相当多。在浙江，包括著名的杭州老和山、吴兴钱山漾、绍兴漓渚等遗址在内，在太湖沿岸和钱塘江流域的嘉兴双桥、萧山临浦、余姚茅湖、余杭北子里、武康的红家岭、瑞安的罗浮山，以及其他各地，如宁波、上虞、杭县、临海、崇德、吴兴、东阳、汤溪、衢县、永嘉、三门等县市所发现的新石器遗址中，都多多少少有几何印纹陶（并有段石锛）的发现。在江苏、太湖沿岸的上海淀山湖、上海县马桥俞塘、昆山陈墓镇、吴县越越、宜兴高塍、吴江同里、无锡仙蠡墩，包括著名的湖熟在内的秦淮河沿岸的40多处遗址，包括著名的南京北阴阳营在内的长江沿岸的南京锁金村、安怀村、江北岸团山、丹徒大港、扬州凤凰山等处近60处遗址，以至邻接皖南广德的溧阳社渚等遗址，北自淮河以南的诸遗址，都有几何印纹陶的发现。在安徽，自淮河以南至长江两岸的肥东龙城大城头、当涂天子坟、马鞍山市的慈湖、绩溪的胡家村等遗址，在江西，包括著名的清江樟树镇遗址在内，赣江平原和沉香谷地的丘陵边缘的30多处遗址，也都是有几何印纹陶和其他新石器文化的遗物共存。在两湖，如湖北蕲春易家山、湖南安仁南坪何古山等处，也都有几何印纹陶的发现。

  关于"吴越文化"另一个主要特征的有段石锛。在发现有几何印纹陶的"吴越文化"分布的地方，都有有段石锛的发现。有段石锛即在形式上为所谓"背面有棱"或"隆脊"，在过去林惠祥同志追溯说：在杭州良渚发现的称"石凿"、"石钺"或"石戈"，古荡发现的仅称作石锛，福建武平发现的称作"有沟纹的石锛"或"隆脊石锛"，广东海丰发现的称作"爪形石锛"，在台湾龙山圆山贝冢内发现的称作"圆山式片刃石器"；在我国境以外，菲律宾发现的称作"吕宋石锛"，南太平洋玻里尼西亚诸岛发现的，称作"有柄石锛"和译称"有段石斧"或"有肩石锛"，也有称作"有段石锛"的，由林惠祥同志始确定地称作"有段石锛"。

从开始发现有段石锛起的几十年来，尤其是解放以来，在我国"吴越文化"分布的地方，都不断有所发现，其中也以广东、福建、台湾等省发现和埋藏较多。在广东，在东江韩江流域的潮阳、海丰等地，中部的广州市、新会、宝安等市县、以迄北江、西江、海南岛、香港及其东南方的南丫岛等处新石器文化遗址中，大都有有段石锛的发现，不少遗址（如中部地区）的埋藏都很丰富，其中并以有段石锛和有肩有段石锛为最多。在福建，包括著名的闽侯县石山在内，福州、莆田、仙游、光泽、武平、南安、惠安、永春、漳浦以至闽西汀江流域的长汀等处遗址中，都有有段石锛的发现，在不少遗址中还发现很多，如长汀河田区遗址就发现83件，等等。在浙江，包括著名的古荡和良渚、钱山漾各遗址在内，在钱塘江流域各县、市，北至太湖沿岸，东至沿海，南及温州、衢州等处的新石器遗址中，大都有有段石锛的发现，并与福建武平、广东香港等地所发现的极其相似。在江苏，从苏北的花厅村遗址，经沿江至太湖沿岸的诸遗址，以至太湖底，大都有有段石锛的发现。在安徽，从淮南以南的寿县到长江沿岸的芜湖、马鞍山等新石器遗址中，都发现有段石锛。江西赣江流域等处的新石器遗址中，大都发现有为数不少的有段石锛。在两湖（如湖南安仁南坪、湖北红安新寨乡等处）和广西僮族自治区，近年也都有有段石锛的陆续发现。台湾省也是发现有段石锛较早的地区之一，在其新石器文化遗址内，尤其在北部，有段石锛大都不少；但由于台湾至今还为美国帝国主义所侵占而没有解放，因此，十几年来，考古工作也依旧停滞不前。至于山东、河南境内偶有发现的有段石锛，最大可能是由江苏或安徽、湖北传入的。

除我国以外，有段石锛还散见于南太平洋其他群岛，如菲律宾共和国、玻里尼西亚诸岛的夏威夷岛、马奎萨斯岛、社会岛、库克群岛、奥斯突拉尔岛、塔希地岛、查森姆岛、复活节岛，东至新西兰以迄南美洲的厄瓜多尔，南至南洋东部的北婆罗洲等处；只是愈到太平洋东部愈少见。这可能是在长期历史过程中，由我国大陆经香港、海南、台湾等岛屿而逐步传去的。这自然还有待于有关地区的全面规划和大规模的发掘、系统的研究，才能作出最后的科学结论。

上述情况表明，在我国，"吴越文化"分布的地区，在其发展的过程中，有段石锛和几何印纹陶是一同存在的。

在广东、福建、浙江、江苏以及安徽和江西各省的新石器文化，虽然在几何印纹陶和有段石锛等共同特征的基础上，又都有其各自的多多少少的不同程度的差异或特殊。如福建闽江下游的遗址中出土的轮制彩陶、粗大的绳纹陶柱，长江沿岸北阴阳营等遗址的钻孔双肩石斧、广东兴宁的有孔石戈，浙江的三角形石刀（石犁），福建、浙江的一足形陶鬶和穿孔石铲，福建、台湾的红衣陶片，江苏、浙江的陶印模以及苏、皖、浙的台形遗址，闽、粤的贝冢遗址和沙丘遗址，等等，都是为他处所没有的独特的东西。其所表现的历史时代的起迄也不是一样；但从陶器来说，一般又都是从没有几何印纹纹饰的泥质陶和砂质陶的时代，到有几何印纹软陶的发生和发展的时代，最后到有几何印纹硬陶的发生和发展的时代，等等。（我认为广西和台湾的地下都将陆续有几何印纹陶和有段石锛的大量发现的可能。）

"吴越文化"分布地区的南限的广东省，如前所述，在它以前，已有着马坝人和其旧石器文化遗址遗物的发现，还有着可能是由旧石器时代到新石器时代过渡的西樵山遗址的中石器遗存的发现，在"吴越文化"、即新石器文化时代，就中部低地区各县较密集的新石器遗址中，根据广东省博物馆的报道，有如次的三类：只有砂质粗陶和较少新石器的遗址，出几何印纹软陶和丰富多样的新石器的遗址，出几何印纹硬陶并有釉陶共处的遗址；有些遗址，则"地表多散布几何印纹硬陶，下层为几何印纹软陶，再下层为夹砂粗陶；或者地表为几何印纹软陶，以下为夹砂粗陶；或者只有单纯的一种陶系。""出土以印纹软陶为主的遗址，其年代约当于中原的殷商时期。至于以砂陶为主的遗址，其年代则会更早一些。"① 而有几何印纹硬陶的遗址的遗存，从其所具有的北方文化的色彩、特点、埋藏情况和文献记载，其下限约当于秦、汉。海南岛新石器文化的下限更晚：发现有汉代文物与新石器文化遗物共存的沿海地区，其下限不会早于前汉；发现有六朝遗物的离海稍远的地区，其下限不会早于六朝；有宋瓷、铁片和新石器共存的五指山为中心的地区，其下限不会早于宋代；直至当地解放和社会改革以前，还保存有原始公社制临末的形态。因此，广东新石器文化，似是包含原始公社制社会开化时代全过程的遗存。而其时散布在广东内陆的，是南越、骆越等人们集团，散布在海南岛的是黎人等人们集团，等等。

"吴越文化"分布的北限的江苏省及安微省，是它和龙山文化接合的地方，具有龙山文化及其后殷、周文化的影响、色彩和特点，也有仰韶文化的影响；它大约包含着青莲岗文化与湖熟文化相续发展的两个阶段。以首次在淮安青莲岗的发现而命名的青莲岗文化，重要遗址有青莲岗和其邻近的茭陵集、新沂花厅村、新海连市二涧水库下层文化层、涟水笪港、宿迁木鱼墩、扬州凤凰河、南京江北岸庙山、城内北阴阳营下层文化层、无锡仙蠡墩

---

① 广东省博物馆：《广东中部低地区新石器时代的遗存》（载《考古学报》，第28册）。

下层文化层、吴县唯亭夷陵山以及分布在太湖北东西岸各县的不少遗址，等等。以首次在秦淮河沿岸的湖熟的发现而命名的湖熟文化，重要遗址分布在江苏、安徽境内的长江两岸、秦淮河流域及宁镇山脉一带的广大地区。在江苏，还没有比青莲岗文化为早的新石器文化、中石器文化遗存的发现。在青莲岗文化遗存中，常见的是磨制颇精的石器：扁平带孔石斧、长方形带孔石刀、有肩石磷等各式刀、斧、磷、凿等；骨器：锥、针、镞等；陶器：纺轮、陶拍、网坠、陶杵、陶印模及各种用具等，其中有几何印纹软陶；石制、陶制、玉制的装饰品：珠、环、玦、璜、坠、圈、管，等等。在无锡仙蠡墩和锡山公园等遗址，都发现稻谷。这表明了其时生产的发展水平和以稻谷为主要作物的农业的重要地位。在氏族公共墓地，从几十、几百个死者埋葬在一地以及随葬品的种类和多少，不只表明实行着男女的分工，而又表明在氏族集体所有制的母胎内已有私有制的萌芽。广东新石器文化的早期却还没发现这类情况。而从二涧水库的龙山文化遗址迭压在青莲岗文化遗址之上以及两者并存的种种情况看，它所表现的仰韶文化的色彩看，青莲岗文化曾是和龙山文化以及仰韶文化同时，但低于龙山文化的发展水平。

　　从青莲岗文化到湖熟文化，北阴阳营的下层和上层两个文化层的遗存，表现了它们的继起发展过程和内涵。湖熟文化虽然还是以新石器为主要生产工具，几何印纹硬陶也只是由下而上地逐步增多，但已较普遍地存在，也有了从前没有的，如龙山陶器以至殷商铜器的器形和云雷纹等纹饰及釉陶，石器制作更精、种类更多，还出现有卜骨和卜龟甲等，尤其是有了铜器的斧、镞、鱼钩、刀（削）及铜炼渣等的出现。这类遗址，还每每与埋藏西周初的青铜器遗址邻近，如出西周铜器群的丹徒烟炖山宜侯矢墓、仪征破山口墓葬等，都位于湖熟文化遗址之间。这说明湖熟文化，是原始公社制末期的遗存，不只是从青莲岗文化发展而来，而且是受到殷、周经济、文化的强烈影响与推动，到周初便开始走上了向阶级社会过渡的进程。而其时分布在江苏安徽境内的，主要是吴人以及所谓徐、淮等人们集团。

浙江新石器文化，一面与江苏新石器文化较相近，并具有龙山文化、商朝青铜器等文物的浓厚色彩，也敷有仰韶文化的一些成分（如彩陶等），一面又与福建新石器文化较相近；但其年代的下限似晚于江苏而早于福建。福建新石器文化，一面与浙江新石器文化较相近，一面又与广东新石器文化较相近，同时也敷有龙山文化及仰韶文化的一些成分；但其年代的下限似晚于浙江而近于广东内陆。其时散布在今浙江或福建境内的，乃是东越或闽越等人们集团。以赣江流域为中心的江西新石器文化，与闽、浙、苏的新石器文化都比较相近，也敷有龙山文化和仰韶文化的一些成分，似系属于杨越等人们集团在原始公社制社会开化时代的遗存。因此，"吴越文化"确是由南向北延展的。①

---

① 以上参考：林惠祥遗著：《中国东南区新石器文化特征之一：有段石锛》、尹焕章：《关于东南地区几何印纹陶时代的初步探测》（分别载《考古学报》，第21册、第19册）、夏鼐：《长江流域考古问题》（《考古》，1960年第2期）、梁钊韬：《我国东南沿海新石器时代文化的分布和年代探讨》（《考古》，1958年第9期）、广东省博物馆：《广东中部低地新石器时代的遗存》、《广东海南岛原始文化遗存》（《考古学报》，第28册）、莫稚：《1957年广东省文物古迹调查简记》（《文物参考资料》1958年第9期）、林惠祥：《福建闽侯县甘蔗恒心联乡新石器时代遗址考察报告》、《台湾石器时代遗物的研究》（厦门大学博物馆专刊）、《福建南部的新石器时代遗址》（《考古学报》第4册）、福建省文物管理委员会：《福建考古工作概况》（《考古》，1959年第11期）、蒋瓒初：《关于江苏的原始文化》（《考古学报》，第26册）、前揭佟柱臣：《黄河长江中下游新石器文化的分布与分期》、尹焕章：《南京博物馆10年来的考古工作》（《文物》，1959年第4期）、华东文物工作队：《淮安县青莲岗新石器时代遗址调查报告》、饶惠元：《江西清江的新石器时代遗址》（《考古学报》，第10册、第12册）、湖南省博物馆：《湖南安仁新石器时代遗址试掘报告》（《考古》，1960年第6期），并《考古学报》、《考古》、《文物参考资料》的有关文章和报道。

基上所述，"吴越文化"在各地区间、或其所属的各个人们集团间的发展是极不平衡的，存在着相互间的差异性或特殊性；由于其分布的各地区、所属的各个人们集团，受到中原先进的经济、文化影响，推动的深度和时间先后不同，与南去的龙山人、仰韶人以至其后的汉族劳动人民间的杂居以至混合居住和共同斗争关系的程度和时间不同，又扩大了这种不平衡性和差异性。那些接受先进的影响越早越深、杂居以至混合居住和共同进行斗争的关系越密、程度越深的地方，社会历史的发展进程便较快。

四　关于我国境内的细石器文化和其他新石器文化遗存

细石器，即用间接打片法，以燧石、石髓、蛋白石、玛瑙、碧玉等作原料，打制而成三角形、石叶形等形式的石镞、石钻、尖状器、刮削器、石片和石核，等等；石片嵌装在木柄和骨柄上成为刀子，石核也用作刮削器。所谓细石器文化，即以这类石器为主要标志的新石器文化。它分布的地区是极其广延的。在我国境内，从东北的黑龙江省西部，吉林省西部，内蒙古自治区东部，自哈尔滨、昂昂溪、海拉尔、长春等处，越内蒙古自治区西部、宁夏回族自治区、新疆维吾尔族自治区、青海柴达木盆地以迄西藏的黑河一带，即所谓草原、沙漠及其边缘的森林地带，都有细石器文化遗址遗物的分布。在甘肃、陕西、山西、河北等省的北部及冀南邯郸的仰韶文化（包括甘肃仰韶文化）、齐家文化、龙山文化的遗址中，也每每夹有细石器文化的东西。在我国国境以外，自苏联的西伯利亚越中亚细亚和欧洲以迄非洲北部的草原、沙漠及其边缘的森林地带，也都有细石器文化遗址遗物的分布。分布在如此广大的地域中的细石器文化，在各个地区间，遗物本身都因时因地而有着极大的差异或特殊，且表现为不同的生产构成及其发展水平（如农业或牧畜在生产中的地位和发展水平的不同，渔猎在生产中所占的比重的不同，等等）；结合具体的历史记载和实际情况，表明它们似是非属于某一古代民族或人们集团的遗存，也非属于同一系统的近亲各族或人们集团的遗存，而是分属于不同种族和部落在原始公社制社会的开化时代的遗存。至它们缘何而产生同属于细石器文化的共同特征，还有待于世界范围的全面发掘和系统研究，才能得出正确的解答。

分布在我国境内各地区间的细石器文化，不只与仰韶文化（包括甘肃仰韶文化）、齐家文化、龙山文化及其他新石器文化有着相互影响，而且其遗址遗物表明，它们更多地接受了较先进的仰韶文化、齐家文化、龙山文化及其后国家时代的经济、文化的影响和推动。从其所包含着不同时代的中原文物的特点、色彩以至遗物，便可以大致考知它们的时代，如甘、陕、晋、冀等省北部的仰韶文化、齐家文化、龙山文化和细石文化遗存相互间的具体关系，就可以考知各该省以北的邻近地方，当时都有了细石器文化的存在，但其发展水平低于前者。因此，我国境内各地区的细石器文化，便是当时散布在各该地区的古代各族、以至现在还散布在各该地区的各兄弟民族的祖先，在原始公社制社会的开化时代的遗存。

关于细石器文化，由于我手中掌握的材料有限，拟俟他日再予详细论述。

此外，在我国若干省区，如东北的黑龙江和吉林、西北的甘肃、青海和新疆、西南的四川和云南等省（区），都先后发现有不同或似属不同系统的较复杂的新石器文化，如甘肃和青海的"四坝式"文化、"骟马式"文化、"安国式"文化、"唐汪式"文化、"卡窑"（湟中）文化、"诺木洪"（柴达木）文化，云南以

"螺蛳山"或"螺蛳堆"等为特征的滇池东岸一带的新石器文化、大理地区的新石器文化、以及边缘各兄弟民族地方的各种新石器文化,四川的船棺葬文化或所谓蜀人文化、戈人文化,等等,新疆的新石器文化,除细石器文化、东自哈密、吐鲁番、焉耆西迄库车、拜城、伊犁一线包含有彩陶的文化、及他处已发现的各种类型外,我认为将可能有更多的发现。这都是和各该地区从古代以至现在有多民族散布的情况相适应的,都是属于曾经散居于各该地方的古代各族、和至今还散布在各该地方的各兄弟民族的祖先,在原始公社制社会的开化时代的遗存。它们又都不只给了中原文化以影响作用和产生相互间的影响作用;更重要的,它们又都在不同时间和不同程度上,受到仰韶文化、齐家文化、龙山文化或其后国家时代的经济、文化较大较多的影响和推动作用,而且接触愈早、地区愈邻近以至其后与汉族劳动人民交错杂居、共同斗争愈早愈广泛的地方,所受的影响和推动作用愈大,社会发展的速度愈快、发展水平也较高;同样,它们也给了汉族以更多更长远的影响和作用。地下出土的各系新石器文化遗存和相互间的关系,无可驳辨地表明了这种情况。

五 结语

上述情况表明,我国的自然条件,从远古以来就是最适宜于人类发展的;以汉族为主体的我国各兄弟民族的祖先,从原始公社制时代起,大都就劳动、生息在我国广大、壮丽、富饶的土地上;作为主体民族的汉族,在进入到国家时代以前的仰韶文化、齐家文化、龙山文化,就在各系新石器文化中起着先进的主导的作用,它不只吸收了其他各系文化的积极因素,而又更多地给了其他各系文化以影响和推进作用;从新石器时代,即开化时代起，各民族的祖先就开始建立起相互影响、相互渗透和日益紧密的不可分割的联系。遗址遗物还表明，在原始公社制社会的开化时代，不同血统的各部落就在平等的基础上结成联盟，不同系统的氏族就相互交叉和比邻而居，不同血统的各氏族集团的人们就在没有阶级压迫的平等的基础上混合居住和有了彼此间的融合；这表明各民族、尤其是汉族，是由许多不同种族、不同系统的人们和人们集团构成的。由此可知，我国坚如磐石的社会主义民族大家庭、亲如手足的民族关系，是由各兄弟民族的祖先在几百、千、万年，几十万年的悠久过程中奠下的基础和给予我们的无比珍贵的遗留，在马克思列宁主义、毛泽东思想和社会主义、共产主义社会的基础上，已经和将要结出日益光辉灿烂的花朵。

由于地下的发现还有不少空白，特别由于我所掌握的材料可能很不够，意见还极不成熟，论证也可能有不少错误，恳切地期待同志们的批评和指教。

1960 年 8 月 20 日　北京

关于历史上的民族融合问题

一

解放以来，在马克思列宁主义、毛泽东思想和党的民族政策的光辉照耀下，我国的民族关系已有了本质的变化，已由殖民地半殖民地半封建社会的民族关系的性质，转变为社会主义民族范畴的性质。各兄弟民族一面大都走上了发展、繁荣的广阔道路，确立了走社会主义道路的基础，其潜力都将充分发挥出来，经济、文化都已经和将要获得更加迅速的发展和繁荣；一面作为民族存在的某些特征性的差别，一般都可能存留到共产主义社会的高级阶段，另一些差别性则正在逐渐减少或消失，共同性在逐渐形成、增长和发展。这是符合共产主义的目的和要求的。

到共产主义社会的高级阶段，民族将同国家、政党一样，趋于消亡，全人类将融为一体。列宁在《社会主义革命和民族自决权提纲》中说道："社会主义的目的不只是要消灭人类分为许多小国家的现象和各民族间的任何隔离状态，不只是要使各民族互相亲近，而且要使各民族融为一体。"① 在这里，列宁不只揭示了社会主义即共产主义的长远目的和利益，而又揭发了民族关系的自然历史过程的辩证法。在一切民族融为一体以前，斯大林在《民族问题和列宁主义》中写道："……可能是这样：最先形成的将不是一个一切民族共同的、具有一种共同语言的世界经济中心，而是几个各自包括一批民族的、具有这一批民族的共同语言的区域经济中心……"② 这种"区域"的"中心"，可能将以多民族国家或其他过程为基础而形成起来。

但这不是说，在进入无产阶级专政和社会主义社会后，"一批民族"就将在短期内融为一体，而是必须经过各民族的完全解放。列宁又说过："正如人类只有经过被压迫阶级专政的过渡时期才能达到阶级的消灭一样，人类只有经过被压迫民族完全解放的过渡时期……才能达到各民族的必然融合。"③ 斯大林在《联共（布）中央委员会向第十六次代表大会的政治报告》中，依据列宁的论旨说道："我们主张各民族的文化在将来融合成一种有共同语言的共同……文化，而同时又主张在目前即在无产阶级专政时期要繁荣民族文化……应该让各民族的文化发展和繁荣起来，发挥出自己的全部潜力，以便为社会主义在全世界胜利时期各民族的文化融合成一种有共同语言的共同文化创造条件。"④ 因此，关于各民族间的差别性的东西，不论表现在语言、文化、生活方式、风俗习惯等方面，或其中几个方面或其重要的一个方面还在实际生活中发生作用，就不容忽视那种差别的存在，必须依据马克思主义去处理。但这不是说，在社会主义社会以前的历

---

① 《列宁全集》第22卷，人民出版社1958年版，第140页。
② 《斯大林全集》第11卷，人民出版社1955年版，第300页。
③ 《列宁全集》第22卷，人民出版社1958年版，第141页。
④ 《斯大林全集》第12卷，人民出版社1955年版，第320页。

史时代，就没有民族间的融合或共同性的形成、增长等情况存在。而这也正是社会的自然历史过程的反映，人类以往全部历史的实际情况确证了这种部分的、各别的现象和过程的存在。列宁在论民族问题的著作中，不只肯定这种情况，而且认为是符合历史发展的要求的，如在《需要实行义务国语吗?》的文章中说道："我们不赞成的只有一点，那就是强制的成分。我们不赞成用棍子把人赶上天堂……我们认为，伟大而雄壮的俄罗斯语言不需要用棍子硬迫着某某人来学习。我们相信，俄国资本主义的发展，一般说来，社会生活的整个进程，正在使各民族相互接近。几十万人从俄国的这个角落跑到那个角落，居民的民族成分混杂起来了，民族隔阂和民族落后状况一定会逐渐消失。由于自己的生活条件和工作条件而需要知道俄罗斯语言的人，不用棍子逼迫也会学会俄罗斯语言的。而强迫（棍子）只会引起一种后果：使伟大而雄壮的俄罗斯语言难以传入其他民族集团，更主要的还在于会加深敌对情绪，造成无数新的摩擦，增加不和和隔膜等等。"① 在《关于民族问题的批评意见》一文中说道："谁没有陷入民族主义偏见的泥坑，谁就不能不看到资本主义同化民族的这一过程包含着极大的历史进步作用……" "南部的即乌克兰的更为迅速的经济发展过程的完全确定已经有几十年了，乌克兰把大俄罗斯几万几十万农民和工人吸引到资本主义农庄、吸引到矿山和城市中去了。在这方面，大俄罗斯的无产阶级和乌克兰的无产阶级'同化'的事实是毫无疑问的。而这一事实无疑是进步的。"② 列宁在这里，虽然都是从俄国资本主义时代的情况来说的，原则上完全可以适用于像中国这样国家在历史上的民族关系的情况分

---

① 《列宁全集》第20卷，人民出版社1958年版，第58—59页。
② 同上书，第12—14页。

析，不只如此，列宁还多次提到，一个国家内的工人在统一的无产阶级组织，如政治组织、工人组织、合作社组织、教育组织等等组织内"融合起来"，"坚持使他们融合起来"，为"一切民族在高度的社会主义团结中融合起来"准备条件①；无产阶级所反对的，只是"一切民族压迫和一切民族特权"、"同化概念中"的"各种暴行和各种不平等"②或强制同化，也就是说，无产阶级反对一切反人民反革命的同化政策，而赞成自然融合或所谓"同化"，所以说，"只要它不是借助于暴力或特权进行的"，"无产阶级……欢迎民族的任何同化"；"无产阶级不能赞同任何巩固民族主义的做法，相反地，它赞同一切帮助消除民族差别、打破民族壁垒的东西，赞同一切促使各民族之间的联系日益紧密和促使各民族融合的东西。"③有些人死啃着斯大林在《马克思主义与语言学问题》中关于语言融合的公式的一个片面，便认为在社会主义在全世界胜利以前的时代的语言融合，都是一些语言的被同化和另一些语言的胜利，只能是战胜了的语言和被战胜了的语言，等等。这在实际上，并没有懂得"斯大林的公式"的全部精神实质。只要是人民彼此间在平等的、不是借助于暴力和特权，而是在合作方式下互相丰富起来的，彼此在经济、政治和文化方面的长期合作下形成的共同语言——或多或少地吸收了彼此原有语言的成分，就根本谈不到一些语言的被压迫和失败与另一些语言的胜利。

原始公社制时代部落间的融合，是不能和社会主义时代民族间的融合相比拟的；但都是以相互平等为基础的，其间没有阶级

---

① 《列宁全集》第19卷，人民出版社1959年版，第426、553页。

② 参阅《列宁全集》第20卷，人民出版社1959年版，《关于民族问题的批评意见》。

③ 《列宁全集》第20卷，人民出版社1958年版，第18、19页。

压迫、剥削制度的存在，没有民族压迫制度的社会根据，也就没有强制同化的社会根据。在阶级社会时代，阶级压迫是产生民族不平等和民族压迫制度的基础，并每每表现为强制同化政策。在各民族劳动人民相互间，是不存在剥削被剥削和压迫被压迫的社会根据的，反映到他们身上的民族间的不平等关系只是一种假象，他们相互间的关系本质上是平等的——这也正是他们能够结成良好的关系的基础。各民族、尤其是长期生活在一个国家内的各民族劳动人民间，在不可避免的相互接触、不断增强的经济、文化联系的纽带作用中，在共同进行的生产斗争和阶级斗争中，必然地互相影响互相传授、学习和吸收彼此的东西，逐渐引起差别性的削弱、减少以至消失，共同性的形成、增长和发展，表现为一种自然融合的趋势。这种融合是符合劳动人民的利益和历史发展的要求的，不只与强制同化有原则区别，而且正是其对立面。历史上一切剥削阶级处理民族关系的政策和措施，本质上都是为其阶级服务的，其中有些是很反动的，也有些是在客观上起过进步作用的——如李世民、朱元璋等所谓"一视同仁"的方针等等——；奴隶主、封建主和资产阶级在革命时代的有关民族的政策和措施，大都有一定进步作用的。

二

我国自古以来就是个多民族的国家，秦汉以来就是个中央集权的统一国家——虽有三国、十六国、南北朝、五代十国、辽金的分裂局面，总的过程基本上是统一的。在这个统一的大国家内，历史的实际情况表明：（一）各地区各民族的社会发展极不平衡，直到人民解放战争胜利前，一面有先进的解放区，一面则存在殖民地半殖民地半封建性的过渡形态以及封建制、奴隶制、才有阶级制度萌芽的原始公社制诸形态。(二)各民族间形成相互交错的、插花的、分散的聚居、杂居和散居状态,其中汉族人口特别多,住区特别大,人口分布到了全国各民族地方,经济、政治、文化的发展自始便居于先进地位,表现和发挥了主体民族的主导作用。(三)各王朝的统治集团大多是由汉族统治阶级为主体组成的;只有当汉区生产衰退、阶级关系紧张、统治阶级内讧的时际,某些兄弟民族的统治或上层集团,才能起而联合汉族统治阶级内部的反对势力,以自己为主体建立起新的王朝或局部统治。(四)由于汉区地大、人众、生产较发达,在和平的年月,来自汉族农民的封建剥削所得,已能满足统治阶级肠胃消化力的需要而有余。因此王朝的朝廷便不渴望去对其他民族进行经济榨取,每每只在于贪新猎奇和特殊需要,从秦汉起,便常以先进的、大量的、具有较高、较多价值的绢、绸、布、帛、盐、茶、粮食、医药、金属工具和用具等等,通过"贡""赐"和"互市"等特殊形式,去换取各兄弟民族及国外的牲口、药材、皮毛、宝石、奇花异木、珍禽异兽及其他土特产等等。所以不论在哪个朝代,各兄弟民族的上层总是要求朝廷允许增多"朝贡"和"互市"的次数与人数。这和日益发展与扩大的民间贸易(通过"互市"与直接交易)相结合,便逐渐发展成为其他各族和汉族在经济上的不可分割性和相互依赖性。因此,除去某些朝代的统治集团的残暴、落后、反动,或由战争所造成的紧张情况外,民族间的关系一般都不是很紧张的。(五)正由于早就存在着这种聚居、杂居、散居的情况,便利于各族人民的相互迁移和往来,加之各朝都有大小规模的阶级战争以至各族内部各统治集团间、各族统治集团相互间的战争等原因,都不断迫使各族人民、尤其是常常在苛重负担下的汉族劳动人民,不只是个别,并每每成群结队,为谋生和反迫害等原因而逃亡、迁徙到他族地区或边疆,留住下来，此外因出征和行商前去的也不少。他们移去以后，便和当地兄弟民族的人民一道，开发生产、建立家园、组织和进行反压迫斗争。这种共同斗争，正是各民族劳动人民共同开辟祖国疆土、创造祖国历史和文化的一个方面，也正是促进各民族相互间的共同性的形成、增长或自然融合趋势的基本动力的一个方面。

这种历史情况，规定了以往我国民族关系发展的具体过程，也规定了解决我国民族问题的马克思主义道路。这种具体的历史过程，一面是各族劳动人民在平等基础上的相互关系的发展的历史，以不可分割的经济联系、文化交流为纽带，便利于较落后的兄弟民族，不断接受先进民族的先进生产方法的影响，促进社会前进，这同时反映了各民族间的自然融合的趋势，共同性的形成、增长以至融合的趋势，这是主流。一面是各王朝对各族人民实行阶级制度的统治的历史，它们对各族所采取的经济、政治、军事、文化等方面的政策和措施，都是为着巩固、维护统治和其狭隘的阶级利益出发的；它们为着维护或巩固统治，并每每采取各种各样的愚弄人民的手法，来制造民族间的隔阂和歧视，给民族关系造成恶劣的影响；总的说来，各王朝对各民族所采取的政策和措施，大都是阻碍和违反了自然融合的趋势、历史前进的趋势，但有的也促进了这种趋势。

由殷商到战国时期。在商朝奴隶主国家内，包括有人方、土方、周、羌、蜀等许多古代民族。在反奴隶主集团的斗争中，连同殷人在内，一面是以周人为中心的各族，即所谓"八百诸侯"和庸、蜀、羌、髳、微、卢、彭、濮人等，一面是各族劳动人民所构成的奴隶阶级的起义，如所谓"前徒倒戈"等等。各族革命人民在反商的共同斗争中，在由西周到战国的改革旧秩序、敷设新秩序和开发生产的共同斗争中，散布在黄河、长江中下游的各族，除个别外，便以周人殷人为中心形成为华夏族。当时散布在中国境内的其他各族，也由于长期间的共同斗争，增进了和华夏族间的联系。

由秦汉到南北朝。许多散在边疆的部落相继迁入"塞内"。汉末、三国、两晋间，在阶级矛盾和民族矛盾扩大的形势下，所谓"八王"、"五胡"（匈奴、羯、鲜卑、氐、羌）南朝北朝各统治集团间为争权夺利，在华北和西北一带杀来杀去，遭受灾难的都是各族劳动人民。所谓"骸骨成丘山"、"千里少人烟"，正是当时的惨状。在那样苦难的年月里，各族统治集团为其阶级利益，反而去制造民族间的隔阂和仇视；而各族劳动人民为着共同的生存，为着反迫害的自卫和恢复生产、重建家园，便开展了共同的斗争，结成日益密切的战斗友谊、苦乐相关的生活关系，便逐渐在血统、语言、文化、生活、风习等方面接近以至融合起来。这又促进各族统治集团也不能不从各方面来适应这种趋势。因此到周隋间，又以汉族为中心，形成了一个具有新内容新面貌的汉族。这其间，如两汉朝廷对各民族实行了经济交往、文化交流、"和亲"等项政策，以及派遣大量军队（主要是由劳动人民组成的）前往边疆驻防、屯田并让兵士落户等等，北魏朝廷使居于支配地位的鲜卑族"汉化"的政策，等等，客观上都对民族间的联系和自然融合起了促进作用。

在五代、辽、宋、金、元间，各族统治集团间的关系是杀气腾腾或奴颜婢膝的。而进到内地的突厥、契丹、女真、蒙古、西夏（是以藏人为主要成分形成的）各族劳动人民，在无比众多的汉族人海中生活，在经济、文化等方面都不能离开汉族劳动人民而生活下去的情况下，便形成了另一种不同的关系：由于相互间的联系日益增多起来，由统治阶级所造成的隔阂、歧视与不平等关系便逐渐消除，回复到劳动人民间的本来的平等关系，并逐渐从感情上接近、从特点上减少或消失原来的民族差别，以汉族为中心融合起来，成为具有更新的内容和面貌的汉族（同时也有不少汉人融合在女真人、藏人或蒙古人……里面，改变了女真族、藏族或蒙古族……的内容和面貌）。所以当突厥贵族为主体的后唐、后晋、后汉统治，契丹贵族为主体的辽朝统治、女真贵族为主体的金朝统治垮台后，便没有多少突厥人、契丹人或女真人回到原住地区。当元廷号召南去蒙人北归时，连驻防内地和西南边疆的军队在内，都没有多少人北归。所以到明末，顾炎武说，山东的汉人，不少是女真或蒙古人的后裔。其实，其时全国、尤其是华北和西北的汉人，都杂有不少突厥、契丹、女真、蒙古、藏、回纥人……的成分。

另方面，在元朝统治的90年间，不少汉族人民在第一期反元斗争失败后，便相继进到南方、西南、西北各兄弟民族地方，发动和组织各族人民共同进行反迫害的斗争，并和各兄弟民族的人民共同进行生产、开发边疆。在长期的共同斗争、共同生活中，日益紧密了相互间的关系，形成和增长着相互间的共同性、减少或消失差别性，并有不少汉人融合在各兄弟民族里面。

这是在我国的奴隶制和封建制时代，关于民族融合的一些重要情况；它是遵循着劳动人民间的相互平等的轨道和自然融合的趋势进行的。

三

在鸦片战争到人民大革命胜利的109年间，由于中国资产阶级没能领导起民族民主革命和取得胜利，中国资本主义没能发展起来，中国民族也就没能完全形成为近代资产阶级民族——没有完成其历史的任务；由"五四"开始的新民主主义革命，是中国无产阶级领导的，自此中国民族就开始走上了形成为社会主义民族的道路。

在这109年中，一方面中国各民族人民间的良好的友谊和团结，在下述的情况下有了极大的发展和加强。（一）由于各民族人民共同遭受帝国主义、封建主义、官僚资本主义的残暴统治和命运的一致，为着共同的前途便共同进行了反帝反封建的斗争。这在旧民主主义革命时期，波澜壮阔的太平天国革命运动，是汉、壮、瑶各族人民所发动，在全国各民族人民的支持与配合下发展起来的；陕甘的回民起义是在汉族等各族人民的支持下坚持斗争的。不只如此，孙中山为首的同盟会领导的革命，不只有出身于不同民族的仁人志士的参加和同情，并曾使各族人民一度寄予期望。各族人民在这里那里共同或单独掀起的自发性的武装斗争，几乎所有民族地方都不只发生过一次。特别在中国共产党领导的新民主主义革命运动中，从党诞生那天起，各民族人民就把彼此的命运和争取解放的斗争完全联结在一起，就把全部希望寄托于党。因而自始就有各族人民的优秀子弟进到党内，如关向应、马骏、韦拔群等同志都是著名的好共产党员。党领导的革命斗争，无不得到各族劳动人民舍生忘死的支持和参加。人民解放军和其前身的八路军、新四军……以至工农红军，都是在各族劳动人民的扶植、爱护下成长和壮大起来的，其中如开创广西左江和右江的苏维埃区域的红七、八军，是壮、瑶、汉等族劳动人民的子弟组成的；开创和坚持东北抗日游击战争的抗日联军，是汉、满、朝鲜、蒙古、回、达斡尔、鄂温克、鄂伦春、赫哲等族劳动人民的子弟组成的；开创海南岛抗日游击战争的琼崖纵队，是汉、黎、苗等族劳动人民的子弟组成的；冀中回民支队是回族劳动人民的子弟组成的；维吾尔、哈萨克等族人民所进行的"三区革命"和配合人民解放军解放新疆的斗争，是人民革命的一个部分。特别是震动全世界的红军二万五千里长征，像一条红线和一盏万丈明灯一样，把华南、西南、西北各兄弟民族贯穿起来，并照亮了他们的前途，所以到处都受到他们亲人般的支持和合作，接受了革命影响和掀起斗争，以至建立起党的组织和红色政权，他们并让自己的优秀子弟参加红军，等等。尤其重要的，是人民解放军第一、二、三、四野战军进军西北、西南、华南和中南解放全部大陆、海南等沿海岛屿和各兄弟民族，是得到各族人民的支持和配合斗争的，是各族人民共同建立的迈越前史的丰功伟绩。这种为我们前人所想象不到的伟大革命，使各民族人民结成了血肉相连、兄弟手足的关系，开创了各民族一律平等、团结、互助、友爱、合作的民族大家庭，写出了真正的人类历史的新页。（二）由于外国资本主义破坏了中国自给自足的自然经济的基础，破坏了城市手工业和农民的家庭手工业，形成了大量农民和手工业的破产。① 这种破产的汉族农民和手工业者，一部分不断流入城市充当产业工人和其后备军，大部分为着谋生和就业，则相率间关犯难，不断走到边疆或民族地方。今日的东北、内蒙、青海、新疆、甘边、滇边以及广西、贵州各民族地方的汉人，不少是在这109年间由内地前去的。其中大部分是具有较先进的农业生产技术和经验的农民，由于他们前去，当地才有了农业，或者才使用较先进的农具和采用较先进的耕作法……；一部分是掌握各种技艺的手工工匠，如在30或60年前，贵州、广西、云南、川边民族地方的铁匠、木匠、车匠、石匠、蓑衣匠、砖瓦匠、裁缝等等工匠，都是由湖南、四川等处汉区前去的，最初大都是春去冬归，后来便留住下来，后来由当地民族出身的各种工匠，大都是他们带出的徒弟。进到内蒙等兄弟民族地区的山西、河北、陕西、甘肃等处汉族地区的各种工匠，情况也大抵一

---

① 参阅《毛泽东选集》第2卷，《中国革命和中国共产党》。

样。因此说，由于大量的汉族劳动人民前去，便促进了所在地方生产的发展，而又和当地兄弟民族人民一道开发了祖国的边疆；同时又促进各族人民在语言、文化、生活、风习等方面的相互影响、接近、传授、学习和吸收。

另方面，下述的情况又阻碍了中国各民族间的良好关系的发展：（一）在这109年间，商品经济得到前所未有的发展，它伸到了全国的每个角落，给了民族资本的发展以一定的刺激作用，也加强了民间的联系；但由于遭受帝国主义、买办势力、封建势力压迫和束缚的民族资本，始终都较微弱，支配全国市场的始终是外国资本主义——帝国主义的经济势力，它极大地阻碍了中国各民族生产的发展、文化的进步；（二）由于在社会经济中起主导作用的是半殖民地半封建性的东西，它不只未能改变历史上遗留下来的封建性的不平衡发展状况，而由于帝国主义在中国划分势力范围或实行市场分割等原因的结果，更扩大了全国各地区、各民族、各个民族内部各部分间发展的不平衡。这在一面，表现为各民族的社会发展进程，如前所述，存在各种社会形态，一方面，那些与汉族长期杂居或散居在汉族地方的各兄弟民族如满、回等，住区交错和杂居的如白、土家等，基本上已接近汉族的发展水平；某些兄弟民族如壮、彝、苗、藏、瑶等等，与汉区邻近、交错或和汉人杂居的地方，已接近于汉族的发展水平，而在他们聚居的其他部分便比较落后、甚至落后一个或两个历史阶段；某些兄弟民族如鄂温克、佧佤、黎等，与汉区及其他较先进的民族地方邻近、交错或杂居的部分，发展到了封建制，而其聚居的中心区（山区）却还保留有原始公社制的形态，等等。一方面，汉区各个地方的发展也是不平衡的：资本主义的工商业生产主要集中在沿海沿江；农业方面的资本主义生产，越到偏僻地区越落后、比重越小。这表现着传统的封建性的不平衡状况和在不平衡发展法则基础上产生的新的不平衡状况的交织;(三)晚清朝廷、北洋政府、国民党政府都曾对国内各民族推行过强制同化政策。如在各民族地方兴办学校,在客观上是有进步作用的;但它们只许用汉语汉文或满语满文教学而不许使用本民族的语文,这只有那些自己没有文字的民族才肯接受,对那些有自己文字的民族便到处都引起不满和反对,不只如此,他们还推行了一系列的民族压迫政策和强制同化的步骤,这都是加多了民族关系的紧张程度的。所以在这109年间,各民族人民与反动政府间的关系始终是比较紧张的。日本帝国主义在我国的台湾和东北以至在我抗战时期的"敌占区",以极大的暴力和野蛮手段推行了强制同化政策,伪政权和一切教育文化机关、公共和交际场所,都不许中国人用中国语文,只许使用日语日文,等等,这在客观上也没有半点进步作用,完全是反动的,所以除受到中国各民族人民的一致反对外,日寇并没有得到什么。

上述两个方面的情况的交错和影响,反映到民族关系和民族融合问题上,具体表现为:各民族人民间的亲如手足的关系在日益增长,各民族人民与反动政府间的关系始终都比较紧张;各少数民族的语言、文化、生活、风习等特点,一面没得到适当的发展,一面又在民族内部产生了不同程度的差别性;各民族相互间的共同性有了不同程度的形成和增长,但又极不平衡。在语文上,如回、满、土家等族,除去都保有个别特殊语汇外,都和汉族使用了同样的语言和文字;白、羌、畲、京等族,都是全部或差不多全部能兼用民族语言和汉语,通用汉文,散布在交通要道地方的羌人并以汉语为唯一的交际工具;蒙古、维吾尔、苗等族,都有不小一部分人能使用汉语,并都有一部分人已不能使用民族语言;壮、藏、彝、高山、达斡尔、黎、鄂伦春、鄂温克等族都有不小一部分人能兼用汉语和民族语言;有些兄弟民族除使用民族语言外，都有一部分人能兼用其他几个民族的语言，如青海的土族能使用汉语和藏语、瑶族能使用壮语和汉语，达斡尔族的语汇包含有蒙汉语的不少成分，大部分人能使用汉语和蒙语；云南边疆的傣、佤、景颇、傈僳、侬尼、拉祜、布朗、瑶、彝、汉等族人民，几乎都有一部分人能互通邻近兄弟民族的语言和使用傣语、汉语，景颇、佤关于生产工具和农产物的语汇多同于汉语，如景颇语的"犁"、"连架"、"鹰嘴"、"稻拍"（谷）、"麦芽"（麦）等等；新疆维吾尔以外的其他各兄弟民族，都有一部分人能兼用民族语言和维语；同时，从朝鲜族到维吾尔族、从鄂伦春族到藏族的民族语言，大都包含有不少汉语语汇，汉语也不断吸收了其他兄弟民族语言的成分，等等。另方面，如苗、瑶、锡伯等族，在同一民族内的各部分间的方言，又存在着不小的差别。在文化、生活、风习等方面，各民族都保有自己的民族特点和优良的东西（自然也都有不好的糟粕的东西）；同时又不断形成和增长了相互间的共同性。这特别是在全国各少数民族和汉族间，突出地表现为各少数民族更多地接受了汉族的影响，如文化艺术的成果、服装和房屋建筑的样式、婚丧仪制等等方面，各兄弟民族接受汉族的影响几乎是普遍的，只有程度的差别，汉族传统的春节、清明、端午等节日，也几乎成了各兄弟民族共同的节日，等等。在平等基础上，各兄弟民族相互间的这种共同性的形成，是符合于历史前进的要求的。

四

历史上形成的各地区各民族间、各民族内部各部分间的那种不平衡的发展，只有到社会主义时代，通过统一的规划、安排和紧张的努力，才能在一定的时期内使落后民族赶上先进民族，共同建成社会主义,才能解决这种历史性的发展不平衡的问题。民族平等融合的自然趋势,也只有在无产阶级专政的时代,才能遵循着无比广阔的大道得到无阻碍的发展;历史上所形成和增长起来的民族间的共同性将充分发挥其积极作用,发挥其作为共产主义社会民族融合的准备条件的积极作用。所以在我国一面是各个民族的文化和民族特点得到顺利的发展,一面是各民族间的差别性又在不断减少、共同性在不断形成和增长,形成了一个辩证的发展进程。这也正是社会主义时代民族发展过程的辩证法。

历史上的强制同化政策,一般都遭到劳动人民的反对,由于它是建筑在阶级和民族压迫制度的基础上、民族不平等的基础上,是违反人类历史的前进方向的,所以它反而常促起民族关系的紧张;属于强制同化政策的某些方面或步骤,所以能够为人民所接受而产生作用,由于它在客观上是适合了自然融合的趋势,产生了保进这种趋势的作用。民族融合的自然趋势在阶级社会时代也能表现为进步趋势,由于它是以劳动人民间的相互平等为基础的,是适应于历史前进的趋向的;在相互平等的基础上的融合,谁也不受到任何迫害或损失,只会增强人类集体的力量和加快历史的进程,不过在阶级社会时代,其道路是很狭隘的、进度是很迟缓的。

(原载《历史研究》1959 年第 4 期)

新疆和祖国的历史关系

新疆从前汉时代起,一直是祖国疆域的一个组成部分。从汉至清都称作"西域",正如顾炎武《天下郡国利病书》第二十四册《西域》所述,即东接玉门关,西至葱岭的西部地区之总称。这个地区,"唐、虞、三代、汉、后汉、自魏及晋、唐、宋、元、皇明"都是中国的一个部分,即所谓"西域土地内属",也就是说,西域是国家的西部疆土。清乾隆时设伊犁将军及副都统领队大臣等官,留西征军驻防,改称新疆。光绪九年(1883年)改设行省。新疆即新设的直辖行政区域或行省之谓。新疆境内各兄弟民族,有的很早就住在当地,有的是较后移入的,但都已有相当长期的历史。他们与汉族等国内其他兄弟民族人民,经历了悠长岁月的劳动创造和社会斗争,共同开辟了壮丽富饶的新疆,奠定、发展、巩固了新疆和祖国的不可分割的关系,共同创造了祖国的历史和文化。历代中央朝廷和新疆各族的上层或统治集团及某些人物的某些积极性的举措,也至少在客观上是起了正面的促进作用的。

下面从政治、经济、文化等方面来申述。

一　新疆从前汉起就是祖国的组成部分

据现有可靠记载，新疆从前汉起，两千多年来，一直是祖国的组成部分。新疆和祖国的关系，就要更早。

早在原始公社制后期，新疆出土的新石器文化遗物中的彩陶，很可能和仰韶文化（包括甘肃仰韶文化）遗存的彩陶有关，而仰韶文化，正是后来形成为汉族的一个主要来源——夏人在原始公社制后期的遗存。

在西周（公元前1122—前770年），约成书于战国时（公元前403—前221年）的《穆天子传》和《山海经》，都有关于昆仑山、赤水及新疆、青海其他一些情况的记述，还说周穆王（公元前1001—前987年）和他的一群随从，曾爬上昆仑山，探看黄帝故居即所谓"黄帝之宫"，又和西王母等母系氏族部落接触过。①其他古籍也有"黄帝之族"曾居住过昆仑山下的传述。这

---

① 《穆天子传》卷二："（天子）遂宿于昆仑之阿，赤水之阳。……吉日辛酉，天子升于昆仑之丘，以观黄帝之宫……癸亥具，天子觞齐牲全，以湮□昆仑之丘。甲子，天子北征，舍于珠泽。……天子□昆仑以守黄帝之宫，南司赤水，而北守舂山之宝。……季夏丁卯，天子北升于舂山之上，以望四野，曰：舂山，是唯天下之高山也。孳木□华不畏雪。天子于是取孳木华之实。……壬申，天子西征。甲戌，至于赤乌之人丌。……赤乌氏，先出自周宗。……曰：□山，是唯天下之良山也，宝玉之所在……曰：赤乌氏，美人之地也，宝玉之所在也。……癸已，至于群玉之山，……寡草木而无鸟兽。癸亥，至于西王母之邦。"卷三："吉日甲子，天子宾于西王母。……好献锦组百纯，䌷组三百纯。……天子遂驱，升于弇山（弇，弇兹山，日入所也），乃纪名迹于弇山之石。……还归兀语，西王母又为天子吟曰：徂彼西土，爰居其野，虎豹为群，于鹊与处。……"《山海经》《海外南经》："昆仑墟在其东墟四方。……羿与凿齿战于寿华之野，羿射杀之在昆仑墟东。"《海外西经》："轩辕之国在此穷山之际。……白民之国在龙鱼北，白身被发……"《海内东经》："国在流沙中者淳端、玺暎，在昆仑虚东南。……国在流沙外者大夏。""昆仑山在西胡西，皆在西北。"《大荒西经》："大荒之中有山名曰日月山，天枢也。……日月所

虽还没有足够的材料来确证，但关于自然环境的有些叙述，似是确切的；关于其时散布在今新疆境内的各人们集团的社会情况，也可能是确切的。因此，至迟到战国时，周人的足迹已达到新疆并爬过昆仑山。

因此，说新疆在上古为三危与荒服地，三代时为宾服地，不是没有根据的。

依据可靠文献和地下出土遗存，新疆正式成为祖国的一个组成部分，是从前汉武帝时（公元前140—前87年）开始的。这还不是从一般的朝贡和封赐来说，而是表现为国家行政权力的行使。从前汉起，两汉政府都在今新疆设置统辖所谓西域三十六国或五十余国的军事、行政机构——都护府及其所属的戊己校尉等。当时所谓西域三十六国或后来又分化的五十余国，包括大月氏、大宛、康居、奄蔡、安息、车师、焉耆、龟兹、哈密、疏勒、于阗、莎车……等部，当时他们都处在原始公社制的不同时期。在建立都护府以前，匈奴奴隶制国家宰割和统治着他们，并设置奴隶总督府即所谓"僮仆都尉"①，作为掠夺财物和人口的机构。这是对当时新疆各部人民的生死威胁。另方面，匈奴奴隶制国家，也不时侵入汉朝沿边各郡，掳掠人口和财物，并肆行烧

入，……人面有发。""西海之南，流沙之滨，赤水之后，黑水之前，有大山名曰昆仑之丘……其下有弱水之渊环之，其外有炎火之山，投物辄然。有人戴胜虎齿、有豹尾，穴处，名曰西王母。……有山名曰常阳之山，日月所入。""有轩辕之台"、"有女子之国"、"有丈夫之国"、"有轩辕之国"。《大荒北经》："有大泽方千里，……有毛民之国。"

① 《汉书·西域传》："匈奴西边日逐王置僮仆都尉，使领西域，常居焉耆、危须、尉黎间，赋税诸国，取富给焉。"又云："收人民去。"《后汉书·西域传》谓匈奴奴隶主集团乘两汉之际的空子，又奴役西域，即所谓（西域）复役属匈奴。匈奴敛税重刻，诸国不堪命。建武中，皆遣使求内属，愿请都护。

杀，给予沿边人民以严重的威胁和灾难。汉朝朝廷出兵讨伐和追击，它便率部退入西域地方。汉廷为彻底击败匈奴，永绝后患，便必须截断它到西域的退路，即所谓"断匈奴右臂"。同时，随着汉朝国家经济的发展和适应商业资本的要求，开发经西域通中亚及欧洲的商路，即所谓"亚欧丝道"，便提到了日程上。自商路探险家张骞从西域回来后，武帝便以之作为确定的方针了。这对于西域各部以及能与"丝道"发生联系的亚欧各地，能和其时人类最先进的汉朝建立经济、文化的联系，都是有利的，符合于人类发展的要求的。因此，汉廷对于西域的部署和击灭匈奴的方针，不只适合汉廷统治的要求，同时也是符合西域和内地人民的共同利益与要求的。因此，除那些曾为匈奴代理人甚或还与之有姻亲关系的所谓楼兰（即鄯善）王、车师王等依违于汉匈之间者外，西域各部和内地人民，都支持汉廷的方针和举措。这就是当时形势的基本特点和基本矛盾。从前汉武帝到后汉和帝时基本上解决了匈奴问题止，汉匈在新疆地方亘数百年间的斗争，都是围绕这个中心进行的。

因此，汉廷的正规军进入西域，如武帝时贰师将军李广利率军远征大宛，和帝时（公元89—105年）大将军窦宪率军分路穷追匈奴西迁……那样的军事行动是不多的，它主要依靠内地人民和西域各部人民的合作和支持，自动前去或被征调前去的内地人民，即所谓"郡国少年"或"徙民"等等由汉廷所"置使者校尉领护"，充当"田卒"，在轮台、渠犁、车师、伊吾……等处屯田，一面解决自身和其他武装部队的供给，一面满足商路交通的供给需要，即所谓"以给使外国者"，也为西域的农业生产和冶铁等手工业生产开辟了道路。成为当时屯田重点之一的吐鲁番盆地的地下发掘证明：开始在当地植棉的是汉人，他们也可能是这种"田卒"和其家属。由于西域各部人民以至其上层的支持，所以傅介子、常惠、郑吉、班超等人，仅以为数不多的随从或部卒为骨干，在西域各部的配合与支持下，能击败匈奴和其策动下的叛变，推翻匈奴的"僮仆都尉"，即所谓"僮仆都尉由此罢"，开创和维护了都护府的建制及其权力的行使。在两汉之间，亦即汉新之际，汉朝朝廷无暇西顾的时际，各部也"皆遣使求内属，愿请都护"。都护府是统辖西域的行政权力机关，也是控制匈奴、防护西域的军事镇守机构，维护"丝道"的权力机构。都护府以下，除由汉廷直接设置戊己校尉、戊部侯等军事行政机构外，并就各部上层给以王、侯、将、相、大夫、都尉等等职衔，受都护府的管辖行使行政权力和服从军事调遣。大都还设有译长；"亚欧丝道"所经之处，又兼司驿站职能①，从而又开辟了"亚欧丝道"。所谓"自敦煌西至盐泽，往往起亭"，即建立驿站。这种驿站，往往都是屯田据点。同时，设置专员管辖盐泽以西商道。"自敦煌西出玉门阳关，涉鄯善，北通伊吾千余里，自伊吾北通车师前部高昌壁千二百里。""自鄯善逾葱岭出西诸国有两道：傍南山北陂河西行，至莎车为南道，南道西逾葱岭则出大月氏、安息之国也；自车师前王庭随北山陂河西行，至疏勒为北道，北道西逾葱岭出大宛、康居、奄蔡、焉耆。"

西汉时这种开创性的措施和建树，奠定了新疆成为祖国疆土的基础，也奠定了新疆各兄弟民族成为今日民族大家庭中的成员的基础。这是既符合于新疆和祖国的历史发展，也符合于人类发

---

① 《汉书·西域传》：如且末：王以下设辅国侯，左右将，译长各1人；精绝：王以下，都尉、左右将、译长各1人；扜弥：王以下，辅国侯、左右将、左右都尉、左右骑君各1人，译长2人，于阗：王以下，辅国侯、左右将、左右骑君、东西城长译长各1人；莎车：王以下，辅国侯、左右将、左右骑君、都尉各2人，译长4人；疏勒：疏勒侯、击胡侯、辅国侯、都尉、左右将、左右骑君、左右译长各1人；其他各部，也都设这类职衔的人员，只是有的部不设译长。

展的共同要求的。这个基础，是在汉朝朝廷的方策下，通过张骞、郑吉、班超等人的具体活动，内地和新疆各族人民的共同斗争而奠定的。①

在唐朝，由于西汉以来的关系的发展，还由于形势的变化，唐朝朝廷对于西域的统治，一面承袭两汉以来的都护制度，一面又将西域和突厥人散布的地区，按内地行政建制区划为府、州、县，而仍授予各部族和部落上层以各种官衔，并常任用和通过他们去进行统治。

当时的形势是这样的：（一）反映东西贸易的"亚欧丝道"更大大地发展起来了。以贩运丝绸为主的内地商人，经新疆入中亚，沿阿姆河与波斯、阿拉伯等地贸易者，不绝于途，中亚等处商人也不断随同来华，长安成了各国商人所奔赴和聚集的国际都市。管辖商道的西域镇守机关和部队甚至可以仰给于商税的收入，即所谓"各食其征"。②（二）由于和内地先进的经济、文化的联系，受到直接推动，加快了生产的发展，因而在各部族部落的上层集团相互间的侵伐和掠夺，尤其是大压小、强凌弱，不只常影响商道交通，且影响了唐帝国的统治。自回纥部族（维吾尔族的主要来源，属突厥系）从漠北等处西徙后，相互争夺的情况便更加复杂了。（三）吐蕃（藏族的主要来源）已建立起奴隶主的政权，常武装进入今青海、新疆地区，掳掠财物和人畜，阻塞商路，威胁唐帝国的统治。唐朝朝廷为维护统治和商路畅通，必须制止各部间的争夺与吐蕃的侵掠，维护西域的和平环境。内地沿边和西域各部人民及国内外商人也对唐廷提出了这种要求。

---

① 参阅《史记·大宛列传》、《汉书·西域传》、《后汉书·西域传》、有关诸人纪传、《资治通鉴》第20至51卷，《通鉴纪事本末》第3、6卷。

② 《新唐书·西域传》：开元时，"安西节度使汤嘉惠表以焉耆备四镇。诏：焉耆、龟兹、疏勒、于阗，征西域贾，各食其征。由北道者，输台征之。"

唐朝朝廷的方针，对于原来不属于回纥系统的各部，如高昌、龟兹、于阗、疏勒等"汉时旧地"：（一）制止各部相互侵夺，令其和平相处，不服从号令和调处的，实行讨伐①；与吐蕃实行和亲，停止其对青、新的侵掠。（二）重开"碛路"，讨伐"壅掠""贡道"的高昌贵族麹氏②，保障"丝道"畅通。（三）大都按照内地行政区划和建制，划各部地为州、县，即所谓"披其地皆州县之"。州以下设县，州以上设府。州置刺史，府置都督。如划高昌为西昌州，后改西州，后又改设廷州和西州，廷州置都督为都督府，西州置刺史。以焉耆"为焉耆都督府"，以龟兹地"为龟兹都督府"，"于阗为毗沙都督府，析十州"，等等。并任用各该部的贵族或头人为都督、刺史等官，如任麹智湛"以左骁卫大将军西州刺史"，授焉耆贵族素稽"右骁卫大将军为（焉耆都督府）都督"，"伏阇雄（为于阗）都督，以于阗贵族尉迟曜"为太仆员外卿，同四镇节度副使，权知本国事。"天山北路共设置四十五个都督府，一百五十个州，州下还设了不少县。都督府以上共设置了两个都护府：安西都护府辖天山南路，原驻西州后驻龟兹，北庭都护府辖天山北路，驻今孚远县；后又改为安西、北庭两节度使。都护府或节度使是分掌天山南路、北路的

---

① 《旧唐书·西戎传》："西突厥国乱，太宗遣中郎将桑孝彦领左右胄曹韦弘机往安抚之；仍册立咥利失可汗……令与焉耆为援。"《旧唐书·突厥传》：太宗对突厥咄陆，"谕以敦睦之道"。咄陆不听，乃令"安西都护郭恪（疑是郭孝恪之误——吕）率轻骑2千自乌骨邀击败之"。《西戎传》：高昌壅掠贡道，不服号令，又与处月处密"攻陷焉耆五城，掠男女1500人，焚其庐舍"。焉耆告于唐廷，乃令侯君集率军入西域，救焉耆，"讨高昌"。

② 《旧唐书·西戎传》：贞观六年，焉耆部长"突骑支遣使贡方物，复请开大碛路以便行李。太宗许之。自隋末䘮乱，碛路遂闭，西域朝贡者皆由高昌。及是高昌大怒，遂与焉耆结怨。"《新唐书·高昌传》："（麹）文泰与西突厥通，凡西域朝贡道其国，咸见壅掠。"

军事、行政的权力机关。在原先都护府下还设有节度使，如安西都护府在军事上，统龟兹、于阗、碎叶、疏勒"四镇"。前后任都护府的还有不少著有"政绩"的人物，如《旧唐书·西戎传》说："安西都护，则天时有田扬名，中宗时有郭元振，开元初则张孝嵩、杜暹，皆有政绩"，为当时各族人民所称道。

唐朝朝廷对散处在漠南北及天山附近的东西突厥各部，也都一一划为府、州、县，任用其首领为都督、刺史、长史、司马等，并分设都护府去实行统辖。其中的回纥族，《新唐书·回鹘传》说："贞观三年始来朝，献方物。突厥已亡，惟回纥与薛延陀为最雄疆。菩萨死，其酋胡禄俟利发吐迷度与诸部攻薛延陀，残之，并有其地，遂南逾贺兰山境诸河，遣使者献款。太宗为幸灵州，次泾阳，受其功。于是铁勒十一部皆来，言延陀不事大国，以自取亡，其下鹿骇鸟散，不知所之。今各有分地，愿归命天子，请置唐官。有诏，张饮高会，引见渠长等，以唐官官之，凡数千人。明年复入朝，乃以回纥部为瀚海，多览葛部为燕然，仆骨部为金微，拔野古部为幽陵，同罗部为龟林，思结部为卢山，皆号都督府。以浑为皋兰州，斛薛为高阙州，阿跌为鸡田州，契苾羽为榆溪州，奚结为鸡鹿州，思结为蹛林州，白霫为寘颜州，其西北结骨部为坚昆府，北骨利干为玄阙州，东北俱罗勃为烛龙州，皆以酋领为都督、刺史、长史、司马。即故单于台置燕然都护府统之（按高宗龙朔中又改为瀚海都护府，领回纥），六都督、七州皆隶属。以李素立为燕然都护。其都督、刺史给玄金鱼符、黄金为文……作绛黄瑞锦文袍、宝刀、珍器赐之……尚书省中渠领共言：'生荒陋地，归身圣化，天至尊赐官爵，与为百姓，依唐若父母，然请于回纥突厥部治大涂，号参天至尊道，世为唐臣。'仍诏：'碛南鹈鹕泉之阳置过邮68所，具群马、湩、肉待使客，岁纳貂皮为赋。'"

散布在鄂尔浑河一带的回纥各部，由于自然灾难、内争及黠戛斯的袭击，而被迫西徙。其中大部徙至葱岭西的葛逻禄一带，一部徙至新疆境内的安西一带，一部南下到河西走廊，即所谓"本是大唐州郡"的沙州、甘州一带。(《新唐书·回纥传》、《旧唐书·回纥传》、《北平图书馆馆刊》九卷六号，王重民：《金山国坠事拾零》）徙入新疆者，受都护府或节度使统辖，徙入河西走廊者曾一度受吐蕃统属。在西迁前和其后的可汗（王）、可敦（王妃)，如英武威远毗伽可汗磨延啜、英义建功毗伽可汗移地健及其妻光亲丽华毗伽可敦、武义成功可汗（长寿天亲毗伽可汗）顿莫贺及妃知惠端正长寿孝顺可敦，等等，都是由唐朝朝廷册封的。老可汗死了常要向唐廷报丧。新可汗继任常要有唐廷的册命。他们并常兼任唐廷的司空、仆射等高级官职。顿莫贺改易"回纥"为"回鹘"的汉译名称，也报请唐廷批准。以后在五代、两宋、辽、金时期，回鹘各部，散布在河西的是西夏的属领，散布在葱岭西及新疆境内的是西辽的属领，并曾与宋、辽、金发生着隶属关系。如金在哈喇火州并置有"监国"等官。①

因此，到唐朝，新疆和祖国的关系，较之两汉有了进一步的密切和确定。在五代、辽、金、两宋内地各个政权相互争夺和分裂的期间，也没有断绝它和内地的经济、政治、文化的联系。

---

① 以上参阅新旧《唐书·西域传·回鹘传·回纥传·突厥传》及有关诸人纪传，《通鉴纪事本末》第28、37卷，《资治通鉴》第192—238卷有关回纥、回鹘部分，《唐会要》第73、97、98卷，《和林金石录》有关各碑，《册府元龟》第962、999卷，李德裕：《李卫公会昌一品集》第2卷。《宋史·于阗传·回鹘传·夏国传》，《宋会要稿·蕃夷》，《五代史记·回鹘传》，《辽史·本纪·地理志》，《契丹国志》第26、27卷，拉施得：《史集》。

在元朝，新疆一开始就同内地（腹里）一样，元政府设立元帅府、都护府管理军事，按察司、宣慰使、提举司、交钞库、达鲁花赤、断事官等管理民刑、财政等政事。新疆且是元军进入中亚和欧洲的兵站基地，所在又都设立"军站"、戍守和屯田，并于别失八里设立织造局。由于亦都护率先率畏吾儿各部归服，成吉思汗命他为第五子，并对畏吾儿贵族特加信任，即所谓"宠异冠诸国"。因此，畏吾儿上层又构成为元朝统治集团中仅次于蒙古贵族的重要成分，如岳璘帖木儿、哈刺普花、廉希先、廉希贡、廉希贤、桑哥、阿里海涯、普颜、道童、偰哲笃、叶仙鼐、脱力世官、阿鲁浑萨理等，位至宰相、部长、疆臣或都元帅的，为数不少。他们为元朝的军事、行政、财政等方面，都作出了不少的贡献和劳绩。太祖末年设立四个汗国时，以"畏吾儿隶察哈台"，也并未改变新疆的行政地位和性质。所以新旧两"元史"都不为新疆立传，而列同国内其他行省。①

元明之际，蒙古贵族各据一隅，并每每互相火拼，新疆亦分裂为吐鲁番、别失八里、于阗三大部和一些小的所谓地面的封建统治势力。除吐鲁番的速檀（王）阿力家族，许进在《平番始末》中说他为"冒认残元之裔"外（似属畏吾儿人），大都为"残元之裔"。明朝朝延为孤立和分化元王室残余，便：（一）宣布对国内各民族"一视同仁"，对元室后裔实行"抚绥"，承认他们对各自所占地区的统治权力，只要表示臣服，一一都给予册封或任命；（二）于河西走廊置重兵镇守外，并于吐鲁番一带建立

---

① 以上参阅新旧《元史》有关诸人纪传，《元朝秘史》，《蒙兀儿史记》，《元书》，《元史新编》，《长春真人西游记》，《蓬莱轩舆地丛书》第一辑，《元经世大典图地理考证》卷1。

哈密、赤斤、安定、曲先、阿端、罕东、罕东左及沙州八卫，其下均分设千户所等，以畏吾儿、回回、哈剌灰等部上层为指挥同知及所属千户等官，一面借以控制位于其东面地方的"鞑靼"部和位于其东北而又地跨蒙新的瓦剌部，一面控制全疆和维护商道；（三）于哈密建立起统辖全疆的权力机构——哈密王府，封元皇室后裔安克帖木儿及其侄脱脱家系相继为忠顺王（后又另封安克帖木儿后人为忠义王），颁给金印，并直接派员充任王府长史、纪善辅导等要职，去掌握实权，"使为西域襟喉"和"……领西域职贡"。尽管明廷后来把金印和王位，即"领西域职贡"的权位，又授予素赖丝道为生的吐鲁番速檀阿力的孙儿满速儿，而作为明廷统辖新疆和掌管丝道的权力机关和其性质，并没有多大变化。同时，统治别失八里或于阗的封建权力者所谓王，也都是由明廷册封的，死了要"告丧"，嗣王要有明廷的诰命才能继位；其属下的指挥、千户、都督、佥事等官属，也都要由明廷给予诰命，即任命；他们相互间的争执都要服从明廷的裁处，并服从军事调遣。如《明史·西域传·于阗传》说："西域惮天子威灵，咸修职贡，不敢擅相攻；于阗始获休息。"便是一例。①

到清朝和民国时期，清廷对新疆，最初是在明朝的基础上进行统治的。但由于英国等西方资本帝国主义侵占了印度，并对中近东实行殖民主义的支配和统治；沙俄也成了资本帝国主义，他们都步步加紧的来侵略和阴谋分裂我国。新疆和西藏的危机便步步加深，各部上层集团相互间的争夺也每每夹有外国侵略者的阴

---

① 以上参阅《明史·西域传》及有关诸人纪传，《明史纪事本末》；《兴复哈密》，《明实录》有关部分，明陈诚：《使西域记》，许进：《平番始末》，马文新：《兴复哈密国王记》，王树枏：《新疆图志》。

影，个别不顾大义的分子还每每充当外国侵略者的走卒。因此，清朝朝廷对准噶尔所发动的内争、大和卓木布罗尼特和小和卓木霍集占的叛乱、受英国帝国主义役使来分裂祖国的张格尔的叛乱，等等，都采取快刀斩乱麻的军事行动和善后措施，设置将军府（驻伊犁）和参赞大臣衙门（驻喀什），筑城、建官、屯田，并于喀什噶尔、叶尔羌、英吉沙尔、和阗、乌什、阿克苏、库车、辟展、哈密、吐鲁番、哈喇沙尔等城，设办事领队大臣。这样由清廷直接行使行政权力和配置防军驻守，虽然在于维护清朝的统治和边防，客观上却起了维护祖国统一和领土完整的积极作用。在这些方面，我们对于康熙皇帝、乾隆皇帝以及其后的左宗棠等人，是应该予以肯定的。到清末和北洋政府时代，把新疆作为行省，客观上却是有利于制止分裂主义的活动和便于反对帝国主义的侵略的。

二　不断加强的经济、文化联系是这种关系的坚强纽带

新疆和祖国的上述政治关系的发展，又为不断加强的经济上的联系和发展开辟了道路；政治关系和经济联系的不断增强，又引起文化上的日益紧密的联系，以至共同性逐步形成与增长；不断发展与增强的经济、文化上的联系，又成了政治关系上的坚强纽带。

以汉族为主体的我国封建时代的经济和文化，从秦汉到清朝前期，都处在世界最先进的地位。把落后的边疆民族地方的经济、文化，纳入和中央地区的先进经济、文化日益密切的联系的轨道，是大有利于各民族的经济、文化的发展的，也是大有利于人类文明的发展的。

在前汉先进的经济、文化影响到西域并在那里起作用，以及汉人到那里进行生产和文化建设以前，新疆地方的生产是较落后的，人口也是较少的。《史记·大宛列传》说："自大宛以西至安息……其地皆无丝漆，不知铸铁器。"当时较新疆各部进步的大宛、安息是这样，新疆各部的情况又是怎样呢？据《汉书·西域传》所述，各部中最大者也还只有牧畜，即所谓"随畜逐水草，不田作"。人口大都只有几百户，最多的也只有几千户。① 所以当他们一见到张骞等人带去的锦绣、缯、帛等丝织品和铜、铁等金属器，就都非常珍视，即所谓"皆贵汉财物"，纷纷要求在经济、文化上和汉朝挂钩。新疆各部，由于：（一）与内地先进经济、文化上的联系和大陆"丝道"往来的影响、推动；（二）更重要的，还由于推翻了匈奴奴隶主国家对西域的残酷压迫和统治，得到了和平发展的环境；（三）内地前去的"田卒"和部队开创了农业和制铁等生产，并带去了各种先进的生产经验和技术（如铁属等生产工具、精耕细作、育蚕技术② 等等）、文化的直接推动和影响。因此，到后汉，据《后汉书·西域传》等书所述，西域各部的生产都有了较大的发展，人口都有了较快的增长。③

---

① 鄯善（本名楼兰）："民随畜牧逐水草"；户1570，口14100。焉耆：户4000，口32100。车师前：户700，口6050。车师后：户595，口4774。山国：户450，口5000；民山居。婼羌：户450，口1750；"随畜逐水草，不田作"。且末：户230，口1610。戎卢：户240，口1610。于阗：户3300，口19300。皮山：户500，口3500。西夜：户350，口4000"随畜逐水草往来"。莎车：户2339，口16373。疏勒：户1510，口18287。龟兹：户6970，口81317；"能铸冶有铅"。蒲类：户325，口2032。

② 《汉书·西域传》称大宛"不知铸铁器，及汉使、亡卒降，教铸作它兵器。得汉黄白金，辄以为器"。相传乌孙公主带蚕种至乌孙，不过为传入育蚕技术的一例。

③ 如于阗：增至户11700，口83000。蒲类：增至户800余；"庐帐而居，逐水草，颇知田作，有牛马骆驼羊畜，能作弓矢"。焉耆：增至户15000，口52000。疏勒：发展到有"胜兵3万余人"。西夜：增至"户2500，口万余"。车师前：增至户1500余，口4000余。车师后：增至户4000余，口15000余。莎车：发展成为能独力抗拒匈奴的强大部落。

所以当时西域各部都支持汉廷和郑吉、班超等人的活动；各部人民都和前去的田卒、部队等汉族劳动人民，共同进行反对匈奴奴隶主和其代理人的斗争、维护"丝道"的斗争以及对自然的斗争等等。今天新疆地下已发现的遗物和遗存[①]，关于两汉的部分，如：由婼羌、且末、于阗至和阗一带，挖出很多汉木简，和阗、于阗古墓中挖出汉帛诗；库车挖出驻节该地的官员李崇的印章"李崇之印"及传达命令的汉印牌；在沙雅县有维吾尔人称作"黑太拉克"的长百余华里的汉渠（《汉书·西域传》桑弘羊说："通利沟渠，务使以时，益种五谷。"），称作"黑太城"的汉城（同书桑弘羊又说："田一岁有积谷，募民壮健有累重敢徙者诣田所，就畜积为本业，益垦溉田，稍筑列亭，连城而西。"）；焉耆古墓中发掘出汉铜镜、帽饰、陶片等，在四十里外的旧城遗址有许多汉铜钱，等等。这不只反映了经济、文化联系在当时的深度和幅度，也反映了汉族劳动人民在新疆所进行的创造性劳动的一些遗迹。随同政治关系的确立，从而经济上、文化上的联系便日益紧密起来了。

据《北史》、《魏书》等史籍的记述，从两汉开始建立和发展起来的新疆和内地的经济、文化联系，成了生产以至生活上的重要因素，所以在三国、南北朝间中原分裂的时期，也并没有中断。

到唐朝，西域和内地的经济、文化的联系，有了更大的发展，并进一步形成了不可分割的关系。这同时又促起了西域经济、文化的发展。关于西域经济的发展情况，《新唐书·西域传》说：（于阗）自汉武帝以来，"诏书符节，其王传以相授。人喜歌

[①] 在新疆，田野考古工作还没有系统进行；估计历代的遗存都将有较多较系统的发现。

舞，工纺绩。"① 焉耆已知"逗渠溉田"。龟兹已知道种植"麻、麦、稻、葡萄；出黄金；俗善歌乐；旁行书；贵浮图"。高昌已知道农业，"麦禾皆再熟。有草名白垒，擷花可织为布。"② 关于与内地经济文化联系的情况，（一）首先表现为对"朝天至尊道"、"碛路"、"丝道"的开辟、维护和畅通的共同要求。凡"壅掠"商道、破坏贡赐和互市者，都受到反对和非难。③ 这正反映了在生产资料和生活资料供求上的相互依赖性，尤其是西域对内地的依赖。而此又是关涉到人民群众的共同利害。（二）表现为产品供求量的巨大。仅就回纥说，不只经常有成千的贡使、商贩往来，并常有成千人留住长安和行商全国各地。仅在"贡""赐"一项，每次运来内地的东西，除香料、药品、玉石、皮毛等外，马匹就常达几千几万匹，每次从内地运回的产品是几千驼载，绸绢即达十万匹。④ 而此，也正反映了需求上的群众性。（三）表

---

① 《新唐书·西域传》述其从汉代传入蚕种与育蚕，纺织技术，托为如次的传说："初无桑蚕，丐邻国，不肯出。其王即求婚，许之。将迎，乃告曰：国无帛，可持蚕自为衣。女闻，置蚕帽絮中，关守不敢验。自是始有蚕，女刻石约无杀蚕，蛾飞尽，得治茧。"

② 吐鲁番盆地的地下发现证明，最初在当地植棉者为汉人，可能即屯田田卒和其家属。

③ 《新唐书·西域传》：麹文泰为首的高昌贵族"壅掠"商道，违抗唐廷号令，"其国人谣曰：'高昌兵如霜雪，唐家兵如日月。日月照霜雪，几何自汔灭。'文泰捕谣所发，不能得也。"

④ "自乾元后，……每纳1马取直40缣。岁以数万求售。使者相蹑，留舍鸿胪。""始回纥至……常参以九姓胡，往往留京师至千人。居赀殖产甚厚……还国，装橐系道，……橐它马数千，缯锦10万。"（《新唐书·回纥传》）"先是回纥留京师者常千人，商胡伪服而杂居者又倍之。县官日给稟饩缯。殖货产，开第舍市肆，美利皆归之。"（《资治通鉴》卷225）"大历8年11月，回纥140人还蕃以信物1千余乘。……是月，回纥使使赤心领马1万匹来求市。"（《旧唐书》卷195）"合罗将军呼万岁，捧授金银与缣彩。谁知黠虏起贪心，明年马多来一倍，缣渐好，马渐多。"（《白氏长庆集》卷四）"达奚将军等方省，表其马数共6500匹，据所到'印纳马'都2万匹，都计马价绢50万匹。"（同上卷40，《与回鹘可汗书》）

现在物资的交流上，并不限于"贡""赐"，交易对手扩至官、商、公、私各个方面，交易场所延及"边州"以至内地各大城市。不只贡使和其左右等人，除正宗贡物外，个人都另携不少货品进行市易；前去西域的朝臣，也都私带货物去"市马规利人"。① 由内地输往新疆的物品种类，除铁、铜等金属工具、用具、武器、钱币等外，以绸绢、布帛、粮食、茶、文化品等等为大宗。② 唐廷对他们的每次赏赐、和他们自己卖物、放债所得的大量货币，不只用在内地市场购买各种物品，且携回西域地方作为交换媒介。（四）还表现为内地先进生产技术、经验等继续传入，如9世纪从漠北徙入新疆的回鹘，吸收了内地的经验和技术成为"善冶金、银、铜、铁为器及攻玉"的民族，并知道使用水力碾硙（水磴），能织制剋丝，等等。（五）至今在新疆，尚保留和已发现许多唐代遗存，如焉耆有建于8世纪的唐建明屋佛寺，旧城遗址发掘出许多"建中通宝"铜钱；库车库木土拉千佛洞发现有汉字"法诚"字样的陶片和汉文佛经残帙一纸，洞壁有僧法超、惠僧等十余人的题字，年月有"大唐大顺五年"（按昭宗大顺仅二年，所谓五年应为乾宁元年，当公元894年。这又可证他并非初从内地去的云游或行脚僧），或"乙巳年"、"丁未年"、"壬辰年"等；拜城千佛洞的石龛横额，书："寂然而静"四字，发现的文书残纸上书："□□节度押衙特进太常乡（卿）"字样，

---

① 文宗太和五年诏云："如闻，顷来京城内衣冠子弟及诸军使并商人百姓等，多有举诸番客本钱，岁月稍深，征索不得，致番客停滞，市易不获及时。"（《册府元龟》卷998）又"时时以玉马与边州相市"。（《新唐书·回鹘传》）"贞元中咸安公主降回纥，诏关番为使，而僼以御史中丞副之，异时，使者多私赍以市马规利入，独僼不然。"（《新唐书·赵憬传》）

② 《会昌一品集》《赐回鹘可汗书》：从振武一次即和籴给回纥粮食3千石。唐封演：《封氏闻见记》卷6："大驱名马市茶而归。"《新唐书·陆羽传》，回纥，"驱马市茶。"

当地并出土有代宗大历年（公元 766—779）的铜钱；吐鲁番西北雅尔湖有唐西州城遗址及许多古代遗物，遗址中还发现许多"开元通宝"铜钱，古城外有全同于内地楼阁的雕梁画栋的唐式建筑遗存，古墓中发现有殉葬陶瓷象、泥塑武士、木质女象等唐俑；故宫博物院陈列的唐俑（从将军到武士并男、女），包括有新疆各族服式和面容的形象。《长春真人西游记》云："抵鳖思马（按即别失八里）大城，……因问风俗，乃曰：'此大唐时北庭端府，景龙三年，杨公何为大都护，有德政，……惠及后人，于今赖之。'有龙兴、西寺二石，刻载功德，焕然可观。"这都是和史籍的文字记载相适合，确证了唐书等史籍关于上述记载的完全可靠。

在五代和两宋、辽、金，据新旧《五代史》、《宋史》、《宋会要稿》、《辽史》、《金史》、《契丹国志》、《大金国志》等书的记述，新疆与内地经济、文化的联系和相互依赖，在唐朝的基础上又有了进一步的发展。《宋会要稿·蕃夷》云：回鹘需要北宋的东西，主要为金、银、铜、铁、银器、冠带、器、币、金首饰及纺织品等；北宋需要的军用以至民用马匹，靠回鹘大量输入，药材、香料、装饰品等也大量输入[①]，其中药材也是北宋人生活上所必需的。输入的数量是相当大的，如神宗熙宁十年（公元 1077 年）回鹘私商输入北宋的乳香即达数万斤，元丰八年（公元 1085 年)，输给北宋朝廷的马一项，成价即达 120 万贯。又如乳香，《宋史·于阗传》说："于阗地产乳香，来辄群负，私与商贾牟利，不售，则归诸外府，得善价。故其来益多。"回鹘贡使

---

① 输入内地的土特产，有马、橐驼、硇砂、星矾、羚羊角、腽肭脐、胡黄连、大琥珀、翡翠、碎玉、琉璃、花蕊布、各色貂鼠皮、麝毡、绿野马皮、安西丝、皮靴、白毡布及白玉、胡桐泪、香药、乳香、木香、安息香等。

和商人,对"所须物",除宋廷给予者外,又常在京师及各地,"买卖于市肆。"(《宋会要稿·食货》38)又同书《蕃夷》说:"回鹘因入贡,往往散行陕西诸路,公然贸易,久留不归者有之。""西京回鹘人有久住京师","私买""香药"。同书《食货》55说:"物资四流"的西北"沿边州郡"的"秦凤一路",交易额即"岁不知几百千万"。王韶对神宗说,如"于本路置市易司,借官钱为本,稍笼商贾之利,即一岁之入,亦不下一二千万贯"。他们又从辽购买铜、铁等物(《辽史·食货志》),在上京,"南门之东"并有"回鹘营";安置"留居上京"的"回鹘商贩"(同上《地理志》)。正由于这种不可分割的联系的存在和发展,西州等地回鹘,常对阻拦到内地通道的西夏,进行战争,并多次打败了西夏武装,使从西州到北宋的道路得以畅通。在葱岭以西的回鹘,也常请求宋廷讨伐阻拦通路的西夏。(宋洪浩:《松漠纪闻》《回鹘》)反映到文化上,例如羽田亨的《西域文明史概论》说:回鹘西徙所散布的地方,"自古为西域文明与中国文明(按即中国内地文明,下同——吕)所繁荣者","遂以融通合成之势而发展。……此种合成,即可谓回鹘文明之特征。"(郑元芳译:商务本,第79页)在文字上也兼用汉文,如在吐鲁番所发现的木板印刷品中,有回鹘文和汉文等几种文字。这种印刷术,也是"回鹘文活字的字母式结构,只是把王祯所说的四方形的汉字活字改变成为依照字母的长短而变化为长短不一的单字活字"(卡德:《中国印刷术的发明及其西传》第103—106,167—168页)。这就是说,这等等方面的情况,连西方资产阶级的学者也是无法否认的。德人勒柯克的《中国突厥斯坦地下的宝物》也说:回鹘人在艺术形式上"采用与过去中国人所作的相同方法",即表现内地和西域文化混合的倾向和色彩。在巴什力克出土的回鹘壁画,"在左边走廊的两头是穿黄袍的印度和尚的画像,……同时在右边走廊的右首是三个穿紫色的东亚和尚的画像。""印度人的名字用梵文,东亚人的名字用汉字同回鹘字。"(以上转引自《维吾尔族史料简编》上,第87页)卡德同书又说:吐鲁番的发现的最迷人的地方,是表现了汉人与突厥人等的"种族与宗教的混杂"。《西域文明史概论》述德国人在高昌遗迹中发现的一历书断简,"所记各日子,用索格底、中国、突厥三种称呼,即……次译中国甲、乙、丙、丁等十干之音,末更以索格底语之鼠、牛、虎、兔等配成十二支兽名(按实即我十二支之属性)。又在其上的每第二日……译出中国之木、火、土、金、水五行之名。"沙畹在《摩尼教流入中国考》述宋王延德的《使高昌行记》中说:王于981年至高昌时,高昌尚用唐开元七年历。(冯承钧译:第60页)另方面,西域也给了内地文化以不少的影响和推动。如契丹文字,蒙古文字,都是仿照畏吾儿文创制的;七曜历是经回鹘传入内地的等等。此外,在新疆,又出土了"咸平通宝"、"天禧通宝"等宋代铜钱。凡此等等,均无可驳辩地反映了新疆和内地在经济、政治、文化等方面的不可分割性及其逐步增强的情况。

在明朝,明廷对西域的统治,如前所述,由于针对元室残余势力的关系,与元朝有所不同,因而在财政、经济的关系上也有着相应的差异,但没有改变经济联系的不可分割的性质。据《明史·西域传》说,还在明朝定国之初,"西域回纥"就不断间关犯难,派人"来贡";而当时占据哈梅里(即哈密)的元室残余兀纳失里阻隔"贡路","来贡者,多为哈梅里所遏",他们便改"从他道来"——虽然仍常遭到兀纳失里"遣兵邀杀"。在太祖平定元室残余势力的反抗,"定畏吾儿地,置安定等卫"后,尤其在建立管辖丝道和"领西域职贡"、即统辖全疆的哈密王府后,除其时新疆三大部之一的吐鲁番(包括哈密、吐鲁番两个封建势力范围)外,于阗、别失八里两部,《西域传》《于阗传》说:

"成祖欲远方万国无不臣服，故西域之使，岁岁不绝。诸蕃贪中国财、帛，且利市易，络绎道途。商人率伪称贡使，多携马、驼、玉石，声言进献。既入关，则一切舟车水陆晨昏饮馔之费悉取之。……比西归，辄缘道迟留，多市货物，东西数千里间，骚然繁费……"《别失八里传》说："（其时尚）无城郭宫室，随水草畜牧"的别失八里，也是"奉贡不绝"。来贡的人口，仅其中所谓"头目"，即常达数十、百人。在哈密，哈密的安克帖木儿第一次遣使来朝，仅马一项即达4740匹。宣宗时（公元1426—1435年），又任安克帖木儿的后人为忠义王，与脱脱的后人忠顺王，"同理国事。自是二王并贡，岁或三四至。"在吐鲁番，《孝宗实录》说是"专仰贡路为生"的（卷89）。《明史·西域传》说："其酋也密力火者……以景泰三年（1452）偕其妻及部下头目各遣使入贡。"即一个集团之内，也分作多方面来挂钩，以扩大物资交流数量。所以吐鲁番速檀（王），为"请代王（忠顺王）领西域职贡"（《荒徼通考》，"玄览堂丛书"本），一面不断派人向明廷提出请求；一面又不断用武力和脱脱家族进行争夺。由于他们不听从明廷令其停止进攻忠顺王的号令，孝宗弘治六年（1493）明廷乃用："闭嘉峪关，永绝贡道"的办法去加以制裁和控制。果然，"其邻邦不获贡，胥怨阿黑麻（速檀）"，"阿黑麻以绝贡，失互市"被迫只得向明廷"上书"，表示"愿悔过"，请求开关、复市。这正是西域和内地经济联系具有广大群众性基础和不可分割性的具体反映。

在元朝和鸦片战争以前的清朝时期，如所周知，新疆在财政上完全统一于中央朝廷，和内地的经济关系，基本上也和内地各行省相互间的关系一样。这都是无须申述的。文化上，在清朝，新疆到处都有雕梁画栋的内地建筑艺术的楼阁；新疆各民族的语言，都夹有越来越多的汉语以至满语的语汇等等。即此，可以概见一斑。

此外，在新疆的吐鲁番盆地、塔里木盆地等处，都发现历代皇朝的铜钱，像库车、叶城、和阗、古鄯善城等处，发现的数量都颇多，而其中又以汉、唐、宋、元者为特多。估计将来在地下，还能发现更多的明、清钱币，及其他各朝钱币。这表明长期以来，新疆和内地就存在着货币统一的契机和特征。

在文化上，除前面已提到的古代遗存外，再提一下在时代上尚不能完全确定的那些遗存，也不是没有意义的。"在古鄯善城即楼兰遗址挖出了《战国策》……在该地古墓中，发现有十锦彩色花丝织品……并织有'子孙——锦绣'等隶书体的字样。"在吐鲁番一带发现很多汉字墓碑，"其中字迹清楚者有曹太仁、龙屈仁、王才绪、张众汉、范近武等人的墓碑。"当地还"发掘出许多汉文古书，其中有《毛诗·简兮》、《尚书·大禹谟》、《孝经·三才章》、《孝经·明义章》、《佛书·音义》、《文选·序》、《阴阳杂书》、《为开元皇帝祈福文》、《汉文佛经印本》等等"，"还发掘出有汉、维（古维文）合璧的佛经，正面为汉文、背面为古维吾尔文。"（以上据张东月："关于新疆历史的几个问题"，《民族研究》1959年第6期，并参阅黄文弼：《塔里木盆地考古记》、冯承钧译，斯坦因著：《西域考古记举要》）这不只表明了，长期以来，在新疆的土地上所滋长的内地文化的影响和作用，维吾尔族等新疆各族文化与汉族文化相互渗透的关系，而又表明了汉族人民与新疆各族人民在开创祖国历史和文化上的共同斗争所留下的遗迹，汉族人民协助新疆各族人民，在开创新疆地方的历史和文化上所留下的遗迹。

三 新疆各民族都能成为社会主义祖国民族大家庭中的光荣成员是历史发展的结果

由于两千多年的历史发展过程，形成了新疆和祖国的不可分割的关系。所以在鸦片战争后到中华人民共和国建国前的109年间，在日益严重的帝国主义侵略和祖国危机日益加深的情况下，在西方帝国主义千方百计地来分裂祖国的阴谋策动下，在资本主义商品像潮水一样泛入新疆的情况下，新疆地方和全国一样，陷入了半殖民地半封建的状态，新疆各族人民和全国其他各族人民一样，陷入了被奴役的共同命运。新疆各族人民和全国其他各族人民团结一致，共同斗争。凡是违反他们这种愿望的，无不遭到他们的唾弃和反对。新疆的经济，一面较内地具有较多的农奴性及其他落后成分，一面在资本主义经济方面又远较内地落后，但主要是半封建性的。而此，正决定新疆和全国一致的反帝反封建的共同任务和要求。

由于历史的关系和共同命运、共同要求，所以西方帝国主义和其役使的民族败类，并没能把新疆从祖国分裂出去，他们都受到新疆和全国人民一致的反对，并一个个都在我国人民的面前宣告失败和倒了下去。因此，在旧民主主义革命时期，发生在内地的重大革命运动，几无不在新疆的人民中有反映，如公元1911年的辛亥革命，新疆人民很快就以起义来响应。在新民主主义革命时期，新疆人民的斗争，自始就在中国共产党的统一领导下进行的。优秀的共产党员陈潭秋、毛泽民等同志及其他汉、回等族人民的优秀子弟，为着全国的解放，为着领导和组织新疆人民的革命斗争，进行了艰巨的工作和作出了不可磨灭的功绩，他们和新疆各民族出身的革命烈士一起流了最后一滴血，他们的血液将永远凝结在一起。作为人民民主革命一个组成部分的三区革命，它配合人民解放军的入疆，对全国和新疆的解放作出了重要的贡献。这都不是偶然的，而有着历史的内在关联。

作为祖国组成部分的新疆维吾尔自治区，正是历史发展的必然结果。在历史发展的基础上，在党领导的民族民主革命胜利的基础上，新疆各族人民和全国人民一道获得了解放，又随同全国一道过渡到社会主义革命和社会主义建设，并已取得了决定性的胜利和巨大成绩，已根本上改变新疆的面貌。① 如果不是团结在一个统一的祖国大家庭内，不是在中国共产党的领导下共同斗争，这一切，都是不能想象的。

（原载《民族团结》，1962 年第 2 期）

---

① 参考王恩茂：《热烈庆祝建国十周年，迎接更伟大的胜利》、赛福鼎：《新疆维吾尔自治区前进的十年》，均见《十年民族工作成就》上册，1959 年民族出版社版。

关于农民战争问题的讨论

（1）近年关于我国封建时代农民战争问题的讨论，参加的同志和发表的论文已很不少，牵涉问题的面很宽。这是一个很重要的讨论，在理论上关涉到历史唯物主义的核心问题，马克思主义阶级斗争学说的根本问题，关涉到我国封建社会时代（世界史上的这一阶段本质上也无例外）社会发展的基本动力和具体形势问题。讨论中，涉及的范围，大致可归纳为如次几个问题：①中世纪农民战争是否反对封建制度和地主阶级的问题；②农民战争和土地问题；③农民的基本要求问题；④有没有存在过农民政权及其前途问题；⑤有没有农民自己阶级的意识形态问题，包括农民战争与宗教异端问题。而其实，马克思、恩格斯、列宁、斯大林和毛泽东同志，概括了人类全部历史，已把问题提到了理论原则高度，给予了明确的回答和教导。30多年来，我国马克思主义历史工作者，运用或试图运用马克思主义理论武器，通过对中国历史的具体研究，已取得了初步的系统成果。

同志们在讨论中虽表现有重大分歧，但讨论是极为有益的，其中并有不少有价值的论证，提高了史学工作的马克思主义水平。

（2）中国中世纪农民战争是否反对封建主阶级和封建制度呢？有些同志认为它只是反对个别皇朝、个别皇帝、个别官吏和个别地主。这些同志在措词和提法上虽不尽相同，实质上，认为农民战争不反对封建制度和地主阶级，则是一致的。农民和封建主是封建时代主要敌对的两个阶级，贯穿到各个方面的各种形式的两阶级间的斗争，虽有时比较紧张，有时比较缓和，却并没有停止过。农民起义或农民战争，即武装斗争，则为其最高形式。若照这些同志的说法，那还叫做什么阶级斗争呢？我认为不可以那样去了解马克思主义阶级斗争学说。

照这些同志看来，由于农民长期遭受极端残酷的压迫、剥削，反而"变成了适应最低限度生活的能力和容忍顺从的性格"，也就是说，农民与地主的阶级矛盾，由于地主对农民的剥削压迫的残酷性反而消失了。这种看法，和毛泽东同志的教导是没有相同地方的。或者又说，由于地主对农民的剥削比较"缓和"，关心农民的生活条件……不像官府和官吏对农民无限止赋税徭役等等的榨取，使得农民活不下去……所以农民不反对地主阶级。这不只是缺乏阶级分析，而又把地主阶级和其国家、官府、官吏截然分开，都是不符合历史事实的，与马克思主义的阶级斗争学说、国家学说相违悖的。

这些同志又认为农民不反对封建土地占有制度，甚至还希望自己成为地主以至官吏……中世纪农民是包含着较复杂的各个阶层的，封建土地制度在他们头脑中的反映，以及他们思想中所向往和憧憬的也不一样。只有地位不断向两边分化的自耕农，思想上也就有向上爬和向下降的上下摇摆的两方面。封建初期的农奴，后期的佃农半佃农，一般是不可能爬上去的，这是他们现实的、积累的生活经验。因此，他们所向往的乃是平均主义，所以历次农民战争所提出的朴素要求和行动，大都是以平均主义为出发点。因此，这些同志的这一想法，也是违反历史事实的，不符合经典作家教导的。

在我国封建时代的历史中，农民所进行的阶级斗争和要求，毛泽东同志给了高度的马克思主义的概括和阐发，这是大家所熟悉的，无庸一一引述。

我国中世纪历次农民战争的资料，长期被地主阶级有计划的销毁和篡改，已不可能完全复现其本来面貌，但从散见的残留的片纸只字和反面材料，还可以运用阶级分析法理出一条基本线索来。下面就记忆中的印象谈些情况——可能有记忆错误。

以跖（封建统治阶级诬称"盗"跖）为首的农民战争——有的同志不承认是农民战争——据《庄子》等书所反映的一鳞半爪材料表明，它的锋芒是指向封建领主及阶级代言人孔子的。周天子为首的封建领主及其家臣、谋士、说客，企图用封跖为诸侯（大领主）、赠给大领地去收买他，被他坚决拒绝和斥责……，足证他们不想自己跻到封建统治阶级里面去。他们反对徭役。在封建初期领地制下，对农奴行使份地，实行劳役地租剥削的情况下（这是世界史上的封建制阶段一般经历着的初期过程），反徭役正是反对封建领地制；徭役主要包括劳役地租、徭役差供等，正是领主借土地束缚和剥削农民的集中表现。

陈胜、吴广为首农民起义的口号是"亡秦"，反徭役（兵役）和反"秦法"。"亡秦"就是推翻地主阶级统治。"秦法"就是封建制度，"秦法"和徭役是起义的直接而又长远的原因，是两阶级间带有根本性的矛盾所在。留存的史料虽没有他们关于土地的直接要求，但据王莽说："秦为无道，田得买卖；富者田连阡陌，贫者无立锥之居……"王莽是以之作为本阶级的警告和恢复初期封建制的复古主义的理由；却也说明陈、吴起义的主要原因，也反映了前汉末突出了的阶级矛盾的症结所在和农民对土地问题的意向。如果秦和前汉，农民对土地没有自己的需求，作为地主阶级代表的王莽、刘歆等人，是不会无故翻本阶级的臭脚的。

在两汉，王莽的复古主义是以妄图缓和土地问题为中心的。在这以前，以顽固保守著称的董仲舒及师丹等人，为什么一再提出"限民名田"的主张，并公开声称那是为着防止农民起义。后汉刘秀"得天下"后，看到又有农民起义发生，便急忙给予一部分农民以土地，并下诏罪己。这是为什么呢？前汉、后汉农民战争中及其后，出现了许多无主荒田或"公田"，农民任意收取野生其上的粮麻……。北魏的桑田等措施，自是为着地主阶级利益在社会残破基础上的劳动再编制的阶级政策，但也正反映了封建的土地问题是阶级矛盾的症结所在，这不能不反映了汉末农民战争的意向和要求在内——具体表现了农民战争的动力作用。

隋末农民大起义和笼罩全国的农民战争，仅存的资料表明，直接的原因是反对繁重的劳役、兵役和对外战争的苛重负担，等等；他们在战争过程中的行动，不只都反对隋的统治，如瓦冈军还到处开仓散发财粮于穷苦农民，表现了朴素的阶级政策和行动。唐初的"均田"制及其他一系列的改良政策，自是在生产残破和大量无主荒地存在的情况下，为维护和实现其阶级统治和剥削利益而采取的政策，同时也正是胁于农民战争的经验和企图缓和阶级矛盾而采取的政策，也正反映了隋唐间社会阶级矛盾的症结所在、农民对土地及其负担的意向和要求。

残留的史料直接表明，黄巢为首的起义农民在战争过程中的行动：一方面，所至开仓散发财粮于贫苦农民，入长安时，农军竟将随身财物赠予欢迎群众；一方面，所至镇压人民痛恨的官吏、豪恶地主、肆行高利贷等残酷剥削的外来富商等；同时，黄巢坚决拒绝了唐政府的高官厚禄（如节度使等权位）的诱降和收买等等。这表明了他们行动的阶级性质和面貌，也表明自己不愿成为封建统治者。后周和北宋初关于减轻赋役负担的主要内容，以及所谓"均田图"等一系列的改良政策和措施，也都是在维护地主阶级利益的基础上，围绕土地问题为中心而不得不以麻痹农民而采取的举措。

两宋王小波、李顺为首的农民战争，方腊为首的农民战争，钟相、杨么为首的农民战争，对以土地为基础的封建财产制度、人身依附的等级制……都公开提出了自己阶级的朴素要求和政策，如"均贫富"、"是法平等，无有高下"、"等贵贱，均贫富"，等等。钟、杨并明白指出"法分贵贱、贫富，非善法也……"这就是明白否认地主阶级的"法"，即其等级制度和财产制度；要"行""等贵贱，均贫富"的"法"去代替他们。方腊等的"是法平等"的"法"，可认为其有基本相同的内容。《青溪寇轨》所载方腊等散发的檄文，还直接反映了阶级矛盾、民族矛盾的朴素主张。同时，张载为什么提出恢复"井田"的主张？王安石"变法"所反映的有关阶级矛盾的具体内容何在呢？

以李自成等为首的明末农民战争，所提出纲领性的口号，是大家所熟知的；群众欢迎他们的口号，是大家所熟知的。群众欢迎他们的口号，其中有"迎闯王……不纳粮"，"粮"就是地租和赋税。不纳地租和赋税，还不是根本否认地主阶级的土地占有么？这还只是一般农民群众直接提出的要求。农民军在战争过程中，在西安、北京等处的一系列举措，能说不是反对封建制度和地主阶级的么？

发生在鸦片战争后的太平天国革命运动，系统地提出了《天朝田亩制度》及其他一些朴素的纲领、政策；它一面虽在新的历史条件下包含着一些新的因素，一面又是历代农民战争要求的内容和形式的继续与发展。

同志们的文章，还引证了明清之际的下列一些情况。江苏农民几次提出"均田"的要求和为之进行斗争。江西瑞金农民暴动,"倡立田兵,旗帜皆书'八乡均田'……皆蚁聚入城,逼且官印'均田帖',以数万计,收五门锁钥,将尽掳城中人。"① 吉安农民暴动"每村千百人,各有渠魁。……皆僭号'铲平王',谓'铲主仆、贵贱、贫富而平之也。'诸佃各袭主人衣冠,入高门,分据其宅,发仓廪散之,缚其主于柱,以鞭笞焉。"② 而此,乃是历史的普遍情况。如在中世纪俄国,斯大林说: 鲍沙特尼柯夫、拉辛、普加乔夫为首的起义,是"被压迫阶级自发暴动的反映,是农民反对封建压迫的自发起义的反映,""他们反对地主,可是拥护'好皇帝'。"③ 普加乔夫为首的农民军,曾不断向农民宣告: "不要他们缴纳人头税和其他货币税,不要他们赎买和缴纳代役租,便拥有土地、林地、刈草场和盐湖,并能自由捕鱼。"并号召农民"逮捕、处决和绞死"贵族,杀尽"贵族、恶棍"。拉辛或鲍洛特尼柯夫为首的农民军也都有类似举措。④ 又如在德国,1502年农民军提出:"不再向诸侯、贵族、僧侣缴纳任何捐税、什一税、杂税、赋税;废止农奴制度;没收寺院及其他教会产业分给人民,除皇帝一人而外不承认任何其他君主。"⑤ 因此,列宁说道:"……在奴隶社会、农奴社会和资本主义社会里,有过作为压迫阶级政策的继续的战争,也有过作为被压迫阶级政策

---

① 乾隆《瑞金县志》第7卷,《艺文》。杨兆年:《上督府田贼始末》;见傅衣凌《明清农村社会经济》,第111页,三联书店。
② 同治《永新县志》第15卷,《武事》;见傅书第109页。
③ 《斯大林全集》第13卷,人民出版社1956年版,第100页。
④ 《俄国农民战争译文集》,第15页,科学出版社。《苏联大百科全书选译》:《鲍洛特尼柯夫领导的农民战争》、《拉辛领导的农民战争》、《蒲加乔夫领导的农民战争》条,人民出版社版。
⑤ 《马克思恩格斯全集》第7卷,人民出版社1959年版,第425页。

的继续的战争。"① 中世纪和改革后的几十年，俄国农民"要求彻底铲除官办的教会，打倒地主和地主政府，消灭一切旧的土地占有形式和占有制度。扫清地主，建立一种自由平等的小农的社会生活来代替警察式的阶级的国家，这种要求像一条红线贯穿着农民在我国革命的每一个步骤。"②"'地权'和'平分土地'的思想，也无非完全为了推翻地主权力和完全消灭地主土地所有制而斗争的农民力求平等的革命愿望的表现而已。"③ 毛泽东同志说："地主阶级对于农民的残酷的经济剥削和政治压迫，迫使农民多次地举行起义，以反抗地主阶级的统治。"④ 列宁和毛泽东同志的话，不只适应于中国和俄国中世纪的情况，而是对人类社会全部封建时代历史情况的概括。

虽然，中世纪农民对政治的认识和要求是比较模糊的。正如列宁说："农民模糊地意识到他们应当做什么，但是却不善于把自己的愿望和要求同整个政治制度联系起来。"⑤ 这正是中世纪农民的阶级和时代的局限性的表现。

(3) 有些同志认为，中世纪农民所进行的阶级斗争、起义和战争，只是以"封建的纲纪"和"理论"去反对封建统治，只能以"封建的思想理论"作行动的指南；起义农民所建立的政权自始就是"封建性政权"或"自身转化为封建政权"；农民所追求和向往的是"发家致富"、"自己成为地主"以至"大小官吏"……这也就是说，农民所进行的斗争不是反封建，反而是为着封建；是以"封建的思想理论"去反对旧的封建统治，而更新

---

① 《列宁全集》第26卷，人民出版社1959年版，第142页。
② 《列宁全集》第15卷，第180页。
③ 同上书，第18卷，第12页。
④ 《毛泽东选集》第2卷，人民出版社1952年版，第595页。
⑤ 《列宁全集》第8卷，人民出版社1959年版，第374页。

封建。他们还引用马克思下面的话来作证：

> 统治阶级的思想在每一时代都是占统治地位的思想。这就是说，一个阶级是社会上占统治地位的物质力量，同时也是社会上占统治地位的精神力量。支配着物质生产资料的阶级，同时也支配着精神生产的资料，因此，那些没有精神生产资料的人的思想，一般地是受统治阶级支配的。①

在这里，这些同志显然误解了马克思的话。马克思的精神是——就中世纪说——封建主阶级的思想在中世纪占支配地位，对农民阶级起着支配作用，农民阶级的思想则处于被支配地位；绝不是说，农民阶级以封建主阶级的思想为思想，而没有自己阶级的思想理论。具体的历史表明，农民不只有自己阶级的思想理论，而且有着"平均主义"和"平等"的小农社会的政治理想。前面所引列宁的话说得很明白。恩格斯在指出农民为这种理想而斗争时说："只能是蛮干的超出，空想的超出，而在第一次实际试用之后就不得不退到当时条件所容许的有限范围以内来。"②

在我国中世纪史上，革命农民多次提出并为之斗争的"均田"、"平等"的要求和呼声，是这种理想的具体表现；王小波、钟相、方腊等所提的这类口号，是这种理想的纲领化的表现。斯大林所说的农民的"皇权主义"，在中国史上，便是农民想象中的"真命天子"、"火德星君"、"郅治之世"或"尧天舜日"；它的内容，就是所谓"耕田而食，凿井而饮，帝力于我何有哉"的"平等"的"小农社会"。历代封建统治者及其代言人，利用农民这种理想和要求转而来欺骗农民，把他们的皇帝装扮为向往"尧舜"的"圣君"，宣称他们的"圣君贤相"所向往的都是"尧舜

---

① 《马克思恩格斯全集》第3卷，人民出版社1960年版，第52页。
② 《马克思恩格斯全集》第7卷，人民出版社1959年版，第405页。

之世",还说什么"人皆可以为尧舜",等等。这无非想愚弄农民,叫他们相信地主阶级的皇帝和安于他们的统治。

革命农民的这种理想,也常以宗教教义的形式,表现在教旨中,以至在原来的《太平经》一类文书中。现存的经过篡改的《太平清领书》已只残留一点半滴的积极的东西,必须给予辨伪,不可无条件相信。

我国中世纪农民为追求其所憧憬的理想社会,正如恩格斯和列宁所说,曾拼命为之斗争。其中最显著的如张鲁等在汉中所建立的农民政权,钟相、杨么在鼎、澧一带即洞庭湖沿湖地区建立的政权,都奋力试行过。有的同志认为张鲁等的汉中政权,是"精心策划"的"封建割据",其政策和举措都是封建统治云云。这种论断是不符合具体史实的。

但是农民的这种理想,是没有也不可能真正实现的,是没有前途的。正如列宁所指出:"……追求新的社会生活方式的农民,是用很不自觉的、宗法式的、宗教狂的态度来看待下列问题的:这种社会生活应当是什么样子,要用什么样的斗争才能给自己争得自由,在这斗争中他们会有什么样的领导者,资产阶级和资产阶级知识分子对于农民革命的利益采取什么样的态度,为什么要消灭地主土地占有制就必须用暴力推翻沙皇政权? 农民过去的全部生活教会他们憎恨老爷和官吏,但是没有教会而且也不能教会他们到什么地方去寻找所有这些问题的答案。"①

为什么农民的理想总是得不到结果呢? 由于人类社会的发展过程中,没有这样一种"自由""平等"的平均主义的小农社会生产方式的前途。农民不可能理解历史发展的客观规律,所以有一种"空想"式的理想,却不能看到自己的前途。只有在无产阶

---

① 《列宁全集》第15卷,人民出版社1959年版,第181页。

级登上历史舞台,农民在无产阶级领导下进行革命,才能得到彻底解放。

以小土地所有为基础的"自由""平等"的小农社会的前途,马克思说过下面一段话:

> 自耕农民的自由的小土地所有制形态,当作支配的通常的形态,一方面在古典的古代的最盛时期,形成社会的经济基础,另一方面,在近代各国,我们又发现它是由封建土地所有制解体所引起的各种形态中的一种。①

马克思极明确地教导我们,"在古典的古代的最盛时期""当作支配的通常形态","形成社会的经济基础"的"自耕农民的自由小土地所有制形态"是奴隶制时代生产方式的一种形态。这是由前代的平均分配土地于氏族成员的氏族土地所有制转化而来的一种形态;这种自耕农民乃是自由民。这在"亚细亚的"或东方的形态下,便在"土地国有"的情况下,"自耕农民的自由的小土地所有制形态""当作支配的通常的形态"。另外就只有在"由封建的土地所有制解体所引起的各种形态中的一种"。此外,便没有也不可能有"自耕农民的自由的小土地所有制形态,当作支配的通常的形态"的社会历史阶段。

(4)起义农民在战争过程中,为镇压地主阶级和反革命,为行使革命人民的权力以至试行自己的理想,多次出现过农民群众的专政的短暂政权。列宁概括这种历史情况说道:

> 历次革命的一般进程表明了这一点,在这些革命中,往往有过短时间的,暂时得到农村支持的劳动者专政,但是,却没有过劳动者的巩固政权,经过一个短时期,一切却又倒退了。所以倒退,是因为农民劳动者,小业主不能有自己的

---

① 《资本论》第3卷,人民出版社1953年版,第1053页。

政策，他们经过多次动摇之后，终于要倒退回去……①列宁不只指出了这种短暂的"劳动者专政"的"政权"在历史上存在过，而且指出了它只能是短暂的、没有前途的。

在中国中世纪史上，以跖为首的农民军是否建立过劳动农民专政的政权，已没有材料来说明。陈胜、吴广为首的农民军是建立过这种政权的：他们有了革命武装的军队——国家机器的重要构成部分；建立了以张楚王为首的官职和机构；在革命支配的地方行使了权力，等等。其后各代农民军如赤眉、绿林、黄巾、瓦岗等，都建立过这种政权。其中，刘黑闼为首的农民军建立的政权，并以河北永年为首都，黄巢为首的农民军建立过"大齐"政权，李自成为首的农民军建立"大顺"政权。韩林儿、刘福通为首建立的政权曾以安丰为首府；毛贵为首的东征军在山东建立的地方性政权还是稍具规模的。郭子兴、徐寿辉、明玉珍等也都建立过具有一定规模的短暂的政权。张鲁为首的汉中政权，钟相、杨幺为首的洞庭政权，更是具有一定规模和表现了农民的政治理想和阶级面貌；尤其是太平天国。尽管由于史料残存不多，已不可能复现其活动情况和面貌；但散见的史料，仍能反映它们是与封建地主阶级政权相敌对的，而不是所谓"封建政权"或"军阀割据"。尽管由于阶级和时代的局限性，它们在组织形式以及"设官""颁爵"等方面，模仿了地主阶级的一些东西；而在本质上是与之截然不同的。对此，具体的历史给了具体回答。

这种劳动者专政的短暂政权，是否"自身转化为封建政权"呢？中世纪农民战争是否有所谓"成功"与"失败"的区别呢？对此，毛泽东同志总结了全部中世纪历史，他说农民革命的结局，"总是陷于失败，总是在革命中和革命后被地主和贵族利用

---

① 《列宁全集》第32卷，人民出版社1959年版，第288页。

了去，当作他们改朝换代的工具。"①

没有自己代表的社会生产方式、没有自己的方向、前途的中世纪农民战争，何来所谓"成功"的根据呢？所以说"他们总是陷于失败"，农民政权总是不能长期存在下去。有些同志把刘邦建立的前汉朝、刘秀建立的后汉朝、朱元璋建立的明朝，说成为所谓农民战争"成功"的史例。这是违反历史实际的，也是违背阶级观点的。农民政权在其存在的过程中，不是直接归于"失败"，就是为混在自己队伍中的地主、贵族（他们或半途投靠前来）所篡夺，使它逐渐离开原来的阶级轨道而转入地主阶级的轨道，使农民战争、农民政权以蜕化变质的形式而失败。

除去大多为地主阶级的反动武装所消灭的短暂农民政权外，平林、新市和绿林，是由混入农民战争队伍的刘秀篡夺，王常、马武等人的叛变出卖而失败的。汉中政权，由于在曹魏强大武装胁迫下，张鲁又被收买而失败。刘邦在汉朝，是在贵族张良、孔鲋等的导演、地主王陵等的配合而走上地主阶级轨道的。朱元璋的明朝，是在官僚、地主李善长、刘基、胡惟庸、宋濂、章溢等人以"高祖十八年定天下"的方案等等导演下，而逐渐变质为地主阶级政权的。如此等等，是中世纪农民战争、农民政权失败的又一种形式。他如贵族地主李密，在随杨玄感举行军事政变失败后投靠瓦岗军，进行步步深入地篡夺。不过，他没能建立起一个地主朝代，就被李渊父子所分化、并吞了。

（5）不只和地主阶级的"纪纲""思想理论"相对立，农民阶级在战争中有自己的"纪纲""思想理论"和朴素的政治理想，而且与地主阶级的意识形态相对立，农民有自己阶级的哲学思想、宗教、道德、文艺等等。这不只由农民自身直接表现和创作

---

① 《毛泽东选集》第 2 卷，人民出版社 1952 年版，第 595 页。

出来，而且每每由地主阶级中的较进步的知识分子多少反映出来。列宁说："剥削的存在，永远会在被剥削者本身和个别'知识分子'代表中间产生一些与这一制度相反的理想。"①

既然农民阶级是中世历史的主要创造者，封建社会各个时期农民的革命精神是其时代精神的体现，反映了历史前进的方向，就必然产生反映这种时代精神的文艺创作。既然不能否认这种时代精神，则作为其结晶的哲学思想就必然会在一定时期、一定条件下产生出来。即然中世纪农民"是用……宗教狂的态度来看待社会问题""……许多次阶级斗争在当时是在宗教的标志下进行的"，"各阶级的利益、需要和需求都还隐蔽在宗教外衣之下"②，那么，又怎能否认中世纪有其与地主阶级宗教敌对的宗教，并作为阶级斗争的工具呢？作为宗教，按其本质说来是鸦片，而此对于中世纪农民却是在阶级和历史局限下的产物，在其为革命服务，在抵制地主阶级宗教方面是起了积极作用的。年来有些同志，鉴于宗教的反动性，是鸦片，便不愿承认中世纪农民有其与地主宗教敌对的宗教，不敢正视它。仇恨宗教的情绪是可贵的，非历史主义的态度却是要不得的。从而把"太平道""五斗米道"混同于地主阶级的道教，或片面地论证元末农民的弥勒教异端。有的同志，对中世纪初期较优秀的朴素唯物主义者墨翟及墨派，由于他们有一种宗教观点及宗教式的组织活动，便把他们说成为"宗教唯心主义"、并贬低其阶级性，谓为奴隶主的代言人。而其实，他们在哲学上是与儒、道各派对立，进行了不调和的斗争；在社会活动上又以宗教的面目出现，正是中世纪农民进行阶级斗争的形式的辩证反映。

---

① 《列宁全集》第1卷，人民出版社1955年版，第393—394页。
② 《马克思恩格斯全集》第7卷，人民出版社1959年版，第400页。

有的同志，把我国中世纪的进步哲学家，——都估定为中小地主或地主阶级反对派的代言人；却没有代表或反映农民的哲学思想；从而，如王充、以至王艮为首的泰州学派等人，便都成了地主阶级的哲学家。难道他们的思想内容，基本上都是符合地主阶级的利益和要求，而不符合农民的利益和要求？如果依照这些同志，我国中世纪史上哲学思想的两条道路斗争，便只是地主阶级内部的斗争了。能这样去理解哲学史的党派性么？自然，中世纪所有唯物主义者，由于历史和阶级尤其是他们出身的阶级的局限性，未能也不可能完全打破"三纲五常"等藩篱和儒、道思想的传统束缚。这是不足为怪的。

有的同志，甚至把出现在明清之际的中世纪最伟大的唯物主义者王船山划归地主阶级阵营，即所谓地主阶级反对派……走进了衰亡时期的地主阶级，能有这样的哲学思想么？

文艺方面，在我国中世纪史的数千年过程中，尤其在多次大规模农民战争中，以歌谣、故事、神话……等形式表现的，农民自己的这种种创作成果是很巨大的，尽管形式常比较朴素，却是丰富多彩的、生动活泼的、思想是健康的、积极的、战斗的。这种创作，存留下来的还很不少，残留在农民现实生活中的也不少。地主阶级的文艺还常从主要是农民的人民文艺中吸取营养。

中世纪地主阶级和地主阶级出身的某些文人，若干创作在一定程度上反映了农民的思想感情和生活要求，其中像杜甫、白居易、皮日休、罗贯中等的有些作品，我认为还在一定程度上表现了农民的立场。不少同志根据他们思想中的"三纲五常"等东西，便完全否认其主要方面。这样，农民的革命精神所代表的时代精神，就只能反映在农民自己的创作中了；而这样，中世纪历史上所有进步的诗人、文学家、艺术家，便都无例外地成了地主阶级阵营的人物，这难道符合马克思主义历史主义原则精神吗？

在道德问题上,也有些类此的论点。例如士兵出身的韩世忠、佃农出身的岳飞,他们虽都是为地主阶级服务的将军,但若说他们的爱国主义思想,完全是反映地主阶级的东西,而不是反映农民阶级的精神,是不合事实的,也是非阶级观点的。如果是那样,为什么当时在地主阶级出身的人物中没产生多少个韩、岳呢?当然,这不是说,在一定历史条件下,地主阶级中,尤其是中小地主中没有爱国主义思想和具有爱国思想的人物,刘琨、祖逖、李纲、赵鼎、宗泽等也都是民族英雄;但比起中世纪农民来,他们不能不远为逊色。

我对农民战争问题的研究,是远远不够的,上面所说,也还不是成熟的,还有待于今后追随生气勃勃的、勇往迈进的广大史学工作者继续努力。

(1964年11月2日)

关于历史主义和阶级观点问题的争论

（1）近年来关于历史主义与阶级观念问题，历史学界进行了有益的讨论，不少青年史学工作者参加了讨论，发表的文章，有不少写得很好；讨论中，展开了有益的争论和论证，逐步把问题引向深入，使大家得到提高。一般地说，大家在理论原则上，对经典著作，似都给予了较大的注意和探索，这是很好的。虽然，不能说，每个人对经典著作的精神实质，都掌握得很好了，而是在某些方面也还存在问题的。另方面，结合具体历史，即通过历史自身的具体过程具体面貌，进行步步深入的讨论、分析，似还比较地不够，甚至有不够重视的情况。这就不能不影响问题的更加深入展开，也不能不影响所作论证的说服力。

目前讨论的问题，大多围绕着历史主义和阶级观点的涵义及相互关系、历史主义或阶级观点在历史唯物主义体系中的地位，等等。迄今为止，一般都肯定历史主义或阶级观点都是属于历史唯物主义体系内的问题，而不是外于它；问题只是其在历史唯物主义体系中各自的地位问题。肯定不是在历史唯物主义以外另有所谓阶级观点或历史主义，这是很重要的。马克思主义历史科学，只是历史唯物主义，正如列宁所说：历史唯物主义是马克思主义社会科学的代名词。这是没有争论余地的。

（2）阶级斗争学说，阶级分析法或阶级观点，是历史唯物主义的核心，是马克思主义历史科学的基本线索。阶级社会各个历史阶段，主要敌对阶级间的矛盾是社会基本矛盾或主要矛盾，是社会前进的内在基本动力，主要敌对阶级矛盾的对立统一及其转化——在斗争的绝对性和同一的相对性的基础上——构成那一社会阶段的历史发展及飞跃到较高级的社会的基本动力。奴隶制时代的奴隶与奴隶主、封建制时代的农民与封建主、资本主义时代的无产阶级与资产阶级的阶级斗争，都是如此。这确证了阶级社会历史的全部过程及其各个阶段，都没有、也不可能有例外。

阶级社会的一切社会问题、社会现象，无不围绕着构成其时社会主要阶级间的关系和斗争，而渗透阶级的性质。产生其时那些阶级的生产和交换关系，生产力与生产关系之间矛盾的对立统一的生产方式，社会构成，无不如此；建筑于其上的社会意识形态的东西，也莫不如此；而一切政治方面的东西，则是其直接表现。从而表现为基础与上层建筑之间构成着矛盾的对立统一的关系。经典作家说过：

> 一个社会中一部分人的意向同另一部分人的意向相抵触，社会生活充满着矛盾，历史上各民族之间、各社会之间以及各民族、各社会内部经常进行斗争，革命时期和反动时期、和平时期和战争时期、停滞时期和迅速发展时期或衰落时期不断更换，这些都是人所共知的事实。马克思主义给我们指出了一条基本线索，使我们能在这种看来迷离混沌的状态中找出规律性来。这条线索就是阶级斗争的理论。①

阶级斗争理论所以是社会科学取得的巨大成就，正是因

---

① 《列宁全集》第21卷，人民出版社1959年版，第39页。

为它十分确切而肯定地规定了把个人因素归结为社会根源的方法。①

不仅指出过程的必然性,并且阐明正是什么样的社会经济形态提供这一过程的内容,正是什么样的阶级决定这种必然性。②

每一历史时代主要的经济生产方式与交换方式以及必然由此产生的社会结构,是该时代政治的和精神的历史所赖以确立的基础,并且只有从这一基础出发,这一历史才能得到说明。③

马克思也说过:"这种相互斗争的社会阶级,在每一特定时期都是生产和交换关系的产物。一句话,都是自己时代经济关系的产物。"因此,不论阶级社会的任何历史阶段的任何社会问题、社会现象,离开阶级分析法,都是无从理解、无法揭露其内部联系的。

阶级社会各个历史阶段及其各个侧面,从其矛盾斗争的过程,量变质变的过程,否定之否定的过程,等等,无不是围绕着主要敌对阶级间矛盾的对立统一及其转化,并反映着阶级间的关系、性质和其变化。在人类社会的全部历史过程中,在阶级社会过程中,无论从构成社会生产力的生产者阶级自身的发展变化,生产手段的发展变化,构成生产关系的社会诸阶级及各种因素的发展变化,生产力和生产关系的矛盾过程中的发展变化,以及上层建筑的发展变化,等等,也无不反映其时社会阶级矛盾发展过程的关系性质及其变化。

---

① 《列宁全集》第 1 卷,人民出版社 1959 年版,第 388 页。
② 《列宁全集》第 1 卷,人民出版社 1959 年版,第 379 页。
③ 恩格斯:《〈共产党宣言〉1888 年英文版序言》。

因此，在阶级社会的各个历史时代，不论任一时代的任何过程、侧面，任何社会现象、问题的发展、运动的过程、变化，离开阶级分析法，都是不可能理解的，不可能揭露其发展规律的。

所以说，阶级分析法，是我们研究历史的基本线索。列宁说：

> 就必须牢牢把握住社会阶级划分的事实，阶级统治形式改变的事实，把它作为基本的指导线索，并用这个观点去分析一切社会问题。①

这说明了阶级分析法的重要；但是，它决不等同于历史唯物主义，而只是历史唯物主义的核心，它不能包括历史唯物主义的全部内容。

运用历史唯物主义研究原始公社制时代的历史，或以之研究由资本主义社会到共产主义社会的过渡期终了以后的共产主义社会的历史，是不能也不须以阶级分析法为基本线索的；但依然离不开历史唯物主义。

在阶级社会时代，构成生产力决定因素的人，奴隶制时代的生产主要担当者的奴隶、封建制时代的农民、资本主义时代的工人，虽都是具有自然属性的，但主要的，他们都是属于一定社会的一定阶级的人。构成生产力的生产手段（劳动手段和劳动对象），在其社会性上，都不能不为一定阶级所占有，但怎样占有的（如土地制度，等等），并以之怎样去役使和剥削其他阶级或如何使用它去进行生产；另方面，在它的自然属性上，如土地、钢、铁、原料，等等的自然属性，是没有阶级性的，这虽属是次要，却不能不在历史唯物主义的考察之内。

作为人类历史重要因素之一的民族语言，是没有阶级性的。

---

① 《列宁全集》第29卷，人民出版社1959年版，第434页。

除去属于专门性的语言学范畴以外却不能以之看作历史科学以外的东西。

自然科学（包括自然科学技术），从其哲学基础和为谁服务来说，都是有一定的阶级性的，而自然科学本身是没有阶级性的。它却是历史唯物主义必须考虑的问题或社会的一个侧面。

自然地理环境和气象条件，虽然都不能决定社会历史的发展，但在起决定作用的社会内在基本矛盾的基础上，却能而且不可避免地给予一定的影响、作用，加速或延迟社会历史的发展过程，给个别国家、民族的历史以一定的具体面貌。

（3）历史主义是历史唯物主义的同义语，还是前者只是后者的重要内容之一呢？由于列宁的下面一段话，有的同志便认为两者是同义语。列宁是这样说的：

……自然他们（马克思和恩格斯——引者）所特别注意的是使唯物主义哲学臻于完善，也就是说，他们所特别注意的不是唯物主义认识论，而是唯物主义历史观。因此，马克思和恩格斯在他们的著作中特别强调的是辩证唯物主义，而不是辩证唯物主义，特别坚持的是历史唯物主义，而不是历史唯物主义。①

列宁在这里所说的"唯物主义历史观"也就是"历史唯物主义"，这大概是没有争论的。问题在于，列宁的话是否意味着"唯物主义历史观"即等同于"历史主义"？我看，这是需要具体研究的。如果两者等同的话，则"历史主义"便成了多余的范畴。经典作家们在提到"唯物主义历史观"时，常常是既包括"历史主义"又包括"阶级观点"的涵义。例如他们说：

在没有另一种想科学地说明某种社会形态……的活动和

---

① 《列宁全集》第 14 卷，人民出版社 1959 年版，第 348 页。

发展的尝试以前,没有另一种想象唯物主义一样把"有关事实"排列得秩序井然、把某种社会形态生动地描绘出来并给以极科学的解释的尝试以前,唯物主义历史观始终是社会科学的别名。①

根据唯物史观,历史过程中的决定性因素归根到底是现实生活的生产和再生产。无论马克思或我都从来没有肯定过比这更多的东西。如果有人在这里加以歪曲,说经济因素是惟一决定性的因素,那么他就是把这个命题变成毫无内容的、抽象的、荒诞无稽的空话。②

我所作出的新东西就在于证明下列几点:(一)阶级的存在仅仅是跟生产发展的一定历史阶段相联系的;(二)阶级斗争必然引导到无产阶级专政;(三)这个专政本身不过是进到消灭任何阶级和进到无阶级社会的过渡。③

这都是说明"唯物主义历史观"、"唯物史观"、"历史唯物主义"是同义语,也都是包括阶级观点和历史主义,总之是就历史唯物主义的内容而说的。关于马克思主义的历史主义,毛泽东同志的下面几段话是具有普遍意义的。他说:

今天的中国是历史的中国的一个发展;我们是马克思主义的历史主义者,我们不应当割断历史。从孔夫子到孙中山,我们应当给以总结,继承这一份珍贵的遗产。这对于指导当前的伟大的运动,是有重要的帮助的。④

中国现时的新政治新经济是从古代的旧政治旧经济发展

---

① 《列宁全集》第1卷,人民出版社1959年版,第122页。
② 恩格斯:《马克思恩格斯书信选集》,人民出版社1959年版,第466页。
③ 马克思:《马克思恩格斯文选》两卷集,第2卷,第452页,莫斯科外文出版局中文版。
④ 《毛泽东选集》第2卷,人民出版社1952年版,第496页。

而来的，中国现时的新文化也是从古代的旧文化发展而来，因此，我们必须尊重自己的历史，决不能割断历史。①

不要割断历史，不单是懂得希腊就行了，还要懂得中国；不但要懂得外国革命史，还要懂得中国革命史；不但要懂得中国的今天，还要懂得中国的昨天和前天。②

必须将古代封建统治阶级的一切腐朽的东西和古代优秀的人民文化即多少带有民主性和革命性的东西区别开来。

剔除其封建性的糟粕，吸收其民主性的精华。③

在绝对真理的长河中，人们对于各个发展阶段上的具体进程的认识只具有相对的真理性。无数相对真理之总和就是绝对的真理。

马克思列宁主义并没有结束真理，而是在实践中不断地开辟认识真理的道路。④

这虽然都不是在专论马克思主义的历史主义，但在精神实质上，概括阐扬、发展了马克思、恩格斯、列宁、斯大林关于历史主义的论旨。我体会，毛泽东同志在这里，指明了马克思主义历史主义所注视的，是在历史唯物主义基础上，意味着：（一）把历史看作由低级阶段到高级阶段的不断发展的长河；（二）紧紧掌握历史各个时代所独有的历史特点，亦即其特殊性，及历史人物、事件、事变、一切社会问题（或矛盾）、社会现象（包括各种制度）等等的时代特性；（三）正确地、深入地、具体地通过斗争掌握和解决历史的继承性问题。下面分三个方面来论证：

（A）人类社会历史是合规律性地由低级阶段到高级阶段的

---

① 《毛泽东选集》第 2 卷，人民出版社 1952 年版，第 679 页。
② 《改造我们的学习》。
③ 《新民主主义论》。
④ 《实践论》。

不断发展的长河，这是经典作家们反复论证过的。马克思、恩格斯、列宁在批判黑格尔唯心主义的基础上称许他的，也正是他理解到历史是一个发展过程。恩格斯说：

> 凡在历史上彼此更替的一切社会秩序，都不过是人类社会由低级到高级的无穷发展过程中的一些暂时阶段而已。每个阶段都是必然的，因此，每个阶段对于它所借以发生的时代和条件说来，都有自己存在的理由。但是它在新的条件，即在它自身内部逐渐发展起来的更高的条件面前就变成不巩固的东西，并失去自己存在的理由了。它不得不让位于更高的阶段，而这个更高的阶段也同样要走向衰落和灭亡的。①

不只在马克思、恩格斯生存时代以前的人类社会的全部历史：原始公社制社会、奴隶制社会、封建制社会、资本主义社会，都是这样合规律性地发展而来，任何民族、国家的历史都不能也没有例外——尽管有着不同程度的特殊和发展进程的差异。比如没有自己创立过奴隶制社会的日耳曼人，是在罗马奴隶制的废墟上发展起来的。在马克思、恩格斯逝世以后直到今天的时代，不只出现了不少国家、民族的资本主义性的革命，而且胜利地进行了无产阶级领导的民族民主革命，无产阶级的社会主义革命。目前这种革命的进程已加速地在全世界进行着、开展着，尤其在亚洲、非洲、拉丁美洲各国家各民族。这又确证了经典作家的论证，确证了任何社会秩序都不是永恒的，都是历史长河中由低级阶段到高级阶段的一个暂时阶段，较低级的阶段必为较高级的阶段所代替，资本主义不可避免地必然在全世界灭亡，代替资本主义的共产主义必然在全世界胜利；确证了人类社会由低级阶段到高级阶段的过渡，不可避免地要经过社会革命。因此，凡认为不须经过

---

① 《费尔巴哈与德国古典哲学的终结》，人民出版社1956年版，第6页。

革命的社会过渡论,是违反马克思主义的历史主义的。凡是毋视社会发展阶段论的观点,都是违反马克思主义的历史主义的。

人类社会各个历史时代中的一切历史事件、人物、现象、问题,等等,在围绕社会基本矛盾的基础上,也都有其内在的矛盾和其发生、发展、消亡的过程,也都有其和新兴事物交替的变革过程或过渡。列宁说:"要正确地认识它,要有把握地切实地解决它,就必须从历史上把它的全部发展过程加以考察。"①

(B) 在历史进程中各个历史阶段的一切东西,除去前代的残余或在萌芽与初生状态中的下阶段的东西外,都不能不具有其时代的特征和特性,除去作为残余形态的东西而留存到后代的外,都不能不在其特定的时代走完其历史过程。经典作家们说:

在分析任何一个社会问题时,马克思主义理论的绝对要求,就是要把问题提到一定的历史范围之内。②

为了解决社会科学问题……最可靠、最必需、最重要的就是不要忘记基本的历史联系,考察每个问题都要看某种现象在历史上怎样产生,在发展中经过了哪些主要阶段,并根据它的这种发展去考察这一事物现在是怎样的。③

人民这个概念在不同的国家和各个国家的不同历史时期,有着不同的内容。④

马克思主义要求我们一定要用历史的态度来考察斗争形式问题。脱离历史的具体环境来提这个问题,就等于不懂得辩证唯物主义的起码要求。⑤

---

① 《列宁全集》第29卷,人民出版社1959年版,第431页。
② 《列宁全集》第2卷,人民出版社1959年版,第512页。
③ 《列宁全集》第4卷,人民出版社1959年版,第43页。
④ 毛泽东:《关于正确处理人民内部矛盾的问题》。
⑤ 《列宁全集》第11卷,人民出版社1959年版,第179页。

> 常常有人提出这样的问题：社会上不同的阶级在什么限度内是有用的或甚至是必要的呢？回答自然是按照各个不同的历史时代而有所分别的。①

这对于什么是马克思主义历史主义，怎样用马克思主义历史主义的态度去考察各个历史时代的历史现象，是说得很明白了，无须再作解释。这和前引毛泽东同志的话，精神是完全一致的。

一定时代的东西都具有一定时代的特征特性，不应有任何怀疑或忽视。例如：奴隶制时代的生产奴隶只是能言语的工具，一般没有自己的生产资料和独立经济；封建制时代的农民却有了自己的生产资料和独立经济，但对封建主有人身依附关系，他们是所谓"半人格"的人。又如，奴隶制时代早期的土地制度，一般都是原来的氏族公有制转变而来的"国有"，经由各个村社平均分配于每户自由民，形成小农生产占优势的普遍形式；只是有些户役使数目不等的奴隶，有些则没有奴隶，便在这个缺口上，在小农的普遍形式的尖端，出现各级奴隶主的生产，等等。在东方或亚细亚的形态下，这一直是全部奴隶制时代的基本情况；在希腊、罗马，早期的小农生产占优势的形式，后来便演化为大奴隶主、贵族的大土地所有和大农场形式的生产。在封建制初期，土地在名义上经过国王及大中领主，依次封赠给各级领主，领主给予农民以份地，把农奴束缚于土地上，同时强迫农奴在领主的土地上劳动（即劳役地租形式），组成领主的大农场形式的生产。恩格斯说：

> 大的农业总是造成了和小的农业所造成的十分不同的分配方式，大的农业以阶级对立为前提或者造成着这种阶级对

---

① 恩格斯：《〈劳动旗帜〉论文集》，人民出版社1958年版，第34页。

立——奴隶主和奴隶的对立,地主和劳役制农民的对立,资本家和雇佣工人的对立;而在小的农业中,则从事于农业生产的个人之间的阶级区别,并不是必然的……。①

这种不同历史时代的某些现象的不同特性,尤其在相似的形式下,如奴隶主大农业与封建领主的大农业的不同特性,是不容混淆的,否则就要混淆历史的时代性,也是违反马克思主义历史主义的。

一定历史时代的上层建筑的东西,如社会思想,都不能不属于一定社会阶级而有其阶级特性的基础上,又都不能不具有和表现时代的特征面貌及其局限性,其所包含的进步、革命或保守、反动,等等,不能从后代的水平或标准去要求,只应从其时代历史的环境、条件和要求进行马克思主义历史科学的考察。虽然,任何历史时代的任何阶级的东西,都不能不以前代的思想作为素材,并有着思想本身的相对独立性的作用。列宁说:

> 判断历史的功绩,不是根据历史活动家没有提供现代所要求的东西,而是根据他们比他们的前辈所提供了新的东西。②

> 不详细考察某个运动在它的某一发展阶段的具体环境,要想对一定的斗争手段问题作肯定的或否定的回答,就等于完全抛弃了马克思主义的立足点。③

经典作家对黑格尔、西思蒙第、孙中山等人的评价,也作了示范。

又如封建制时代农民阶级政治上的要求,只能是平均主义和

---

① 《反杜林论》,人民出版社 1956 年版,第 151 页。
② 《列宁全集》第 2 卷,人民出版社 1959 年版,第 150 页。
③ 《列宁全集》第 11 卷,人民出版社 1959 年版,第 19 页。

朴素的"平等"观念；奴隶制时代的奴隶阶级则连这种理想也没有，而只可能有对原始公社制时代情况的一些憧憬，等等。

近40年来的历史研究工作中，也出现了一些混淆奴隶制和农奴制的特征及历史环境的论点……是违反马克思主义历史主义的。在思想史研究中，也出现了一些忽视或混淆不同历史时代不同思想家思想的阶级特性及其所处的具体环境，也是违反马克思主义历史主义的。毋视或混淆一定历史时代的东西的时代性，如牵强附会地把现代的东西加到古代或古人身上，等等，是违反马克思主义历史主义的。还有一种论点，借口历史主义而否认阶级观点，如对孔子等人思想的评价，等等，更不只是违反马克思主义历史主义，违反了历史唯物主义的基本精神。

(C) 对阶级社会的历史，在阶级分析法的基础上，重视历史的继承性，或者说，对历史，对一切历史事物的矛盾过程，重视其本身所固有合规律的继承性，不能割断历史，或虚无主义地对待历史和一切历史事象。马克思说过：

> 资产阶级社会是历史上最发达的和最复杂的生产组织。因此，那些表现它的各种关系的范畴以及对于它的结构的理解，同时也能使我们透视一切已经复灭的社会形式的结构和生产关系……人体解剖对于猴体解剖是一把钥匙。低等动物身上表露的高等动物的征兆，反而只有在高等动物本身已被认识之后才能理解。因此，资产阶级经济为古代经济等等提供了钥匙。[①]

> 资产阶级经济只有在资产阶级社会的自我批判已经开始时，才能理解封建社会、古代社会和东方社会。[②]

---

① 《马克思恩格斯全集》第12卷，人民出版社1959年版，第755—756页。
② 同上书，第756—757。

由此可以理解，在历史研究中，不容凭主观出发，割断社会历史、阶级、历史事物自身的过程，每个历史时代，每个历史时代的各个时期的一切东西，都不是凭空产生的，而是有其自身的辩证的因果关系，有其历史的继承性。例如，封建初期的农奴制和后期的雇役佃耕制，封建地租形态的劳役地租、实物地租和封建制垂没时期出现的货币地租，都是在其历史过程上有着必然的内部联系——只有在一定的特殊条件下才在某些国家出现了一些变态。资本主义时代的产业资本时期和其最后阶段的帝国主义时期，也是如此。在一般情况下，不能一开始就是帝国主义。同样，在封建制的一般情况下，也不能超越领主制，一开始就是封建性的土地买卖关系的地主制；不能超越农奴制的劳役地租，一开始就是实物地租，等等。

在思想形态上，作为思想素材的范畴、概念、资料等等，在不同历史时代、不同阶级的东西，虽常有着形式上的共同或相似，其本质则由于不同时代、不同阶级而各异的。在同一历史时代的同一阶级的东西，虽然其阶级本质、其某些范畴所包含的内容，基本上是相同的；但在不同时期，如同范畴、形式等东西，却不能不有一定的变化，乃至部分质变。例如中国封建制时代的三纲五常等范畴，虽其基本性质始终一致，但其在不同时代，不同时期，不同儒家的思想体系中，是有差异的。宗教也是如此，例如犹太人原始的基督教，自是和其后来有本质的不同；而其作为罗马奴隶主的宗教，和作为欧洲中世纪封建主的宗教，马丁·路德宗教改革以后作为资产阶级的宗教，都是形式相同、术语相同，却也是本质各异的。我国中世纪地主阶级的道教，和农民的"妖道"或所谓"异端"，也有某些形式术语等的相同，却是相互敌对的，本质各异的。因此，我们既不容毋视历史的继承性，也不容混淆其不同本质。

在思想的继承性上，前行历史时代的不同阶级，或同一历史阶段内前行时期的一定阶级的思想，常常是后一历史时代或后一时期的一定阶级的思想所由以出发的前提。马克思既肯定任何阶级的思想都有其发生、发展、消亡的历史过程，同时又指出"都具有由它那些先驱者传授给它，而它便由以出发的思想资料作为前提。"① 他并指出："在历史上起过作用的各种思想领域有独立的历史发展"。② 自然，那都是属于一定阶级的，而它的基本推动力，在阶级社会时代更是阶级斗争。马克思、恩格斯总结其时世界无产阶级阶级斗争的经验，以及全部革命史上的经验，创造马克思主义，它与先行的人类优秀思想成果及凡积极性的东西的关系，列宁是这样说的：

> 既然在同中世纪封建势力和僧侣势力的斗争中，马克思一方面能够承受并进一步发展"18世纪的精神"，另一方面又能承受并进一步发展19世纪初期那些哲学家和历史学家的经济主义和历史主义（以及辩证法），这只是证明马克思主义的深刻性和它的力量，这只是证明把马克思主义看作是科学上最新成就的见解是完全正确的。至于在反动分子（历史学家和哲学家）的学说中包含着有关于政治事件更替的规律性和阶级斗争的深刻思想，这一点马克思总是明确地毫不含糊地指出的。
>
> ……所以说，在这方面获得许多巨大成就的马克思主义是欧洲整个历史科学、经济科学和哲学科学的最高发展。这是合乎逻辑的结论。③

---

① 《马克思恩格斯文选》两卷集，莫斯科外文出版局中文版，第496页。
② 同上书，第499页。
③ 《列宁全集》第20卷，人民出版社1959年版，第197—198页。

这对如何运用马克思主义历史主义看待思想继承性问题,对思想史研究工作具有极深刻的高度的原则指导意义的。

在批判地继承文化遗产的问题上,从马克思主义历史主义出发,既反对国粹主义,也反对虚无主义。我们应时时记取毛泽东同志的教导:"继承这一份珍贵的遗产。这对于指导当前的伟大的运动,是有重要的帮助的。"这指明,珍贵的文化遗产的继承,是为无产阶级政治服务这个根本原则出发的。怎样继承呢?毛泽东同志在《新民主主义论》中,就获得了较高发展的中国封建时代的文化的教导,已如前面所引证。它指明,对文化遗产必须进行阶级分析,在"区别封建统治阶级的一切腐朽的东西和古代优秀的人民文化"的基础上,批判地吸收其对无产阶级事业,对当前革命运动有益的"民主性的精华"。处理文化遗产问题的这个马克思主义原则方针,是具有普遍真理性的。

几年来,在如何对待文化遗产问题的讨论中,曾出现过下面的一些观点,如对古代某些思想家思想论析的超阶级观点、混淆唯物主义和唯心主义的党性的观点、对"道德继承"问题的超阶级观点、又如论断古代文艺的超阶级的人性论的观点、重艺术轻政治的非阶级观点,等等。不只违反了历史唯物主义核心阶级分析法,而又违反了马克思主义历史主义的原则精神的。另一种,虽不甚显著,但确实存在的"割断历史"的论点,也是违反马克思主义历史主义的,是一种虚无主义的论点。

(4)几年来关于历史主义与阶级观点的讨论,大都是从阐明马克思主义历史唯物主义出发,这是主流;意见的分歧,是可以步步深入地继续讨论下去的。与这个问题相关联,那些表现在农民战争问题上的有些论旨的偏差,似是稍大。

宁可同志认为:"阶级观点是唯物主义历史观的核心,历史主义是辩证法对于历史过程的理解","历史主义或者历史观点,就是以辩证观点来研究事物的基本原则之一。"① 参加讨论的同志，就我目前能接触到的文章，大都不同意这种论断。所谓"阶级观点是唯物主义历史观的核心"，如果所述"唯物主义历史观"是"历史唯物主义"的同义语，便应该说是正确的。但这样，又无异说"阶级观点"包括着"历史主义"，"历史主义"好像成了多余的。说"历史主义是以辩证法对于历史过程的理解"的所谓"理解"，宁可同志说得不够明白、具体。如果"理解"为是"……以辩证观点来研究事物的基本原则之一"，则"历史主义"被看成为代替或等同于作为唯物主义辩证法看的阶级观点的地位或"基本原则之一"的地位，或者就无异把"阶级观点"从唯物主义辩证法的领域排除出去了。因此，宁可同志的文章，虽具有一些深刻的地方，系统说来，却值得考虑和继续进行深入研究。

戎笙同志认为："历史主义和阶级观点作为概念是不同的，不能混淆……但是作为一种考察问题的武器，一种科学的方法，历史主义和阶级观点是统一的不可分割的，更不能对立起来。"②认为两者是"统一的，不可分割，更不能对立起来"的说法，原则上是正确的。问题在于：阶级观点、历史主义在历史唯物主义体系中的地位和其各自的具体涵义，戎笙同志没给予具体明确的回答，也就仍没能从原则上解决问题——虽然，曾作了一些侧面的有益的阐释。

陈旭麓同志认为："……二者的含义究竟不能相等地看待，它们的区别在于：阶级观点是针对人和事的社会关系而言，历史

---

① 宁可：《论历史主义和阶级观点》，载1963年8月20日《人民日报》。
② 戎笙：《从中国农民战争问题讨论看历史主义与阶级观点的关系》，载1964年6月7日《光明日报》。

主义是针对人和事的时代关系而言。"① 说历史主义所关心的是历史的时代关系问题，是有一定道理的。旭麓文章还作了不少有益的论证。问题是：这样来阐释两者的"含义"和"区别"，却无异把"阶级观点"与"时代关系"对立起来，即无异说作为历史研究的基本线索的"阶级观点"不能究明历史的"时代关系"；又无异把"历史主义"和人类社会的"社会关系"对立起来，或互不相关。这是很值得讨论的问题。

袁良义同志认为既然阶级观点是唯物论的问题，又是辩证法的问题，而历史主义也是辩证法的一部分，那么两者的统一，似应从这样两方面来认识："第一方面，当阶级观点或阶级斗争观点作为唯物论的观点来看，阶级观点和历史主义是辩证法与唯物论的联系问题，虽然历史主义并不能包含辩证法的全部内容。""第二方面，当阶级观点或阶级斗争的观点，作为辩证法来看，阶级观点与历史主义是辩证法与辩证法的联系的问题，是关于人类历史的一般发展法和对立面的统一和斗争的法则的关系问题。"② 袁良义同志对问题是思索得相当深的。他实际上，似是认为"阶级观点"等同于辩证唯物主义，"历史主义"，则是辩证法的一部分内含。如果是这样，他的论断，基本上与戎笙同志的意见相似。这在提法上也还值得斟酌。所谓"……是辩证法与辩证法的联系的问题，是关于人类历史的一般发展法则和对立面的统一和斗争的问题的关系的问题"的提法，更值得研究。如果这样，则所谓"作为辩证法来看"的"阶级观点"就只是"关于人类历史的一般发展法则"，辩证法的"对立面的统一和斗争的法则"，便与之无关，而划归于"历史主义"。这是一个重大的理论

---

① 陈旭麓：《什么是历史主义的一点看法》，载1964年4月8日《光明日报》。
② 袁良义：《关于历史主义与阶级观点》，载1963年11月6日《光明日报》。

原则问题。

林甘泉同志认为:"阶级观点是唯物史观的基本核心,它本身包含着深刻的历史主义的要求。""马克思主义的阶级观点的一个重要特点,就是彻底摆脱了以往旧的历史理论的形而上学的观点,深深地浸透了历史主义的精神","对马克思主义来说,不存在没有历史主义的阶级观点,也不存在没有阶级观点的历史主义。"① 说"阶级观点是唯物史观的……核心",是正确的。两者是互相浸透的看法,我认为也是对的。在两者的内涵上,林甘泉同志也与其他同志有相同看法,认为马克思主义的阶级观点包含历史主义。对马克思主义的历史主义的内涵,在这里没有作出回答。文章对阶级观点的内涵是否有了明确、具体、系统的回答,我还不知道。

田昌五同志认为:"马克思主义历史主义是以历史唯物主义为基础的科学的历史观。照这样讲,历史主义和历史唯物主义又有什么区别呢?是的,我看马克思主义历史主义和历史唯物主义本质上是一致的。……从某种意义上说,马克思主义历史主义就等于历史唯物主义。""第一,马克思主义历史主义具有彻底的全面的阶级观点。""第二,马克思主义历史主义要求人们明确站在无产阶级立场上对一切历史问题采取分析批判的态度。""第三,马克思主义历史主义明确宣布历史研究的任务是为无产阶级政治服务。"② 田昌五同志的论证是有根据的,包含着一定的积极内容。问题是:他所说的"唯物主义历史观"或"唯物史观"就是"历史主义"的同义语。不容否认,经典作家有时是以"历史

---

① 林甘泉:《历史主义与阶级观点》,《新建设》1963年第5期,转引。
② 田昌五:《对马克思主义历史主义的探讨》,载1963年10月31日《光明日报》。

观"意味着"历史主义";但是在更多的场合,他们所说的"唯物主义历史观"(不用说,或者"唯物史观")乃是历史唯物主义的同义语。因此,昌五同志的这一论断,更须要进一步根据经典指示结合具体历史进行研究。昌五又认为阶级观点包括在历史主义之内,也须进一步研究;我们应牢牢地掌握列宁教导的"基本线索"的精神,结合社会历史的具体性进行探索。

李文海同志认为:"可以把阶级观点和历史主义的关系归纳为以下几点:第一,阶级观点和历史主义是属于历史唯物主义范畴中的两个不同概念,不同组成部分。第二,这两个概念两个部分是有机联系着的,它们共同统一于历史唯物主义之中。第三,历史主义和阶级观点一样,只是历史唯物主义整个科学体系中的一个部分,一个方面。第四,阶级观点和历史主义统一的客观基础,是充满了矛盾斗争的运动着的历史本身。"① 从理论逻辑角度说,李文海同志的论точки都是说得过去的,其中有些还是无可非议的。问题在于:它对马克思主义的阶级观点和历史主义的具体含义,都没有回答,没有通过具体历史给予系统明确的回答。

另外还有不少同志写过文章,但我还没有看到。

我对这个问题的上述见解,是很不成熟的,可能有不少错误;随笔直书的东西,逻辑、文字也都是较粗糙的。随笔的目的,只在于就能接触到的文章进行学习时,以加深印象和消化。

(1964年10月28日)

---

① 李文海:《论阶级观点和历史主义的统一》,载1964年3月12日《光明日报》。

作者著述目录

《中国外交问题》，北平京城书局1929年出版。

《中日问题批判》，导群书店1932年出版。

《最近之世界资本主义经济》（上），北平书局1932年出版。

《史前期中国社会研究》，北平人文书店1934年出版；三联书店1961、1979年再版；河北教育出版社2000年5月新版。

《殷周时代的中国社会》，上海不二书店1936年出版；三联书店1962、1979年再版。

《中国政治思想史》，黎明书局1937年出版；三联书店1953年增订再版；人民出版社1980年再版。

《简明中国通史》（第一分册），香港生活书店1941年5月初版；大连光华书店1948年出全书版；人民出版社1959年修订本新版；人民出版社1982年再版。

《中国社会史诸问题》，耕耘出版社1942年初版；华东人民出版社1954年再版。

《中国民族简史》，大连大众书店1947年初版；三联书店1950年增订版。

《史学研究论文集》，华东人民出版社1954年出版。

《史论集》，三联书店1960年出版。

《吕振羽史论选集》，上海人民出版社1981年出版。

《中国历史讲稿》，人民出版社1984年出版。

《史学散论》，社会科学文献出

版社 2000 年 6 月出版。

《吕振羽诗选》,吉林大学出版社 2000 年 5 月出版。

作者年表

1900年1月28日　吕振羽出生于湖南省武冈县（今邵阳县）金称市乡溪田湾里村。名典爱，字行仁，学名振羽。

1916年　吕振羽入武冈县立中学读书。

1921年　吕振羽入湖南省公立工业专门学校电机系（今湖南大学前身）。

1925年5月　经陈廷汉介绍加入共产主义青年团。

1926年7月　毕业于湖南大学工科。
　　　　9月　参加北伐军，转战江西。

1927年9月　赴日本，入明治学院学习经济。

1929年2月　在北平主编《村治月刊》。

1930年1月　与郑侃、杨刚、刘思慕等人在北平创办《新东方》杂志，组织"东方问题研究会"、"青年出版合作社"。

1933年　经李达引荐，到中国大学任教，并协助吕承仕编辑《文史》。

1935年11月　受中共北方局和北平市委的委托，赴南京与国民党当局进行关于停止内战、合作抗日的谈判。

1936年3月　由周小舟介绍，加入中国共产党。

1937年9月　奉命去长沙，组织"湖南文化界抗敌后援会"、"中苏文化协会湖南分会"。

1938年6月　奉命筹办"塘田战时讲学院"。9月，"塘田战时讲学院"正式开学，吕任副院长

（正院长为覃震兼），主管"塘院"全面工作。

1939年5月　"塘田战时讲学院"被国民党勒令解散。吕振羽领导大家秘密撤至油塘，举办党训班，建立了金称市等五个直属中共党支部。

8月　奉周恩来之命，与夫人江明经桂林去重庆。9月，抵重庆，并聘为复旦大学教授。在周恩来直接领导下，从事理论战线、历史研究和统战工作。

1941年3月　奉命离重庆去苏北根据地。4月30日抵苏北盐城华中局所在地。任华中局党校教授。

1942年3月　任刘少奇政治秘书，随刘少奇由华中局去延安。12月30日，抵延安，受到毛泽东等同志的欢迎。

1943年　改任刘少奇学习秘书，为中央马列主义研究院特别研究员。参加了延安整风。

1945年10月　由延安去东北开辟工作，途经热河，被中共冀热辽分局留下，任热西地委副书记。

1946年　任冀热辽救济分会副主任。

12月　去哈尔滨中共东北局。

1948年8月　奉调辽东，任辽东省委常委，主管城市工作。

1949年10月　任中共旅大区党委委员兼大学部党委书记，大连大学校长兼党委书记。

1950年11月　调离大连，任东北人民政府教育委员会副主任委员。

1951年8月　任东北人民大学（吉林大学前身）校长兼党委书记。

1954年9月　当选为第一届全国人民代表大会代表。

1955年7月　调离东北人民大学，在北京治病。

9月　率中国东方学代表团赴民主德国参加东方学讨论会。冬，留在苏联治病。次年5月回国。

1959年　受中央党校之聘为兼任教授，并任中央党校历史教研室顾问。

1963年1月　被幽禁。

1975年2月　出狱。

1978年11月　任中国社会科学院顾问。

1980年1月　中央为吕振羽彻底平反。

7月17日　凌晨，因心脏病突发，不幸去世。

8月9日　党和国家领导人胡耀邦等参加了追悼会。